普通高等教育通识课系列教材

新时代应用文写作

主　编　薛　颖

副主编　兰佳丽

参　编　李玉坤　徐　寅

　　　　张胜珍　张　强

西安电子科技大学出版社

内 容 简 介

　　本书紧密结合应用文写作的实际需要，科学地设置了针对性和实用性较强的七章内容：第一章为应用文概述，第二章为党政机关公文，第三章为事务文书，第四章为书信宣讲柬帖类文书，第五章为学业求职文书，第六章为经济文书，第七章为新闻基础写作和新媒体写作。本书旨在培养学生的应用文写作能力，为学生走向社会后的应用文写作实践打下基础。

　　本书内容全面，可作为高等院校经管类、秘书类、人文社科类等专业的应用文写作教材，也可作为企事业单位人员日常工作中的参考用书。

图书在版编目(CIP)数据

新时代应用文写作 / 薛颖主编. —西安：西安电子科技大学出版社，2022.8(2024.7 重印)
ISBN 978-7-5606-6619-8

Ⅰ. ①新… Ⅱ. ①薛… Ⅲ. ①汉语—应用文—写作 Ⅳ. ①H152.3

中国版本图书馆 CIP 数据核字(2022)第 143067 号

策　　划　李鹏飞
责任编辑　李鹏飞
出版发行　西安电子科技大学出版社(西安市太白南路 2 号)
电　　话　(029) 88202421　88201467　　　　邮　编　710071
网　　址　www.xduph.com　　　　　　　电子邮箱　xdupfxb001@163.com
经　　销　新华书店
印刷单位　咸阳华盛印务有限责任公司
版　　次　2022 年 8 月第 1 版　2024 年 7 月第 4 次印刷
开　　本　787 毫米×1092 毫米　1/16　印张 19.5
字　　数　462 千字
定　　价　49.80 元
ISBN　978-7-5606-6619-8 / H

XDUP 6921001-4
如有印装问题可调换

前　　言

应用文在日常工作、学习、生活中使用频率高，应用范围广，地位重要，作用突出。从党政机关、企事业单位、社会团体的事务性行文，到高校学生的毕业论文、公务员考试的申论，再到博客、微博、微信公众号、新媒体等，都离不开应用文写作。能否得心应手地撰写应用文，已经成为衡量一个人工作能力的重要标准之一。作为社会未来栋梁的大学生，作为职场工作人员，只有善于运用语言文字工具对现实材料信息进行合理加工，擅长按照各类应用文的写作范式和要求撰写应用文解决实际问题，才能使自己的工作、学习和生活更加顺畅，也更加有利于自身的长远发展。

天津财经大学人文学院写作教研室和天津财经大学珠江学院人文学院写作教研室的教师们，在新时代条件下紧扣时代脉搏，整合多年讲授"应用文写作"课程的经验，引入最新案例，编写了本书。

本书特点如下：

其一，体例新。

本书在各章章首设有本章导读，对各章背景知识、主要内容和学习目标作了简明扼要的介绍，便于学生把握各章主旨；各章节主体部分大致按照文种含义、分类、特点、作用、结构、写作要求、例文研读的顺序介绍了各种常用应用文的写作模式和技巧，有利于学生理清学习思路；在各章章末设有案例研习和(或)情境写作，一方面用来考查学生对应用文基本理论知识的掌握程度，一方面用来训练学生的应用文分析与写作能力。

其二，文种新。

本书在应用文文种选择方面有所突破，在考虑"应用文写作"作为一门课程的总体知识体系的基础上，顺应时代发展潮流，加入了博客、微博、微信公众号等新媒体写作文类，作为应用文写作新样式。

其三，案例新。

本书注重选择具有时代感的最新案例，精选党政机关、企事业单位的最新案例，不仅可以引导师生密切关注党中央、国务院及各大职能部门的最新声音，同时也可以避免教学过程中因案例过时带来的知识上的陈旧感。

其四，思路新。

本书紧扣"新时代"，通过最新案例教学，引导大学生在学习应用文写作的过程中关注国家大政方针的传达，了解国家大事和世界格局，同时这也是将"应用文写作"课程思政化的一种策略。此外，本书创新性地加入了"实践例文图例"，使学生能够更直观地理解和学习党政公文的写作，体现了本书在编排思路上的创新。

其五，练习新。

"应用文写作"是一门实践性较强的课程，学习者必须通过大量练习才能掌握写作的一般技巧和方法。因此，本书非常重视练习的编写，通过课后的案例研习或情境写作中的新题型，可以有效训练学生的写作能力。

本书是编者在总结了之前编写教材的经验的基础上撰写而成的，所选内容符合国家政策和时代要求。本书既可作为各类高校应用文写作公共课或专业课的教材，也可作为各级各类公文写作人员的岗位培训教材，还可作为报考国家公务员和参加文秘职业资格考试人员的参考用书。

编　者

2022 年 5 月

目　　录

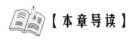

【本章导读】

应用文是党政机关、企事业单位、社会团体和个人处理公私事务过程中经常使用的具有规范体式的一种实用文体的总称。它是国家进行有效管理的一种工具，也是人们开展日常工作、参与社会活动、交流思想、传递信息、处理事务的一种工具。

在文章体裁中，应用文与人们的关系最密切、最直接，使用频率最高，应用范围最广。大到国家制定政策法令，小到单位和个人处理日常事务，都离不开应用文。各行各业的人们都是应用文的写作者和使用者。例如，政府机关指导工作，需要用行政公文；商业企业部门从事经营，需要用经济合同；科研人员发表成果，需要用学术论文；新闻记者报道事件，需要用消息或通讯。即使个人生病不能上课，也需要写请假条。正如叶圣陶先生所说："大学毕业生不一定要能写小说诗歌，但是一定要能写工作和生活中实用的文章，而且非写得既通顺又扎实不可。"

应用文在现实生活中发挥着十分重要的作用，主要表现在：对党和国家的方针政策的宣传晓谕作用；对机关团体、企事业单位内部管理的领导指挥作用；对上下级、各组织、各单位、各部门之间的沟通协调作用；对日常工作进行监督、检查的依据凭证作用。

本章主要通过对应用文的基本内涵、种类和特点，应用文写作主体需具备的能力，学习应用文写作的方法，以及应用文的构成要素等进行阐述，使学生对应用文与应用写作有一个整体了解，为以后各章的深入学习打下基础，同时增强对应用写作重要性的认识，提高学习的主动性和积极性。

第一节　应用文与应用写作

一、应用文的含义和种类

在人类社会的发展历程中，文字的出现使人们获得了一项特殊的能力，即用文章进行交流沟通和传播信息的能力。所谓文章，是指用书面语言特有表达规则写成的文字材料。"文章"的原始含义指错杂的色彩或花纹，如《墨子·非乐上》说："非以刻镂华文章之色以为不美也。"后来，"文章"一词被引申为礼仪制度，如《礼记·大传》说："考文章，改正朔。"郑玄注："文章，礼法也。"晋朝人挚虞的《文章流别论》中说："文章者，所以宣上下之象，明人伦之叙，穷理尽性，以究万物之宜者也。"此时的"文章"一词才有了和今人理解相近的含义。在今天的写作学领域，"文章"则是指所有具备书面语言结构形式，符合书面语言特有表达规则的文字材料。为了更好地认识不同文章的不同特性，掌握不同文章的不同写作规律，我们必须对浩如烟海的文章加以分门别类，归纳出各类文章各自的属性。

常见的对文章的分类标准有以下几种：按使用的语言可将文章分为文言文和白话文；按文章是否押韵可将文章分为韵文和非韵文；按文章的句式可将文章分为骈文和散文；按文章的表达手段可将文章分为叙述文、描写文、抒情文、说明文和议论文；按文章的实际使用的社会领域可将文章分为文学类、新闻类、文秘类、经济类、法律类、科研类、外交类、军事类、生活类、传志类等。上述分类方法都分别从一个侧面揭示了文章的文体特征或使用特征，有助于加深人们对文章的认识。但是，上述分类法的缺憾是未能将文章的文体特征和使用特征结合起来考虑，因而也就不能解决从"缘何而写"到"如何写"这一写作过程给每个写作者提出的最基本问题。

如果从写作活动整体过程的角度考察文章的写作规律，文章"缘何而写"正是决定文章"如何写"的根本性因素，那么文章"缘何而写"就可以成为一个新的分类标准，以此标准可以将文章划分为两大类：一类是与人们从事的具体社会实践活动不发生直接关联的非应用文；另一类是和人们从事的具体社会实践活动发生直接关联的应用文。

非应用文主要是指文学作品。文学作品的写作目的是向读者展示一幅由写作者的想象、情感与塑造的形象熔铸而成的精神世界画卷，使读者从中获得审美上的愉悦和享受。文学作品的写作意图在于影响和改变阅读者的主观世界，只有透过阅读者主体的内在改变才能对具体的社会实践活动发生间接影响。

应用文的写作目的总是同人们所从事的具体社会实践活动直接相关。它或者是对人们曾经从事过的具体活动的记录，或者是充当人们正在进行的某项具体活动的工具。前者可以称为记录性应用文，后者可以称为工具性应用文。按通行的写作学理论，应用文这一概念仅指工具性应用文。本教材将应用文概念分为广义和狭义两种：广义的应用文概念既包括记录性应用文，也包括工具性应用文；狭义的应用文概念则仅指工具性应用文。记录性应用文按其记载事件的时间特性可分为两类，一类是传志类应用文，包括史籍、地方志、家谱、回忆录、日记等文种；一类是新闻类应用文，包括消息、通讯、深度报道、新闻评论等文种。工具性应用文按其处理的具体事务的不同可分为：公务文书，包括党、政、军、社会组织、企事业单位在处理重要公务时使用的书面文字工具；日常应用文书，包括告启类、礼仪类、书信类、契约类等具体种类；学业求职文书，如学术论文、求职材料、申论等。

二、应用文的特点

与非应用文相比，应用文具有以下特点：

(1) "与事相关"的特定受文对象。

应用文作为人们记录或处理具体公私事务时的工具，它的受文对象必然是那些与要处理的具体事务有关的人或群体。虽然从外在形式上看，应用文的受文对象有时表现得很明确，如家信，有时表现得不明确，如广告，但就应用文的整体的行文方式而言，其信息传达对象的定位都是清晰可辨的。

(2) "依事而定"的固定格式。

在社会实践中，人们所从事的具体活动大部分都具有重复性。重复性的行文意图、重复性的功能要求造就了重复性的表达形式，于是，在应用文的发展进程中逐渐形成了各种不同类型的较为固定的格式，以此服务于不同类型的具体事务，如纪传体史书、家谱、消息、格式合同、各种表格、法定公文等。

(3) "缘事而发"的写作目的。

这是应用文最为本质的特征。应用文与人们所从事的具体的社会实践活动直接相关，既反映这种活动，也服务于这种活动。

(4) "随事而止"的时效性。

就工具性应用文而言，其时效性最为明显，大量的工具性应用文在其服务的特定事项完成后，其使用价值也就丧失了。例如每日发行的报纸，隔天便无人购买；同时，由于具体的社会实践活动的规模和影响力不同，少量应用文的使用价值也会有所转化。有些服务于特定事项的应用文，在其工具性的使用价值完结后会再次获得作为历史记录的使用价值，就如《尚书》中记载的那些上古公务文书，经过几千年的历史变迁后，人们依然在阅读研究它。就记录性应用文而言，其时效性仍同所记录的事项相关，只要所记录的具体事项对当代社会仍存在对比观照的意义，那么，它就仍在有效期内。

(5) "因事而异"的语言风格。

应用文的语言风格是由人们所从事的具体社会实践的类型决定的。不同的社会活动关涉到的人群不同，发文者与受文对象之间的关系类型不同，发文者的行文方式、语言风格显然应该各不相同，比如处理公务时用的公文语言风格要求庄重、严肃、明确、简洁；进行宣传推销时使用的广告语言风格要求醒目、醒耳、易记、富于招徕性；报道最新发生的社会事件时使用的新闻语言风格要求准确生动、通俗易懂、富于吸引力。因此，应用文的语言风格是类型化的。

三、应用文写作主体需具备的能力

应用文写作主体必须具备的能力从某种意义上来说也是从事任何写作都必须具备的能力，具体包括：

(1) 收集材料的能力。

应用文的写作目的是满足人们从事某项具体活动的需要，或者是记录人们从事过的具体活动，它所使用的材料必然是具体真实的材料，是"这时"的"这一个"，而非虚构的材料或经过抽象化处理的材料，故而具备调查搜集材料的能力是应用文写作的第一要求。

(2) 处理具体事务的能力。

应用文作为人们进行具体的社会实践活动的工具，最基本的要求便是写作者能够提出恰当有效的处理实际事务的方法，而这又需要以正确认识事物、深刻理解事物的内在规律作为基础，这些都需要写作者具备一定的处理具体事务的能力。

(3) 文字表达能力。

这些能力包括掌握各种不同应用文文种的文面格式、结构组成、适宜的表达手段和语言风格。尤其是语言风格的运用，它需要写作者拥有相应的词汇量，熟练运用为特定文种服务的各种句式，以及符合特定文种需要的修辞手法。

(4) 角色代入能力。

在工具性应用文的写作中，写作者与从事某项具体社会实践活动的行文主体并不一致，而写作者必须将自己代入行文主体的角色中，以行文主体(例如党、政、军、社会组织、企事业单位)的身份、口吻向受文对象发表言说，并认真考虑到受文对象在接受时的心理效果，以期符合特定行文关系的要求。初学者亟需避免的是，将个人化的第一人称言说，习惯性地混杂进行文主体的第一人称言说之中；或者采用第三人称的纯客观言说，完全忽略了行文主体的存在。

需要强调的是，写作是一种非常复杂的脑力劳动，写作能力的高低是多种因素复合作用的结果。写作能力从本质上讲是一种综合能力，涉及作者的理论修养、专业知识、生活阅历、文化积累、心理学知识，以及观察感受能力、认识理解能力、分析判断能力、想象创造能力等诸多方面。由此可见，写好应用文是一项需要终身为之努力的事业。

四、学习应用文写作的方法

如何提高写作的能力，成功的写作者们已经给我们提供了经验。鲁迅先生曾对向他请教的青年人说："文章应该怎样作，我说不出来，因为自己的作文，是由于多看和练习，此外并无心得或方法的。"(《书信集·致赖少麒》)在这里，鲁迅先生所说的"文章"并非应用文，而是他所擅长的文学作品、文史论著和杂文，但学习写作应用文应遵循的基本规律同学习写作其他种类文章的基本规律并无二致，只能是"多看"和"多练"。

对应用文而言，"多看"有两层含义，第一层含义是"博览"，指写作者应主动进行大量的阅读，广泛涉猎各种应用文文体，初步了解各种应用文文体之间的区别和联系，获取大量的各类型应用文在文面格式、结构组成、常用句式、专有词语、语言风格等方面的感性认识，为写作活动做好前期准备。"多看"的第二层含义是"精读"，指写作者应重点阅读与自己要写的应用文文种相同类型的文字材料，可按照以下三个步骤进行阅读：第一步，着重获取对文章从外形格式到语言风格的整体印象；第二步，着重分析文章的整体结构安排，厘清文章层次与层次、段落与段落之间的逻辑关系；第三步，着重筛选出此种应用文文种特有的表达方式、修辞手段、固定句式和短语。经过这样分步骤的阅读后，就可以大致掌握某一特定类型的应用文文种在语言表达上的基本要求。

再谈"多练"。所谓"多练"就是多多进行写作实践。通过学习和阅读，我们可以了解大量的有关应用文写作的知识，但知识不等于能力，对规律的了解不等于对规律的运用。只有通过实践，才能将应用文写作的知识转化为应用文写作的能力。对应用文而言，仿写是一种较为有效的训练方式。在仿写时，可以选取公认的符合特定应用文文种写作规范的例文，先进行"精读"，以期掌握这一类型的应用文文种在语言表达上的基本要求，然后将文章的内容要点作简短摘录，最后根据摘录的内容要点重写全文。写完后，可将重写的全文与原例文两相比照，找出差距所在，着重加以改进。这种训练方法将"看"和"练"两者比较紧密地联系在一起，对于外在格式相对固定的应用文文种写作最为适用。

第二节 应用文的材料

一、材料的含义

无论从事何种写作，首先必须具备的条件是拥有写作材料，所谓"言之有物"。写作材料是指写作者为了提炼和表现文章的主题，从生活中搜集而来的，以及写入文章之中的事实现象、数据论据等。材料的含义有广狭之分。广义的材料指所有被写作者有意识地搜集来的事实现象、数据论据等；狭义的材料仅指被写作者写进文章中的那部分事实现象、数据论据等。

二、材料的种类

根据不同的划分标准，材料可以被划分为不同的种类。从材料的获取途径入手，可将材料划分为直接材料和间接材料。直接材料指写作者直接参与社会实践活动或亲自进行调查研究而获得的材料；间接材料指他人参与社会实践活动或进行调查研究的成果。从材料的性质入手，可将材料划分为感性材料和理性材料。从材料的时间属性入手，可将材料划分为现实材料和历史材料。从材料的是非判断入手，可将材料划分为正面材料和反面材料。从材料的代表性入手，可将材料划分为典型材料和一般材料。

三、获取直接材料的方法——调查

调查研究是获取应用文写作材料的最主要的途径。它能够最大程度地保证材料的真实性和时效性，较好地满足应用文用于处理实际问题时的工具性要求。

调查研究的方法有两类，一类是传统调查方法，以口头调查为主；一类是现代调查方法，以问卷调查为主。

(一) 常用的传统调查方法

1. 调查座谈会

调查座谈会指邀请相关事项的知情者参加小型会议，由知情者集体向调查者提供信息的调查方法。调查者应事先提供调查提纲，让与会人员有充分的时间做好发言准备；会议进行时由调查者主导会议方向，促进知情者畅所欲言。现阶段，各类听证会就是调查座谈会的一种。

2. 个别访问

个别访问指通过与事件知情者个人的交谈问答获取相关信息的调查方法。利用这种调查方法时，调查者应注意通过对多人进行个别访问，利用分别获取的信息相互对比印证，从而得出对事件的整体判断，避免被个别调查对象所误导。常见的新闻采访就是这种调查方法的实际运用。

3. 现场观察

现场观察指调查者亲自深入事件发生的现场，通过实地观察获取信息的调查方法。这种调查方法要求调查者拥有敏锐的观察力、相应的专业知识和实践经验，能够准确理解现象背后的内在逻辑，从而得出符合实际的判断。新闻采访多采用现场观察的方式进行。

4. 驻点调查

驻点调查指长时间驻留在调查现场，并实际参与被调查对象的社会实践活动，从而全面、深入地获取被调查对象的信息，为长期性的任务目标提供决策依据的调查方法。这种调查方法在行政工作中运用较多。

(二) 常用的现代调查方法

1. 抽样调查

抽样调查是一种以客观事物为调查对象的调查方法，具体指从某类客观事物总体中选取一部分作为调查样本，利用样本调查的结论推算出调查对象总体的情况。这种调查方法要求调查者具备相应的社会统计学的知识，这样才能对调查结果作出科学的分析和解读。国家统计局颁布的 CPI 指数、GDP 数据等信息都是通过抽样调查方法获得的。

2. 民意测验

民意测验是一种以人群为调查对象的调查方法，具体是指向目标人群发放不记名问卷，填写后回收，再进行统计分析的调查方法。这种调查方法可以直接了解目标人群的真实意见，排除传统调查方法的人为因素，可信度较高，但应注意避免问卷设计中隐含的主观导向性，这样才能获得符合实际的信息。商业活动的市场调查、行政工作中的民主测评等都属于民意测验范围。

3. 专家论证

专家论证也是一种以人群为调查对象的调查方法，具体指调查者通过举办论证会、咨询会征集专家学者意见的调查方法。召集会议前需预先提供论证主题，会上请专家学者从自身专业的角度出发为决策者提供决策的依据。这种调查方法多用于处理专业性强的具体事项。

四、获取间接材料的方法——查阅和积累

在应用文写作中除了直接获取第一手材料的途径外，还可以采用借用他人参与社会实践、进行调查研究的成果这一途径获取材料。

间接材料的来源范围极为广泛，包括公开发行的报纸、杂志、书籍等；包括流通于不同公务领域的公务文书，如行政公文、司法文书、经济文书等；包括日常应用的契据、凭证等；还包括新型的网络资源等。

间接材料的获取有两种不同的具体方法，一是临时查阅，一是平时积累。

1. 临时查阅

临时查阅是指在写作需求产生之后，为某一文章的写作而采取的搜集间接材料的行

为。这种搜集材料的行为具有明确的目的性、针对性和时限性，它要求写作者熟悉材料的来源，掌握查阅到目标资料的基本途径和技能，在限定的时间内迅速搜集到所需材料，以便完成写作任务。

2. 平时积累

平时积累是指在没有具体写作任务时，写作者有意识地围绕自身专业领域而采取的搜集间接材料的行为，具体的积累方式有"卡片法"(填写统一格式的卡片，记录某项资料的出处或摘抄其重要片断)、"剪贴法"(将可剪裁的资料粘贴在活页纸上，再整理分类、装订成册)、"笔记法"(坚持每天及时记录工作中的重要事项或其他有用内容)等。这种搜集材料的行为目的相对宽泛，没有时限要求，因而可以更全面、更深入，可以帮助写作者提升理论修养、专业知识，既有助于写作者写作主体的建构，也有助于具体的应用文文种写作。

第三节　应用文的主旨

一、应用文主旨的含义

对文学作品而言，有所谓"神""主题"的概念；对科学论著而言，有所谓"课题"的概念；对应用文而言，则有所谓"主旨"的概念。

应用文的主旨是指写作主体通过文章的全部内容所表现出来的贯穿全文的基本观点。它是写作主体对客观事物的观察、体认、理解、剖析、对策和设想的集中体现。

应用文文本写作有四项基本要素，即材料、主旨、结构和语言。在这四项要素中，主旨是居主导地位的要素。应用文材料的取舍、结构的划分与组合、语言风格的选择都必须受到主旨的制约，也即必须符合应用文的工具性或记录性的写作目的的要求。

二、应用文主旨的产生

同所有类型的写作一样，应用文的主旨归根结底是从材料当中产生的。它不是由材料的简单堆砌而自动显示出的，它只能是通过写作者综合实际事件现状和行文目的，经过能动的思考才能产生，而主旨一旦确立下来反过来又会制约材料的最终选取。

(一) 直接归纳法

在材料的倾向性十分明显时，多用直接归纳法获得主旨。这时，主旨是对材料进行定量分析的结果。例如：

该中队近 10 年来共看押人犯 1.2 万多人次，围捕抓获罪犯 210 多人，抢救遇险群众 190 多人，执行警卫党和国家领导人视察井冈山等重大任务 80 多次，在维护驻地社会稳定和处置突发事件中发挥了重要作用。

上段文字中所列举的四个数字性质特征极为明显，写作者自然而然地得出了最后的结论"发挥了重要作用"。

(二) 间接归纳法

在材料的倾向性不明显时，多用间接归纳法获得主旨。这时，主旨是写作者对材料进行定性分析的结果。所谓对材料进行定性分析，是指写作者通过能动的思维过程，对只具有个别性的材料进行抽象化处理，使之获得普遍性意义。例如：

国务院、中央军委号召全体公安民警、武警官兵和全军指战员向该中队学习。学习他们视祖国和人民利益高于一切，为维护社会稳定和人民安宁甘愿牺牲奉献的崇高精神；学习他们坚持以人为本，自觉实践党的宗旨；学习他们忠实履行职责，不怕艰难困苦、坚决完成任务的战斗队作风。

上段文字中将"该中队"具体的先进事迹加以提炼、升华，转化成"崇高精神"和"战斗队作风"这样具有普遍意义的主旨，只有这样，"全体公安民警、武警官兵和全军指战员"才有了学习"该中队"的可能性。

(三) 演绎推理法

演绎推理法指对材料进行逻辑推导。演绎的基本形式是三段论式(大前提、小前提和结论)，也就是由具有普遍性的理论出发(大前提)，去获得对个别性事物的认识(小前提、结论)。例如：

本次招投标活动中，××大陆会计师事务所、××盛元会计师事务所报价过低，其中××大陆会计师事务所第一标段审计收费报价仅占《××省审计业务收费办法》规定审计收费的 2.96%，第三标段报价仅占 4.1%；××盛元会计师事务所第一标段报价占 9.2%，第三标段报价占 6.8%。

上述两家会计师事务所的行为，违反了《××省注册会计师行业规范投标报价行为协议》的有关规定，扰乱了行业正常的竞争秩序。

上段文字中，行文主体以《××省审计业务收费办法》《××省注册会计师行业规范投标报价行为协议》这两份具有普遍行为规范作用的文件(大前提)衡量两家会计师事务所的具体"审计收费报价"行为(小前提)，得出了"违反……规定""扰乱了行业正常的竞争秩序"的结论。

(四) 因果分析法

因果分析法是指依据事物之间前后相继、先因后果的客观规律去推断事物的原因或结果的一种思维方法。因果分析法在使用中存在两种不同的情形：一是执果索因型，即要求分析导致材料所述事实的原因；二是据因推果型，即分析材料所述事实会导致什么结果。利用因果分析法查找到问题产生的各种原因，深层挖掘问题可能引发的后果，是能够有针对性地提出解决问题的对策、措施的前提和关键；而只有提出解决问题的对策和措施，才能满足应用文写作的基本要求。

在进行因果分析时，要注意抓住事物的主要矛盾，即问题产生的主要根源；要注意分析问题产生的内因，还要注意分析问题产生的外因。同时，产生某个具体社会实践问题的原因往往是多方面的，如政治原因、经济原因、文化原因、社会原因等，因此，需要写作者进行多方位、多层次的缜密思考和分析。因果分析法是应用文主旨产生的多种方法中至为重要的一种。

例如《中国共产党第十九届中央委员会第二次全体会议公报》一文中，就是以因果分析法论述宪法修改的必要性的。公报总结道："我国宪法必须随着党领导人民建设中国特色社会主义实践的发展而不断完善发展。这是我国宪法发展的一个显著特点，也是一条基本规律。"接着又对我国宪法随实践不断调整修改的历史作了全面回顾，而后指出"自2004年修改宪法以来，党和国家事业又有了许多重要发展变化。特别是党的十八大以来，以习近平同志为核心的党中央团结带领全党全国各族人民毫不动摇坚持和发展中国特色社会主义，创立了习近平新时代中国特色社会主义思想，统筹推进"五位一体"总体布局、协调推进"四个全面"战略布局，推进党的建设新的伟大工程，推动党和国家事业取得历史性成就、发生历史性变革。党的十九大对新时代坚持和发展中国特色社会主义作出重大战略部署，确定了新的奋斗目标。"进而得出由于新实践，故而"需要对宪法作出适当修改，把党和人民在实践中取得的重大理论创新、实践创新、制度创新成果上升为宪法规定"的结论。

(五) 假说演绎法

假说演绎法是形成和构造科学理论的一种重要思维方法，指人们以现有的经验材料和已知的科学理论为指导，对未知的自然现象、社会现象产生的原因和运动规律所做出的推测性判断。

在应用文写作中，应用文的主旨也可通过假说演绎法确立，这时写作者在以往的社会实践经验和公认的科学理论的基础上设定任务目标以及完成任务的手段和措施，形成行文主旨。但这一主旨是否能够真正确立，尚需社会实践的检验。公务文书中的"计划"一类的文种就是运用假说演绎法确立主旨的典型代表。

三、应用文材料和主旨的统一

材料和主旨是应用文写作的两个重要方面，它们之间是一种既相互联系，又相互制约的关系。一方面，材料是主旨产生的基础，材料的范围和角度影响着主旨的倾向；另一方面，主旨一旦确立，又会对材料起到收拢聚集、决定取舍的作用。由于材料和主旨具有这种辩证统一的关系，在写作应用文时必须做到以下几点，才能使材料和主旨真正统一起来：

(1) 材料必须真实。这是应用文写作的生命所在。应用文的材料是具体真实的材料，是"这时"的"这一个"，是不可重复的一次性事物和现象。没有真实的材料作为基础，应用文主旨中包含的处理具体事务的对策和措施就丧失了针对性，变得像"堂·吉诃德大战风车"一样毫无价值。

(2) 材料必须全面。在为应用文写作搜集材料时，必须遵循的另一个原则是力求材料的全面性，其含义是：注意历史材料和现实材料并重，了解事物的发展变化；注意正面材料和反面材料并重，抓住事物发展过程中的主要矛盾；注意整体性材料和典型性材料并重，从多维度上认识理解事物；注意直接材料和间接材料并重，避免因材料搜集者个人经验的局限而造成的偏差。只有从全面的材料中，才能推导出符合具体社会实践活动规律的主旨。

(3) 客观分析材料。必须确保主旨是材料本身固有规律性的反映，而不是写作者主观臆造或强加的结果。这需要写作者摆脱"定型化效应"(即"刻板印象")、排除极端个例、排除表面性因果关系、排除非专业判断、排除个人好恶和现实利益纠缠，保持客观理性的立场分析材料，得出结论。

(4) 主旨贯穿材料。在应用文行文过程中，材料和主旨必须紧密结合、环环相扣。不同层次的主旨由不同层次的材料支撑，主旨和材料之间的逻辑关系清晰；切忌先简单罗列材料，而后突兀地表明主旨。

第四节　应用文的结构

一、应用文结构的特点

在应用文写作过程中，收集了材料、确立了主旨，就解决了"言之有物"和"言之有理"的问题。要解决"言之有序"的问题，则必须了解和掌握应用文体的结构特征。

所谓结构，是篇章结构的简称，又称布局、章法，指文章的内部组织和构造形式。刘勰《文心雕龙·附会》说："何谓附会？谓总文理，统首尾，定与夺，合涯际，弥纶一篇，使杂而不越者也。"此处的"附会"指的就是文章的谋篇布局、章法结构。具体来说就是，主旨清晰而有条理地贯穿全文，做到首尾呼应，材料取舍得当，各层次之间的过渡转折自然顺畅，全篇文章完整严密，内容充实而不杂乱。结构对于应用文写作来说十分重要，如果我们将应用文的材料比作人的血肉，应用文的主旨比作人的灵魂，那么，应用文的结构就是人的骨架。离开了应用文的结构，应用文的主旨和材料就无所依托。

应用文的结构总体特点是布局严谨，灵活性小，模式化倾向明显。一般可将应用文结构类型分为两类：一类是简单模式化结构，这类应用文在文面格式上必须符合严格的规定，结构组成成分和组成方式固化，写作时少有自由发挥的余地，如凭证类应用文、法定公文；另一类是相对模式化结构，这类应用文没有特定的文面格式要求，只需符合一般文章的书写格式，结构组成成分固定，但组成方式相对灵活，写作时有一定的自由发挥的可能性，如新闻类、事务文书类应用文。

对于处理简单事项的应用文来说，按照应用文主旨完整性的要求，文章的结构只有单一层次，包含提出问题、分析问题、解决问题三个组成部分。对于处理复杂事项的应用文来说，文章的结构会形成一个多层次的结构系统：在最上位的是中心主旨(仍包含提出问题、分析问题、解决问题三个组成部分)，第二层位的主旨称为分观点，第三层位的主旨称为小观点，最低层位的是材料；材料支撑小观点，小观点支撑分观点，分观点支撑中心主旨。多层次的结构系统组成的图形类似于"金字塔"，又称"金字塔"结构。

二、应用文的结构方式

应用文的结构方式包含两个层次：逻辑结构层次和章法结构层次。

(一) 逻辑结构层次

逻辑结构层次指整篇文章在运用材料、阐述主旨时遵循的内在逻辑性。逻辑结构是写作者行文时依据的隐性思维线索，仅从文章外形上无法得知，必须深入分析文章的各组成部分，以及各组成部分之间的逻辑关系才能了解掌握。逻辑结构方式主要有以下几种：

(1) 总分并列式。总分并列式是先将用于支撑中心主旨的材料或观点(即处于文章低层位的主旨)按统一的标准划分成不同的类别，再逐一列举出的结构方式。这些被列举出的材料或观点和中心主旨之间的关系是总分关系，这些被列举出的各类别的材料或观点之间的关系是并列关系，故而，这种安排结构的方式称为总分并列式。

(2) 简单并列式。简单并列式是先将文章中所有的材料或观点按不同的标准划分成不同的类别，再逐一列举出的结构方式。按不同标准给材料或观点划分类别实际意味着这些材料和观点是用于支撑不同的上位观点(即高一层位的观点)的，这样，这些被列举出的材料或观点和中心主旨之间就不构成总分关系。这种安排结构的方式通俗的说法是谓"断章通条式"。

例如：发展和改革委员会、财政部、人力资源社会保障部《关于深化收入分配制度改革的若干意见》一文中第二部分"准确把握深化收入分配制度改革的总体要求和主要目标"下辖两小项内容，第三部分"继续完善初次分配机制"下辖九小项内容，第四部分"加快健全再分配调节机制"下辖九小项内容，第五部分"建立健全促进农民收入较快增长的长效机制"下辖五小项内容，第六部分"推动形成公开透明、公正合理的收入分配秩序"下辖七小项内容，第七部分"加强深化收入分配制度改革的组织领导"下辖三小项内容。按总分并列式结构方法，每一部分下辖的小项内容应单独编号排序，但此文采用的结构方式是简单并列式，故而，全文七部分下辖的各小项被统一编号排序，由"1."小项顺次直接编至"35."小项。

(3) 顺时直叙式。顺时直叙式是以时间先后顺序组织全文的结构方式。

例如：发展与改革委员、财政部、人力资源社会保障部会《关于深化收入分配制度改革的若干意见》一文中说：

改革开放以来，我国收入分配制度改革逐步推进，破除了传统计划经济体制下平均主义的分配方式，在坚持按劳分配为主体的基础上，允许和鼓励资本、技术、管理等要素按贡献参与分配，不断加大收入分配调节力度。经过三十多年的探索与实践，按劳分配为主体、多种分配方式并存的分配制度基本确立，以税收、社会保障、转移支付为主要手段的再分配调节框架初步形成，有力地推动了社会主义市场经济体制的建立，极大地促进了国民经济快速发展，城乡居民人均实际收入平均每十年翻一番，家庭财产稳定增加，人民生活水平显著提高。实践证明，我国收入分配制度是与基本国情、发展阶段总体相适应的。

特别是党的十六大以来，按照科学发展观和构建社会主义和谐社会的要求，充分发挥再分配调节功能，加大对保障和改善民生的投入，彻底取消农业税，大幅增加涉农补贴，全面实施义务教育，加快建立社会保障体系，深入推进医药卫生体制改革，大力加强保障性住房建设，城乡最低生活保障标准和扶贫标准大幅提升，企业退休人员基本养老金水平持续提高，近年来农村居民收入增速快于城镇居民，城乡收入差距缩小态势开始显现，居民收入占国民收入比重有所提高，收入分配制度改革取得新的进展。

上述文字完全依照时间顺序说明了事项的发展过程，以期引起受文对象的价值认同。

(4) 事理递进式。事理递进式是以提出问题、分析问题、解决问题为先后顺序组织全文的结构方式。

例如：《食品药品监管总局办公厅关于食用调和油标签标识有关问题的复函》一文：

你局《关于绿宝食用调和油(葵花＋橄榄)标签标识问题的请示》(京食药监食生〔2017〕7号)收悉。经商卫生计生委，现函复如下：

根据《食品安全国家标准 预包装食品标签通则》(GB 7718—2011)4.1.4.1 的规定，"如果在食品标签或食品说明书上特别强调添加了或含有一种或多种有价值、有特性的配料或成分，应标示所强调配料或成分的添加量或在成品中的含量"。如果预包装食品标签上，特别使用文字描述产品中添加了或含有一种或多种有价值、有特性的配料或成分，应按照上述规定执行。

以上例文由答复引据、过渡句、答复内容三个结构要素组成，分别对应了提出问题、分析问题、解决问题三个结构层次。

在上述逻辑结构方式中，总分并列式和简单并列式可以合称为横式结构，它们的共同特点是文章的内在思路是由横向展开的；顺时直叙式和事理递进式可以合称为纵式结构，它们的共同特点是文章的内在思路是由纵向展开的；而在多层次、复杂结构的应用文中，常会在不同的行文层次里分别运用横式和纵式结构方式，这时，可以称之为纵横交叉式结构方式。

(二) 章法结构层次

章法结构层次指文章局部的组织和表达方式，如标题形式、开头和结尾、层次与段落、过渡与照应等细节部分的行文方式。章法结构是有形的结构形式，通过阅读文章的具体段落和语句就可以直接了解掌握。章法结构形式主要有以下几种：

1. 标题形式

应用文标题的写作要求是概括准确，紧扣主旨；表述精当，醒人耳目；切合文种，合乎规范。应用文标题的基本形式有以下四种：

(1) 文学式：运用形象思维，以暗示、象征等修辞手法写作的标题，如"老干妈"品牌广告标语"没有你，我的生活淡然无味"。

(2) 论文式：运用抽象思维，以词组形式概括主旨所涉范围或主旨本身的标题。有单标题和双标题两种类型：

单标题如：

　　唯物史观与文学史研究的方法刍议　　　　　(正题：用于揭示论题范围)

双标题如：

　　论陆游记梦诗的叙事实践　　　　　　　　　(正题：用于揭示论题范围)

　　　　——兼论古代诗歌记梦传统的叙事特质(副题：用于补充注释正题)

(3) 新闻式：以渲染烘托、形象真实的手法写作的标题，有单标题、双标题、三标题等类型。

单标题如：

中国军人向斯大林格勒保卫战纪念碑献花 （主题，用于陈述主要事实）

双标题如：

① 汽车关税战日益逼近　日韩墨加欧紧急联手 （引题，用于渲染烘托）

　　"抗美同盟"日内瓦开会 （主题，用于陈述主要事实）

② 美国港口直面贸易战冲击 （主题，用于陈述主要结论）

　　16 港对华贸易占比超 20%，南加州冲击最为严重 （副题，用于揭示结论范围）

(4) 公文式：由发文机关、事由、文种三部分组成的标题，如"国务院办公厅关于调整国务院教育督导委员会组成人员的通知"。

2. 开头方式

应用文开头的写作要求是直接明快，开门见山。具体方法有以下几种：

(1) 概述式：在文章开头概述所处理的具体事项的基本情况，是对行文背景、意义与目的的说明。如《国务院办公厅关于科学绿化的指导意见》(国办发〔2021〕19 号)一文的开头：

科学绿化是遵循自然规律和经济规律、保护修复自然生态系统、建设绿水青山的内在要求，是改善生态环境、应对气候变化、维护生态安全的重要举措，对建设生态文明和美丽中国具有重大意义。为推动国土绿化高质量发展，经国务院同意，现提出以下意见：

(2) 依据式：在文章开头说明处理某一具体事项的权力依据，是对行文背景的说明。

如《国务院办公厅关于成立京津冀及周边地区大气污染防治领导小组的通知》一文的开头：

为推动完善京津冀及周边地区大气污染联防联控协作机制，经党中央、国务院同意，将京津冀及周边地区大气污染防治协作小组调整为京津冀及周边地区大气污染防治领导小组(以下简称领导小组)。

(3) 引据式：在文章的开头引用对方的来文，是对行文背景的说明。如《国务院关于"十四五"公共服务规划的批复》(国函〔2021〕120 号)一文的开头：

你委《关于报送〈"十四五"公共服务规划〉(送审稿)的请示》(发改社会〔2021〕1307号)收悉。现批复如下：

(4) 目的式：在文章的开头直接介绍行文目的，此时省略了行文背景。如《国务院关于建立全科医生制度的指导意见》一文的开头：

为深入贯彻医药卫生体制改革精神，现就建立全科医生制度提出以下指导意见：

(5) 结论式：在文章的开头直接表明对所处理的某一具体事项的总体判断，下文再具体阐释理由。如《发展和谐劳动关系　助推经济社会发展》一文的开头：

劳动关系和谐是社会和谐的基础。通过近年来的实践，特别是实施劳动合同法和应对国际金融危机，我们对劳动关系协调工作的重要性和复杂性有了更加深刻的认识。按照人力资源社会保障部和省委省政府的决策部署，我们始终坚持以服务经济社会发展大局为目标，大力提升劳动关系协调效能，积极助推企业改进人力资源管理，全面打造社会化协调机制，着力发展和谐劳动关系，在保障民生、促进发展等方面发挥了积极作用。

(6) 问候式：在文章的开头对现场受众表示欢迎、祝贺和问候。如《携手推进新时代中阿战略伙伴关系——在中阿合作论坛第八届部长级会议开幕式上的讲话》一文的开头：

尊敬的萨巴赫埃米尔殿下，

尊敬的阿方主席、沙特外交大臣朱拜尔先生，

尊敬的阿拉伯国家联盟秘书长盖特先生，

各位代表团团长，

女士们，先生们，朋友们：

大家上午好！

4 年前，我在这里向阿拉伯世界发出共建"一带一路"的邀请。今天，我们怀着对中阿合作美好未来的憧憬再度相聚于此。我谨代表中国政府和中国人民，并以我个人的名义，对各位嘉宾的到来表示诚挚的欢迎！对中阿合作论坛第八届部长级会议的召开表示热烈的祝贺！

3. 主体切分方式

应用文文章的主体部分划分为不同的层次和段落。

所谓段落，又称"自然段"，是指文章中用于表达观点或材料的最小句组单位，它以段首空格和段尾换行为标志。应用文段落的写作要求是单一而完整，即一个段落只用于表述一个材料或观点，且一个材料或观点必须在一个段落里完整表述。

所谓层次，又称"意义段"，是指有着"金字塔"型结构系统的文章中，不同层级的观点和材料在表达时形成的多段落聚合体。应用文层次通常都具有外部标志，如顺序号、小标题、顺序号加小标题、顺序号加层首句(段首句、条首句)等。应用文层次的写作要求是同一层次内意义表达集中，不同层次之间意义区别清晰，外部标志明显。

就一般情况而言，应用文的层次大于段落，但也常出现层次与段落合一、篇段合一、句段合一的情形，极端情况下还会出现篇句合一的情形，如借条、假条等。

4. 主体连接方式

应用文文章主体的连接方式是过渡和照应，它们可以起到使应用文全篇各层次、各段落之间前后连贯、承启顺畅、文气贯通、浑然一体的作用。过渡，指应用文文章相邻的各层次、各段落之间的衔接和转换；照应，指应用文文体不相邻层次和段落之间的对照和呼应。

(1) 过渡方式。

自然过渡：仅凭借应用文文章各层次、各段落的外部标志过渡，不再添加任何表达因素，常用于应用文文章主体部分。

过渡句：使用特定语句过渡，如"为……，特通告如下""现将有关情况报告如下"等，常用于应用文文章开头和主体之间。

过渡词：使用特定的词语过渡，如"综上所述""由此可见""鉴于上述情况""总之"等，常用于应用文主体和结尾之间。

过渡段：使用自然段过渡。这种过渡方式较少使用，只可见于长篇幅应用文中。

(2) 照应方式。

标题和全文照应：文章标题中揭示的主旨，在整篇文章的各个部分得到重申。应用文开头部分应开门见山，直奔主旨；主体部分应片言居要，围绕主旨；结尾部分应收篇点题，归结主旨。

首尾照应：文章的开头与结尾在语言上或含义上作部分或全体的重复。这种照应方式较少使用，只在可见于长篇幅应用文中。

5. 结尾方式

应用文结尾的写作要求是补足文意，止于当止。具体有以下几种方式：

(1) 总结式：在文章的结尾对全文主旨作简要概括，使受文对象获得完整印象。如李克强《做引领开放与创新合作的好伙伴》一文的结尾：

当今世界，风云变幻。中德分别作为亚洲和欧洲最大经济体，面临的全球性挑战和利益交汇点都在增多。我们要努力做合作共赢的示范者、中欧关系的引领者、新型国际关系的推动者、超越意识形态差异的合作者，维护好共同利益，推动中德合作的巨轮破浪前行，开启中德高水平互利共赢合作的新航程。

(2) 强调式：在文章的结尾对文中所涉事项的意义郑重揭示，对受文对象提出总体性要求，以期引起受文对象的重视。如《国务院关于中西部地区承接产业转移的指导意见》一文的结尾：

引导和支持中西部地区承接产业转移，是深入实施西部大开发和促进中部地区崛起战略的重大任务。各地区、各部门要进一步统一思想，提高认识，切实加强工作指导，认真落实各项政策措施。中西部地区要结合自身实际，制定具体实施方案，完善各项配套措施，有序推进承接产业转移工作。国务院有关部门要按照职能分工，加强协作配合，在政策实施、体制创新等方面给予指导和支持，注意研究新情况、解决新问题，推动中西部地区承接产业转移工作健康开展。

(3) 期请式：在文章的结尾对受文对象提出希望和请求。如《工业和信息化部装备工业司关于组织开展节能与新能源汽车发展情况调研的函》一文的结尾：

请各地方工业和信息化主管部门配合做好本次调研的组织协调工作。

(4) 补充式：在文章的结尾补充说明前文未及交代的相关事项。如《国务院关于稳定消费价格总水平保障群众基本生活的通知》一文的结尾：

各地区、各部门要在20××年11月底前将贯彻落实本通知的情况报告国务院。国务院将组织督察组赴各地调查了解各项政策措施的落实和市场物价情况。

(5) 祝愿式：在文章的结尾向受文对象表示祝愿、祝贺或慰问。如《习近平：在同各界优秀青年代表座谈时的讲话》一文的结尾：

> 青年朋友们，我坚信，在党的领导下，只要全国各族人民紧密团结、脚踏实地、开拓进取，到本世纪中叶，我们必将建成富强民主文明和谐的社会主义现代化国家，我国广大青年必将同全国各族人民一道共同见证、共同享有中国梦的实现！

(6) 自然式。文章主体部分文意已足，所有事项都已交代完毕，就可以省略结尾部分。

第五节　应用文的语言和表达

一、应用文的语体特征

应用文所使用的语言是规范化的现代汉语，即以北京语音为标准音，以北方方言为基础方言，以典范的现代白话文著作为语法规范的现代汉语，这是当代写作的共同基础。但在具体的写作实践中，写作者总是处在不同的行文情境下，针对不同的行文对象，力图达到不同的行文目的，这样，写作者在使用语言时便会形成一系列不同的语言运用方面的特点，这就是所谓语体类型。语体的不同特点主要表现在习惯用语、常用句式、结构体式等方面。

应用文语体特征有以下几个方面。

(一) 准确性

准确性其实是书面语言的共同特征，但不同的写作领域，对准确性有不同的要求。

应用文在语言表达方面的准确性要求是能够准确还原具体的社会实践活动现象，准确分析社会实践活动的内在规律，提出具有可行性、可操作性的意见、办法、对策和措施。应用文所使用的语汇从属于日常语汇，这就使得应用文写作在语言表述方面特别强调自我限定，大量使用限定性的介词和副词。如：

> 为加快预算执行进度，提高预算编制的完整性，按照预算管理有关规定，经研究，现提前下达你省(区、市) 2022 年中央引导地方科技发展资金预算指标(项目代码：Z135050009017，具体见附件)，收入列 2022 年政府收支分类科目 1100246 "科学技术共同财政事权转移支付收入"，支出列 206 "科学技术支出"，统筹用于支持你省(区、市)基础研究、科技创新基地建设、科技成果转移转化和区域创新体系建设等方面。待 2022 年预算年度开始后，按程序拨付使用。
>
> 各地应按照有关规定，做好 2022 年预计数分解下达相关工作。进一步健全全过程预算绩效管理机制，主管部门和资金使用单位要随同预算资金同步填报绩效目标，同级财政部门加强绩效目标审核，并将绩效目标随同预算同步批复下达，作为绩效监控和评价的重要依据，切实提高财政资金使用效益，防止出现挤占、挪用、虚列、套取补助资金等行为。

上段文字中密集出现了"为""按照""经""现""……后""按""并"等介词，分别从目的、依据、对象、范围、时间等方面对表述内容作出了限定，使得对具体事项的描述脉络清晰、行为的依据和目的明确可信。

又如：

凡符合《中华人民共和国政府信息公开条例》第九、第十、第十一条、第十二条规定的政府信息，均属于主动公开信息。

凡是公文内容涉及商业秘密、个人隐私的，一般不予公开；但如不公开可能对公共利益造成重大影响的，可以由科室负责人提出意见并报分管局长审核后予以公开。

上段文字中密集出现了"凡""均""不(予)"等限制性副词，更配合以"对""由""并""……后""(予)以"等介词。这段文字是用于说明如何处理社会机构内部发生的具体事项的，两类限制性词类的共同使用，使得整体语言表述严谨、周密，不产生歧义。

应用文在语言表述上的准确性也体现在对基本语法规则的运用方面，对写作者语言表述能力的要求有着相对较高的标准，这种高标准不仅包含正确使用语句、正确选择词汇，甚至精细到一个标点符号的运用。

有这样一个例子。2004年3月14日，在十届全国人大二次会议上表决通过的中华人民共和国宪法修正案，其中涉及对土地和私有财产征收、征用及补偿问题的条文，只删除了一个小小的逗号。为了删改这个逗号，大会主席团向代表们提交了长达450余字的解释和说明。宪法修正案草案中原有的表述为：

"国家为了公共利益的需要，可以依照法律规定对土地实行征收或者征用，并给予补偿。""国家为了公共利益的需要，可以依照法律规定对公民的私有财产实行征收或者征用，并给予补偿。"

在审议时，点在"并给予补偿"前面的一个逗号引起了有些代表的疑虑。有代表提出，以上两处规定中的"依照法律规定"，是只规范征收、征用行为，还是也规范补偿行为，对此可以有不同的理解。大会主席团经研究认为，宪法修正案草案上述两处规定的本意是："依照法律规定"既规范征收、征用行为，包括征收、征用的主体和程序，也规范补偿行为，包括补偿的项目和标准。为了避免理解上的歧义，建议在最终的定稿中将上述两处规定中"并给予补偿"前面的逗号删去，修改为：

"国家为了公共利益的需要，可以依照法律规定对土地实行征收或者征用并给予补偿。""国家为了公共利益的需要，可以依照法律规定对公民的私有财产实行征收或者征用并给予补偿。"

从这个例子可以看出，应用文所面临的语法问题，其意义绝不止于语法，而是直接关系到如何处理上至国家权力、下至公民个人切身利益，如何协调各方关系，如何促进社会和谐发展的大问题。

(二) 简洁性

任何种类的文章写作都有一个共同的要求——简洁。所谓"文以辨洁为能，不以繁缛为巧"(刘勰《文心雕龙·议对》)说的就是好文章的标准是明确简洁，不是繁复流利，滔滔不绝。应用文信息传达量的大小并不取决于写作者的主观意志，而是取决于应用文所记录或处理的具体社会实践活动的需要，与特定的行文目的、特定的行文对象无关或关系不密切的信息必须被排除在文章之外，只有这样，才能最大程度地提高社会实践活动的效率，降低社会运行成本。

与特定的行文目的、特定的行文对象有关的信息可以称为有效信息，是应该写进应用文中的信息，如应用文行文主体、受文对象、所要处理的具体事项，采取处理行动的直接原因(近因)，对处理事项意义的简要揭示、处理的主体、处理时限和地限、处理的程序和步骤、监督处理者、对未处理者的处罚等要素。反之，可以称为无效信息，是不应写进应用文中的信息，如行文主体和受文对象以外的其他社会机构组织和个人、其他事项、采取处理行动的间接原因(远因)、对处理事项意义的长篇论述、受文对象已知晓的背景与常识、在礼仪类之外的应用文中问候祝愿、叙述行文主体与受文对象之间的关系等。例如下文：

国务院办公厅关于印发"十四五"文物保护和科技创新规划的通知

国办发〔2021〕43 号

各省、自治区、直辖市人民政府，国务院各部委、各直属机构：

《"十四五"文物保护和科技创新规划》已经国务院同意，现印发给你们，请认真贯彻执行。

国务院办公厅

2021 年 10 月 28 日

在上述通知一文中，只交代了行文主体(国务院办公厅)、所要处理的具体事项(印发《"十四五"文物保护和科技创新规划》)，由于印发文件的直接原因和处理事项的意义属于受文对象已知晓的背景和常识，故都未写入通知中。该文对有效信息和无效信息的区分十分准确，充分体现了应用文独有的简洁特征。

除结构体式外，应用文的词汇运用也具有简洁性语体特征。在应用文行文过程中，经常会遇到社会机构名称、社会组织名称、会议名称、法律法规名称等各类名称反复出现的情形，在这时，应用文一般会采用首次提示法来解决这一问题。所谓首次提示法，指在行文过程中，第一次提到相关名称时使用全称，在全称后加圆括号，圆括号内注明"以下简称×××××"，从第二次开始使用简称。需要注意的是，所使用的简称必须是规范化的简称，如"国家教育委员会"的规范化简称为"国家教委"；《中华人民共和国高等教育法》的规范化简称为"高等教育法"。要避免使用会引起歧义或难以理解的简称，如"矛调办"这样的简称就很难让人意会到它的全称为"人民矛盾调解办公室"。

(三) 平实性

所谓平实性有两层含义：一是指大多数应用文文种在语言表达上情感色彩隐淡；二是指大多数应用文文种在语言使用上浅显通俗。这两点都是由应用文"缘事而发"的写作目的决定的。

强调实用性和操作性的应用文，其语言表达的聚焦点必然是行文主体所面对的"具体的社会现实或现象"以及"如何处理这种现实或现象"。行文主体的意志主要体现在行动当中。行文主体的意志，也即行文目的的实现与否，同行文主体的情感抒发度无关，故无需在行动之外大做文章。

有这样一个例子可作对比。2018 年 7 月 8 日拉萨市市长信箱收到这样一封来信：

目前全国省会城市驱逐舰命名就拉萨工作滞后了，据我所知，目前省会和首府中就拉萨没有命名了，比如乌鲁木齐舰、呼和浩特舰、西宁舰都已经获得命名，并已经服役。按照海军舰艇命名规则，省会和首府均可以接受命名，所以拉萨市民政部门的命名工作为何如此滞后。作为一位拉萨人，希望民政部门能够引起足够重视，这对于宣传拉萨这个名扬海内外的旅游胜地是十分重要的，所以尽快向海军提交命名申请是万全之策，切不可怠慢了，拉萨市民等不起，西藏人民也等不起。

2018 年 7 月 24 日拉萨市市长信箱的答复是这样的：

您好，您的来信收悉，现回复如下：

首先感谢您对拉萨市经济社会发展的关心，2018 年 5 月份您也来信，就海军拉萨舰命名事宜进行了咨询，市民政局及时向相关单位咨询了申报程序，并推进此项工作。目前，将初步和某海军部队对接万吨驱逐舰，命名为"中国人民解放军海军拉萨舰"。感谢您的来信。

从旁观者的角度阅读后的印象是，信访者的来信情感充沛，语言表达中心更多地倾向于情感的宣泄，对应用文处理问题的功用没有实质性帮助。

市长信箱的回信与来信形成了一定的对比，阅读后，需处理的事项本末和进展状况清楚确切，除了文中使用的敬称外，用语不带任何感情色彩，语言表达的中心始终落在解决问题上，正是回信平实的语言特征保证了它的工具性品格。

强调实用性和操作性的应用文，其语言表达必然需要照顾到受文对象的接受能力，只有通俗晓畅、浅白质朴的语言才有最大的接受度，才能最充分地实现应用文的工具特性。

需要特别指出的是，我国通行的公务文书语言一直拥有一种良好的传统，那就是用语通俗，善于从人民群众的生活化语言中汲取营养。《胡锦涛在纪念党的十一届三中全会召开30 周年大会上的讲话》中有这样一段文字：

我们的伟大目标是，到我们党成立 100 年时建成惠及十几亿人口的更高水平的小康社会，到新中国成立 100 年时基本实现现代化，建成富强民主文明和谐的社会主义现代化国家。只要我们不动摇、不懈怠、不折腾，坚定不移地推进改革开放，坚定不移地走中国特色社会主义道路，就一定能够胜利实现这一宏伟蓝图和奋斗目标。

上段文字中使用的三字口语词汇"不折腾"，含义丰富，形式简约，曾难倒了外文翻译，引起了各家媒体、专家学者和政府人士的多方解读，成为政府公文用语平实的经典案例。

(四) 生动性

对部分记录性的应用文(传统传志类、新闻类)及部分工具性应用文(事务文书类)而言，语言表达上的生动性也是一项基本特征，但是，应用文语言的生动性与文学语言的生动性有着本质的不同，不可将两者混为一谈。

文学语言的生动性建立在想象基础上，应用文语言的生动性必须建立在具体真实的社会实践活动的基础上；文学语言描绘形象时，既可以从形象的外部特征着手、也可以从形象的内部特征着手，应用文语言描述事物或现象时只能由外部特征着手；文学语言描绘形象时，必然伴随着浓烈的主观情感，应用文语言描述事物或现象时必须排除主观情感的干扰，从平等、客观、中立的立场出发，用事实说话；文学作品可以动用所有的修辞手段、表达方式、写作技巧表现和加强语言形象思维特征，应用文语言的生动性则主要表现在对白描这一表达方式的使用上。

所谓白描，源自中国传统绘画艺术，后来被移植到文学领域，它指与详细描写相对应的一种描写方式，即使用简洁的语言，概略描述人物、景物或情节，同时又能凸显人物、景物或情节的本质性的形象特征。记录性应用文使用白描这一表达方式始于传统的传志类史籍，是文学、历史与哲学的语言表达方式尚未明确分工时的产物。使用白描这一表达方式，一方面使记录性应用文摒除了文学性表达的想象和夸张，保证了文章内容的真实性；另一方面又给阅读者提供了还原度极高的历史现场感，是一种具有中华民族特色的史学表达，这种表达方式在现当代新闻报道类文体中获得了继承和转化。

应用文语言的生动性特征主要有两种表现形式：一是还原具体的真实事件的现场感，常见于传统的传志类应用文、现当代新闻报道等；二是深入浅出，化专业为通俗，常见于新闻报道、事务文书等。

以下面这则新闻为例：

加入合作社后的生活如何？牧民们还习惯吗？7月26日，记者来到了东科日村的文化广场，看到了入社后牧民们的日常生活。

从东科日村的良种繁育区离开，告别草原的"主角"牦牛，来到村里的文化广场，首先见到的还是刚刚告别的老朋友——牦牛。正赶上挤牦牛奶的时间，十几头牦牛温顺地排好队，一位村民正在依次给牦牛挤奶。

在不远处，搭建着几座矮矮的帐篷，帐篷前，一位村民正在打酥油，在她身前，还有一个小木桶，盛放着已经打好的酥油，阳光下，泛着金光。

帐篷里，一位藏族阿姨正在手工磨青稞，把一粒粒饱满的青稞磨成细细的粉，后续这些青稞粉会被进一步加工成青稞饼等藏族特有的食物。

帐篷附近，一位牧民正在把身边一堆乱蓬蓬的牦牛毛，一点一点梳理好，编制成结实的绳子。村民们说，这个绳子就是他们平时用来固定帐篷的绳子。上手一摸，果然非常结实，还能摸出牦牛毛被编织后特有的刺刺的触感。

远处，一群藏族的男孩子们在争相骑马和牦牛，女孩子们在玩捡石子的游戏。附近还有牧民们随意坐在阳光下的草场上谈天说地、教子下棋。

东科日村的村长增太本说，下周他们即将举办文化活动，正赶上孩子们的假期，村子里男女老少都会参与。

增太本还介绍，今年年底，东科日村即将有34户贫困户脱贫。

入股合作社后，牧民们的收入提高了，草场的生态变好了，牛羊还在身边，牧民也并没有离开自己的草场。(记者　谢深森)

——节选自新华网新闻稿《磨青稞打酥油顽童骑牛走一走 高原记录下东科日牧民"脱贫表情"》

在上文记者的转述中，具体的真实事件是以画面的形式呈现给阅读者的，这些描写既生动形象，又客观中立，符合阅读者对真实的社会生活的认知，有着极强的现场带入感。

再看一个例子：

27 日晚，"火星冲日"天象完美上演，这是 15 年一遇的"大冲"，明亮的火星如一块红宝石闪耀在东南方夜空，又大又亮，惊艳天宇。

天文专家表示，本次冲日时，火星距离地球并不是最近，最近一刻将出现在 7 月 31 日，这是近 15 年来距离地球最近的一次，火星看上去"更亮更大"。

天文资料显示，冲日时的火星，距离地球最近大约 6000 万千米以内，最远可达 1 亿千米以上。当地球在远日点附近而火星在近日点前后发生冲日时，就是所谓火星大冲，距离地球较近，亮度较高，也更便于观测火星细节。

"火星冲日"时，火星距离地球是最近吗？天文教育专家、天津市天文学会理事赵之珩指出，火星是地球的近邻，在地球的轨道之外。由于它和地球在各自的轨道上绕太阳公转，两者之间的距离有时近，有时远。火星距离地球最近和火星冲日通常不会发生在同一天。通常的情况是，距离最近可能比冲日日期提早几天或推迟几天。今年，就是推迟了 4 天。"7 月 27 日，当天火星距离地球约 5782 万千米，而 7 月 31 日，火星距离地球只有 5759 万千米。这是 2003 年以来，火星距离地球最近的一次。"

——节选自新华网新闻稿《本月 31 日出现近 15 年来火星距地球最近一刻》

这则专业性较强的新闻，对即将发生的天文现象作出了描述，那就是"火星看上去更亮更大"，而其中的原因是火星距离地球的距离最近。这篇专业性较强的新闻报道所面对的受文对象是普通人群，非但不能一味使用天文专业术语，而且必须照顾到普通人群的接受度，因而特别对天文科学术语"火星冲日"作了通俗化解释，使普通人读来不觉深奥难解。

(五) 用语专业

专业用语是应用文语体特征的主要组成部分。任何类型的文章在为特定的表达目的服务、表达特定的内容时都会发展出一整套只在本专业、本行业使用的语汇，成为本专业、本行业参与者的共同语，应用文也有这样的行业共同语。下面就介绍几种常见的应用文专用语：

(1) 公文专用语。公文专用语主要用于公务文书领域，反映公务活动的程序性特征，例如：

称谓用语：我(局)、本(院)、你(公司)、贵(集团)、该(县)。

开头用语：根据、按照、依照、照；为、为了；鉴于、关于、由于；兹、兹有、兹介绍、兹派、兹请。

引叙用语：接、前接、近接、现接；悉、收悉、欣悉、惊悉、电悉。

转文用语：印发、颁布、批转、转发。

经办用语：经、曾经、已经、业经、后经、现经、均经、并经、未经；拟、现拟、拟交；试行、暂行、可行、遵照执行、参照执行。

征询用语：可否、当否、妥否、能否、是否可行。

期请用语：希、望、希望、盼；拟请、请批复、请批示、请回复、请函复、请查收。

表态用语：同意、原则同意、不同意、可、不可。

结尾用语：特此通告、特此通知、特此请示、特此批复、特此报告、特此函复、特此通报；……为要、……为盼、……为荷。

(2) 应用性行业专用语。以财经专业为例，反映财经行业应用文语言特征，例如资金、市场、投资、融资、信贷、利率、汇率、证券、基金、债券、股票、期货、权证、利润、税收、采购、仓储、物流、批发、零售等。在应用文服务于不同的应用性行业时，不同行业的专业用语便会转化为应用文专用语。

(3) 雅语。雅语源自古代汉语语汇，反映应用文语体书面语特征，例如蒙、承蒙、会同、提请、商请、准予、给予、授予、责成、查处等。

✐ 二、应用文的表达方式

常见的写作表达方式有五种，即叙述、说明、议论、描写和抒情。具体到应用文，常用的表达方式有四种，即叙述、说明、议论和描写。

(一) 叙述

叙述是展示人物经历和事件发展变化过程的一种表达方式。应用文的叙述有两种不同的形态，一种是记录性应用文使用的兼重人物或事件外在形象的叙述，一种是工具性应用文使用的专重人物或事件的内在本质的叙述。上述两种叙述方式虽然有所区别，但它们的共同点也是非常明显的，即都更多地采用顺叙和概叙的方式叙述。

顺叙是指按照自然时序的次序叙述人物的经历或事件的发展变化过程；概叙指在叙述时仅注重时间、地点、人物或事件、结果这几个叙述要素，而简化或省略原因、过程要素。如《全国人民代表大会常务委员会关于全面加强生态环境保护依法推动打好污染防治攻坚战的决议》一文中有段落：

坚持党对生态文明建设的领导。党的领导是加强生态环境保护、打好污染防治攻坚战的根本政治保证。党的十八大以来，以习近平同志为核心的党中央加快推进生态文明顶层设计和制度体系建设，相继出台《关于加快推进生态文明建设的意见》《生态文明体制改革总体方案》，制定实施40多项涉及生态文明建设的改革方案，深入实施大气、水、土壤污染防治三大行动计划，推动我国生态环境质量持续改善。根据党中央修改宪法的建议，十三届全国人大一次会议通过宪法修正案，将新发展理念、生态文明、美丽中国等载入国家根本法。2018年5月，党中央召开全国生态环境保护大会，对加强生态环境保护、打好污染防治攻坚战作出再部署，提出新要求。6月，党中央、国务院发布《关于全面加强生态环境保护坚决打好污染防治攻坚战的意见》。

上段文字的叙述特点是：顺叙——从党的十八大以来对生态文明的顶层设计和制度体系建设，到十三届全国人大一次会议对宪法的修改，再到"2018年5月召开全国生态环境保护大会"，再到6月发布《关于全面加强生态环境保护坚决打好污染防治攻坚战的意见》；概叙——叙述要素中包含了时间、地点、事件和结果，并以结果引导出对事实的叙述，而省略了原因和详尽的过程。此文叙述的事件本身并不具备形象性、生动性，而作为使用在公务领域的工具性应用文，此文的叙述语言也并不需要化抽象为具体生动。

再如《浙江渔船在台风余威中起航搁浅9名船员获救》一文：

中新网台州8月7日电 (记者×× 通讯员××)一艘浙江温岭籍渔船7日凌晨在"梅花"余威中起航，于浙江台州玉环大麦屿海域发生搁浅事故。由于救援及时，目前船上9

名船员全部脱险，渔船仍搁浅在事发海域等待进一步施救。

当日凌晨 1 时 30 分许，随着今年第 9 号台风"梅花"对台州海域影响的减弱，"浙岭渔 26807 号"渔船从避风锚地大麦屿港驶出，准备返回温岭石塘港。由于不熟悉航道，渔船行驶至玉环芦莆小担岛附近洋面时撞上了礁石搁浅。

凌晨 5 时许，随着潮水退去，船体逐渐发生倾斜，随时有倾覆的危险。9 名船员只能弃船爬到附近礁石上等待救援。

6 时许，大麦屿边防派出所接到报警后，立即联系海事、渔政等部门赶赴事发海域展开救援。9 时许将 9 名遇险船员全部营救上船。在对渔船进行施救时，却遭遇了困难，由于潮水较低，拖船根本无法将其拖下礁石，如果硬拉的话，很容易对船体造成严重损伤。

据参与救援的大麦屿边防派出所教导员卢金跃介绍，在设法固定船体，防止其倾覆后，等到中午时分，潮水上涨到足够高度后，再用拖船将其拖出。

上段文字，首段导语集中了五大叙述要素中的时间、地点、事件、结果，是典型的概叙；其后三段则体现出顺叙的特点——从"当日凌晨 1 时 30 分许"到"凌晨 5 时许"，再到"6 时许"，再到"9 时许"，完全按照自然时序进行了叙述，是典型的顺叙。作为记录性应用文，无法回避对事件原因和过程的叙述，但这种叙述仍是有节制的、简省的，只叙述了事件原因和发展过程中的几个关键点。同工具性应用文相比，此文对事件的叙述具体而生动。

(二) 说明

说明是用来解说某一类事物的共同属性的一种表达方式，这些共同属性包括事物的概念、特征、性质、状态、程度、种类、结构、位置、功用、变化、成因、程序、步骤、方式、手段等。说明是应用文中使用最为广泛的表达方式。说明这一表达方式在应用文中的使用，多表现为从动态的角度对人们正在从事的具体的社会实践活动提出规范和要求。应用文说明的对象可以分成两大类，即"什么才是"与"怎么做"。"什么才是"为人们清晰界定出具体的社会实践活动的对象；"怎么做"则明确指示出人们在从事具体的社会实践活动时应采取的程序、步骤、方式和手段。

依照人们所从事的社会实践活动的性质和重要程度的不同，说明的具体使用在应用文中也有所不同，其中严谨度最高的是法律法规类应用文，例如《中华人民共和国个人所得税法实施条例》是这样界定"什么才是个人所得的范围中特许权使用费所得"的含义的：

第六条 个人所得税法规定的各项个人所得的范围：

(四) 特许权使用费所得，是指个人提供专利权、商标权、著作权、非专利技术以及其他特许权的使用权取得的所得；提供著作权的使用权取得的所得，不包括稿酬所得。

又是这样指示"怎样计算和缴纳所得为外国货币的税款"的：

第三十二条 所得为人民币以外货币的，按照办理纳税申报或者扣缴申报的上一月最后一日人民币汇率中间价，折合成人民币计算应纳税所得额。年度终了后办理汇算清缴的，对已经按月、按季或者按次预缴税款的人民币以外货币所得，不再重新折算；对应当补缴税款的所得部分，按照上一纳税年度最后一日人民币汇率中间价，折合成人民币计算应纳税所得额。

这两段文字在说明"什么才是"时，运用了定义说明方式；在说明"怎么做"时，运用了诠释说明和分类说明相结合的方式。大量的法律法规、规章制度一般都采用这样的三种说明方式。

在其他类型的应用文中，定义说明并不常见，更多的是使用诠释说明和分类说明这两种方式。另外，举例说明、数字说明、图表说明的方式也经常使用，其严谨程度也较法律法规有所下降。例如，《国务院关于积极有效利用外资推动经济高质量发展若干措施的通知》(国发〔2018〕19 号)一文中就使用了数字来说明"外交部、外专局等有关部门"应该"怎么做"的：

(八) 提升外国人才出入境便利度。中国境内注册企业选聘的外国人才，符合外国人才签证实施办法规定条件的，可凭外国高端人才确认函向驻外使馆、领馆或者外交部委托的其他驻外机构申请 5～10 年有效、多次入境，每次停留期限不超过 180 天的人才签证，免除签证费和急件费，可在 2 个工作日内获发签证。(外交部、外专局等有关部门按职责分工负责)

《2018 年中国智能手机行业现状、IoT 未来增速、市场空间及行业未来展望》一文中，利用大量的图形(见图 1-1～图 1-3)进行说明，使得该篇行业报告的结论更具形象感与可读性，符合"读图时代"普通阅读者的阅读心理，提高了他们的阅读兴趣。

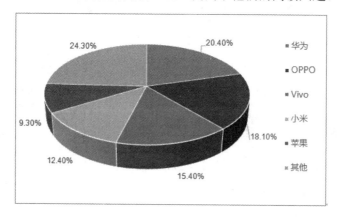

图 1-1　圆形图说明方式

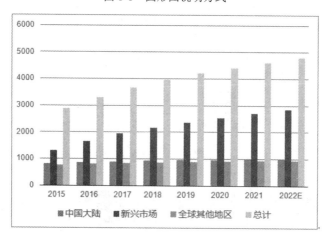

图 1-2　条形图说明方式

图 1-3 曲线图说明方式

上述圆形图、条形图、曲线图是最常使用的几种说明图形。另外，表格说明在工具性应用文中也十分常见。

(三) 议论

议论是运用概念、判断、推理等抽象思维形式阐明事物的内在联系、揭示事物的本质和规律的一种表达方式，包括论点、论据和论证过程三个要素。议论在应用文中的使用总体特点是较为简单。

一般种类的应用文其行文目的无外乎记录或指导行动，并不在于推演逻辑、讲解事理，所以并不需要议论。

部分公务文书需要对被处理事项的现状作出判断，需要揭示被处理事项的意义与作用，这时就需要以夹叙夹议或直陈判断的形式进行议论。这种议论方式中议论要素存在缺损，它遗漏了议论的关键环节——论证过程，有时还遗漏掉了论据，是一种人为简化的议论方式。例如《国务院关于加快推进现代农作物种业发展的意见》一文的首段一开头即直接给出了结论：

我国是农业生产大国和用种大国，农作物种业是国家战略性、基础性核心产业，是促进农业长期稳定发展、保障国家粮食安全的根本。为提升我国农业科技创新水平，增强农作物种业竞争力，满足建设现代农业的需要，现就加快推进现代农作物种业发展提出如下意见：

对于受文对象早已认同的常识，文中只提供了结论，既未提供论据，也未提供论证过程。而接下来，展开了夹叙夹议式议论。

一、我国农作物种业发展的形势

(一) 农作物种业取得长足发展。改革开放特别是进入新世纪以来，我国农作物品种选育水平显著提升(议)，推广了超级杂交水稻、紧凑型玉米、优质小麦、转基因抗虫棉、双低油菜等突破性优良品种(叙)；良种供应能力显著提高(议)，杂交玉米和杂交水稻全部实现商品化供种，主要农作物种子实行精选包装和标牌销售(叙)；种子企业实力明显增强(议)，培育了一批"育繁推一体化"种子企业，市场集中度逐步提高(叙)；种子管理体制改革稳步推进(议)，全面实行政企分开，市场监管得到加强(叙)。良种的培育和应用，对提高农业综合生产能力、保障农产品有效供给和促进农民增收作出了重要贡献。

此段先议后叙。

(二)农作物种业发展面临挑战。随着全球化进程加快、生物技术发展和改革开放的不断深入(叙)，我国农作物种业发展面临新的挑战(议)。保障国家粮食安全和建设现代农业，对我国农作物种业发展提出了更高要求(议)。但目前我国农作物种业发展仍处于初级阶段，商业化的农作物种业科研体制机制尚未建立，科研与生产脱节，育种方法、技术和模式落后，创新能力不强；种子市场准入门槛低，企业数量多、规模小、研发能力弱，育种资源和人才不足，竞争力不强；供种保障政策不健全，良种繁育基础设施薄弱，抗灾能力较低；种子市场监管技术和手段落后，监管不到位，法律法规不能完全适应农作物种业发展新形势的需要，违法生产经营及不公平竞争现象较为普遍(叙)。这些问题严重影响了我国农作物种业的健康发展，制约了农业可持续发展，必须切实加以解决(议)。

此段先叙后议。可以说，上述文例基本涵盖了应用文所使用的主要议论模式。

在应用文写作中还有少量的政论性、学术性较强的公务文书需要采用全要素议论的方式写作，但未成为应用文议论的主导方式。

描写与抒情这一表达方式在应用文的党政公文及一部分事务文书中几乎不用，但在新闻、广告文案、讲话稿、海报、唁讯等中也会用到。应用文的语言风格、语体特征总体上看是客观、平实、冷静、中立的，但前人云，"文章不是无情物"，作为应用文写作主体的人都是情感和思想的综合体，情感不直接诉诸文字的表层形态，不等于文字之下无情感支撑。在某些时候，由情感与直觉作出的判断比逻辑的细致推演来得更准确、更快捷、更接近于本质。在国务院颁布的《舟曲灾后恢复重建总体规划》中，被加上了这样一段看似不合规划文种写作基本结构要求、不合公务文书的语言表达规范的语句：

谨以此规划

向舟曲特大山洪泥石流灾害中罹难的同胞致以深切悼念

向抗灾救灾中自强不息的灾区各族干部群众，英勇无畏的解放军、武警官兵、公安干警和各方救援人员致以崇高敬意

向社会各界所有关心、支持和参与恢复重建的人们致以诚挚感谢

此段文字从常规看，游离于规划自身的行文目的之外，但它唤起了每一个阅读者内心深处的情感记忆，凸显了规划的独特背景，它带给阅读者的情感冲击强烈而震撼。正是这种对阅读者的情感的教育，才能使执政为民的行政理念深入人心，才能使舟曲迎来一个美好的明天！

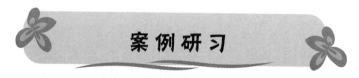

案例研习

1. 对照应用文基本知识，分析下面应用文的结构和语言。

据人民日报消息，2022年3月5日，李克强总理作政府工作报告，要点如下：

一、去年工作回顾

国内生产总值增长 8.1%；

居民人均可支配收入实际增长 8.1%；

城镇新增就业 1269 万人；

新增减税降费超过 1 万亿元；

疫苗全程接种覆盖率超过 85%。

二、今年主要预期目标

国内生产总值增长 5.5% 左右；

城镇新增就业 1100 万人以上；

居民消费价格涨幅 3% 左右；

粮食产量保持在 1.3 万亿斤以上。

三、今年部分重点工作

财政：今年赤字率拟按 2.8% 左右安排，中央对地方转移支付增加约 1.5 万亿元、规模近 9.8 万亿元；

政府投资：今年拟安排地方政府专项债券 3.65 万亿元；

减税：预计全年退税减税约 2.5 万亿元，其中留抵退税约 1.5 万亿元；

就业：使用 1000 亿元失业保险基金支持稳岗和培训；

政务服务：扩大"跨省通办"范围，基本实现电子证照互通互认；

消费：继续支持新能源汽车消费，鼓励地方开展绿色智能家电下乡和以旧换新；

创新：实施基础研究十年规划，实施科技体制改革三年攻坚方案；

乡村振兴：支持脱贫地区发展特色产业，启动乡村建设行动；

开放：推动与更多国家和地区商签高标准自贸协定；

环保：完善节能节水、废旧物资循环利用等环保产业支持政策；

教育：继续做好义务教育阶段减负工作；

医保：居民医保和基本公共卫生服务经费人均财政补助标准分别再提高 30 元和 5 元；

社会保障：完善三孩生育政策配套措施，发展普惠托育服务；

住房：探索新的发展模式，加快发展长租房市场，推进保障性住房建设；

文体：建设群众身边的体育场地设施；

港澳台：支持港澳发展经济、改善民生，坚决反对"台独"分裂行径。

2. 对照应用文基本知识，分析下面应用文的主旨、结构、材料和语言。

人文学科在西方遇冷？

新冠肺炎疫情的发生给高等教育带来了诸多深刻影响，其中之一就是跨学科研究的价值进一步凸显。在疫苗研发和治疗方法制定的过程中，科学发挥了巨大作用，但对人们动机和行为的研究也是公共卫生干预举措取得成功的关键要素，而这些离不开人文社会科学研究。跨学科并非一个新概念，但在过去的十年里，人们似乎对科学、技术、工程和数学(STEM)学科更加"偏重"。疫情等因素加速了一些人文课程的关闭，致使人文学科学者的焦虑进一步加深。

就业前景不被看好

美国艺术与科学院对人文学科状况的跟踪研究数据显示，在经过一段长期相对稳定的发展后，过去十年里，美国人文学科的本科生数量明显减少。2009 年，美国人文学科毕业生占所有学士学位获得者的 14.6%，但到 2018 年该比例下降至 10.2%。相比之下，工程学的这一比例从 2009 年的 6.6% 上升到 2018 年的 10.3%，健康与医学从 7.5% 升至 12.4%。如果将 STEM 学科定义为这些领域加上自然科学，则其整体所占份额从 22.7% 上升至 33.4%。在美国艺术与科学院人文、艺术与文化项目负责人罗伯特·汤森德(Robert Townsend)看来，造成这一转变的主要原因是经济状况以及人们对 STEM 学科就业前景看好。他表示，2008—2009 年的经济大萧条使人们对文化的态度发生了急剧转变。人文学科与经济危机之间的相关性在以往数据中也有体现。与此同时，在人文学科中，传播学越来越受欢迎，原因可能是该专业有相对更好的就业前景。但汤森德表示，这种转变不应完全归因于经济，人们的社交活动愈发远离阅读可能也是一部分原因，因为那些毕业生数量出现下降的学科大多是最需要专注于书籍阅读的。

在其他国家也存在着类似将教育与毕业生就业能力挂钩的情况。德国高等教育中心政策研究主任乌利奇·穆勒(Ulrich Müller)称，过去几年来，在德国学生入学总人数显著增长的背景下，人文学科的新生人数并没有随之增加。总体而言，德国 2006 年注册 STEM 学科的新生约占 36%，到 2019 年该比例上升到 38%，人文学科新生注册比例在此期间则从 20% 下降至 11%。在德国，STEM 专业毕业生往往受就业市场欢迎。虽然这种对就业能力的关注可能与经济状况有关，但穆勒认为这其中也有决策者的作用，增加 STEM 毕业生数量被作为一种政策目标。

在英国，长期招生趋势也表现出向 STEM 学科的偏移。有数据表明，自 2012 年英国本科学费大幅上涨以来，STEM 学科毕业生比例便一直上升，部分原因是学校要保证毕业生的就业能力。英国学术院首席执行官赫丹·沙阿(Hetan Shah)认为，德国自身经济结构使其对 STEM 学科的重视具有合理性，而英国偏重 STEM 学科的理由并不充分。原因在于英国经济以服务业为主导，尤其重视创意产业。英国学术院一项针对毕业生长期成就的研究显示，与 STEM 毕业生相比，艺术、人文和社会科学毕业生在就业可能性方面差异不大，但薪资差距被夸大了。尽管人文社会科学毕业生的起薪可能相对较低，但增长强劲。他认为，学位不应仅仅是为了就业以及培养就业技能，我们需要更广泛的评估标准来衡量学位的质量和价值。

此外，跨国招聘也可能是扰乱招生平衡的因素。美国俄亥俄州立大学国际事务主任卡洛琳·瓦格纳(Caroline Wagner)表示，大部分到西方国家学习的学生就读于 STEM 领域，因为回报更高、更容易转学，且对语言能力要求略低。

值得一提的是，很多相关数据显示，这种向 STEM 学科的偏重在发达国家更为突出，在迅速发展的新兴经济体中则没有预期那样明显。

人文教育价值不止在于经济

对于人文学科的相对弱势地位，人文学者表达了各自的担忧。例如，鼓励学生用实际可见的产出衡量高等教育将导致精英主义，人文学科会成为仅仅是背景最优越的人才能选择的学习方向。沙阿表示，如果艺术和人文学科成为特权和富裕阶层的专利，那么所得的研究成果可能也会失之偏颇。对于一些具有战略意义的领域而言，研究多样性缺失会带来危险的后果。

澳大利亚昆士兰大学人文学科高等研究所荣休教授格雷姆·特纳(Graeme Turner)表示，疫情对人文学科及其毕业生就业的影响不容忽视，但人文学科面临的压力并非新问题。对于那些认为人文学科属于特权阶层或者"无用"的观点，需要持续地加以批驳，且不应仅仅停留在探讨其经济效益的层面。人文学科要捍卫自身的实际应用价值，同时也要捍卫其在历史研究、批判等方面的核心价值。

穆勒表示，在德国，人们同样需要不断地证明人文学科的重要性。在他看来，如果人文学科不能解答重大社会问题，其价值难免受到质疑。沙阿对人文社会科学解答重大社会问题的能力持乐观态度，在他看来，任何难题的核心都是关于人和文化的问题。有调查显示，比起其他学科，人文学科更能吸引人们的兴趣。虽然编程训练营一类课程日益流行，但那些在晚年重返大学的群体中也有很多人选择学习人文科学课程。沙阿还建议，或许推广人文学科教育"微证书"能够鼓励那些早年没有机会学习的人进一步接受人文科学教育。

情境写作

阅读以下材料，请指出第二段材料写法上的问题，并加以改写。

❖ 材料一：市长信箱热心市民来信。

公租房为什么不建游泳池？

尊敬的人民政府领导：

公共租赁住房是由国家、政府专门面向中低收入群体出租的保障性住房、新型住房，因此公共租赁住房的建造、发展在国家特殊政策的支持下，解决了中低收入群体住房问题。这是人民政府为中低收入群体做的看得见的伟大政绩。但是，重庆在全国是有名的火炉城市，每年夏天都要连续高温达40°。中低收入群体公租房小区住户有5万、6万、7万人不等的特大小区，为什么都不修建游泳池？中低收入群体都不怕热吗？中低收入群体的孩子们就该热吗？井口美丽阳光家院住户多次向社区提出：为弱势群体孩子们作(着)想修建一个游泳池，夏天孩子也有去处。社区答复公共租赁住房的建造、发展由政府部门管。重庆年年高温达40°年年得过，为了孩子们身体健康，建造一游泳池吧。在此强烈请求政府好事做到底。

此致

敬礼

❖ 材料二：政府部门答复热心市民。

来信人，您好。

××市长信箱〔2020〕1159号邮件已收悉，现将相关情况回复如下：

公租房是政府面向社会解决群众保障性住房的一项新举措，目的让人民群众满足基本生活保障，共建小康。因规划公租房用地有限，无相关修建游泳池先例，如来信人对居住环境不满，建议您自行购买带有游泳池的高档小区住房，即可解决相关反映问题。

第二章　党政机关公文

【本章导读】

　　本章主要介绍党政机关公文，涉及党政机关公文中的命令(令)、决定、通知、公告、通告、通报、议案、报告、请示、批复、公报、决议、纪要、意见、函等各类文种。内容包括各文种的基本含义、作用、结构、写法等，并选择经典例文配合讲解，使学生能够了解该类公文的基本写作方法，并通过大量的案例研习有效地帮助学生巩固知识点。

第一节　党政机关公文的基本知识

一、党政机关公文的含义和文种

　　党政机关公文，也称法定公文。《党政机关公文处理工作条例》(中办发〔2012〕14 号)第三条规定："党政机关公文是党政机关实施领导、履行职能、处理公务的具有特定效力和规范体式的文书，是传达贯彻党和国家的方针政策，公布法规和规章，指导、布置和商洽工作，请示和答复问题，报告和交流情况等的重要工具。"《党政机关公文格式》规定："本标准适用于各级党政机关制发的公文。其他机关和单位的公文可以参照执行。"也就是说，由于各级党政机关使用公文时的权威性、规范化、制度化和科学化，党政机关公文在社会实践中自然成为普通公文的标准范式，党政机关公文的写作规范与运转流程实际上已被其他机关，如人大、政协、人民法院、人民检察院、军队系统、企事业单位、各类社会组织、人民团体等在公文的写作和使用中参照执行。本书中附录给出了《党政机关公文处理工作条例》的具体内容。

　　由中共中央办公厅和国务院办公厅联合印发、自 2012 年 7 月 1 日起施行的《党政机关公文处理工作条例》(中办发〔2012〕14 号)第八条规定，党政机关公文主要有以下 15 种：

　　(1) 决议：适用于会议讨论通过的重大决策事项。

　　(2) 决定：适用于对重要事项作出决策和部署、奖惩有关单位和人员、变更或者撤销下级机关不适当的决定事项。

　　(3) 命令(令)：适用于公布行政法规和规章、宣布施行重大强制性措施、批准授予和晋升衔级、嘉奖有关单位和人员。

(4) 公报：适用于公布重要决定或者重大事项。

(5) 公告：适用于向国内外宣布重要事项或者法定事项。

(6) 通告：适用于在一定范围内公布应当遵守或者周知的事项。

(7) 意见：适用于对重要问题提出见解和处理办法。

(8) 通知：适用于发布、传达要求下级机关执行和有关单位周知或者执行的事项，批转、转发公文。

(9) 通报：适用于表彰先进、批评错误、传达重要精神和告知重要情况。

(10) 报告：适用于向上级机关汇报工作，反映情况，回复上级机关的询问。

(11) 请示：适用于向上级机关请求指示、批准事项。

(12) 批复：适用于答复下级机关请示事项。

(13) 议案：适用于各级人民政府按照法律程序向同级人民代表大会或者人民代表大会常务委员会提请审议事项。

(14) 函：适用于不相隶属机关之间商洽工作、询问和答复问题、请求批准和答复审批事项。

(15) 纪要：适用于记载会议主要情况和议定事项。

这 15 种党政机关行政公文主要用于自上而下传达党和国家的方针政策，公布法规制度，指示布置工作、通报交流情况；或自下而上请示问题、汇报工作；以及平行机关之间的商洽、询问、回复等公务需求。

由于社会的进步和科技的发展，党政机关公文的载体形态也越来越丰富。除了长久以来普遍使用的纸质公文外，还出现了光介质公文和磁介质文件。光介质文件是使用感光材料为信息载体的公文，如胶片型照片文件、影片文件、缩微胶片文件、光盘文件等。磁介质文件是以磁带、磁盘、磁鼓等磁性材料作为信息载体的文件，如录音文件、录像文件、电子文件等。

二、党政机关公文的特点

党政机关公文具有如下特点：

(1) 法定的权威性。党政机关公文是党政机关根据法定的权限和职责，对特定问题和工作作出的权威性指示和意见，用以传达政策、解决问题和推动工作。

(2) 明确的公务性。党政机关公文是党政机关根据工作需要，为解决某个特定问题或指导某项工作而制定的，是针对具体的任务、工作、事项作出的安排，写作有一定的时间限制。

(3) 特定的体式性。党政机关公文的体式、结构、行文规则、办理流程等都有统一明确的要求，不可随便变更。

(4) 严格的程序性。每一份党政机关公文从起草、审核、签发、校印到承办、归档、销毁等都有一套特定的流程，办理程序严密。

(5) 读者的定向性。党政机关公文行文必须依据隶属关系和职权范围确定，由什么机关制发、哪一级机构制发，发往哪一级机构，都有具体、明确的对应关系，有特定的发文对象。

(6) 用语的庄重性。党政机关公文以办事为目的，用语必须庄重、规范、平实，在文风和惯用语上自成一格。

三、党政机关公文的行文规范

《党政机关公文处理工作条例》第十三条规定："行文应当确有必要，讲求实效，注重针对性和可操作性。"《天津市人民政府办公厅关于进一步加强政府系统公文管理的意见》(津政办发〔2020〕32号)也明确为"深入落实中共中央办公厅《关于解决形式主义突出问题为基层减负的通知》《关于持续解决困扰基层的形式主义问题为决胜全面建成小康社会提供坚强作风保证的通知》精神和市委部署要求，从市政府层面做起，层层严格控制发文，大幅度减少各类文件数量。"也就是说，党政机关公文应当本着少而精的原则，从实际出发控制发文数量和范围。

行文规范包括行文关系、行文方向与行文规则三个方面。

(一) 行文关系

党政机关公文的行文关系是指发文机关与收文机关之间公文往来授受的关系。行文关系依据党政机关之间的组织系统、领导关系和职权范围等条件确定。

(1) 确定行文关系的基本原则。各级党政机关的行文关系，应根据各自的隶属关系和职权范围来确定，即地方各级党组织服从党中央、地方各级政府服从国务院(中央人民政府)是我国各级党政机关行文关系的基本原则。

(2) 各党政机关之间关系的划分。从党政机关的隶属关系和职权范围来分析，机关之间的关系大体上分为三类：

① 同一系统内的党政机关，既有上级领导机关，又有下级被领导机关，上下级机关之间，构成领导与被领导的关系；同一系统内的上级党政机关业务主管部门和下级机关业务部门之间构成业务指导与被指导关系，这类关系在行文时亦构成领导与被领导的关系。

② 同一系统内的同级机关之间的关系，属于平行关系。

③ 非同一系统的机关之间，无论级别高低；既无领导与被领导关系，又无上下级业务部门的指导关系，它们仅仅是一般性关系，属不相隶属关系。

(二) 行文方向

根据发文机关和收文机关之间不同的关系，法定公文的行文方向可划分为上行、下行、平行和中性行文四种。

(1) 上行文。上行文指下级党政机关向上级党政机关或下级党政机关业务主管部门向上级党政机关业务主管部门发送的公文，如议案、报告、请示等。

(2) 下行文。下行文指上级党政机关向下级党政机关或上级党政机关业务主管部门向下级党政机关业务部门发送的公文，如命令、决定、公告、通告、通知、通报、批复等。

(3) 平行文。平行文指同一系统内平行党政机关或非同一系统内不相隶属的党政机关之间相互发送的公文，如函。

(4) 中性行文。中性行文也称多向行文、不定向行文，指在不同的行文方向如上行、下行文、平行文中都可使用的公文，如意见、会议纪要。

(三) 行文规则

《党政机关公文处理工作条例》第十四条规定："行文关系根据隶属关系和职权范围确定。一般不得越级行文，特殊情况需要越级行文的，应当同时抄送被越过的机关。"

1. 上行文

《党政机关公文处理工作条例》第十五条规定，上行文应当遵循以下规则：

(1) 原则上主送一个上级机关，根据需要同时抄送相关上级机关和同级机关，不抄送下级机关。

(2) 党委、政府的部门向上级主管部门请示、报告重大事项，应当经本级党委、政府同意或者授权；属于部门职权范围内的事项应当直接报送上级主管部门。

(3) 下级机关的请示事项，如需以本机关名义向上级机关请示，应当提出倾向性意见后上报，不得原文转报上级机关。

(4) 请示应当一文一事。不得在报告等非请示性公文中夹带请示事项。

(5) 除上级机关负责人直接交办事项外，不得以本机关名义向上级机关负责人报送公文，不得以本机关负责人名义向上级机关报送公文。

(6) 受双重领导的机关向一个上级机关行文，必要时抄送另一个上级机关。

2. 下行文

《党政机关公文处理工作条例》第十六条规定，向下级机关行文，应当遵循以下规则：

(1) 主送受理机关，根据需要抄送相关机关。重要行文应当同时抄送发文机关的直接上级机关。

(2) 党委、政府的办公厅(室)根据本级党委、政府授权，可以向下级党委、政府行文，其他部门和单位不得向下级党委、政府发布指令性公文或者在公文中向下级党委、政府提出指令性要求。需经政府审批的具体事项，经政府同意后可以由政府职能部门行文，文中须注明已经政府同意。

(3) 党委、政府的部门在各自职权范围内可以向下级党委、政府的相关部门行文。

(4) 涉及多个部门职权范围内的事务，部门之间未协商一致的，不得向下行文；擅自行文的，上级机关应当责令其纠正或者撤销。

(5) 上级机关向受双重领导的下级机关行文，必要时抄送该下级机关的另一个上级机关。

此外，《党政机关公文处理工作条例》第十七条规定："同级党政机关、党政机关与其他同级机关必要时可以联合行文。属于党委、政府各自职权范围内的工作，不得联合行文。党委、政府的部门依据职权可以相互行文。部门内设机构除办公厅(室)外不得对外正式行文。"

四、党政机关公文的行文流程

法定公文的行文流程包含三个重要环节，即发文办理、收文办理和公文管理。

(一) 发文办理

发文办理指发文机关制发公文的全过程，主要包括草拟、审核、签发、登记、印刷、用印、分发等程序。

草拟公文时，机关负责人应当主持、指导重要公文起草工作，应当做到公文主旨符合党的理论路线方针政策和国家法律法规，完整准确体现发文机关意图，并同现行有关公文相衔接。深入调查研究，充分进行论证，广泛听取意见。一切从实际出发，分析问题实事求是，所提政策措施和办法切实可行。内容简洁，主题突出，观点鲜明，结构严谨，表述准确，文字精练。文种正确，格式规范。另外，公文涉及其他地区或者部门职权范围内的事项，起草单位必须征求相关地区或者部门意见，力求达成一致。

公文文稿签发前，应当由发文机关办公厅(室)进行审核。审核的重点是：行文理由是否充分，行文依据是否准确；内容是否符合党的理论路线方针政策和国家法律法规；是否完整准确体现发文机关意图；是否同现行有关公文相衔接；所提政策措施和办法是否切实可行；涉及有关地区或者部门职权范围内的事项是否经过充分协商并达成一致意见；文种是否正确，格式是否规范；人名、地名、时间、数字、段落顺序、引文等是否准确；文字、数字、计量单位和标点符号等用法是否规范；其他内容是否符合公文起草的有关要求。

在公文的签发环节，一般性质的公文应当经本机关负责人签发，重要性质的公文和上行文应当由本机关主要负责人签发。党委、政府的办公厅(室)根据党委、政府授权制发的公文，由受权机关主要负责人签发或者按照有关规定签发。签发人签发公文，应当签署意见、姓名和完整日期；圈阅或者签名的，视为同意。联合发文由所有联署机关的负责人会签。公文签发这一环节通常通过填写发文稿纸这一具体手续进行。

公文签发后应在本机关办公厅(室)进行统一登记，为公文确定发文字号、分送范围和印制份数并详细记载，然后交付印制。

公文印制必须确保质量和时效。涉密公文应当在符合保密要求的场所印制。

公文印制完毕，应当对公文的文字、格式和印刷质量进行检查，并由本机关办公厅(室)在每份公文的落款处逐一加盖本机关印章后分发。其中涉密公文应当通过机要交通、邮政机要通信、城市机要文件交换站或者收发件机关机要收发人员进行传递，通过密码电报或者符合国家保密规定的计算机信息系统进行传输。

(二) 收文办理

收文办理指收文机关收到公文后的办理过程，主要包括签收、登记、初审、承办、传阅、催办、答复等环节。

收文机关办公厅(室)收到公文后，应对收到的公文逐件清点，核对无误后填写发文机关的签收单，签字或者盖章，并注明签收时间。另外，收文机关办公厅(室)还应在本机关的收文登记簿上登记所收公文的主要信息和办理情况。

收到需要办理相关公务的公文时，收文机关办公厅(室)对收到的公文应当进行初审。初审的重点是：是否应当由本机关办理，是否符合行文规则，文种、格式是否符合要求，涉及其他地区或者部门职权范围内的事项是否已经协商、会签，是否符合公文起草的其他要求。经初审不符合规定的公文，应当及时退回来文单位并说明理由。

初审无误的公文，可以进入承办环节。对阅知性公文，收文机关办公厅(室)应当根据公文内容、要求和工作需要确定范围后分送。对批办性公文，收文机关办公厅(室)应当提出拟办意见报本机关负责人批示或者转有关部门办理；需要两个以上部门办理的，应当明确主办部门。紧急公文应当明确办理时限。承办部门对交办的公文应当及时办理，有明确办理时限要求的应当在规定时限内办理完毕。

收文机关办公厅(室)应当根据领导批示和工作需要将公文及时送传阅对象阅知或者批示。办理公文传阅应当随时掌握公文去向，不得漏传、误传、延误。

收文机关办公厅(室)应当及时了解掌握公文的办理进展情况，督促承办部门按期办结。紧急公文或者重要公文应当由专人负责催办。

收文机关办公厅(室)应当及时将公文的办理结果答复来文单位，并根据需要告知相关单位。

(三) 公文管理

公文管理是指公文的发文机关和收文机关对公文的保存及使用过程中的管理行为，主要包括归档、保管、保密、公开、复制、撤销、废止和销毁等环节。

公文归档指相关公务处理完毕后，公文的发文机关和收文机关应当根据有关档案法律法规以及机关档案管理规定，及时收集齐全、整理归档。其中两个以上机关联合办理的公文，原件由主办机关归档，相关机关保存复制件。机关负责人兼任其他机关职务的，在履行所兼职务过程中形成的公文，由其兼职机关归档。

党政机关公文应由文秘部门或者专人统一管理。设立党委(党组)的县级以上单位应当建立机要保密室和机要阅文室，并按照有关保密规定配备工作人员和必要的安全保密设施设备。

对于党政机关公文的保密事宜，在公文确定密级前，应当按照拟定的密级先行采取保密措施。确定密级后，应当按照所定密级严格管理。绝密级公文应当由专人管理。公文的密级需要变更或者解除的，由原确定密级的机关或者其上级机关决定。

党政机关公文的印发传达范围应当按照发文机关的要求执行；需要变更的，应当经发文机关批准。涉密公文公开发布前应当履行解密程序。公开发布的时间、形式和渠道，由发文机关确定。经批准公开发布的公文，同发文机关正式印发的公文具有同等效力。

对一般性党政机关公文进行复制或汇编机密级、秘密级党政机关公文，应当符合有关规定并经本机关负责人批准。绝密级公文一般不得复制、汇编，确有工作需要的，应当经发文机关或者其上级机关批准。复制、汇编的公文视同原件管理。复制件应当加盖复制机关戳记。翻印件应当注明翻印的机关名称、日期。汇编本的密级按照编入公文的最高密级标注。

党政机关公文的撤销和废止事宜，由发文机关、上级机关或者权力机关根据职权范围和有关法律法规决定。公文被撤销的，视为自发文之日起无效；公文被废止的，视为自废止之日起失效。

涉密公文应当按照发文机关的要求和有关规定进行清退或者销毁。另外，不具备归档和保存价值的公文，经批准后可以销毁。销毁涉密公文必须严格按照有关规定履行审批登记手续，确保不丢失、不漏销。个人不得私自销毁、留存涉密公文。

第二节 党政机关公文格式

为提高党政机关公文的规范化、标准化水平，2012 年 6 月 29 日，国家质量监督检验检疫总局、国家标准化管理委员会发布了《党政机关公文格式》国家标准(GB/T 9704—2012)。《党政机关公文格式》按照《党政机关公文处理工作条例》的有关规定，结合这些年来党政机关公文格式的实际应用，对公文用纸、印刷装订、格式要素、式样等作出了具体规定，使党政机关公文的表现形式更加规范。该标准的实施，有利于进一步提高各级党政机关公文的制作水平和质量，有力推动党政机关公文处理实现科学化、规范化。

 ## 一、党政机关公文用纸、版面及印制装订

1. 用纸

公文用纸一般使用纸张定量为 60～80 g/m² 的胶版印刷纸或复印纸。纸张白度 80%～90%，横向耐折度不小于 15 次，不透明度不小于 85%，pH 值为 7.5～9.5。

公文用纸采用 GB/T 148 中规定的 A4 型纸，其成品幅面尺寸为 210 mm × 297 mm。

2. 版面

公文用纸天头(上白边)为 37 mm ± 1 mm，公文用纸订口(左白边)为 28 mm ± 1 mm，版心尺寸为 156 mm × 225 mm，参看图 2-1。

如无特殊说明，公文格式各要素一般用 3 号仿宋体字。特定情况可以作适当调整。如保密期限、紧急程度用 3 号黑体，签发人姓名用 3 号楷体，标题用 2 号小标宋体，版记要素使用 4 号仿宋字体。

一般每面排 22 行，每行排 28 个字，并撑满版心。特定情况可以作适当调整。

如无特殊说明，公文中文字的颜色均为黑色。公文一般除了发文机关标志、版头中的分隔线、发文机关印章、签发人签名章为红色外，其余部分均为黑色。

3. 印制装订要求

版面干净无底灰，字迹清楚无断划，尺寸标准，版心不斜，误差不超过 1 mm。

双面印刷；页码套正，两面误差不超过 2 mm。黑色油墨应当达到色谱所标 BL100%，红色油墨应当达到色谱所标 Y80%、M80%。印品着墨实、均匀；字面不花、不白、无断划。

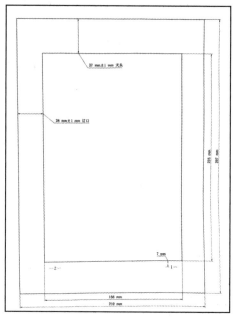

图 2-1 A4 型纸天头、订口和版心尺寸

公文应当左侧装订，不掉页，两页页码之间误差不超过 4 mm，裁切后的成品尺寸允

许误差为 ±2 mm，四角成 90°，无毛茬或缺损。

骑马订或平订的公文应当：

(1) 订位为两钉外订眼距版面上下边缘各 70 mm 处，允许误差为 ±4 mm；

(2) 无坏钉、漏钉、重钉，钉脚平伏牢固；

(3) 骑马订钉锯均订在折缝线上，平订钉锯与书脊间的距离为 3～5 mm。

包本装订公文的封皮(封面、书脊、封底)与书芯应吻合、包紧、包平、不脱落。

二、党政机关公文的文面格式

《党政机关公文处理工作条例》第九条规定，"公文一般由份号、密级和保密期限、紧急程度、发文机关标志、发文字号、签发人、标题、主送机关、正文、附件说明、发文机关署名、成文日期、印章、附注、附件、抄送机关、印发机关和印发日期、页码等组成。"《党政机关公文格式》将版心内的公文格式各要素划分为版头、主体、版记三部分。公文首页红色分隔线以上的部分称为版头；公文首页红色分隔线(不含)以下、公文末页首条分隔线(不含)以上的部分称为主体；公文末页首条分隔线以下、末条分隔线以上的部分称为版记，参看图 2-2。

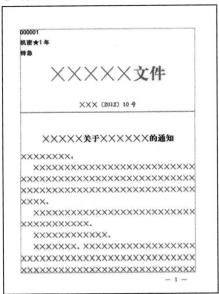
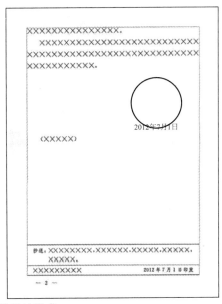

图 2-2　公文的具体形式

其中法定公文版头部分(习惯上又称文头部分)的组成要件有份号、密级和保密期限、紧急程度、发文机关标志、发文字号、签发人、版头中的分隔线等；主体部分的组成要件有标题、主送机关、正文、附件说明、发文机关署名、成文日期和印章(本书以圆圈代替)、附注、附件等；版记部分(习惯上又称文尾部分)的组成要件有版记中的分隔线、抄送机关、印发机关和印发日期等。下面就各个组成要素逐一加以说明：

(一) 版头

(1) 份号：公文印制份数的顺序号。涉密公文应当标注份号，这样发文机关根据份号可以掌握每一份公文的去向。收发文件的机关均须对份号进行登记。如需标注份号，一般用 6 位 3 号阿拉伯数字，编虚位补齐，在版头左上角第一行顶格标注。实际使用中推荐使用 3～6 位阿拉伯数字，即第一份公文份号可编为"001""0001""00001""000001"。

(2) 密级和保密期限：公文的秘密等级和保密的期限。党政机关公文的秘密等级一般分为绝密、机密、秘密三个等级。涉密的公文应当在版头左上角第二行顶格标注密级和保密期限，密级和保密期限之间用"★"隔开，保密期限中的数字用阿拉伯数字标注。

(3) 紧急程度：公文送达和办理的时限要求。党政机关纸质公文的紧急程度一般分为"特急""加急"两种，电报公文的紧急程度则分为"特提""特急""加急""平急"四种。如需标明紧急程度时，应在版头左上角顶格标明；如需同时标注份号、密级和保密期限、紧急程度，则按照份号、密级和保密期限、紧急程度的顺序自上而下分行排列。

注意：如遇到较为紧急的行政事务、突发事件等，这时的通告、通知、申请、审批等有时会用明传电报形式传递。明传电报是指不仅发给某一特定收报人，而是发给众多单位或个人的电报；同时该电报内容无需保密，可以使用大众码来传递。为了确保公文的时效性，使紧急事项得以及时处理，明传电报按紧急程度划分为"特提，特急，加急，平急"四个等级，从左到右，紧急程度依次降低。明传电报类似红头文件，内容公开无需保密。但又区别红头文件，一般红头文件逐级传送。

(4) 发文机关标志：由发文机关全称或者规范化简称加"文件"二字组成(限下行文)，也可以只使用发文机关全称或者规范化简称(限平行文与上行文)，参看图 2-3。联合行文时，发文机关标志可以并用联合发文机关名称，也可以单独用主办机关名称，参看图 2-4。发文机关标志应居中排布，颜色为红色，即人们通常所说的"红头"。

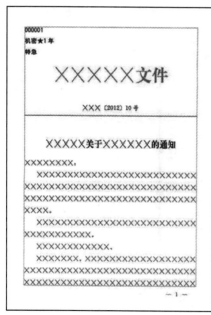

图 2-3　公文首页版式

图 2-4　联合行文公文首页版式 1

(5) 发文字号：是每一份党政公文都必须具有的唯一性的身份标识，由发文机关代字、年份、发文顺序号组成，如"国办发〔2022〕45 号"。联合行文时，使用主办机关的发文字号。发文机关代字是由发文机关文秘部门为本机关所有部门统一编制的规范化缩写加"发"或"函"等组成。一般由两个层次组成。第一个层次是发文机关代字，第二个层次是发文机关主办文件的部门的代字。如教育部文件的机关代字有"教师""教职成"等，"教"代教育部，"师"代主办这份教育部文件的教师工作司，"职成"代主办这份教育部文件的职业教育与成人教育司。读懂机关代字很重要，特别是知道了文件的主办部门是谁，可以比较准确地对文件进行分办、查询和保存归档。

年份、发文顺序号用阿拉伯数字标注；年份应标全称，用六角括号"〔〕"括入；发文顺序号是一个发文机关一年内制发文件的统一流水号，一般建议以不同发文形式分别进行统一编号，如以本机关名义制发的公文可以统一编号，以本机关办公厅名义制发的公文另行统一编号。发文顺序号不加"第"字，不编虚位(即1不编为01)，在阿拉伯数字后加"号"字。发文字号位于发文机关标志下空二行居中位置；上行文的发文字号居左空一字编排，与最后一个签发人姓名处在同一行。

注意：国务院文件的发文字号里发文机关代字常用国令、国发、国函、国办发、国办函等。"国令"用于国务院令，由总理签署；"国发"用于国务院发布的重要政策意见。"国函"用于国务院对下级政府批复的文件；"国办发"用于国务院办公厅发布的相关指导意见；"国办函"用于国务院办公厅发布的相关答复、转文类文件。

另，发文字号属于版头组成要素，由于教材例文只引用党政机关文件的主体部分，故将发文字号列于文件标题下以便于查检。

(6) 签发人：上行文应当标注签发人姓名。由"签发人"三字加冒号和签发人姓名组成，位置在发文机关标志下空二行居右空一字位置。如有多个签发人，签发人姓名按照发文机关的排列顺序从左到右、自上而下依次均匀编排，一般每行排两个姓名，回行时与上一行第一个签发人姓名对齐，参看图2-5。

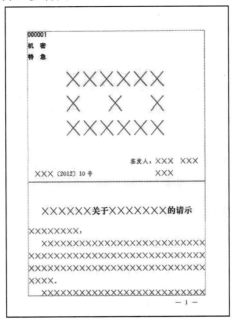

图2-5　联合行文公文首页版式2

(7) 版头中的分隔线：发文字号之下 4 mm 处居中印一条与版心等宽的红色分隔线。

(二) 主体

1. 公文标题

公文标题是公文的眉目，一般用 2 号小标宋体字，编排于红色分隔线下空二行位置，分一行或多行居中排布；回行时，要做到词意完整，排列对称，长短适宜，间距恰当，标题排列应当使用梯形或菱形。

公文标题一般由三个要件组成，即：发文机关名称＋事由＋文种。其中发文机关名称应当使用发文机关的全称或规范化简称。为法定公文的庄重严肃起见，即使公文眉首中已经明示了发文机关，标题中的发文机关仍不能省略。标题的事由部分一般由"关于"和某一高度概括公文内容的词组共同组成的介词结构来表示，除了某些内容简单的周知性公文以及少数事由无法用简单文字概括的公文外，一般均不能省略事由。文种的写作必须根据行文的目的、方向、内容的需要来确定，不能自创法定公文之外的文种，也不能将法定公文文种混淆使用。公文标题中标点符号的用法应当符合 GB/T 15834。

一般来说，公文标题中的缩略语或特定含义用语，应当用引号。如：

国家教材委员会关于印发《"党的领导"相关内容进大中小学课程教材指南》的通知

标题中某一部分需要注释或说明的，应当用括号。如：

国务院关于提请审议《中华人民共和国劳动法(草案)》的议案。

标题中出现并列词、词组、短语，中间应用顿号。如：

××大学关于陈××、周××同志任免职的通知

标题中出现报刊名、书名、法规规章名称等应当用书名号。如：

××大学关于印发《××大学本科高水平教学成果奖励办法》的通知

2. 主送机关

主送机关指公文的主要受理机关，应当使用全称或者规范化简称、统称。主送机关位于标题下空一行居左顶格位置，最后一个机关名称后应标冒号。如主送机关名称过多导致公文首页不能显示正文时，应当将主送机关名称移至版记区。

写作小技巧(一) ——如何给多个主送机关排序？

当法定公文的主送机关是全体下级时，便会出现多个主送机关同时并列的情形，这时应先列举出全体下一级党政机关名称，再列举出本级党政机关内属各职能部门名称。如国务院下发通知时的主送机关为："各省、自治区、直辖市人民政府，国务院各部委、各直属机构"，其中"各省、自治区、直辖市人民政府"作为全体下一级行政机关排列在前，"国务院各部委、各直属机构"作为国务院内属各职能部门排列在后。不同类型和级别的机关名称之间用逗号隔开，相同类型和级别的机关名称之间用顿号隔开。

3. 正文

正文是公文的主体，用来表述公文的内容。公文首页必须显示正文，一般用 3 号仿宋体字。正文位于主送机关名称下一行，每个自然段左空二字，回行顶格。文中结构层次序数依次可以用"一、""（一）""1.""（1）"标注。一般第一层用黑体字、第二层用楷体字、第三层和第四层用仿宋体字标注。

4. 附件说明

附件说明用以说明公文附件的顺序号和名称。有时公文正文中的一些内容，如图表、名单、规定等，如果穿插在正文中往往会断开公文的前后联系，造成阅读上的不便，因此需要将其抽出来作为公文补充去单独表述，即附件，实质上是正文内容的组成部分，与正文具有同等效力。如有附件，应在正文下空一行左空二字编排"附件"二字，后标冒号和附件名称。如有多个附件，应使用阿拉伯数字标注附件顺序号（如"附件：1.×××××××××"）；附件名称后不加标点符号。附件名称较长需回行时，应当与上一行附件名称的首字对齐，参看图 2-6。

注意：《〈党政机关公文格式〉国家标准应用指南》提到："在正文中写明报送、批转、转发、印发等字样的公文，在其生效标志后附的内容不是公文的附件，因此在附件说明处不必标注相关内容。"

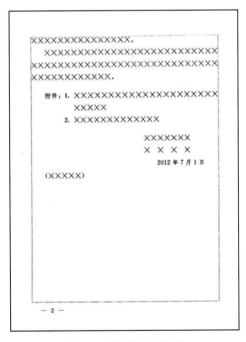

图 2-6　附件说明页版式

5. 发文机关署名、成文日期、印章

根据《党政机关公文处理工作条例》和《党政机关公文格式》有关规定，公文应当在"正文"要素后（如有附件，则在"附件说明"要素后）标注"发文机关署名""成文日期"和"印章"要素（可不加盖印章的除外）。这三个要素便是我们日常工作中俗称的"落款"，共同构成是公文的生效标志。实际使用中也有省略发文机关的灵活处理情况。

发文机关署名：是指党政机关公文的结尾一般应署写发文机关全称或者规范化简称。联合行文署名时，应当先编排主办机关署名，其余发文机关署名依次向下编排。署名应位于正文右下方适当位置。

成文日期：《党政机关公文处理工作条例》规定，成文日期署写会议通过的日期或发文机关负责人签发的日期；联合行文时，应署写最后签发机关负责人签发的日期。具体来说，成文日期在公文中的标注位置有两种：一种是在公文标题之下圆括号"()"内写完整的年、月、日，如会议通过的决议；另一种是在公文正文或附件说明的右下方标注，编排时右空四个字，以确保印章不超出版心。成文日期中的数字应使用阿拉伯数字，将年、月、日标全，年份应标全称，月、日不编虚位(即 1 不编为 01)。

印章：是公文印制生效的标志，印章应用红色，不得出现空白印章。公文中有发文机关署名的，应当加盖发文机关印章，并与署名机关名称相符。上行文一定要加盖印章；联合下行文时，所有联署行文机关均须加盖印章；有特定发文机关标志、无署名的普发性公文和电报可以不加盖印章；会议纪要也不加盖印章。一般来说，加盖机关印章有"上大下小，骑年压月"的八字口诀。

(1) 加盖印章的公文。

单一机关行文时，一般在成文日期之上、以成文日期为准居中编排发文机关署名，印章端正、居中下压发文机关署名和成文日期，使发文机关署名和成文日期居印章中心偏下位置，印章顶端应当上距正文(或附件说明)一行之内，参看图 2-7。

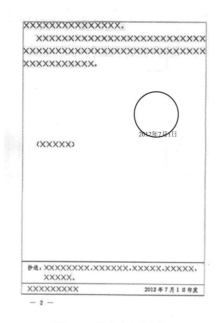

图 2-7　公文末页版式 1

联合行文时，一般将各发文机关署名按照发文机关顺序整齐排列在相应位置，并将印章一一对应、端正、居中下压发文机关署名，最后一个印章端正、居中下压发文机关署名和成文日期，印章之间排列整齐、互不相交或相切，每排印章两端不得超出版心，首排印章顶端应当上距正文(或附件说明)一行之内，参看图 2-8、图 2-9。

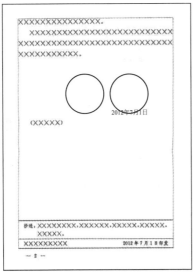

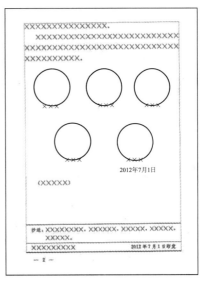

图 2-8　联合行文公文末页版式 1　　　　　图 2-9　联合行文公文末页版式 2

(2) 不加盖印章的公文。

　　单一机关行文时，在正文(或附件说明)下空一行右空二字编排发文机关署名，在发文机关署名下一行编排成文日期，首字比发文机关署名首字右移二字，如成文日期长于发文机关署名，应当使成文日期右空二字编排，并相应增加发文机关署名右空字数。联合行文时，应当先编排主办机关署名，其余发文机关署名依次向下编排，参看图 2-6、图 2-10。

　　(3) 加盖签发人签名章的公文。

　　签发人签名章也属于印章的一种特殊形式(如令、议案等)，签名章一般用红色。单一机关制发的公文加盖签发人签名章时，在正文(或附件说明)下空二行右空四字加盖签发人签名章，签名章左空二字标注签发人职务，以签名章为准上下居中排布。在签发人签名章下空一行右空四字编排成文日期，参看图 2-11。

图 2-10　公文末页版式 2　　　　　　　　图 2-11　命令格式首页版式

联合行文时，应当先编排主办机关签发人职务、签名章，其余机关签发人职务、签名章依次向下编排，与主办机关签发人职务、签名章上下对齐；每行只编排一个机关的签发人职务、签名章；签发人职务应当标注全称。

6. 附注

附注用于标注公文印发传达范围等需要说明的事项。印发传达范围一般针对下行文或平行文，如"此件公开发布""此件发至县团级"等。附注应居左空二字并加圆括号编排在成文日期的下一行。

7. 附件

附件用作公文正文的说明、补充或者参考资料。一般包括与正文相关的文字材料、数据、名单、图表等。附件一般在正文后一页另页编排，并位于版记之前，与公文正文一起装订。"附件"二字及附件顺序号用3号黑体字顶格编排在正文后一页左上角第一行。附件标题居中编排于同页第三行。附件顺序号和附件标题应当与公文主体部分的"附件说明"表述一致，参看图2-12。如附件过长，不适宜与正文一起装订，则应当在附件左上角第一行顶格编排公文的发文字号并在其后标注"附件"二字及附件顺序号。

注意：批转、转发、印发、报送类公文，被批转、转发、印发、报送的内容不按公文的附件处理，正文中不加附件说明，直接另面编排，附件首页也不标注"附件"二字。

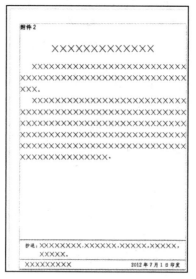

图2-12 带附件公文末页版式

(三) 版记

(1) 版记中的分隔线。版记中的分隔线与版心等宽，首条分隔线和末条分隔线用粗线(推荐高度为 0.35 mm)，中间的分隔线用细线(推荐高度为 0.25 mm)。首条分隔线位于版记中第一个要素之上，末条分隔线与公文最后一面的版心下边缘重合。

(2) 抄送机关。指除主送机关外需要执行或知晓公文的其他机关，应当使用全称或者规范化简称、统称。抄送机关应在印发机关和印发日期之上一行、左右各空一字编排。"抄送"二字后加冒号和抄送机关名称。抄送机关排列首先是上级机关，其次为同级机关，再次为下级机关。

如需把主送机关移至版记(参看第二章第二节·主体·主送机关),除将"抄送"二字改为"主送"外,编排方法同抄送机关。既有主送机关又有抄送机关时,应当将主送机关置于抄送机关之上一行,之间不加分隔线。

(3) 印发机关与印发时间。指公文的送印机关和送印日期。印发机关和印发日期一般编排在末条分隔线之上,印发机关左空一字,印发日期右空一字,用阿拉伯数字将年、月、日标全,年份应标全称,月、日不编虚位(即 1 不编为 01),后加"印发"二字。

三、党政机关公文的特定格式

公文的特定格式是相对公文的通用格式而言的,是公文通用格式的补充。《党政机关公文格式》 (GB/T 9704—2012)规定,党政机关公文使用中还存在以下三种特定格式:

(一) 命令(令)格式

发文机关标志由发文机关全称加"命令"或"令"字组成,居中排布,上边缘至版心上边缘为 20 mm,推荐使用红色小标宋体字。发文机关标志下空二行居中编排令号,令号下空二行编排正文,参看图 2-11。

(二) 纪要格式

纪要标志由"×××××纪要"组成,居中排布,上边缘至版心上边缘为 35 mm,推荐使用红色小标宋体字。标注出席人员名单,一般用 3 号黑体字,在正文或附件说明下空一行左空二字编排"出席"二字,后标全角冒号,冒号后用 3 号仿宋体字标注出席人单位、姓名,回行时与冒号后的首字对齐。标注请假和列席人员名单,除依次另起一行并将"出席"二字改为"请假"或"列席"外,编排方法同出席人员名单。纪要格式可以根据实际制定,参看图 2-13、图 2-14。

图 2-13 纪要格式首页版式

图 2-14 纪要格式末页版式

(三) 信函格式

"信函格式"是指公文格式中区别于"文件格式"的公文格式，相对简单，易操作，多见于通知、批复、函等文种，是公文办理中不可或缺的重要办文形式。以"函的形式"行文应注意选择使用与行文方向一致、与公文内容相符的文种。

发文机关标志使用发文机关全称或者规范化简称，居中排布，上边缘至上页边为30 mm，推荐使用红色小标宋体字。联合行文时，使用主办机关标志。

发文机关标志下 4 mm 处印一条红色双线(上粗下细)，距下页边 20 mm 处印一条红色双线(上细下粗)，线长均为 170 mm，居中排布。

如需标注份号、密级和保密期限、紧急程度，应当顶格居版心左边缘编排在第一条红色双线下，按照份号、密级和保密期限、紧急程度的顺序自上而下分行排列，第一个要素与该线的距离为 3 号汉字高度的 7/8。

发文字号顶格居版心右边缘编排在第一条红色双线下，与该线的距离为 3 号汉字高度的 7/8。

标题居中编排，与其上最后一个要素相距两行。

第二条红色双线上一行如有文字，与该线的距离为 3 号汉字高度的 7/8。

首页不显示页码。版记不加印发机关和印发日期、分隔线，位于公文最后一面版心内最下方，参看图 2-15、图 2-16。

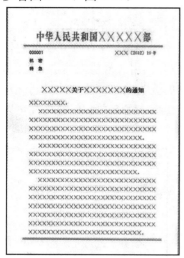

图 2-15　信函格式首页版式

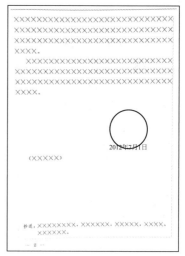

图 2-16　信函格式末页版式

四、党政机关电子公文

《党政机关公文处理工作条例》第三十八条规定"党政机关公文含电子公文。电子公文处理工作的具体办法另行制定。"

电子公文是指各地区、各部门通过由国务院办公厅统一配置的电子公文传输系统处理后形成的具有规范格式的公文的电子数据。2017 年 7 月 1 日开始实施的《党政机关电子公文系列标准》(GB/T 33476～33483—2016)，包括十项内容：

(1) GB/T 33476.1—2016《党政机关电子公文格式规范 第1部分：公文结构》规定了党政机关电子公文的结构模型及基于 XML 的公文结构描述。

(2) GB/T 33476.2—2016《党政机关电子公文格式规范 第2部分：显现》规定了使用文字处理软件制作显示效果符合 GB/T 9704-2012《党政机关公文格式》的电子公文时应遵循的原则、推荐的参数以及公文域实现要求。

(3) GB/T 33476.3—2016《党政机关电子公文格式规范 第3部分：实施指南》规定了使用 OFD 承载党政机关电子公文的具体方法，包括电子公文内容组成和要求、公文元数据、公文结构语义标引、电子签章及外部附件描述。

(4) GB/T 33480—2016《党政机关电子公文元数据规范》依据 GB/T 9704—2012 和电子文件管理的相关要求定义了电子公文的核心元数据，提出了元数据的扩展要求。

(5) GB/T 33477—2016《党政机关电子公文标识规范》规定了党政机关电子公文标识编码规则以及实施要求。

(6) GB/T 33481—2016《党政机关电子印章应用规范》规定了党政机关电子公文中应用电子印章的通用要求，制章要求、用章要求、验章要求以及相关的安全要求，还规定了签章组件的应用接口和相关约定。

(7) GB/T 33478—2016《党政机关电子公文应用接口规范》规定了电子公文标准化套件(文字处理软件、版式阅读软件和签章组件)的网页二次开发接口。

(8) GB/T 33479—2016《党政机关电子公文交换接口规范》规定了电子公文交换系统之间以及交换系统与电子公文处理系统间进行数据交换时采用的报文数据格式和接口。

(9) GB/T 33482—2016《党政机关电子公文系统建设规范》规定了党政机关电子公文系统的一般性要求、系统架构和系统各组成部分的建设要求等。

(10) GB/T 33483 2016《党政机关电子公文系统运维规范》规定了党政机关电子公文系统运行维护(以下称：运维)内容、运维准备、运维执行、运维验收、运维改进和运维过程管理。

第三节 命令(令)、公告、通告

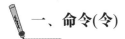

一、命令(令)

(一) 命令(令)的含义和种类

《党政机关公文处理工作条例》规定："命令(令)。适用于公布行政法规和规章、宣布施行重大强制性措施、批准授予和晋升衔级、嘉奖有关单位和人员。"

根据《中华人民共和国宪法》和《中华人民共和国地方各级人民代表大会和地方各级人民政府组织法》有关条文规定，只有全国人民代表大会常务委员会委员长、中华人民共和国主席、国务院总理、各部部长、各委员会主任、地方人民代表大会和县级以上的地方各级人民政府及军事机关才有权发布命令，其他一般机关、人民团体、企事业单位无权发布命令。

命令(令)有多种类型，根据命令(令)所涉及的不同公务活动性质，可分为公布法律、行政法规和规章的发布令，用于发布重大强制性行政措施的行政令，用于发布人事任免的任免令，用于发布表彰有关人员的嘉奖令，此外还有授勋令、惩戒令、动员令、戒严令、特赦令等。

(二) 命令(令)的结构和写法

命令(令)属于党政机关公文使用中的特定格式。一般由发文机关标志、令号、(主送机关)、正文和落款组成。

1. 发文机关标志

发文机关标志有两种写法：

(1) 发文机关＋事由＋文种。如《国务院、中央军委××××年征兵令》。

(2) 发文机关(或机关首长)＋文种。如《××省人民政府令》《中华人民共和国主席令》。

2. 令号

令号不同于一般公文的发文字号。常见的有三种写法：

(1) 可以采用一般法定公文使用的发文字号。

(2) 以年度单位，按发布时间顺序编号，具体形式为："××××年第××号"，其中年号和顺序号应使用阿拉伯数字，如：2022 年第 1 号。

(3) 以领导人任期为单位，按发布时间顺序排号，即从该领导人任职时开始编排，至任职期满为止，下届新领导人任职后重新编号。此种方式一般只有国家级领导人使用。其具体形式为"第×××号"，其中顺序号应使用阿拉伯数字。不过实际使用中也有使用汉字编号情况。

3. 主送机关

命令(令)的主送机关分两种情况，向全社会公布有关事项时，主送机关省略不用。面向特定政府管辖部门的命令则须标写出主送机关。

4. 正文

命令(令)一般无标题，令号和正文间无红色分隔线，令号下空两行编排正文。命令的种类不同，正文的写法和要求也有所不同。

(1) 发布令。发布令也称作公布令、颁布令。它是国家元首、国务院总理和有关行政部门用来公布法律、发布行政法规和规章的命令。在这类命令(令)正文之后，会随文附上所公布的法律、法规和规章的全文，即"令出法随"。这类公布令实际上成为所发布的法律、法规和规章的运行载体，是一种载体性公文。

正文包括两个内容：一是所公布的法规名称及其依据，二是施行的日期。至于法规的全文，直接另面编排，附件首页也不标注"附件"二字。

(2) 行政令。行政令是国务院及其各部门、县以上地方各级人民政府宣布施行重大强制性行政措施时发布的命令。

行政令的正文一般由发令原由与目的、命令事项和补充执行要求三个部分组成。

发令原由部分用于说明发布命令(令)的原因、依据和目的。在原由部分的结尾，一般使用文种过渡句来引领下文，如："为此，发布命令如下""为……特命令"等。

命令事项是行政令全文最重要的组成部分，一般都分条列项提出必须执行的事项。这部分在写作时应注意要对执行主体作清晰的界定，陈述必须执行的事项时条理清晰，语言简洁，语气庄重严肃。

补充执行要求部分主要用于强调命令事项的意义、发出希望和号召等。这一部分不是行政令的必要组成部分，通常情况下可以省略。

(3) 嘉奖令。嘉奖令是领导机关或领导人为嘉奖有关人员或有功集体而发布的命令。嘉奖令正文一般由嘉奖原因、嘉奖方法和嘉奖希望构成，具有极强的号召力。

嘉奖原因一般是对嘉奖对象主要事迹及评价，作为嘉奖命令依据。对嘉奖对象主要事迹的陈述应作概述处理，突出符合嘉奖目的的那部分事实，从嘉奖对象个别性的行为事实中提炼出具有普遍教育意义的本质特征来，舍弃其他与嘉奖目的无关的细枝末节。

嘉奖方法是嘉奖令的重要组成部分，一般先写出嘉奖目的，再写明嘉奖发出者和具体嘉奖办法，文字要求简洁。

嘉奖希望属于补充要求，主要用于强调嘉奖命令的意义，发出希望和号召等。

注意：由于命令(令)是极具庄重性的公文，惩戒令一般很少使用。领导机关对有关人员的惩戒往往使用决定或通报等文种行文。

(4) 任免令。这一类命令(令)专门用于任免的国务院组成人员。

任免令的正文通常由任免的依据，被任免者的姓名及所任免的职务等要素组成，是命令中结构最简单的一种类型。

5. 落款

命令(令)的落款由签署命令的领导人签名章以及成文日期组成。

在签署领导人姓名时，须先标明该领导人职务，再标明该领导人姓名，国家最高领导人签署命令时，职务应写全称，如"中华人民共和国国家主席　习近平"，其他领导人签署命令时，职务可写简称，如："总理　李克强""部长　×××""省长　×××"。署名写在正文的右下方、成文日期之上。

(三) 实践例文图例

命令(令)在实践中的结构及写法参看图 2-17。

图 2-17　命令(令)结构及写法实例

(四) 例文

1. 发布令

中华人民共和国国务院令

第 745 号

《关键信息基础设施安全保护条例》已经 2021 年 4 月 27 日国务院第 133 次常务会议通过，现予公布，自 2021 年 9 月 1 日起施行。

总　理　李克强

2021 年 7 月 30 日

2. 行政令

云南省人民政府 2021 年森林草原防火命令

为有效预防和控制森林草原火灾发生，确保人民群众生命财产和国土生态安全，根据《中华人民共和国森林法》《森林防火条例》《草原防火条例》《云南省森林防火条例》等有关规定，特发布如下命令：

一、全省森林草原防火期为每年 12 月 1 日—次年 6 月 15 日，其中森林草原高火险期为 3 月 1 日—4 月 30 日。州市、县级人民政府可结合实际，按照规定调整森林草原防火期、森林草原高火险期，并按照程序备案和向社会公布。

二、森林草原防火区、森林草原高火险区由县级以上人民政府确定，根据实际情况实行封山管理并向社会公布。

三、任何单位和个人发现森林草原火灾，应立即拨打森林草原火警电话 12119 报警。

四、森林草原防火期内，必须严格遵守以下规定：

(一) 森林草原高火险期内，森林草原防火区禁止一切野外用火。

(二) 在森林草原防火区内禁止吸烟、烧纸、烧香点烛、烧蜂、烧山狩猎、烤火、野炊、使用火把照明、燃放烟花爆竹和孔明灯、焚烧垃圾等非生产性用火。

(三) 在森林草原防火区烧灰积肥，烧地(田)埂、甘蔗地、秸秆、牧草地，烧荒烧炭、爆破、电焊作业等野外生产用火，需落实防火措施，按照规定申请批准。未经批准，不得在森林草原防火区内擅自野外用火。

(四) 实行森林草原防火区设卡管理，在出入口设立检查站点和防火警示牌，禁止火源火种、易燃易爆物品等进入森林草原防火区，进出车辆和人员应当扫"防火码"进行实名登记，依法接受防火安全检查，遵守防火规定。任何单位和个人不得阻碍、拒绝检查。

凡违反以上规定的，县级林草行政主管部门依据有关法律法规给予处罚，并公开通报曝光；涉及公职人员违规违纪的问题线索，要依规依纪及时移送纪检监察机关处理。构成犯罪的，依法追究刑事责任。

五、严格落实防火工作责任制，强化属地领导责任、部门行业监管责任和生产经营单位主体责任，落实巡山护林员和网格化管理制度。森林草原防火期内，各级森林草原防灭火指挥机构和责任单位执行 24 小时值班和领导带班制度，各类扑救队伍做好科学扑救准备。

省长　王予波

2021 年 2 月 22 日

3. 嘉奖令

中华人民共和国主席令

第五十三号

为了隆重表彰在抗击新冠肺炎疫情斗争中作出杰出贡献的功勋模范人物，弘扬他们忠诚、担当、奉献的崇高品质，根据第十三届全国人民代表大会常务委员会第二十一次会议的决定，授予下列人士国家勋章、国家荣誉称号：

一、授予钟南山"共和国勋章"。

二、授予张伯礼、张定宇、陈薇(女)"人民英雄"国家荣誉称号。

中华人民共和国主席　习近平

2020 年 8 月 11 日

4. 任免令

中华人民共和国主席令

第九十七号

根据中华人民共和国第十三届全国人民代表大会常务委员会第三十次会议于 2021 年 8 月 20 日的决定：

免去陈宝生的教育部部长职务；

任命怀进鹏为教育部部长。

中华人民共和国主席　习近平

2021 年 8 月 20 日

二、公告、通告

(一) 公告的含义和种类

《党政机关公文处理工作条例》规定："公告。适用于向国内外宣布重要事项或者法定事项。"公告的发文机关一般限于级别较高的国家行政机关或权力机关以及被授权的新华社等，地方行政机关一般不使用公告，企事业单位一般不能制发公告。公告范围包括宣布国家领导人选举结果、宣布重大事务活动等。公告发布形式是通过新闻媒介公开传播，不用红头文件方式传播。

注意：目前实际使用中，公告使用范围有所延伸，如一些大学的校庆公告、人民法院的开庭公告等。不过社会上也有一些公告滥用现象，如"开业公告""停水公告"等，这些情况是由于不了解公告使用范围造成的，应当避免这种现象。

(二) 通告的含义和种类

《党政机关公文处理工作条例》规定:"通告。适用于在一定范围内公布应当遵守或者周知的事项。"通告是知照性下行文,具有鲜明的告知性和一定的制约性,特别是规章类通告,还会规定了惩处办法。通告的范围广泛,大到国家政策法规,小到公众生活中需要周知遵守的事项,各行各业都可能使用到。由于通告的内容多涉及一些具体的业务或工作,所以内容上又有专业性特点,比如银行系统关于存储业务的通告、交通管理局关于机动车出行要求的通告、税务局关于征税的通告等。

(三) 公告与通告的结构和写法

公告与通告的结构和写法相类似,它们的结构都由标题、发文字号、正文、落款等部分组成。

1. 标题

公告与通告的标题属普通法定公文标题形式,即:发文机关 + 事由 + 文种。

2. 发文字号

公告一般不使用常规发文字号。以年度为单位,按发布时间顺序编号,具体形式为:"××××年第××号",其中年号和顺序号应使用阿拉伯数字,实际使用中也有使用汉字编写现象。有些公告可以没有发文字号。

通告一般使用标准发文字号,有时也使用年度顺序编号,具体形式与公告相同。

注意: 公告与通告属于公开发布性公文,告知对象是社会公众,故无需标示特定的主送机关。

3. 正文

(1) 发布依据和目的。公告与通告的发布依据部分包括法律法规依据、行政依据两类。法律依据指行政法律法规的具体规定,行政依据指依法具有决定权的行政部门和会议的批准。发布依据的语言表述常同发布目的相结合,形成连贯的固定语句式,如:"为……,根据《××××××》(法律法规)有关规定,经××××(有决定权的行政部门或会议)批准,××××(发布机关)决定……,现将有关事项公告(通告)如下"。

(2) 规定事项。规定事项为单一事项时,发布依据与规定事项合为一段。规定事项有多项时,需分条列项说明。说明规定事项时应注意明确规定事项所涉及的社会公众、规定事项的具体要求、规定事项的起止期限等要件。在通告中,还常明确监督执行规定事项的机关和违反规定事项后的处罚办法。公告与通告还常在结尾以"本公告(通告)自发布之日起实施"统一标示规定事项的实施期限。规定事项的语言表述应条理清晰,语气严肃。

(3) 结语。公告与通告的结尾可分别使用"特此公告""特此通告"这样的结尾专用语。

4. 落款

公告与通告的落款由发文机关署名和成文日期并加盖印章组成。

写作小技巧(二)——如何分条列项？(1)

在法定公文的写作中经常遇到某项公务活动涉及诸多执行主体，诸多执行环节，必须分条列入项分别加以规定的情形，为使分条列项既做到整体上全面完备，各条之间又界限明确，可按下列思路来进行分项：

首先，可以按执行主体分项，即罗列出事项所涉及的所有执行主体，并对这些执行主体逐一分条列项提出要求，明确其各自应完成的任务及完成任务的具体方式。

其次，可以按工作环节分项，即罗列出事项所涉及的每个具体的工作环节，依照工作环节的前后顺序逐一分条列项，明确每一环节的责任主体，并规定其应当完成的任务及完成任务的方式。

再次，可以将上述两种方法结合使用，保留其内在特性，而在行文过程中兼顾各条项之间的文面均衡感，对执行主体或工作环节作适当的分拆与合并。

写作小技巧(三)——如何分条列项？(2)

在法定公文的写作中还会遇到一种常见的情形，即某项公务活动所涉及的执行主体不能穷尽，某项公务活动所涉及的工作环节也不能穷尽，这时我们可采取重点列举法来进行分条列项，即只列举出某项公务活动所涉及的重要事项，如重点执行主体、重点执行环节，再根据当前党政工作的指导方针、中心任务等标准判定重点执行主体或重点执行环节的重要程度，最后，依照由重到轻的顺序对重点执行主体或重点执行环节进行分条列项。

再次，可以将上述两种方法结合使用，保留其内在特性，而在行文过程中兼顾各条项之间的文面均衡感，对执行主体或工作环节作适当的分拆与合并。

(四) 公告与通告的区别

公告与通告都属公开发布性公文，通过各种传播媒介面向公众公开发布。公告与通告的不同点表现在：

(1) 发布主体不同。公告的发布主体通常是国家级行政机关或最高权力机关，如国务院、全国人民代表大会及其常务委员会。国家有关部门、各级人民政府、新华社经过授权也可以发布公告。通告的发布主体通常是行政级别较低的国家行政机关，人民团体、企事业单位也可使用。

(2) 发布范围不同。公告的告晓对象包括国内外所有相关组织和个人；通告的告晓对象仅限于国内或某一地区的相关组织和个人。

(3) 发布事项不同。公告的发布事项是"重大事项"或者"法定事项"。所谓"重大事项"是指国家层面的重要事项，如国家主要领导人选举结果、全国性哀悼活动、进行远距离导弹、火箭发射等国内外关注的重要事项。"法定事项"是指国家有关部门、各级人民政府依据国家法律法规规定必须公开的事项，如建设工程招投标、人民币存贷款利率调整、国家审计部门审计结果、组织纪念活动、组织国家考试等。通告的发布事项通常属于地方性重大事项或一般事项，只需在国内一定范围内周知并遵守。

(4) 发布形式不同。公告多采用报刊、网络、广播、电视等传媒方式发布。通告除了以上方式外，还可采用在具体地点广泛张贴、定向散发或逐级行文的方式发布。

(5) 语言表达不同。公告因有宣告作用，语气要求庄重、凝重；通告则要求平和、通俗、具体，以便适应通告受文群众不同文化层次的现状，达到“周知”和“遵守”的目的。

(6) 发布目的不同。一般来说，公告以“知”为目的，通告则要求“知且行”。

注意：目前公文实践中，遇到告知事项较为重要时，一般通告、公告均可。如《天津市人民政府关于试鸣防空警报的公告》(津政发〔2019〕22 号)、《上海市人民政府关于本市进行防空警报试鸣的通告》(沪府发〔2021〕20 号)。

(五) 实践例文图例

公告和通告在实践中的结构及写法参看图 2-18、图 2-19。

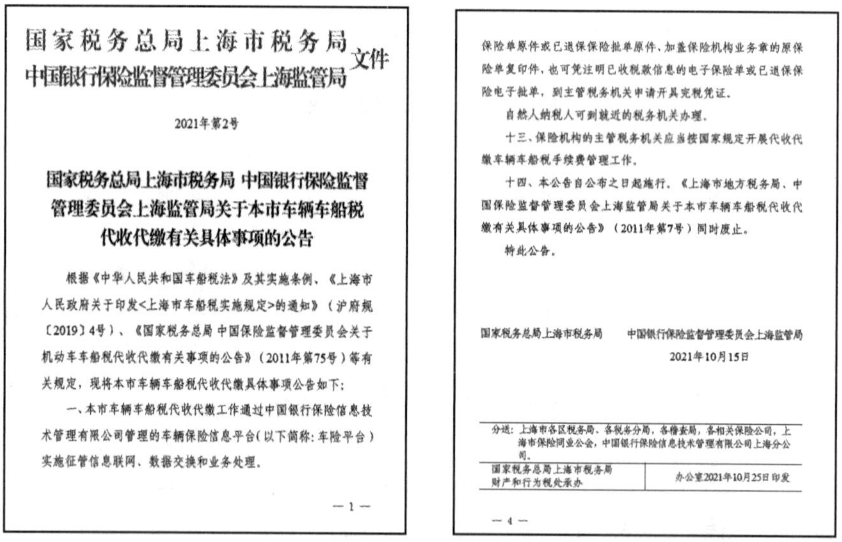

国家税务总局上海市税务局
中国银行保险监督管理委员会上海监管局 文件

2021年第2号

国家税务总局上海市税务局 中国银行保险监督管理委员会上海监管局关于本市车辆车船税代收代缴有关具体事项的公告

根据《中华人民共和国车船税法》及其实施条例、《上海市人民政府关于印发<上海市车船税实施规定>的通知》（沪府规〔2019〕4号）、《国家税务总局 中国保险监督管理委员会关于机动车车船税代收代缴有关事项的公告》（2011年第75号）等有关规定，现将本市车辆车船税代收代缴具体事项公告如下：

一、本市车辆车船税代收代缴工作通过中国银行保险信息技术管理有限公司管理的车辆保险信息平台（以下简称：车险平台）实施征管信息联网、数据交换和业务处理。

— 1 —

保险单原件或已退保保险批单原件、加盖保险机构业务章的原保险单复印件，也可凭注明已收税款信息的电子保险单或已退保保险电子批单，到主管税务机关申请开具完税凭证。

自然人纳税人可到就近的税务机关办理。

十三、保险机构的主管税务机关应当按国家规定开展代收代缴车辆车船税手续费管理工作。

十四、本公告自公布之日起施行。《上海市地方税务局、中国保险监督管理委员会上海监管局关于本市车辆车船税代收代缴有关具体事项的公告》（2011年第7号）同时废止。

特此公告。

国家税务总局上海市税务局　　中国银行保险监督管理委员会上海监管局

2021年10月15日

分送：上海市各区税务局、各税务分局，各稽查局，各相关保险公司，上海市保险同业公会，中国银行保险信息技术管理有限公司上海分公司。

国家税务总局上海市税务局财产和行为税处承办	办公室2021年10月25日印发

— 4 —

图 2-18　公告结构及写法实例

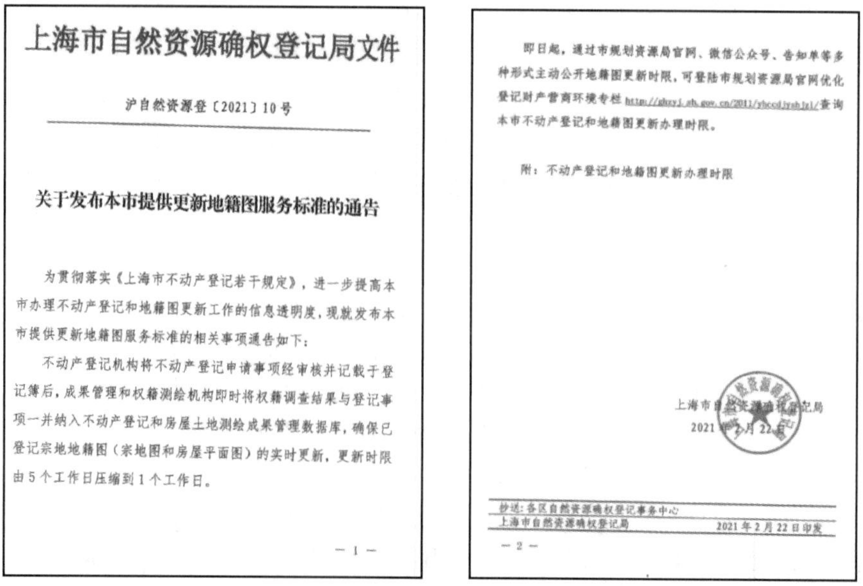

上海市自然资源确权登记局文件

沪自然资源登〔2021〕10 号

关于发布本市提供更新地籍图服务标准的通告

为贯彻落实《上海市不动产登记若干规定》，进一步提高本市办理不动产登记和地籍图更新工作的信息透明度，现就发布本市提供更新地籍图服务标准的相关事项通告如下：

不动产登记机构将不动产登记申请事项经审核并记载于登记簿后，成果管理和权籍测绘机构即时将权籍调查结果与登记事项一并纳入不动产登记和房屋土地测绘成果管理数据库，确保已登记宗地地籍图（宗地图和房屋平面图）的实时更新，更新时限由 5 个工作日压缩到 1 个工作日。

— 1 —

即日起，通过市规划资源局官网、微信公众号、告知单等多种形式主动公开地籍图更新时限，可登陆市规划资源局官网优化登记财产营商环境专栏 http://ghzyj.sh.gov.cn/2011/yhccdjyshjzl/查询本市不动产登记和地籍图更新办理时限。

附：不动产登记和地籍图更新办理时限

上海市自然资源确权登记局

2021 年 2 月 22 日

抄送：各区自然资源确权登记事务中心

上海市自然资源确权登记局　　2021 年 2 月 22 日印发

— 2 —

图 2-19　通告结构及写法实例

(六) 例文

1. 公告(重大事项)

中华人民共和国农业农村部公告

第 492 号

为深入贯彻落实国务院"放管服"改革精神，提高审批效率、优化服务水平，进一步方便行政许可申请人，我部决定对"从国外引进农业种子、苗木检疫审批"等 11 项行政许可事项(含部分子项或许可情形，见附件)实施全程电子化审批。自 2021 年 12 月 1 日起，上述许可事项或许可情形不再需要提交纸质申请表和申请资料，申请人可通过农业农村部政务服务平台(以下简称"平台")提交申请并上传电子版申请资料，在平台中即时查询受理和审批结果信息。我部根据网上申请材料进行受理、审查并作出审批决定，审批通过的，将发布公告或发送证书、批件。申请人应对其提交的申请资料真实性负责。对发现申请人隐瞒有关情况、提供虚假材料以及以欺骗等不正当手段取得行政许可的，按照《行政许可法》等相关法律法规进行处罚。

附件：实行全程电子化审批的行政许可事项清单

农业农村部

2021 年 11 月 17 日

2. 公告(法定事项)

国家知识产权局关于发布《商标审查审理指南》的公告

第四六二号

为规范商标审查审理程序，保障商标审查审理各环节法律适用统一和标准执行一致，国家知识产权局决定制定《商标审查审理指南》，现予发布，自 2022 年 1 月 1 日起施行，原《商标审查及审理标准》同时废止。

特此公告。

附件：商标审查审理指南

国家知识产权局

2021 年 11 月 16 日

3. 通告

长治市新冠肺炎疫情防控指挥部关于从严从紧强化疫情防控措施的通告

长新冠防指〔2022〕第 1 号

当前，我市周边疫情形势日趋严峻，为有效防范疫情传播风险，保障广大人民群众健康安全，坚决守好"长治阵地"，现就有关防控措施通告如下：

一、严格重点地区入(返)长人员排查管控

凡近 14 日内有从天津市、河南省和国内其他省份有中高风险地区及中高风险区所在地市、有病例报告但未调整风险等级地市入(返)长人员，必须第一时间向居住地社区(村)、单位、宾馆报备，接受社区管理，配合落实相应防疫措施。要按照"填平补齐"原则，对从高风险区入(返)长人员实施"14＋3"集中隔离医学观察；对从中风险区入(返)长人员实施"14＋3"居家隔离医学观察；对从中高风险地区所在地市、有本土阳性病例报告但未调整风险等级地市入(返)长人员，实施"7＋2"居家隔离医学观察。对从天津市低风险地区入(返)长人员实施"14＋3"居家隔离医学观察，对从河南省无病例发生地市入(返)长人员实施"7＋2"居家隔离医学观察。各县区要实行网格化管理，全面排查，不具备居家隔离条件的一律集中隔离。

二、严格交通场站排查管控交通场站(机场、火车站、长途汽车站)要严格落实体温检测、"三码联查"要求，对近14日内有省外旅居史的入(返)长人员严格查验48小时内核酸检测阴性证明，并在第一落点开展核酸采样。对中高风险地区入(返)长人员要由属地防控办实行点对点转运闭环管控；对中高风险区所在地市和有病例报告但未调整风险等级地市入(返)长人员，实行点对点对接管理，由入(返)长人员亲属或单位指派专人专车接入我市进行"7＋2"居家隔离医学观察，并对入(返)长人员及其亲属或单位等人员进行信息登记，报告属地疫情防控办，纳入属地管理；无亲属或单位人员对接的入(返)长人员实行"7＋2"集中隔离。

三、严格交通卡口检查站排查管控交通卡口要加强"第一落点"管控责任，对所有入(返)长车辆司乘人员落实体温检测、"三码联查"，对近14日内有省外旅居史的入(返)长人员严格查验48小时内核酸检测阴性证明，并在第一落点开展核酸采样。对天津市、有中高风险地区及中高风险区所在地市、有病例报告但未调整风险等级地市入(返)长人员予以劝返。对有河南省无病例发生地市旅居史入(返)长人员，除查验48小时内核酸检测阴性证明，并在第一落点开展核酸采样外，实行点对点对接管理，入(返)长人员由亲属或单位指派专人专车接入我市进行"7＋2"居家隔离医学观察，并对入(返)长人员及其亲属或单位等人员进行信息登记，报告属地疫情防控办，纳入属地管理。无法实现点对点对接管理的，原则上不予进入。必要生产生活物资运输车辆和关系国计民生的运输车辆，由属地及相关职能部门确保人员、车辆及货物实行闭环管理。

四、严格出省人员管理全市居民非必要不出省，尤其不要前往天津市、河南省。确需出省的人员经所在单位或所在村(社区)备案后方可出行，所在单位、村(社区)严格做好出省人员的备案和管理工作。需前往中高风险地区及中高风险区所在地市的人员须经本单位或属地疫情防控办批准，按"谁申请、谁批准、谁负责"要求，严格履行报批程序。

五、严格各类公共场所防控全市所有公共场所必须执行三项基本防控措施，做到戴口罩、测体温、验"两码"(健康码、行程码)。全市所有旅游景区暂停开放，所有旅行社及在线旅游企业暂停经营跨省团队旅游及"机票＋酒店"业务。全市所有人员密集、密闭型非生活必需的文体休闲娱乐场所暂停营业，包括影剧院、棋牌室、网吧、体育健身场所、演出场所、歌舞娱乐场所(KTV、舞厅、游戏游艺厅)、酒吧(清吧、慢摇吧)、足浴、按摩店、瑜伽馆、台球厅、艾灸馆、剧本杀、密室逃脱等相关场所。全市养老院、福利院、监所、医院等机构暂停一切探视活动。全市所有校外培训机构暂停开展线下教学工作。未设置发热门诊(诊室)的医疗机构、个体诊所要严格落实预检分诊工作制度，强化首诊负责制，在醒目位置张贴"本机构未设置发热门诊(诊室)"，不得接诊具有发热、干咳、乏力、嗅觉味觉减退、鼻塞、流涕、咽痛、结膜炎、肌痛和腹泻等新冠肺炎可疑症状的患者，发现具有上述症状的患者要及时报告县区卫生健康行政部门并做好信息登记，尽快通过转诊流程，将其转诊至设置发热门诊的医疗机构诊治。

六、严格控制大型聚集活动全市所有大型聚集性活动(大型演出、庙会、展销促销活动等)停办。要按照"非必要不举办"的原则，严控各类活动举行，各机关、企事业单位举办50人以上活动需制定疫情防控方案，报属地疫情防控办备案。全市酒店、餐饮服务接待就餐人数不得超过正常接待量的 50%。倡导"婚事缓办、丧事简办、宴会不办"，确需举办的尽可能缩小活动规模，自行举办 5 桌以上聚餐活动的，须向属地社区(村)备案，落实属地疫情防控措施。

本通告自即日起实行，暂定 3 月 2 日结束，如有调整，另行通知。

长治市新冠肺炎疫情防控指挥部
2022 年 1 月 10 日

第四节　决定、决议、公报

 一、决定

(一) 决定的含义和种类

《党政机关公文处理工作条例》规定："决定。适用于对重要事项作出决策和部署、奖惩有关单位和人员、变更或者撤销下级机关不适当的决定事项。"

决定可分为两大类，一类为知照性决定，一类为指挥性决定。

(1) 知照性决定。知照性决定中的决定事项只需要个别机关、人员贯彻执行，对其他下级机关只具有告晓作用，并无具体执行要求。常用的知照性决定有：奖惩决定、变更性决定、机构设置决定、人事任免决定等。

(2) 指挥性决定。指挥性决定的决定事项涉及全体下级，需要全体下级共同贯彻执行。常用的指挥性决定有：规范性决定，指导性决定，开展重要行动的决定等。

(二) 决定的结构和写法

决定一般由标题、主送机关、正文、(附件说明)、落款等部分组成。

(1) 标题。决定的标题属普通法定公文标题形式，即：发文机关＋事由＋文种。

(2) 主送机关。决定的主送机关一般为全体下级。但当决定的主送机关范围较大且不确定时，主送机关可省略。

(3) 正文。决定的正文部分的写法因决定种类的不同而有所不同。一般来说应包括以下内容：

① 决定依据。决定依据包括事实依据、法纪依据或党政依据。事实依据指奖惩决定中的先进事迹或错误事实，规范性、指导性决定中的行政管理对象的现状、行政处理过程等。法纪依据指党纪和行政法律法规的具体规定，党政依据指具有决定权的党政部门和会

议的批准等。这部分的叙述语言要求概括、准确、简洁。

② 所决定的事项。所决定的事项用于指挥工作的决定，要写明工作的任务、措施、要求等；用于表彰或惩处的决定，要写明表彰决定和项目，或处分决定和处罚方法。只有单一决定事项时，决定依据与决定事项合段写作。有多项决定事项时，应对决定事项分条列项，并在决定依据段落的结尾处运用文种过渡句："为……，××××(发文单位)特作如下决定"等作为导引。这部分的语言应条理清晰，严肃庄重。

③ 补充要求。补充要求主要用于强调决定的意义，向全体下级提出指导性要求，发出希望和号召等。

(4) 落款。决定的落款由发文机关署名和成文日期并加盖印章组成。

(三) 决定和命令(令)的区别

命令(令)和决定同属于下行文，都具有很强的指令性，所涉及的事项同属重大事项，但两者在使用上仍有较为明显的不同：

(1) 发文主体不同。命令(令)的使用主体由《中华人民共和国宪法》规定，仅限于中华人民共和国主席、国务院、国务院各部和各委员会，县级以上的地方各级人民政府。决定的使用主体不受任何限制，上至国务院，下至各级党政机关、人民团体、企事业单位都有权使用决定这一文种。

(2) 签署方式不同。命令(令)的签署者可以是县级以上人民政府或政府部门的首要负责人，命令(令)的落款中可以明示负责人的姓名，也可以是各级行政机关。决定的签署者只能是各级党政机关、人民团体、企事业单位，决定的落款中只可以签署发文机关署名。

(3) 事项轻重不同。命令(令)所涉及的事项均为单一重大事项。决定所涉事项可大可小，可重可轻，即使是重大事项，与命令(令)相比，在强制性上、奖惩层级上也有所区别。

(四) 实践例文图例

决定在实践中的结构及写法参看图 2-20。

图 2-20　决定结构及写法实例

(五) 例文

1. 知照性决定(奖励决定)

国家教材委员会关于首届全国教材建设奖奖励的决定

国教材〔2021〕6号

各省、自治区、直辖市教育厅(教委)、党委宣传部，新疆生产建设兵团教育局、党委宣传部，中央和国家机关有关部门相关负责机构，中央军委训练管理部办公厅：

为深入贯彻习近平新时代中国特色社会主义思想和习近平总书记关于教材建设的重要指示批示精神，落实党中央、国务院关于实施教材建设国家奖励制度的决策部署，国家教材委员会组织开展了首届全国教材建设奖评选工作。经评审委员会评审、评选工作领导小组审定、国家教材委员会批准，决定：

授予义务教育三科统编教材等10种教材"全国优秀教材特等奖"，授予《马克思主义哲学(第二版)》等200种教材"全国优秀教材一等奖"，授予《职业道德与法律(第五版)》等789种教材"全国优秀教材二等奖"，授予国家教材委员会语文学科专家委员会等99个集体"全国教材建设先进集体"称号，授予丁增稳等200名同志"全国教材建设先进个人"称号。

全国教材建设奖是教材领域的最高奖，是检阅、展示教材建设服务党和国家人才培养成果，增强教材工作者荣誉感、责任感，推动构建中国特色、世界水平教材体系的一项重大制度。希望全体获奖者珍惜荣誉、再接再厉、再创佳绩，做永葆先进本色的教材战线标兵。

全国教材工作者要以获奖者为榜样，牢记为党育人、为国育才初心使命，坚持正确政治方向，继承优良传统，推进改革创新，用心打造更多培根铸魂、启智增慧的精品教材，为加快推进教育现代化、建设教育强国、培养担当民族复兴大任的时代新人作出新的更大贡献！

附件：1. 全国优秀教材(基础教育类)奖励名单
   2. 全国优秀教材(职业教育与继续教育类)奖励名单
   3. 全国优秀教材(高等教育类)奖励名单
   4. 全国教材建设先进集体奖励名单
   5. 全国教材建设先进个人奖励名单

国家教材委员会
2021年9月26日

2. 指挥性决定(规范性决定)

上海市人民政府关于加强本市机场地区疫情防控工作的决定

沪府规〔2021〕11号

各区人民政府，市政府各委、办、局，各有关单位：

根据《国际民用航空公约》《中华人民共和国传染病防治法》《中华人民共和国突发事

件应对法》《上海市公共卫生应急管理条例》等有关国际公约和法律、法规以及国家有关要求，现就加强本市机场地区疫情防控工作作如下决定：

一、机场地区疫情防控工作坚持"依法履职、分工负责、协同高效"的原则，进一步完善疫情防控体系，切实提高疫情防控的科学性、及时性和有效性。

二、设立上海市空港管理委员会(以下简称"市空港委")，统筹协调市政府对机场地区的管理职能。市空港委主任由分管副市长担任，市政府相关部门、上海机场(集团)有限公司(以下简称"机场集团")和相关区政府、口岸查验单位、民航管理部门以及主基地航空运输企业等为成员单位。

市空港委下设办公室(以下简称"市空港办")，设在机场集团，市空港办主任由市政府分管副秘书长担任。市空港办全面负责机场地区疫情防控等各项工作的统筹协调和推进落实，以及市政府明确的其他统筹协调职责。

三、市交通、卫生健康、口岸、公安等部门，浦东国际机场、虹桥国际机场所在地的区政府和口岸查验单位、民航管理部门、主基地航空运输企业以及其他驻场单位根据疫情防控工作需要，按照各自职责指派专人入驻市空港办，协同做好机场地区疫情防控管理工作，并完成市空港办指派的任务。

四、机场地区各驻场单位和境内外航空运输企业应当严格遵守和执行国家、行业和本市的各项疫情防控管理规定，服从市空港办的统一指挥、协调和管理，切实承担疫情防控的主体责任。

五、机场地区各驻场单位和境内外航空运输企业应当及时、准确地将员工疫情防控相关信息纳入机场地区"健康空港"管理系统。

六、机场地区各驻场单位和境内外航空运输企业应当按照"四指定""四固定""两集中""两分离"等要求(具体含义附后)，对"人、物、环境"实施严格的疫情管控措施。

七、市空港办应当督促、检查各驻场单位和境内外航空运输企业落实疫情防控主体责任和各项防疫措施的情况。发现未落实主体责任和各项防疫措施的，应当予以督促落实，并及时告知或者报送有关部门处理；对违反规定的，由有关部门依法追究法律责任。

八、上海海关依法履行国境卫生检疫职责。口岸查验单位、民航管理部门和市卫生健康等部门为机场地区疫情防控工作提供专业技术支持，加强培训、指导和评估。机场地区成立公共卫生机构，按照规定做好疫情相关预防、控制工作。

本决定自2021年9月8日起施行。

上海市人民政府

2021年9月8日

二、决议

(一) 决议的含义和种类

《党政机关公文处理工作条例》规定："决议。适用于会议讨论通过的重大决策事项。"是指党政机关经会议讨论通过的某些重大决策事项并以会议名义正式公布，要求有关人员贯彻执行的指导性文件。

决议是一种兼具记录性、知照性和指令性的法定公文文种，可以使用决议的会议仅限于国家各级立法机构——各级人民代表大会及其常务委员会、执政党各级领导机构——各级党代会及中央、地方委员会。

根据决议所涉及的内容，可以分为知照性决议和指导性决议两类。

(1) 知照性决议。知照性决议用于宣布会议已经表决通过了重要的政府文件或执政党文件的事实，主要起告知作用。

(2) 指导性决议。指导性决议用于宣布重要会议的议程，传达会议的精神指导政府或执政党的工作。

(二) 决议的写法

决议的结构一般由标题、会议日期与名称、决议内容、结尾等部分组成。

(1) 标题。决议的标题属特殊法定公文标题，一般由会议全称＋事由＋文种组成。

(2) 会议日期与名称。会议日期与会议名称应加上"通过"二字，并外加圆括号位于标题正下方居中位置。如：(2021 年 11 月 11 日中国共产党第十九届中央委员会第六次全体会议通过)

注意：作为记录体式的法定公文，决议无需标示主送机关，也无需落款部分，且全文采用第三人称"会议"叙述。

(3) 决议内容。知照性决议内容需要明确几个要素：会议审查的相关政府文件、会议同意的对相关政府文件的审查结果报告、会议决定批准的相关政府文件。常用句式有"……(会议名称)审查了《……》(相关政府文件)，同意……(对相关政府文件的审查报告名称)，会议决定批准《……》(相关政府文件)"。

指导性决议内容，一般包括施政举措的必要性、应采取指导方针以及总体任务目标、具体施政举措等几个要素，其中必要性与应采取的指导方针要素偏重理论阐述，多使用直陈判断式给出定论，并不需要给出具体论据进行完整议论。在阐述施政总体任务目标及具体施政举措时可采用分条列项的方式行文。决议内容部分常用的固定段落引领语有"会议一致认为""会议指出""会议强调""会议提出""会议明确"等。

(4) 结尾。一般用于揭示意义、发出号召等，常用"会议提出""会议号召"等词作为段落引领词引出结尾段，也可以省略。

(三) 决定与决议不同之处

决定与决议都是下行文，都有规范、制约和指导作用。但要注意以下的区别：

(1) 发文机关不同。各级领导机关或机构都可以发布决定；而决议是由党政领导机关通过会议发布的，不能以机关名义发布。

(2) 内容作用不同。决定是对某一方面重大行动做出安排，通常带有指令性；而决议一般是对一个系统或一个单位的重要决策，既有指令性，也有说理性。

(3) 发文程序不同。决定既可以由会议讨论通过，也可以是领导机关或领导机关、单位的领导审定签发；而决议必须经过全体会议或代表大会通过才生效。

(4) 写作格式不同。决定由机关领导人签发，所以结尾要写明发文机关和成文日期；决议要求在标题之下标注通过此决议的会议名称和日期，不需签署部分。

(四) 例文

1. 知照性决议

中共中央关于党的百年奋斗重大成就和历史经验的决议

(2021 年 11 月 11 日中国共产党第十九届中央委员会第六次全体会议通过)

序　言

中国共产党自一九二一年成立以来，始终把为中国人民谋幸福、为中华民族谋复兴作为自己的初心使命，始终坚持共产主义理想和社会主义信念，团结带领全国各族人民为争取民族独立、人民解放和实现国家富强、人民幸福而不懈奋斗，已经走过一百年光辉历程。

一百年来，党领导人民浴血奋战、百折不挠，创造了新民主主义革命的伟大成就；自力更生、发愤图强，创造了社会主义革命和建设的伟大成就；解放思想、锐意进取，创造了改革开放和社会主义现代化建设的伟大成就；自信自强、守正创新，创造了新时代中国特色社会主义的伟大成就。党和人民百年奋斗，书写了中华民族几千年历史上最恢宏的史诗。

总结党的百年奋斗重大成就和历史经验，是在建党百年历史条件下开启全面建设社会主义现代化国家新征程、在新时代坚持和发展中国特色社会主义的需要；是增强政治意识、大局意识、核心意识、看齐意识，坚定道路自信、理论自信、制度自信、文化自信，做到坚决维护习近平同志党中央的核心、全党的核心地位，坚决维护党中央权威和集中统一领导，确保全党步调一致向前进的需要；是推进党的自我革命、提高全党斗争本领和应对风险挑战能力、永葆党的生机活力、团结带领全国各族人民为实现中华民族伟大复兴的中国梦而继续奋斗的需要。全党要坚持唯物史观和正确党史观，从党的百年奋斗中看清楚过去我们为什么能够成功、弄明白未来我们怎样才能继续成功，从而更加坚定、更加自觉地践行初心使命，在新时代更好坚持和发展中国特色社会主义。

一九四五年党的六届七中全会通过的《关于若干历史问题的决议》、一九八一年党的十一届六中全会通过的《关于建国以来党的若干历史问题的决议》，实事求是总结党的重大历史事件和重要经验教训，在重大历史关头统一了全党思想和行动，对推进党和人民事业发挥了重要引领作用，其基本论述和结论至今仍然适用。

一、夺取新民主主义革命伟大胜利(略)

二、完成社会主义革命和推进社会主义建设(略)

三、进行改革开放和社会主义现代化建设(略)

四、开创中国特色社会主义新时代(略)

五、中国共产党百年奋斗的历史意义(略)

六、中国共产党百年奋斗的历史经验(略)

七、新时代的中国共产党(略)

2. 指导性决议

全国人民代表大会常务委员会关于开展第八个五年法治宣传教育的决议

(2021年6月10日第十三届全国人民代表大会常务委员会第二十九次会议通过)

2016年至2020年，全国第七个五年法治宣传教育决议顺利实施，取得重要成果，全社会法治观念明显增强，社会治理法治化水平明显提高。当前，我国已开启全面建设社会主义现代化国家新征程，进入新发展阶段，为深入学习宣传贯彻习近平法治思想，使法治成为社会共识和基本准则，夯实全面依法治国的社会基础，有必要从2021年至2025年在全体公民中开展第八个五年法治宣传教育。通过开展第八个五年法治宣传教育，使公民法治素养和社会治理法治化水平显著提升，形成全社会尊法学法守法用法的良好氛围。特作决议如下：

一、以习近平法治思想引领全民普法工作。坚持习近平新时代中国特色社会主义思想，全面贯彻落实习近平法治思想，在党中央集中统一领导下推进全民普法工作。突出学习宣传习近平法治思想，推动习近平法治思想入脑入心、走深走实，引导全社会坚定不移走中国特色社会主义法治道路。紧紧围绕服务"十四五"时期经济社会发展，推动普法工作守正创新、提质增效、全面发展，为全面建设社会主义现代化国家营造良好法治环境。

二、大力弘扬社会主义法治精神。突出重点内容，深入宣传宪法和宪法相关法，全面落实宪法宣誓制度，加强宪法实施案例宣传，阐释好宪法精神和"中国之治"的制度基础；深入宣传民法典，全面提升民法典普法质量，让民法典深入人心。深入宣传促进科技创新、优化营商环境、加强生态环境保护等与推动高质量发展密切相关的法律法规；深入宣传加强国家安全体系和能力建设、推动更高水平平安中国建设等与社会治理现代化密切相关的法律法规。加强社会主义法治文化建设，弘扬社会主义核心价值观，推动中华优秀传统法律文化创造性转化、创新性发展，坚持依法治国与以德治国相结合，让人民群众感受到正义可期待、权利有保障、义务须履行，引导全社会树立权利与义务、个人自由与社会责任相统一的观念。

三、持续提升公民法治素养。实行公民终身法治教育制度，把法治教育纳入干部教育体系、国民教育体系、社会教育体系，不断提升全体公民法治意识和法治素养。落实国家工作人员学法用法制度，把法治素养和依法履职情况纳入考核评价干部的重要内容，引导国家工作人员树立社会主义法治理念，提高依法办事的意识和能力。重点抓好"关键少数"，发挥领导干部带头示范作用，建立领导干部应知应会法律法规清单制度，让尊法学法守法用法成为领导干部自觉行为和必备素质。大力加强青少年法治教育，全面落实《青少年法治教育大纲》，推动法治教育进课堂，教育引导青少年从小养成遵法守法习惯。

四、推进普法与依法治理有机融合。加强基层组织和部门、行业依法治理，深化法治乡村(社区)建设和依法治企、依法治校、依法治网，加大普法力度，完善预防性法律制度，推动形成办事依法、遇事找法、解决问题用法、化解矛盾靠法的法治环境。开展公共卫生安全、突发事件应急管理等方面的法治宣传教育，提高全社会应急状态下依法治理能力和水平，促进依法行动、依法行事。坚持依法治理与系统治理、综合治理、源头治理有机结合，深入开展多层次多形式法治创建活动，大力提高社会治理法治化水平。

五、着力提高普法工作的针对性和实效性。注重把普法深度融入立法、执法、司法和法律服务全过程，开展实时普法。加大以案普法、以案释法力度，使典型案事件依法处理过程成为全民普法的公开课。充分运用社会力量开展公益普法，健全社会普法教育机制。充分运用新技术新媒体开展精准普法，提高普法产品供给质量，使普法更为群众喜闻乐见。注重分层分类，坚持集中宣传教育与经常宣传教育相结合，重在常态化、制度化，把普法融入法治实践、基层治理和日常生活。

六、加强组织实施和监督检查。落实党政主要负责人推进法治建设第一责任人职责，进一步完善国家机关"谁执法谁普法"等普法责任制，全面落实普法责任清单制度，促进各社会团体、企事业单位以及其他组织履行普法责任，推动形成党委领导下的大普法工作格局。健全和落实媒体公益普法制度，加大融媒体普法力度。推动制定法治宣传教育法，为全民普法工作提供有力法律保障。健全普法工作评估指标体系和奖惩制度，做好中期评估和终期检查，加强检查结果的运用。各级人民政府要积极开展第八个五年法治宣传教育工作，向本级人民代表大会常务委员会报告工作开展情况。各级人民代表大会及其常务委员会要加强对法治宣传教育工作的监督检查，促进本决议有效实施。

三、公报

(一) 公报的含义和种类

《党政机关公文处理工作条例》规定："公报。适用于公布重要决定或者重大事项。"公报是一种公开发布的公务文书，它的制发主体是执政党，兼具政策权威性和新闻性。在公文写作实践中需要区分以下几种不同的公报：

(1) 会议公报。会议公报主要用于向国际、国内公开宣示执政党在自身召开的重要会议中所确定的治国理政的重大政策方针、重大决策事项，一般授权由权威媒体发布，这类公报属于由《党政机关公文处理工作条例》所界定的法定公文的范畴。

(2) 期刊公报。期刊公报包括国务院公报、各级政府公报、最高人民法院公报、最高人民检察院公报、全国人大公报、各级人大公报等，它们都属于文件汇编性质，由主办机关定期发布，用于向社会公开相关政策法令，是满足现代国家治理过程中信息公开要求的具体举措之一。作为汇编性质的期刊公报，它所包含的一组文件既可能是法定公文，也可能是事务文书，最重要的是它从不以单篇公文的形式出现，因而，期刊公报不属于法定公文文种。

(3) 统计公报。统计公报是一种用于权威机关向全社会公布有关国家、执政党、各行业等相关统计数字的公文文种，如国家统计局发布的《2021年国民经济与社会发展统计公报》、中共中央组织部发布的《2021年中国共产党党内统计公报》、中华人民共和国文化和旅游部发布的《2020年文化和旅游发展统计公报》等。这类公报可以由政府部门、执政党相关职能部门发布，也可以由掌握相关信息的行业组织、学术机构发布，不具备法定公文的文面要素和发文程序，应属于事务文书性质的公文。

(4) 外交公报。外交公报是一种常见的具有极强新闻功能的外交文件，又称新闻公报。外交公报分为单发公报和联发公报。单发公报主要用于以一国政府的名义，正式向外报道关于国家领导人出访、来访的消息等。联发公报通常称为联合公报，由双边或多边共同发表。其中政治性联合公报用于报道双方或多方对国际重大问题的共同看法，或介绍双边、多边事件的会谈进展情况，它无需各方代表签署，仅由各方议定文稿，在各自首都的重要报刊上发表。条约性联合公报则实录双方或多方对共同关心的事件经过谈判，最终达成的协议文本，规定各方享有的权利与承担的义务等，须经各自全权代表正式签署。从本质特性分析，外交公报属于外交专用公文，不属于普通公文范畴，当然，更不属于《党政机关公文处理工作条例》所界定法定公文。

(二) 公报的结构和写法

公报的结构一般由标题、会议日期与会议名称、会议情况介绍、评价分析与应对、议定事项、结尾等部分组成。

(1) 标题。公报的标题属特殊法定公文标题，即：会议名称＋文种。需要注意的是其中会议的名称必须使用全称，不能使用普通行文时的简称。

(2) 会议日期与会议名称。会议日期与会议名称后应加上"通过"二字，并外加圆括号位于标题正下方居中位置。

注意：作为记录体式的法定公文，公报不采用一般法定公文的书信体形式行文，故无需标示主送机关，无需落款部分。公报使用的是执政党会议的专用简称——"全会"，而非普通会议简称——"会议"。

(3) 会议情况介绍。会议情况介绍部分用于介绍会议相关情况，一般包括会议的时间、地点、出列席人员与人数、出席会议的主要领导人、会议的主持机构、会议的主要议程、会议的主要任务等要素，通常可以将其中的各要素适当组合分成数个段落的表述。

(4) 评价分析与应对。评价分析与应对部分包括对前阶段工作的回顾与评价、对现阶段面临形势的分析、提出下阶段工作的指导方针，在表达方面应注意高度概括，注重对执政党治国治党的方针作理论性阐述，无需涉及具体的工作事项。惯用句式有："全会总结了……，一致认为……""全会充分肯定……，一致认为……""全会高度评价……"(引领出对前段工作的回顾与评价)、"全会指出……"(引领出对现阶段形势的分析)、"全会强调……"(引领出所提出的下阶段工作的指导方针)。在这一层次的结尾通常不使用结合文种的过渡句。

(5) 议定事项。议定事项部分用于载明会议议定的执政党将要采行的下一段治国治党的若干重要举措，这一部分的表述一般不采用分列小标题的形式。

对于会议所确定的各项治国举措，一般以"全会要求……""全会对……做出系统部署""全会提出……"作为段落引领词，分段陈述各项具体举措。这部分在表达方式上应注意将议论与说明相结合，常用句式有："……(某项执政理念)是……(意义)，必须……(说明执政目标)，要……(说明具体执政手段)"。各项举措的阐述说明通常省略的执行主体，形成公报特有的语体风格。

对于会议所确定的各项治党举措，一般以"第一""第二""第三"作为引领，分段陈述各项具体举措。这部分在表达方式上以说明为主，通常省略各项执行主体，同时还应注意语气的严肃性，常使用"必须……""要……"等祈使句式以及"坚决""严格""严肃"等词语以突出其权威性。

(6) 结尾。公报的结尾一般用来强调会议的重要意义，以及向广大执政党成员发出号召，常以"全会号召"作为句首引领词。

(三) 例文

中国共产党第十九届中央委员会第六次全体会议公报

(2021 年 11 月 11 日中国共产党第十九届中央委员会第六次全体会议通过)

中国共产党第十九届中央委员会第六次全体会议,于 2021 年 11 月 8 日至 11 日在北京举行。

出席这次全会的有,中央委员 197 人,候补中央委员 151 人。中央纪律检查委员会常务委员会委员和有关方面负责同志列席会议。党的十九大代表中部分基层同志和专家学者也列席会议。

全会由中央政治局主持。中央委员会总书记习近平作了重要讲话。

全会听取和讨论了习近平受中央政治局委托作的工作报告,审议通过了《中共中央关于党的百年奋斗重大成就和历史经验的决议》,审议通过了《关于召开党的第二十次全国代表大会的决议》。习近平就《中共中央关于党的百年奋斗重大成就和历史经验的决议(讨论稿)》向全会作了说明。

全会充分肯定党的十九届五中全会以来中央政治局的工作。一致认为,一年来,世界百年未有之大变局和新冠肺炎疫情全球大流行交织影响,外部环境更趋复杂严峻,国内新冠肺炎疫情防控和经济社会发展各项任务极为繁重艰巨。中央政治局高举中国特色社会主义伟大旗帜,坚持以马克思列宁主义、毛泽东思想、邓小平理论、"三个代表"重要思想、科学发展观、习近平新时代中国特色社会主义思想为指导,全面贯彻党的十九大和十九届二中、三中、四中、五中全会精神,统筹国内国际两个大局,统筹疫情防控和经济社会发展,统筹发展和安全,坚持稳中求进工作总基调,全面贯彻新发展理念,加快构建新发展格局,经济保持较好发展态势,科技自立自强积极推进,改革开放不断深化,脱贫攻坚战如期打赢,民生保障有效改善,社会大局保持稳定,国防和军队现代化扎实推进,中国特色大国外交全面推进,党史学习教育扎实有效,战胜多种严重自然灾害,党和国家各项事业取得了新的重大成就。成功举办庆祝中国共产党成立 100 周年系列活动,中共中央总书记习近平发表重要讲话,正式宣布全面建成小康社会,激励全党全国各族人民意气风发踏上向第二个百年奋斗目标进军的新征程。

全会认为(略)

全会提出(略)

全会强调(略)

全会提出(略)

全会强调(略)

……

党中央号召,全党全军全国各族人民要更加紧密地团结在以习近平同志为核心的党中央周围,全面贯彻习近平新时代中国特色社会主义思想,大力弘扬伟大建党精神,勿忘昨天的苦难辉煌,无愧今天的使命担当,不负明天的伟大梦想,以史为鉴、开创未来,埋头苦干、勇毅前行,为实现第二个百年奋斗目标、实现中华民族伟大复兴的中国梦而不懈奋斗。我们坚信,在过去一百年赢得了伟大胜利和荣光的中国共产党和中国人民,必将在新时代新征程上赢得更加伟大的胜利和荣光!

第五节　通知、通报

 一、通知

(一) 通知的含义和分类

《党政机关公文处理工作条例》规定："通知。适用于发布、传达要求下级机关执行和有关单位周知或者执行的事项，批转、转发公文。"

通知的用途较为广泛，按照其不同用途和作用可分成三大类，即指示性通知、转文性通知、事务性通知。另外它的发文机关不受行政级别的限制，大到国家级党政机关，小到基层企事业单位，都可以发通知。通知行文简洁写法多样，是下行文中使用最为广泛的一种，很大程度上也是所有法定公文中使用最为广泛的一种。

注意：由于用通知发布的规章制度多涉及基层或局部性的，且用通知布置的工作郑重程度不如决定，所以在下行文中的规格要低于命令、决定等文种。

(二) 指示性通知的结构和写法

指示性通知用于上级党政机关或职能部门对下级党政机关或职能部门发出工作指令、要求全体下级机关普遍执行时使用。指示性通知所涉及的公务活动多属常规性工作范畴，一般不用于传达对重大事项的决策和安排。

指示性通知的结构一般由标题、主送机关、通知依据、通知事项、结尾、结语、落款等部分组成。

(1) 标题。指示性通知的标题属普通法定公文标题形式，即：发文机关＋事由＋文种。

(2) 主送机关。指示性通知的主送机关为全体下级。

(3) 通知依据。通知依据包括三个方面，一是事实依据，即党政管理工作所面临的现状；二是法纪依据，即国家法律法规的规定、党纪的规定；三是党政依据，即有决定权的党政机关的指令或相关党政会议的批准。这三方面依据在写作时可根据行文的实际需要进行取舍。

对事实依据的陈述一般先指出某方面工作所取得的主要成绩，再转入对现存的主要问题的归纳，并进一步指出其危害性。其中，对现存问题的陈述是通知依据的重点。陈述时应注意高度概括，只需归纳出问题的类型，无需涉及具体时间、地点、当事人、当事单位等事件细节。

法纪依据和党政依据的表述应明确具体，需指明具体的法律法规名称、党政机关相关指令的名称、相关党政会议名称，不宜用"有关法律""上级领导机关"等语句模糊化处理。

在通知依据的结尾，一般结合通知的发文目的和法纪党政依据使用过渡句组，如"为……，根据《××××××》(法律法规、党纪)有关规定，经××××× (有决定权的党政部门或会议)批准，×××××(发布机关)决定……，现将有关事项通知如下""为……，现就……有关事项通知如下"等。

(4) 通知事项。通知事项是指示性通知重要组成部分，事项较多时应分条列项加以说明。

事项划分时应注意做到从整体看全面完备、无所遗漏；从各条看分工明确、责任清晰，具备较强的可操作性，即明确具体的执行主体、执行时间、执行地点、执行程序与方式方法等要素。通知事项部分的语气应郑重严肃，经常使用含有"要""要求""不得""应该""必须"等词语的命令句式。

(5) 结尾。在指示性通知的结尾，有时需要统一提示通知事项的执行起止时限、违反执行事项后的处罚办法及监督执行机构。如果在通知事项部分已分项作出交代，则结尾部分可以省略。

(6) 结语。指示性通知的结尾可用结尾专用语"特此通知"，也可省略。

(7) 落款。指示性通知的落款由发文机关署名和成文日期并加盖印章组成。

(三) 转文性通知的分类、结构和写法

转文性通知是通知中的一个重要类别，用于上级机关把现有的文件转给下级机关了解与执行。上级机关向下转文时，必须标明主送机关，说明转文目的，并对受文机关提出执行要求，这就构成了一篇附在被转文件之前的公文，此即转文性通知。《〈党政机关公文格式〉国家标准应用指南》提到："在正文中写明报送、批转、转发、印发等字样的公文，在其生效标志后附的内容不是公文的附件，因此在附件说明处不必标注相关内容。"

转文性通知根据其具体用途可分为三种，即发布性通知、批转性通知和转发性通知。

发布性通知是指上级党政机关在向下级机关发布新制定的规章时使用的通知类型。

批转性通知是指上级党政机关对其所属的某一职能部门就其职权范围内的工作提出的意见和建议加以批准，先使之成为自身的意志，而后再转发给全体下级执行时使用的通知类型。

转发性通知是指党政机关接收到上级来文后，将其转发给自己的全体下级执行时使用的通知类型。

转文性通知的结构一般由标题、主送机关、转文依据、转文事实、补充要求、落款等部分组成。

1. 标题

转文性通知的标题属特殊法定公文标题形式，具体写法如下：

(1) 发布性通知标题的形式为：发文机关＋关于＋印发(发布)＋被发布文件名称＋文种，如：

国家教材委员会关于印发《"党的领导"相关内容进大中小学课程教材指南》的通知

(2) 批转性通知与转发性通知的标题写法相同，即：发文机关＋关于＋批转(或转发)＋(原发文机关)＋被批转文件标题＋文种。其中被批转文件属于法定公文时，其名称可以不使用书名号。如：

教育部办公厅关于转发上海市关于加强本市中小学生校服管理若干意见的通知
国务院批转发展改革委关于2018年深化经济体制改革重点任务意见的通知
缙云县人民政府关于批转《缙云县2021年度地质灾害防治方案》的通知

在法定公文的写作实践中，使用转发性通知时，常常遇到被转发的上级机关来文的文种也是通知的情形，这时一般仍应保留被转发文件文种，如：《××市教育委员会转发教育部关于做好春夏季中小学生和幼儿安全工作的紧急通知的通知》；也有将上级机关来文的文种"通知"改换为"文件"的特殊处理方式，如：《××市发展和改革委员会转发国家发展改革委关于提高国内成品油价格文件的通知》；不适宜采取直接省略转发性通知的文种的方式处理。

2. 主送机关

转文性通知的主送机关为全体下级。

3. 转文事实

这部分一般使用固定句式表述。

(1) 发布性通知一般先简要介绍发布公文的依据和目的，再表述转文事实。常用固定句式为："根据《××××××××》(相关法律法规)，为……(目的)，现将《×××××××××××》(印发文件名)印发给你们，请认真贯彻执行(遵照执行、参照执行)"。

(2) 批转性通知一般直接表述批准和转发事实，常用固定句式为："××××(被批转文件发文机关)《×××××××××××》(被批转文件名)已经××××(批准机关)同意，现转发给你们，请认真贯彻执行(遵照执行、参照执行)"；或"××××(批准机关)同意××××(被批转文件发文机关)《×××××××××××》(被批转文件名)，现转发给你们，请认真贯彻执行(遵照执行、参照执行)"。

(3) 转发性通知一般直接表述转发事实，常用固定句式为："现将××××(被转发文件发文机关)《×××××××××××》(被转发文件名)转发给你们，请认真贯彻执行(遵照执行、参照执行)"。

4. 补充要求

在转文性通知中，这部分用于发文机关结合本地区实际，对被转发文件中涉及的工作事项向下级提出的指导性要求、具体要求或希望和号召等。常用句式有"×××××(工作事项)对……有重要意义(作用)，×××××(发文机关)希望(号召)×××××(相关下级)……""现将××××(被转发文件发文机关)《×××××××××××》(被转发文件名)转发给你们，并提出如下工作要求，请一并认真贯彻落实。"补充要求部分不是转文性通知的必要组成部分，可以省略。

5. 落款

转文性通知的落款由发文机关署名和成文日期并加盖印章组成。

(四) 事务性通知的结构和写法

事务性通知用于周知一般事务性工作，不具有要求下级机关普遍执行的特性，如：任免通知、调整机构通知、庆祝节日通知、会议通知等。

事务性通知的结构一般由标题、主送机关、通知依据、通知事项、结语、落款等部分组成。

(1) 标题。事务性通知的标题属普通法定公文标题，即：发文机关 + 事由 + 文种。

(2) 主送机关。事务性通知的主送机关为全体下级。

(3) 通知依据。一般事务性通知的依据部分较为简略，常用表述形式是以发文目的结合通知的法纪党政依据组成句组，如：“为……，根据《××××××》(法律法规、党纪)有关规定，经×××××(有决定权的党政部门或会议)批准，×××××(发布机关)决定……”。

(4) 通知事项。事务性通知的事项多为单一事项，简洁说明事项即可。

(5) 结语。事务性通知的结尾可用结尾专用语“特此通知”，也可省略。

(6) 落款。事务性通知的落款由发文机关署名和成文日期并加盖印章组成。

其中会议通知与一般事务性通知有所区别，它兼具周知性和指示性，写法较一般事务性通知复杂。会议性通知的周知性事项可以包括会议目的、会议法纪党政依据、会议主办机关、会议名称、会议议题、会议主要议程等要素。在写作时，这些周知性要素可根据会议自身重要程度的不同作相应的调整。会议性通知的指示性事项应包括会议时间、会议地点、参会人员、携带材料、会议费用等要素，这些指示性要素在写作时的共同要求是具体详细。

(五) 实践例文图例

通知在实践中的结构及写法参看图 2-21。

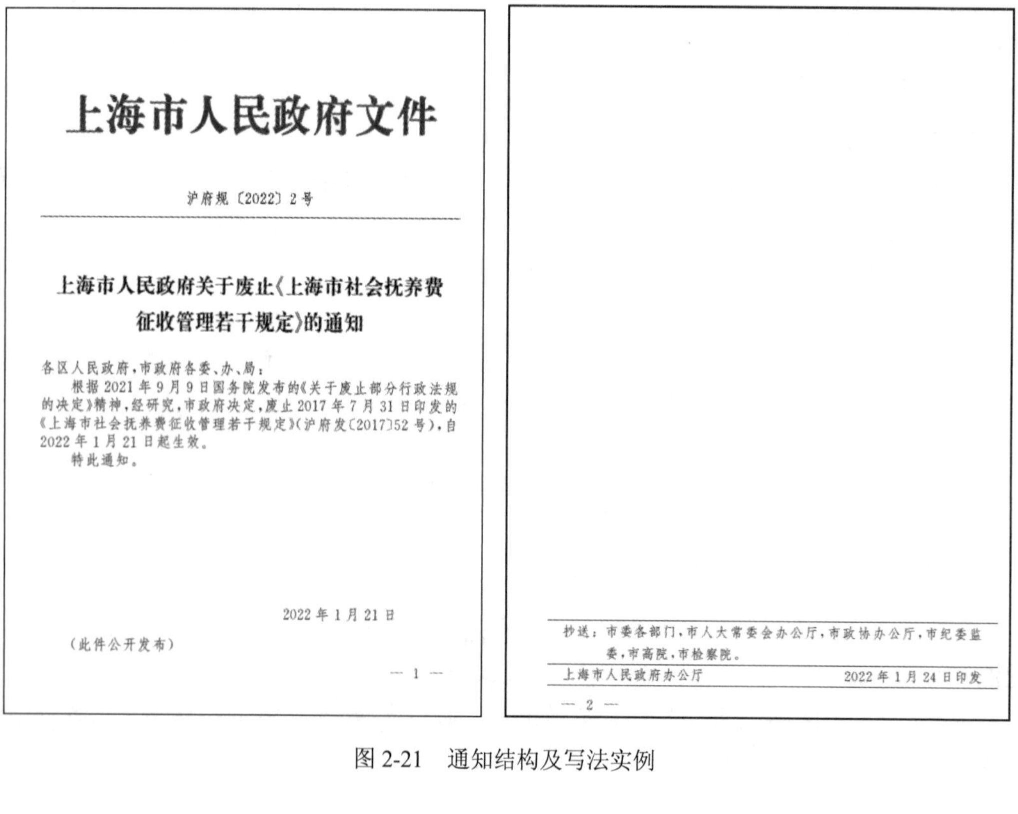
上海市人民政府文件

沪府规〔2022〕2 号

上海市人民政府关于废止《上海市社会抚养费征收管理若干规定》的通知

各区人民政府，市政府各委、办、局：

根据 2021 年 9 月 9 日国务院发布的《关于废止部分行政法规的决定》精神，经研究，市政府决定，废止 2017 年 7 月 31 日印发的《上海市社会抚养费征收管理若干规定》(沪府发〔2017〕52 号)，自 2022 年 1 月 21 日起生效。

特此通知。

2022 年 1 月 21 日

(此件公开发布)

— 1 —

抄送：市委各部门，市人大常委会办公厅，市政协办公厅，市纪委监委，市高院，市检察院。

上海市人民政府办公厅　　2022 年 1 月 24 日印发

— 2 —

图 2-21　通知结构及写法实例

(六) 例文

1. 指示性通知

教育部等六部门关于加强校外培训机构预收费监管工作的通知

教监管函〔2021〕2号

各省、自治区、直辖市教育厅(教委)、发展改革委、市场监管局，新疆生产建设兵团教育局、发展改革委、市场监管局，中国人民银行各分行、营业管理部、省会(首府)城市中心支行，国家税务总局各省、自治区、直辖市和计划单列市税务局，国家税务总局驻各地特派员办事处，各银保监局：

为贯彻落实中共中央办公厅、国务院办公厅印发的《关于进一步减轻义务教育阶段学生作业负担和校外培训负担的意见》，防范"退费难""卷钱跑路"等损害群众利益的问题发生，指导各地做好面向中小学生(含幼儿园儿童)校外培训机构(包括线上和线下)预先收取的学员培训服务费用(以下简称预收费)监管，现就有关事项通知如下。

一、严格规范预收费管理

(一) 落实培训收费管理政策。坚持校外培训公益属性，根据市场需求、培训成本等因素确定收费项目和标准，坚决遏制过高收费和过度逐利行为。义务教育阶段学科类校外培训收费实行政府指导价管理，普通高中阶段学科类校外培训参照执行。依法加强价格监督检查，严厉查处超过政府指导价收费行为。

(二) 执行预收费管理要求。校外培训机构开展培训要全面使用《中小学生校外培训服务合同(示范文本)》，严禁利用不公平格式条款侵害学员合法权益。严格执行教育收费公示制度，收费项目与标准应在办学场所、网站等显著位置公示，并于培训服务前向学员明示。校外培训机构预收费须全部进入本机构培训收费专用账户，不得使用本机构其他账户或非本机构账户收取培训费用。面向中小学生的培训不得使用培训贷方式缴纳培训费用。校外培训收费时段与教学安排应协调一致，不得一次性收取或以充值、次卡等形式变相收取时间跨度超过3个月或60课时的费用。

(三) 加强预收费票据管理。校外培训机构提供培训服务收取培训费应依法履行纳税义务，并按照国家有关规定开具发票。校外培训机构开具发票时，发票内容应按照实际销售情况如实开具，不得填开与实际交易不符的内容，不得以举办者或其他名义开具收付款凭证，不得以收款收据等"白条"替代收付款凭证。

二、全面实施预收费监管

(四) 实行预收费监管全覆盖。校外培训机构预收费监管工作实行属地监管原则。学科类和非学科类校外培训机构预收费应全额纳入监管范围，包括本通知发布前已收取但未完成培训服务的预收费资金。各地可结合实际，采取银行托管、风险保证金的方式，对校外培训机构预收费进行风险管控，有效预防"退费难""卷钱跑路"等问题发生。各地根据工作需要，分类明确银行托管和风险保证金监管的具体要求。

(五) 实行预收费银行托管。校外培训机构要与符合条件的银行签订托管协议并报教育或其他主管部门备案，自主选择符合条件的银行，开立预收费资金托管专用账户(培训收费专用账户），将预收费资金与其自有资金分账管理。校外培训预收费须全部进入资金托管专用账户，以现金等形式收取的，应全部归集至资金托管专用账户，做到全部预收费"应托管、尽托管"。托管银行不得侵占、挪用预收费资金，不得因提供托管服务而额外收取培训机构、学员费用。托管银行应当对收集的学员及家长个人信息严格保密，不得泄露、出售或者非法向他人提供。实行银行托管前，已收取但未完成培训服务的预收费资金，应采取风险保证金方式进行监管。

（六）设立预收费风险保证金。采取风险保证金方式的，校外培训机构应与符合条件的银行签订协议并报教育或其他主管部门备案，开立风险保证金专用账户，存入一定金额的保证金作为其履行培训服务承诺和退费的资金保证，不得用保证金进行融资担保。保证金额度和监管要求由各地确定，最低额度不得低于培训机构收取的所有学员单个收费周期(3个月)的费用总额。保证金额度实行动态调整，须报教育或其他主管部门备案。同时，要加大对培训收费专用账户的监管力度。

（七）加强对培训领域贷款的监管。银行业金融机构应当加强教育培训领域贷款业务的合规管理和风险管控，不得对未按要求进行审批备案、不具备相应资质条件、存在违法违规行为或重大风险隐患的校外培训机构授信或开展业务合作，禁止诱导中小学生家长使用分期贷款缴纳校外培训费用。

三、健全预收费监管机制

（八）加强协同监管。各地要在地方党委和政府的统一领导下，充分发挥"双减"工作专门协调机制的作用，做好学科和非学科类校外培训机构预收费监管。教育行政部门要做好统筹协调，会同有关部门加强校外培训机构运营和预收费日常监管，强化风险排查和源头化解；人民银行、银保监部门负责指导银行等机构配合教育行政部门依法做好预收费托管、风险保证金存管、培训领域贷款业务合规管理工作，相关工作按照有关规定及协议约定办理；税务部门负责对校外培训机构纳税情况进行监管，对发现的涉税违法行为依法查处；市场监管部门依法严肃查处违反价格相关法律法规的行为。

（九）强化风险预警。建立健全信息共享机制，教育行政、金融管理等相关部门根据工作职责，定期共享校外培训机构预收费监管有关工作信息。教育行政部门要会同有关部门及时研判风险情况，并根据风险程度，向社会发布风险预警。校外培训机构应按照教育行政部门或其他业务主管部门的监管要求，主动报送从托管银行获取的有关资金监管账户、大额资金变动、交易流水等信息。

（十）加强行业自律。各地要将培训预收费情况作为校外培训机构诚信建设的重要内容，依法依规严厉惩治违法失信行为。引导行业自律，充分发挥行业协会组织在信用建设、纠纷处理等方面的作用，推动自律公约、宣传培训等工作，引导校外培训机构规范运营，积极主动将培训预收费纳入监管，提高培训服务合同履约能力。

四、认真抓好组织实施

（十一）加强组织领导。各地要在地方党委和政府统一领导下，把做好校外培训机构预收费监管工作作为一项重要政治任务，切实做到认识到位、措施到位、责任到位。各地要结合实际，制定预收费监管实施办法，完善校外培训机构监管平台，将预收费监管列入对校外培训机构的日常监管、专项检查、年审年检和教育督导范围，确保培训服务交易安全，切实维护社会大局稳定。

（十二）重视宣传引导。各地要加强政策宣传解读，提升培训机构合规经营意识。加强对家长的风险防范引导，宣传国家政策要求、消费注意事项等，引导家长理性选择校外培训，合理预付培训费，主动索要发票等收付款凭证，及时举报违法违规行为，正当合法维权，共建共享校外培训市场良好消费环境。

（十三）组织开展排查。省级教育行政部门会同有关部门，按照本通知内容，组织对本省（区、市）校外培训机构基本情况、预收费托管、风险保证金和培训收费专户监管情况、是否存在"退费难""卷钱跑路"等问题开展排查，并对存在的问题进行整改。各省（区、市）须于2021年11月15日前完成排查整改并全面落实监管要求，将工作落实情况和排查整改情况分别报送教育部、国家发展改革委、人民银行、税务总局、市场监管总局和银保监会。

教育部　国家发展改革委　中国人民银行

税务总局　市场监管总局　中国银保监会

2021年10月21日

2. 转文性通知（发布性通知）

国家教材委员会

关于印发《"党的领导"相关内容进大中小学课程教材指南》的通知

国教材〔2021〕5号

各省、自治区、直辖市教育厅（教委），新疆生产建设兵团教育局，部属各高等学校、部省合建各高等学校：

为深入贯彻习近平新时代中国特色社会主义思想，进一步推动"党的领导"相关重大理论成果和实践成果进课程教材，我委制定了《"党的领导"相关内容进大中小学课程教材指南》，现印发给你们，请在大中小学课程、教材建设和教育教学中认真贯彻落实。

国家教材委员会

2021年9月26日

3. 转文性通知（批转性通知）

湖北省人民政府关于

批转省发改委关于2021年全省国民经济和社会发展计划报告的通知

鄂政发〔2021〕1号

各市、州、县人民政府，省政府各部门：

省发改委《关于2021年全省国民经济和社会发展计划的报告》已经省十三届人大五次会议审议通过，现批转给你们，请据此安排工作。各专项计划由省发改委会同有关部门另行下达。

湖北省人民政府

2021年2月22日

4. 转文性通知(转发性通知)

天津市防控指挥部关于转发国务院联防联控机制疫情防控组
《关于转送〈新冠肺炎疫情防护指导手册〉的函》的通知

津新冠防指〔2021〕153 号

市防控指挥部各工作组、各成员单位,各区防控指挥部:

为进一步指导重点场所、重点单位、重点人群做好防护,现将国务院联防联控机制疫情防控组《关于转送〈新冠肺炎疫情防护指导手册〉的函》(国卫明电〔2021〕555 号)转发给你们,请组织好下载学习和宣传工作。

《新冠肺炎疫情防护指导手册》已在国家卫生健康委网站(http://www.nhc.gov.cn/)公布,请自行下载。

天津市防控指挥部
2021 年 9 月 9 日

5. 事务性通知(任免通知)

国务院办公厅关于调整中国人民银行货币政策委员会组成人员的通知

国办函〔2021〕29 号

人民银行:

你行《关于任免货币政策委员会委员的请示》(银发〔2021〕56 号)收悉。经国务院同意,现就调整货币政策委员会组成人员通知如下:

同意蔡昉、王一鸣担任货币政策委员会委员,刘世锦继续担任货币政策委员会委员,刘伟、马骏不再担任货币政策委员会委员职务。

国务院办公厅
2021 年 3 月 16 日

(此件公开发布)

6. 事务性通知(会议通知)

中共长江大学文理学院委员会关于召开 2021 年党建工作会议的通知

各党总支、直属党支部,院属各单位:

经学院党委研究,定于 2021 年 4 月 8 日(星期四)召开 2021 年党建工作会议。现将具体事宜通知如下:

一、会议时间

4 月 8 日(星期四)上午 8:30

二、会议地点

行政楼二楼会议室

三、参加人员

各党总支书记、副书记、直属党支部书记,学院办公室、组织部、宣传部、纪检监察部、工会、学生工作部、团委、教务处、人事处、后勤保障处、安全保卫处、思政课部负责人。

四、会议议程

1. 组织部负责人部署 2021 年党建与统战工作；

2. 宣传部负责人部署 2021 年意识形态及党史学习教育工作；

3. 纪检监察部、工会、学生工作部、团委、教务处、人事处、后勤保障处、安全保卫处、思政课部负责人围绕 2021 年党建工作汇报本部门的工作安排；

4. 各党总支书记、高职部学生党支部书记汇报本单位近期意识形态工作及风险研判的相关情况；

5. 党委书记朱继平传达省委教育工委党建与思想政治工作会议精神。

五、相关要求

1. 请各单位参会人员提前 10 分钟入场签到。

2. 会议期间，请将通信工具关闭或调至静音状态，并保持会场秩序。

3. 原则上不允许请假，因特殊原因不能参会的同志请向党委书记请假，并于 7 日下午 17:00 前向学院办公室报备。

中共长江大学文理学院委员会

2021 年 4 月 6 日

7. 事务性通知(机构调整通知)

国务院学位委员会关于

下达 2020 年学位授权自主审核单位撤销和增列的学位授权点名单的通知

学位〔2021〕16 号

各有关省、自治区、直辖市学位委员会，有关学位授予单位：

经审议，国务院学位委员会批准了 2020 年学位授权自主审核单位撤销和增列的学位授权点名单，现印发给你们。

附件：1. 2020 年学位授权自主审核单位撤销的学位授权点名单

2. 2020 年学位授权自主审核单位增列的学位授权点名单

国务院学位委员会

2021 年 10 月 26 日

二、通报

(一) 通报的含义和种类

《党政机关公文处理工作条例》规定："通报。适用于表彰先进、批评错误、传达重要精神和告知重要情况。"通报可分为以下三类：

1. 表彰通报

表彰通报所涉的对象通常是典型性的个人、集体或在某一方面有突出贡献的几个人、几个集体。这类典型事件在一定的时间或区域范围内具有典型意义，上级党政机关对事件中的当事人或当事单位进行表彰，旨在引起广泛的关注，进而要求相关下级借鉴学习。如《天津市人民政府办公厅关于对中华人民共和国第一届职业技能大赛本市获奖选手、技术专家和教练团队、有功人员团队予以表扬的通报》《中共中央政法委员会关于对第三届"四个一百"优秀政法新媒体评选先进单位进行表扬的通报》。

2. 批评通报

批评通报所涉对象通常是典型性的个人或集体，内容相对单一。这类典型事件在一定的时间或区域范围内具有典型性，上级党政机关对事件中的当事人或当事单位进行批评，有具体惩处决定，意在引起广泛的注意，进而要求相关下级引以为戒、自我警示。如《杭州市教育局办公室关于杭州学而思培训学校违规行为的通报》。

3. 情况通报

情况通报旨在使下级单位和群众了解情况，以便统一认识、统一步调，推动全局工作的开展。情况通报也分两种，即例行情况通报和非例行情况通报。

(1) 例行情况通报。例行情况通报所通报的对象是政府管理部门的日常工作。党政机关将自身所完成的组织管理工作情况或所掌握的相关信息加以汇总形成公文，既可用于党政机关上下级之间的信息交流，也可用于向社会公众介绍有关信息，以便社会公众结合自身情况加以应对。如《中国气象局办公室关于 2021 年第四季度气象政府网站和政务新媒体检查情况的通报》。

(2) 非例行情况通报。非例行情况通报所通报的内容多为党政管理部门在日常工作中遇到的严重问题。甚至有时候一系列问题集中在某个时间段成规模爆发，使得党政管理部门必须及时提醒相关下级采取措施加以避免和解决。如《国务院安委会办公室关于重庆能投集团渝新能源公司逢春煤矿"12·15"较大运输事故的通报》(安委办〔2018〕112 号)、《国务院办公厅关于部分债务沉重地区违规兴建楼堂馆所问题的通报》(国办发〔2021〕39 号)。

(二) 奖惩通报的结构和写法

表彰通报和批评通报结构相同，一般由标题、主送机关、奖惩事实依据、奖惩办法、补充要求、落款等部分组成。

(1) 标题。奖惩通报的标题属普通法定公文标题形式，即：发文机关 + 事由 + 文种。

在写作奖惩通报标题时应注意事由部分表述时的倾向性，即能使阅读者"见题喻意"，明确通报的性质与作用。常用的表达句式有："关于表彰×××××(被表彰单位或个人)的通报""关于给予×××××(被表彰单位或个人)表彰的通报""关于……问题的通报""关于……问题处理情况的通报"。

(2) 主送机关。奖惩通报的主送机关为全体下级。

(3) 奖惩事实依据。表彰性通报中，奖惩事实依据指受表彰人物或单位的先进事迹；批评性通报中，奖惩事实依据指受处分当事人或当事单位的错误事实。

对奖惩事实的叙述应采用概述的方式进行，简要写清相关时间、地点、人物、事件的基本过程、取得的成果或造成的损失，避免过于详尽的细节描绘。

(4) 奖惩办法。奖惩办法部分一般先写出奖惩目的，再写明奖惩的发出者和具体奖惩办法，文字要求简洁。常用表述句式有："为……，×××××(发文机关)决定给予×××××(奖惩对象)通报表彰(批评)""经研究，现决定对×××××(奖惩对象)给予……(具体行政处理措施)并提出通报表彰(批评)"。

(5) 补充要求。补充要求这部分应着重申明奖惩事实的典型意义以引起注意，并向全体下级发出希望和号召，晓谕下级学习先进、吸取教训，常用句式为含"望""希望"等动词的祈使句。

(6) 落款。奖惩通报落款由发文机关署名和成文日期并加盖印章组成。

(三) 情况通报的结构和写法

情况通报的结构一般由标题、主送机关、情况通报、问题分析、应对措施、落款等部分组成。

(1) 标题。情况通报的标题属普通法定公文标题形式，即：发文机关＋事由＋文种。

(2) 主送机关。情况通报在党政机关之间运行时，需要标示主送机关，这时的主送机关为全体下级。情况通报面向全社会发布时，则无需标示主送机关。

(3) 通报事项。例行通报这部分应综述某一时段内党政机关所完成的某项组织管理工作情况和相关组织管理对象的情况，要求高度概括，多列举党政部门所掌握的汇总性的统计数字，并对数据进行分类说明。非例行情况通报的通报事项有其特殊性。它经常表现为具有严重危害性、错误性的一系列事件，反映出下级党政机关或职能部门在最近时间段的工作中存在着某方面的缺失和疏忽，使得上级党政机关有必要提醒下级改进工作，避免不良倾向重复出现。通报事项部分应首先提示近期发生了某种系列性的危害性事件，再对典型案例进行逐一列举，常用开端句式有："近期以来，×××××(发生危害事件的工作领域)发生了×起×××××(案例类型)典型案例，现将有关情况通报如下"。列举典型事件时，应叙述清楚每件事件的时间、地点、当事人或单位、基本过程以及所造成的危害性与处罚结果。叙述方式应为概述，避免对细节的过于详尽的描绘。

(4) 问题分析及应对措施。问题分析及应对措施部分应总结出所通报情况中存在的问题和突出矛盾，并对造成这些问题的主客观原因作简要分析。并就上一部分提出的问题提示下级政府管理部门注意防范危害事件的发生，既可做宏观指导，也可提出具体规定。在实际写作中，情况通报的结构组成比较灵活，其中通报事项部分是必备要件，问题分析及应对措施可视行文主要目的自由取舍。

(5) 落款。情况通报的落款由发文机关署名和成文日期并加盖印章组成。

注意：批评性通报和非例行性通报有相似的地方，主要表现在一般都反映错误事实及危害。在公文中实践中，批评性通报一般事件单一，就事论事，上级机关作出了具体惩处决定，旨在让下级机关引以为戒。而非例行性通报一般涉及内容更多，通常多为集中发生的几起相似事件，既涉及事件本身，也涉及相关经验、下一步工作要求、建议等。

(四) 通知与通报区别

通知与通报都是下行文。但要注意以下的区别：

(1) 告知对象不同。通知是向特定下级受文对象告知或转达有关需要执行或周知的事项；通报一般是上级把有关情况告知所有下级的公文。

(2) 制发时间不同。通知事项是发文单位根据自身需要直接下达；通报事项来源于下属单位，经上级了解、掌握后整理制发。

(3) 目的不同。发布通知的目的是使受文单位了解发文单位要求其做什么和怎么做，从而行动起来。通报目的是让受文单位周知某一重要问题的处理情况或周知对某一事项的决定,从而受到启发教育。

(4) 作用不同。通报不同于通知那样以具体的任务、详细的规范化要求和有关规则来指导和推动工作,而是用典型事例、有关情况来传达意图,启发教育有关人员,指导有关方面的工作行为。

(5) 内容构成层次不同。通知一般由受文单位做什么和怎么做两大层次构成,要直陈直述,不用举例和论证。通报则不同,它一般由情况和事例构成,要求对情况和事例做简明扼要的分析评价。

(五) 实践例文图例

通报在实践中的结构及写法参看图 2-22。

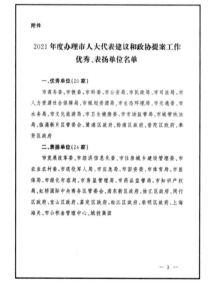

图 2-22　通报结构及写法实例

(六) 例文

1. 表彰通报

国务院办公厅关于对国务院第八次大督查发现的典型经验做法给予表扬的通报

国办发〔2021〕44 号

各省、自治区、直辖市人民政府，国务院各部委、各直属机构：

为进一步推动中央经济工作会议部署和《政府工作报告》提出的目标任务落到实处，国务院部署开展了第八次大督查。从督查情况看，各有关地区在以习近平同志为核心的党中央坚强领导下，以习近平新时代中国特色社会主义思想为指导，认真贯彻党中央、国务院重大决策部署，统筹推进新冠肺炎疫情防控和经济社会发展，扎实做好"六稳"工作、全面落实"六保"任务，各项工作取得积极成效。在对 16 个省(自治区、直辖市)开展实地督查时发现，有关地方围绕减税降费助企发展、扩内需保就业保民生、深化"放管服"改革优化营商环境、推进创新驱动发展等方面，结合本地实际，迎难而上，勇于创新，创造和形成了一批好的经验做法。

为表扬先进，宣传典型，进一步调动和激发各方面真抓实干、改革创新的积极性、主动性和创造性，推动形成干事创业、竞相发展的良好局面，经国务院同意，对北京市坚持"一抓三保五强化"推动实现更加充分更高质量就业等 48 项典型经验做法予以通报表扬。希望受到表扬的地方珍惜荣誉，再接再厉，充分发挥模范表率作用，不断取得新的更大成绩。

各地区各部门要全面贯彻党的十九大和十九届二中、三中、四中、五中、六中全会精神，统筹推进"五位一体"总体布局，协调推进"四个全面"战略布局，坚持稳中求进工作总基调，立足新发展阶段，完整、准确、全面贯彻新发展理念，构建新发展格局，推动高质量发展，积极应对各种风险挑战。要学习借鉴典型经验做法，加大宣传推广力度，结合实际创造性开展工作，为完成全年经济社会发展目标任务、实现"十四五"良好开局作出积极贡献。

附件：国务院第八次大督查发现的典型经验做法(共 48 项)

国务院办公厅

2021 年 11 月 8 日

(此件公开发布)

2. 批评通报

中共商丘市教育体育局党组商丘市纪委监委驻市教育体育局纪检监察组
关于对虞城县高级中学疫情期间违规开学处理情况的通报

各县(区)教育体育局、市城乡一体化示范区科教文体局，市直各学校：

8 月 1 日上午，群众举报虞城县高级中学违规提前开学，市政府总值班室专门下发督查通知，要求市教育体育局进行调查落实。市教育体育局党组高度重视，立即安排驻市教育体育局纪检监察组与市教育体育局相关科室人员组成调查组，第一时间赶到虞城县高级中学实地查看。经查，该校在请示虞城县教育体育局但未获批准的情况下，下发开学通知，擅自组织 2019 级、2020 级学生 5000 余名学生到新校区报到开学，群众所反映情况属实。

现将处理情况通报如下：

虞城县高级中学擅自调整开学时间的行为，违反了《商丘市教育体育局关于印发2021年中小学暑假工作安排的通知》(教体基〔2021〕92号)"各中小学校严格执行放假时间，未经主管教育部门同意，任何学校不准提前或延后放假时间"的要求，违反了国家、省市疫情防控政策，是典型的无组织、无纪律、不讲政治、不顾大局的行为，在社会上造成了不良影响。

经市教育体育局党组研究，决定给予虞城县高级中学全市通报批评，责令其立即停止违规办学行为；要求虞城县教育体育局对虞城县高级中学相关责任人进行问责处理；建议虞城县委对虞城县高级中学主要责任人进行问责处理。

8月2日，中共虞城县委全面从严治党工作领导组办公室给予虞城县高级中学校长龚利华约谈处理。虞城县教育体育局给予虞城县高级中学全县通报批评，并对虞城县高级中学分管副校长进行了约谈处理。

希望各级各类学校要引以为戒，深刻汲取教训，坚决杜绝类似情况发生。当前正值暑期，人员流动增多，管控难度加大，教育系统疫情防控任务艰巨，各县(区)、各级各类学校要坚决贯彻市委、市政府疫情防控总体安排部署，认真落实《商丘市教育体育局关于进一步加强我市教体系统新冠肺炎疫情防控工作的紧急通知》要求，把疫情防控作为当前首要任务抓紧抓实，把疫情防控各项措施落地落细，确保全市教育系统师生安全。

中共商丘市教育体育局党组

商丘市纪委监委驻市教育体育局纪检监察组

2021年8月5日

3. 情况通报(例行情况通报)

关于2021年全市政府网站和政务新媒体第二季度抽查暨上半年检查情况的通报

各县市(区)人民政府，科技城管委会，各园区管委会，市政府各部门：

根据《国务院办公厅秘书局关于印发政府网站与政务新媒体检查指标、监管工作年度考核指标的通知》(以下简称《通知》)和《四川省人民政府信息公开办公室关于调整四川省政府网站与政务新媒体检查、监管工作年度考核指标的通知》(川府公开办函〔2021〕28号)要求，我市近期组织开展了2021年全市政府网站和政务新媒体第二季度抽查暨上半年检查，现将有关情况通报如下：

一、总体情况

截至目前，全市正常运营的政府网站共计54家，正常运营的政务新媒体为278家。我局组织力量对全市54家政府网站、278家政务新媒体进行了全覆盖检查。按照新的指标要求，采取系统扫描和人工核查的方式进行检查，检查发现存在突出问题政府网站7家(2个县市区、5个市级部门被单项否决)，合格率为87%；存在突出问题政务新媒体9家，合格率为97%。

二、主要问题

(一)信息内容审核把关不严。各级各部门在政府网站及政务新媒体发布的信息中多次出现重要文字错漏和严重表述错误问题。例如：将"镇人民政府"漏字表述为"镇人政府"，将"中华人民共和国"错误表述为"中华人民共和国";将党和国家领导人姓名写错等。

（二）政府网站日常运维落实不到位。存在空白栏目超过五个、应更新未更新栏目超过十个、互动回应差、未提供有效咨询渠道等单项否决问题。个别部门多次提醒仍不及时查看监测报告，不及时反馈整改情况，未严格履行主办主管职能职责。

（三）部分政府网站功能不健全。在方便企业群众办事、增进互动交流等网站功能建设上，仍有较大提升空间。个别网站办事服务指南要素缺失，内容不准确，互动交流渠道不畅，未提供有效咨询建言渠道。

（四）政务新媒体日常运维落实不到位。不合格的政务新媒体，大多为未提供有效互动功能及监测时间点前2周内无更新。有的政务新媒体未更新时间超过一年；有的政务新媒体打开后为无内容的空白页，呈现"僵尸"状态。普遍存在仅将政务新媒体作为一个发布动态信息的载体，互动回应基本依托新媒体平台本身所具备的功能，办事服务功能薄弱，不能体现政务新媒体发布、传播、互动、引导、办事的功能。

三、下一步工作要求

（一）加强信息内容审核把关

各级各部门要提高政治站位，增强责任意识，加强政府网站和政务新媒体发布信息内容检查。对发现的重要文字错漏、严重表述性错误等问题记录在案，挂账销账。切实把信息发布"三审"责任制落实到位。加强政府网站和政务新媒体日常读网和机器扫描纠错，及时发现、整改问题，杜绝此类问题再次发生。

（二）深入学习新指标，对标整改，强化日常运维

各级各部门要深入学习《政府网站与新媒体检查指标》，结合自身政府网站和政务新媒体实际情况认真对照整改，查缺补漏，做好政府网站和政务新媒体日常管理和运维更新。扎实做好信息发布、解读回应、互动交流和办事服务等网站主体功能建设，进一步畅通群众意见建议渠道。

（三）进一步强化政务新媒体管理机制

各级政府办公室、各市级部门作为政务新媒体第一责任主体，要切实履行管理职责，落实专人和专门机构负责政府网站、政务新媒体工作。特别针对政务新媒体平台多、数量大的特点，加大监管力度，强化日常运维，对无力维护的要坚决关停严格履行政务新媒体逐级备案要求。

各级各部门务必高度重视政府网站存在的问题，特别是政务新媒体更新不及时、未提供有效互动功能等突出问题，切实按照指标要求，制定有效措施，逐项整改落实。充分利用监测平台对监测反馈的问题及时整改并反馈，确保我市政府网站和政务新媒体运维管理水平稳步提升。

本次检查存在突出问题的县(市、区、园区)和市级部门，收到通报后要认真查找问题，落实整改措施，形成整改报告，于7月15日前书面报市政务服务监督管理局。

联系电话：0816-2508459

附件：1. 存在突出问题政府网站名单

2. 存在突出问题政务新媒体名单

绵阳市政务服务监督管理局

2021年6月11日

4. 情况通报(非例行情况通报)

国务院办公厅关于部分债务沉重地区违规兴建楼堂馆所问题的通报

国办发〔2021〕39号

各省、自治区、直辖市人民政府，国务院各部委、各直属机构：

严格控制党政机关办公楼等楼堂馆所建设，是加强党风廉政建设、落实过紧日子要求的重要内容，党中央、国务院对此高度重视。习近平总书记多次强调，要发扬艰苦奋斗、勤俭节约优良作风，坚决反对铺张浪费；党政机关要坚持过紧日子，严肃财经纪律，把各方面资金管好用好。李克强总理指出，各级政府要过紧日子，把每一笔钱都用在刀刃上、紧要处；严禁新建扩建政府性楼堂馆所和搞豪华装修。韩正副总理等国务院领导同志多次对相关工作提出要求。

党中央、国务院明确要求，高负债地区除必要的基本民生支出和机关有效运转支出外，要大力压减基本建设支出，筹措资金化解债务风险。《机关团体建设楼堂馆所管理条例》规定，机关、团体不得建设培训中心等各类具有住宿、会议、餐饮等接待功能的场所和设施。近期，审计署审计发现，一些地区不顾自身财力状况，在政府债务沉重、风险突出的情况下，违反财经纪律和管理制度兴建楼堂馆所。为进一步严肃财经纪律，严格楼堂馆所建设管理，经国务院同意，现将有关情况通报如下：

一、部分地区违规建设楼堂馆所情况

审计发现，青海、宁夏、贵州、云南等4个地方政府债务风险较高的地区，有8个项目不同程度存在违规兴建楼堂馆所问题。

(一)青海国际会展中心。该项目于2019年4月由西宁市发展改革委批复立项，主要包括会展中心和酒店两部分，其中会展中心部分由青海省与西宁市共同出资建设，酒店部分面向社会筹资建设。2019年7月，在社会投资没有落实的情况下，项目单位按照整体招标、统一建设、统一核算的方式对会展中心和酒店同时开工建设。截至2021年5月底，项目到位资金22.77亿元全部为财政资金，实际上通过财政资金支付了酒店建设费用。

(二)青海省人力资源社会保障公共服务中心。该项目于2015年9月由青海省人力资源和社会保障厅报省政府负责同志批准，通过购置写字楼方式建设，规划作为业务用房，主要用作就业创业培训和社会保险、劳动权益等经办服务。在实际使用中，部分作为青海省人力资源和社会保障厅机关、事业单位办公用房，还设有24间客房，改变了业务用房的用途。财政部门安排项目资金2.4亿元。

(三)青海省胜利宾馆。该宾馆原为财政差额拨款事业单位，2002年转制为企业，在提供社会化服务的同时承担政务接待保障任务。2018—2020年，青海省财政厅经报省政府批准，以补助、注资等方式向该宾馆拨付财政资金8966.45万元，用于维修改造和运营。

(四)宁夏闽宁会议中心。2016年10月，在未明确建设主体、没有资金来源、未办理施工手续的情况下，由银川市委、市政府直接选定中冶建工集团有限公司垫资建设，用于考察接待、会议、展览、餐饮、住宿。因缺乏资金，项目一度停工。2019年4月和6月，银川市政府决定安排财政资金拨付市国资委，由市国资委按照"政府支持、市场化运作"的原则推进建设。2020年6月，项目竣工预验收，按照酒店模式运行。银川市和闽宁镇以向企业注资等方式拨付财政资金5500万元。

（五）宁夏闽宁镇酒店管理与服务职业技能实训中心。2019年6月，宁夏回族自治区教育厅同意该中心立项建设，同时加挂宁夏回族自治区教育工委、教育厅培训基地牌子，主要作为宁夏回族自治区教育工委、教育厅培训基地和闽宁教师远程培训中心、酒店管理与服务职业技能教育培训中心，建设资金来源于财政拨款。2020年8月—2021年3月，该中心主要用于开展教育系统内部培训。

（六）宁夏丝路明珠塔。该项目是银川市筹划建设的集广播电视发射、观光旅游、商务会展等于一体的综合性建筑。2018年12月，银川市决定由中铁城市发展投资集团有限公司与市属国有企业银川通联资本投资运营有限公司共同出资建设。目前已完成塔楼和北裙楼部分工程。项目实际到位资金5.2亿元，其中银川通联资本投资运营有限公司出资的3亿元全部为财政资金。

（七）贵州省遵义市会议中心。2018年2月，遵义市确定由市属国有企业遵义道桥建设(集团)有限公司负责建设该项目，建设内容包括会议中心、酒店等。2019年底，项目部分竣工验收并开始试运行，承担了2020年和2021年遵义市"两会"接待工作。遵义市财政局通过市自然资源局安排土地出让金5.62亿元，拨付给遵义道桥建设(集团)有限公司使用。此外，还拨付给该公司土地整治成本经费2000万元、保障地方"两会"经费1000万元。

（八）云南省级民主党派大楼和云南中华职业教育社办公楼。2019年4月，云南省政府决定，该项目由昆明市出资、企业代建，建成后由昆明市以零租金或低租金永久租赁给省级民主党派、云南中华职业教育社等单位使用。2020年4月，经昆明滇池国家旅游度假区经济发展局备案，代建项目由昆明市城建投资开发有限责任公司自主投资建设。2021年，昆明市向该公司注资2.24亿元。

二、存在的突出问题

上述违规动用财政资金兴建楼堂馆所问题，反映出相关地区部门和单位有关人员"四个意识"不强，纪律规矩意识淡薄，艰苦奋斗、勤俭节约思想弱化，对党中央、国务院决策部署贯彻不到位；一些地区业务主管部门、监管部门作用发挥不够，未能及时发现和解决问题。主要体现在以下三个方面：

一是执行财经纪律松弛。有的地方漠视财经纪律，在建设资金没有落实的情况下擅自开工建设，或安排财政资金用于宾馆维修改造和运营，违反了预算管理等相关制度规定。青海省违规向已转制为企业的胜利宾馆安排财政资金用于维修改造和运营。宁夏闽宁会议中心在无建设主体、无资金来源的情况下直接委托企业开工建设，项目一度因资金缺乏而停工，依靠财政支持才完成建设。

二是规避项目审批程序。有的地方采取"未批先建""先建后补"或以政策文件、会议代替审批等方式规避审批，违反了政府投资项目审批管理等相关制度规定。青海省人力资源社会保障公共服务中心直接以政府文件作为建设依据，未履行审批手续。宁夏闽宁会议中心在未办理任何手续的情况下直接开工建设，边实施边补手续。

三是钻制度空子搞变通。有的地方模糊政府和企业界限，混淆业务用房和办公用房界限，违规兴建会议中心，违规使用业务用房，违反了党政机关办公用房管理等相关制度规定。青海省人力资源社会保障公共服务中心以业务用房名义建设，实际违规将部分业务用房作为机关、事业单位办公用房。遵义市以国有企业经营项目名义建设具有住宿、会议、餐饮等接待功能的场所和设施，并通过财政注资、补贴等方式给予支持。

对于审计发现问题，有关地方党委和政府高度重视，积极开展整改工作。有的已经停止项目建设，通过公开拍卖等方式对项目进行转让；有的对违规使用的业务用房进行了封存和移交；有的已按原渠道退还了财政补助资金。后续整改及执纪问责等工作正在进行中。

三、工作要求

严控楼堂馆所建设是党政机关厉行节约、反对浪费的重要内容，事关党和政府形象，无论政府债务风险高低都必须坚持。地方各级人民政府及其工作人员要从审计发现问题中深刻汲取教训，举一反三，引以为戒，认真开展自查自纠，公开曝光典型案例，坚决防止此类问题再次发生，坚定不移把党中央、国务院决策部署落到实处。

（一）切实提高思想认识。(略)

（二）从严落实财经纪律。(略)

（三）落实严控楼堂馆所建设主体责任。(略)

（四）强化项目审批管理和财政支出约束。(略)

（五）加大监督问责力度。(略)

国务院办公厅
2021 年 10 月 22 日

（此件主动公开）

第六节　议案、报告、请示、批复

一、议案

(一) 议案的含义和种类

《党政机关公文处理工作条例》规定："议案。适用于各级人民政府按照法律程序向同级人民代表大会或者人民代表大会常务委员会提请审议事项。"

根据《中华人民共和国全国人民代表大会组织法》第十六条规定："全国人民代表大会主席团，全国人民代表大会常务委员会，全国人民代表大会各专门委员会，国务院，中央军事委员会，国家监察委员会，最高人民法院，最高人民检察院，可以向全国人民代表大会提出属于全国人民代表大会职权范围内的议案。"第十七条规定："一个代表团或者三十名以上的代表联名，可以向全国人民代表大会提出属于全国人民代表大会职权范围内的议案。"第二十九条规定："委员长会议，全国人民代表大会各专门委员会，国务院，中央军事委员会，国家监察委员会，最高人民法院，最高人民检察院，常务委员会组成人员十人以上联名，可以向常务委员会提出属于常务委员会职权范围内的议案。"

在《中华人民共和国地方各级人民代表大会和地方各级人民政府组织法》第二十二条规定："地方各级人民代表大会举行会议的时候，主席团、常务委员会、各专门委员会、本级人民政府，可以向本级人民代表大会提出属于本级人民代表大会职权范围内的议案，由主席团决定提交人民代表大会会议审议，或者并交有关的专门委员会审议、提出报告，再由主席团审议决定提交大会表决。县级以上的地方各级人民代表大会代表十人以上联名，乡、民族乡、镇的人民代表大会代表五人以上联名，可以向本级人民代表大会提出属于本级人民代表大会职权范围内的议案，由主席团决定是否列入大会议程，或者先交有关的专门委员会审议，提出是否列入大会议程的意见，再由主席团决定是否列入大会议程。列入会议议程的议案，在交付大会表决前，提案人要求撤回的，经主席团同意，会议对该项议案的审议即行终止。"第五十二条规定："县级以上的地方各级人民代表大会常务委员会主任会议可以向本级人民代表大会常务委员会提出属于常务委员会职权范围内的议案，由常务委员会会议审议。县级以上的地方各级人民政府、人民代表大会各专门委员会，可以向本级人民代表大会常务委员会提出属于常务委员会职权范围内的议案，由主任会议决定提请常务委员会会议审议，或者先交有关的专门委员会审议、提出报告，再提请常务委员会会议审议。省、自治区、直辖市、自治州、设区的市的人民代表大会常务委员会组成人员五人以上联名，县级的人民代表大会常务委员会组成人员三人以上联名，可以向本级常务委员会提出属于常务委员会职权范围内的议案，由主任会议决定是否提请常务委员会会议审议，或者先交有关的专门委员会审议、提出报告，再决定是否提请常务委员会会议审议。"

综上，议案的主体应具备提议案的法定资格或符合法定的代表联名人数。议案除了政府议案外，还有其他具备法定资格的机构及人大代表议案。党政机关公文中的议案是特指政府议案。

政府议案根据提请审议的事项不同，可分为提请立法议案、提请决定重大事项议案、提请审议政府预算议案、提请任免议案、提请机构变动议案、提请批准外交事项议案及其他事项议案，它们的写法基本相同。政府议案在行文时有一些特殊要求：

第一，政府提出的议案其制发机关只能是县级以上的人民政府，其他级别行政机关不能向人民代表大会提出议案。

第二，政府提出的议案内容必须在全国人民代表大会或各地方人民代表大会的职权范围之内。

第三，政府提出议案的时间必须在全国和地方人民代表大会或其常务委员会会议召开期间，会议前后提出不能列为议案。

第四，《中华人民共和国全国人民代表大会议事规则》第二章第二十五条规定："列入会议议程的议案，提案人应当向会议提出关于议案的说明。"在写作实践中，议案及议案的说明有不同的处理方式：当议案说明篇幅不长时，可以直接容纳进议案文中；当议案说明篇幅较长时，可以改为以议案附件的形式提供，这时议案行文十分简洁。

(二) 议案的结构和写法

议案的结构一般由标题、主送机关、提请审议依据、提请审议事项、结语、附件说明、落款等部分组成。

(1) 标题。议案标题属普通法定公文标题形式，即：发文机关＋事由＋文种。其中事由部分一般须标示"提请审议"的字样。

(2) 主送机关。议案的主送机关为全国人民代表大会及其常务委员会、各地方人民代表大会及其常务委员会。

(3) 提请审议依据。议案的提请审议依据也可称"案据"，指议案的目的、议案的法律依据、议案的行政处理过程等要素，一般不涉及提请审议事项的事实依据。有关提请审议事项的事实依据部分可利用议案附件中的说明材料充分阐释论证。常用"案据"表述句式有"为……(议案目的)，根据……(法律依据)，并经……(议案的行政依据)"等。

(4) 提请审议事项。议案的提请审议事项多为单一事项，只需简洁说明即可。当议案说明篇幅较长时，可以改为以议案附件的形式提供，这时议案行文十分简洁。

(5) 结语。在提请审议事项的结尾一般使用"现提请审议""请予审议""请予审议决定"等常用语。

(6) 附件说明。议案是必须带有附件的公文。附件是根据正文需要附上的材料，即需要具体审议的法规(草案)、重大政策文件等。

(7) 落款。议案的落款有两种形式，一种由发文机关署名和成文日期组成；另一种则由签署议案的县级以上人民政府主要负责人署名和成文日期组成。主要负责人署名时，须先标明该负责人职务简称，再署写该负责人姓名，如："总理　李克强""省长　×××"。署名写在正文的右下方，成文日期之上。

(三) 例文

1. 提请立法议案

上海市普陀区人民政府

提请审议《关于普陀区开展第八个五年法治宣传教育的决议(草案)》的议案

上海市普陀区人民代表大会常务委员会：

现呈上《关于普陀区开展第八个五年法治宣传教育的决议(草案)》的议案及说明，请予审议。

附件：1. 关于普陀区开展第八个五年法治宣传教育的决议(草案)
　　　2. 关于普陀区开展第八个五年法治宣传教育的决议(草案)的说明

区长　姜冬冬

2021 年 9 月 13 日

2. 提请审议政府预算议案

吉林省人民政府关于提请审议

《吉林省关于发行 2021 年地方政府债券有关情况及预算调整的方案(草案)》的议案

省人大常委会：

按照《预算法》规定，现将吉林省关于发行 2021 年新增地方政府债券等有关情况及预算调整的方案(草案)提请省人大常委会审议。

一、调整事项

(一) 2021 年新增地方政府限额调整事项。

经国务院同意，2021 年，财政部共分配下达我省新增地方政府债务限额 878 亿元。其中：一般债务限额 239 亿元(含政府债务外贷 3.98 亿元)，专项债务限额 639 亿元。按照《预算法》第六十七条规定，预算执行中需要增加举借债务数额的，应当编制预算调整方案，报同级人大常委会批准后执行。本次我省一般公共预算调整额度为 239 亿元，政府性基金预算调整额度为 639 亿元。在新增地方政府债务限额 878 亿元中，省级使用 17.7 亿元，占全部新增债务限额的 2%，市县级使用 860.3 亿元，占 98%。经认真研究，目前已安排新增债务限额 728 亿元，待安排 150 亿元，具体情况是：

1. 省级。安排一般债务限额 1 亿元，用于吉林省产品质量监督检验院提升检验检测服务能力建设项目 0.5 亿元、吉林省计量科学研究院大型计量检测实验室建设项目 0.5 亿元；安排专项债务限额 16.7 亿元，用于集安至双辽高速公路老营至石岭(天德)段工程项目 1.8 亿元、吉林水利电力职业学院校园扩建项目 2.3 亿元、中部城市引松供水二期工程 12 亿元、吉林交通职业技术学院实训楼等扩建项目 0.6 亿元。

2. 市县级。安排一般债务限额 238 亿元(包括政府债务外贷 3.98 亿元)，专项债务限额 472.3 亿元。分地区安排情况是：长春地区 348.47 亿元、吉林地区 72.29 亿元、四平地区 30.05 亿元、辽源地区 16.27 亿元、通化地区 66.35 亿元、白山地区 42.77 亿元、松原地区 33.52 亿元、白城地区 22.27 亿元、延边地区 70.98 亿元、长白山管委会 7.33 亿元(详见附件 1)。主要用于支持铁路、公路、农林水利、城镇污水垃圾处理、卫生健康、教育、文化旅游、市政和产业园区基础设施等领域项目建设。

待安排的 150 亿元新增专项债务限额，拟全部转贷给市县级。主要考虑：一是按照财政部关于各地可适当放宽发行时间限制，合理把握发行节奏，避免债券资金沉淀浪费的要求，结合各地项目实施进度和资金需求情况，需对这部分债券额度合理把握发行节奏，切实提高债券发行与项目需求的匹配度；二是我省仍有部分项目未通过财政部审核，省财政厅正指导各地调整完善，待财政部审核之后还需考虑安排。

此外，考虑到我省全年施工期较短，为及时向重点领域、重大项目提供债券资金支持，带动有效投资补短板、扩内需、促消费、惠民生，我省已先期发行新增地方政府债券 377.73 亿元，其中：一般债券 235.02 亿元，专项债券 142.71 亿元。

(二) 上年结转的新增地方债务限额调整事项。

2021 年，省级政府性基金预算专项债务收入 289.6 亿元中，包含 2020 年结转的新增专项债务限额 126 亿元，其中省本级 40 亿元，转贷市县 86 亿元。由于承债主体发生变化，拟将省本级的 40 亿元全部转贷给市县。

另外，根据《吉林省人民政府关于调整省与长春市等市县财政管理体制的意见》(吉政发〔2021〕9 号)，自 2021 年 1 月 1 日起，长春市(含九台区、双阳区)、公主岭市、榆树市、德惠市、农安县、梅河口市等 6 市县应上划省的共享收入作为市县级收入就地缴入当地国库，同时相应增加市县上解，保持省与市县财力格局稳定。此次体制调整，不影响省本级预算总支出，只是预算总收入结构发生变化，税收收入等一般公共预算收入减少，下级上解收入相应增加。因此，对收入预算进行了调整。(详见附件 2)

二、预算调整方案

综合以上情况，现提请对省十三届人大四次会议审查批准的 2021 年省级预算作如下调整：

(一) 一般公共预算。

1. 收入预算调整。2021 年省级财政收入总计调整为 2837.99 亿元，比原预算数增加 239 亿元。其中：一是地方级财政收入调整为 124.85 亿元(同口径比上年减少 7.07 亿元，下降 5.4%)，比原预算数减少 156.9 亿元；下级上解收入调整为 214.38 亿元，比原预算数增加 156.9 亿元。财政管理体制调整后，省级财政收入结构发生变化，收入总额保持稳定。二是一般债务收入调整为 493.01 亿元，比原预算数 254.01 亿元增加 239 亿元。

2. 支出预算调整。2021 年省级财政各项支出总计相应调整为 2837.99 亿元，比原预算数增加 239 亿元。其中：省本级支出预算为 867.34 亿元，比原预算数增加 1 亿元；债务转贷支出 388.01 亿元，比原预算数增加 238 亿元。(详见附件 3)

（二）政府性基金预算。

1. 收入预算调整。2021 年省级政府性基金收入总计调整为 992.15 亿元，比原预算数增加专项债务收入 639 亿元。

2. 支出预算调整。按照以收定支原则，2021 年省级政府性基金支出总计相应调整为 992.15 亿元，比原预算数增加 639 亿元。其中：省本级支出调整为 54.09 亿元，比原预算数减少 23.3 亿元；债务转贷支出调整为 911.85 亿元，比原预算数增加 662.3 亿元。(详见附件 4)

请审议决定。

附件：1. 2021 年新增地方政府债务限额安排情况表

2. 2021 年省级一般公共预算收入调整情况表

3. 2021 年省级一般公共预算收支调整情况表

4. 2021 年省级政府性基金预算收支调整情况表

吉林省人民政府

2021 年 8 月 5 日

3. 提请任免议案

上海市静安区人民政府关于提请审议傅俊等同志职务任免的议案

静府议〔2021〕8 号

上海市静安区人民代表大会常务委员会：

一、提请任命傅俊为上海市静安区人民政府副区长；

二、提请任命姜坚为上海市静安区人民政府副区长；

三、提请免去刘燮的上海市静安区人民政府副区长职务；

四、提请免去马雪波的上海市静安区人民政府副区长职务。

请予审议。

区长　王华

2021 年 10 月 9 日

4. 提请批准外交事项议案

西安市人民政府关于提请审议
授予亚美尼亚久姆里市市长萨姆维尔·巴拉萨尼扬"西安市荣誉市民"称号的议案

市人大常委会：

近年来，随着西安市国际化进程不断加快，对外交往不断扩大，相继已有 25 名国际友人获得"西安市荣誉市民"称号，这些友好人士在促进相关领域与西安市友好交流合作中都做出了重要贡献。

近日，亚美尼亚久姆里市市长萨姆维尔·巴拉萨尼扬表达了希望成为"西安市荣誉市民"的意愿。萨姆维尔·巴拉萨尼扬先生在西安市与亚美尼亚久姆里市缔结友好城市关系和加强两市人文、经贸、高新技术合作等方面发挥了重要作用。

鉴于萨姆维尔·巴拉萨尼扬先生在我市对外交流中作出积极努力并取得卓著成效，拟授予其"西安市荣誉市民"称号。根据《西安市授予荣誉市民称号规定》，市政府向社会作出公示后，未收到负面反馈。2016年4月1日，经市政府第135次常务会议研究，建议将萨姆维尔·巴拉萨尼扬先生作为"西安市荣誉市民"人选。

请予审议。

西安市人民政府
2016年4月5日

二、报告

(一) 报告的含义和种类

《党政机关公文处理工作条例》规定："报告。适用于向上级党政机关汇报工作、反映情况，回复上级机关的询问。"

报告是一种陈述性的上行文，一般不作理论上的阐述，也不要说废话套话。对于涉及的时间、地点、人物、事件、情况、数据等，都必须经过认真核查，做到确凿无误，为上级了解情况、制定政策提供可靠的信息。

根据报告具体用途的不同，可分为工作报告、调查处理报告、报送文书报告三类。其中，按工作情况报告涉及内容的全面性或单一性，又可分为综合性工作情况报告、专题性工作情况报告两种。

1. 工作报告

工作报告一般用于汇报下级党政机关所进行的某一方面或某一具体事项的工作进展、完成情况，属"一文一事"型报告。

在公文写作实践中，实际存在三种制发机关不同、性质各异的工作情况报告：

第一种工作情况报告是由下级党政部门制作，用于向上级党政部门汇报某一时段内某方面或某一具体工作事项的进展、完成情况，且无需上级机关作出答复或批准。这类工作情况报告的制发过程符合法定公文程序要求，并以法定公文的文面形式发送，此类工作情况报告属于法定公文范畴。

第二种工作情况报告是由政府部门或政府部门联合其他社会组织制作，通过新闻媒体面向全社会公开发布，用于总结政府工作在某方面的进展或公布某些政府独家掌握的权威信息，满足社会各方对政府工作和公共信息的知情需求，如中国互联网络信息中心(CNNIC)发布的《中国互联网络发展状况统计报告》(2021年版)、商务部发布《2017年中国电视购物业发展报告》。这类工作情况报告的制发程序与法定公文不同，也不具有法定公文的文面格式要素，故不属于法定公文，应属事务文书。

第三种工作情况报告是由一级人民政府制作，并由政府主要负责人或政府职能部门负责人在同级人民代表大会上宣读，用于汇报前一时段政府工作的总体情况，同时对下一时段的政府工作做出安排，提请同级人民代表大会批准，如国务院总理在全国人民代表大会上所做的《××××年政府工作报告》、国家发展和改革委员会负责人在全国人民代表大会上所做的《国民经济和社会发展年度计划报告》。这类工作情况报告通过在人大会议上直接宣读的形式发布，并由人大会议提出修改意见，再加以审议批准，其制发程序与法定公文不同，也不具有法定公文的文面格式，故不属于法定公文，应属事务文书。

2. 调查处理报告

调查处理报告用于向上级机关反映工作中的重大情况或特殊情况。一般多用于下级机关向负责事故调查的人民政府提交事故调查处理情况，或者下级机关在日常工作中遇到个别性的问题、纠纷。有时也需根据上级机关或上级信访部门的要求，对问题、纠纷进行调查处理，并将调查处理的结果以报告的形式汇报上级机关或上级信访部门。

3. 报送文书报告

报送文书报告专用于按上级机关要求提供本单位制作的事务文书。

(二) 工作情况报告的结构和写法

工作情况报告的结构一般由标题、主送机关、报告原由、报告事项情况、结语、落款等部分组成。

(1) 标题。工作情况报告的标题属普通法定公文标题形式，即：发文机关＋事由＋文种。

(2) 主送机关。主送机关为有直接隶属关系的上级机关。

(3) 报告原由。情况报告的原由部分包括报告的党政依据和某项工作的总体完成过程。所谓党政依据是指上级党政机关为布置某项工作而发出的文件、召开的会议等，这些要素应在行文开端予以准确说明。之后，对某项工作的总体完成过程的叙述要求高度概括，不涉及详细细节。在报告原由的结尾，一般使用过渡句"现将有关情况报告如下"。

(4) 报告事项情况。这一部分应较为详细地陈述完成某阶段或某一具体事项的工作情况。如过程单一，属于某一具体工作事项，只需依次说明各个处理步骤即可；如过程复杂，多项活动共同完成，则需分条列项逐一说明。分条列项时应注意理清线索，合理分项；陈述工作情况时应说明完成工作事项的时间、地点、单位、完成的方式、取得的效果等较为具体的要素。

(5) 结语。情况报告可用结尾专用语"特此报告"。

(6) 落款。情况报告的落款由发文机关署名和成文日期并加盖印章组成。

(三) 调查处理报告的结构和写法

处理日常工作中所遇问题、纠纷时使用的调查处理报告结构一般由标题、主送机关、调查依据和方式、查明事实、处理情况、结语、落款等部分组成。

(1) 标题。调查处理报告的标题属普通法定公文标题形式，即：发文机关＋事由＋文种。其中文种前应标明"调查处理情况""自查整改情况""办理情况"等字样。

(2) 主送机关。调查处理报告的主送机关为需向其汇报的上级机关或上级信访部门。

(3) 调查依据和方式。调查依据包括事实依据和党政依据两类。事实依据是指日常工作中遇到的某些突发事件，这些突发事件引起了社会情绪的波动，需要政府部门组织调查并提出处理意见后向上级机关汇报。党政依据是指上级机关或上级信访部门发来的调查指令。调查方式则是指根据调查工作需要而成立的临时性的组织机构及其活动方式。在这一部分的写作中，叙述事实依据应注意抓住重点，简洁明了；说明党政依据和调查方式应准确具体。在调查依据和方式的结尾常用的过渡句有“具体情况如下”“现将调查情况报告如下”等。

(4) 查明的事实。查明的事实指被调查事项的历史由来、真实现状及其问题和纠纷所在，常以“经查”“经×××××调查组查明”作为叙述的开端。

(5) 处理情况。处理情况指针对调查事项已采取的处理措施。如最终仍未能完全解决该事项，则还需提出进一步解决时应采取的处理措施或建议。上述处理措施和建议都应逐一具体说明。调查处理事项件次较多时，可逐一将事项列出，逐一阐述查明事实与处理情况。

(6) 结语。调查处理报告的结尾可用结尾专用语“特此报告”。

(7) 落款。调查处理报告的落款由发文机关署名和成文日期并加盖印章组成。

(四) 报送文书报告的结构和写法

报送文书报告的结构一般由标题、主送机关、报送依据、报送事实、落款等要素组成。《〈党政机关公文格式〉国家标准应用指南》提到：“在正文中写明报送、批转、转发、印发等字样的公文，在其生效标志后附的内容不是公文的附件，因此在附件说明处不必标注相关内容。”

(1) 标题。报送文书报告的标题为普通法定公文标题，即：发文机关 + 事由 + 文种。其中事由部分应标明“报送”性质。

(2) 主送机关。报送文书报告的主送机关是要求报送文书的上级机关。

(3) 报送依据与报送事实。报送依据指上级机关发来的指令性文件，应首先引用上级来文的标题及文号，再以固定句式“现将《××××××××××》报上，请审示”陈述报送事实。报送文书报告的内容相对简单，一般都采用“篇段合一”的结构形式。

(4) 落款。报送文书报告落款由发文机关署名和成文日期并加盖印章组成。

(五) 实践例文图例

报告在实践中的结构及写法参看图 2-23。

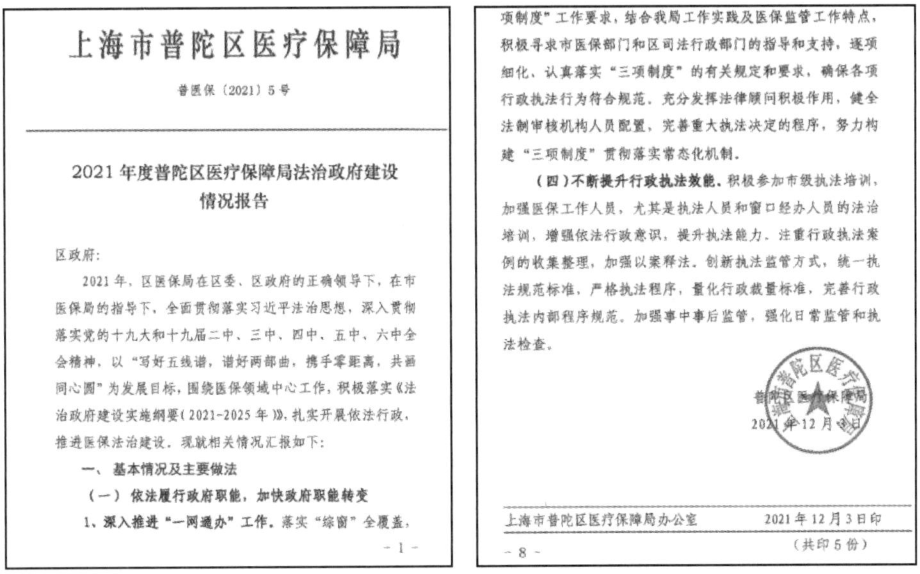
上海市普陀区医疗保障局

普医保〔2021〕5号

2021 年度普陀区医疗保障局法治政府建设情况报告

区政府：

2021 年，区医保局在区委、区政府的正确领导下，在市医保局的指导下，全面贯彻落实习近平法治思想，深入贯彻落实党的十九大和十九届二中、三中、四中、五中、六中全会精神，以“写好五线谱，谱好两部曲，携手零距离，共画同心圆”为发展目标，围绕医保领域中心工作，积极落实《法治政府建设实施纲要（2021-2025 年）》，扎实开展依法行政，推进医保法治建设，现就相关情况汇报如下：

一、基本情况及主要做法

（一）依法履行政府职能，加快政府职能转变

1、深入推进“一网通办”工作。落实“综窗”全覆盖，

- 1 -

项制度”工作要求，结合我局工作实践及医保监管工作特点，积极寻求市医保部门和区司法行政部门的指导和支持，逐项细化、认真落实“三项制度”的有关规定和要求，确保各项行政执法行为符合规范，充分发挥法律顾问积极作用，健全法制审核机构人员配置，完善重大执法决定的程序，努力构建“三项制度”贯彻落实常态化机制。

（四）不断提升行政执法效能。积极参加市级执法培训，加强医保工作人员，尤其是执法人员和窗口经办人员的法治培训，增强依法行政意识，提升执法能力。注重行政执法案例的收集整理，加强以案释法。创新执法监管方式，统一执法规范标准，严格执法程序，量化行政裁量标准，完善行政执法内部程序规范。加强事中事后监管，强化日常监管和执法检查。

普陀区医疗保障局

2021 年 12 月 3 日

上海市普陀区医疗保障局办公室　　2021 年 12 月 3 日印

（共印 5 份）

- 8 -

图 2-23　报告结构及写法实例

(六) 例文

1. 综合性工作情况报告

牟定县教育体育局 2020 年行政执法工作情况报告

楚雄州教育体育局：

2020 年，根据省、州法治政府工作的相关要求，牟定县教育体育局紧紧围绕牟定县中心工作和教育体育工作的中心任务，依法规范行政职权和行政执法行为、坚持依法化解纠纷、注重法治队伍建设，为我县教育体育事业协调发展提供了良好的法治环境和有效的法治保障。现将我局开展行政执法工作情况汇报如下：

一、主要执法工作开展情况

(一) 认真抓好教师资格认定。县教育体育局依法受理，依法公示应当提交的材料；对材料进行初审，组织专家考察、评审、论证，提出预审意见，准确作出资格认定。2020 年，共计认定教师资格 48 人，其中上半年认定 37 人，下半年认定 11 人。完成在职教师资格注册 4 人，教师信息管理系统实名认证 1586 人。

(二) 认真开展学校(幼儿园)晋级升等工作。一是 2020 年 5 月上旬，牟定县第一高级中学通过了一级三等高完中的县级复评，正期待州级有关部门原定于 2021 年 3 月的复评与认定。二是 2020 年 7 月，安乐乡安乐中心幼儿园通过了一级三等幼儿园县级初评，10 月下旬，又通过了州级复评，现已被州级相关部门认定为一级三等幼儿园。

(三) 扎实开展办学(园)行为督导评估。今年春秋两个学期，教体局组织力量，按照督导评估相关要求对全县 17 所义务教育学校、19 所幼儿园开展了办学(园)行为督导评估，通过评估，进一步规范了全县义务教育学校(幼儿园)的办学(园)行为。此外我们还按照规定依法对 17 所民办幼儿园、11 所民办培训机构进行了年度检查。通过年检既促进了办学水平的提升和民办学校的健康发展，也维护了法律的权威。

二、存在问题

(一) 不熟悉业务。原因是工作人员调整变动，新安排的工作人员业务不熟，工作主动性、积极性不足。

(二) 有执法证的人少，执法力量单薄。县教育体育局只有 4 人有执法证，执法力量明显不足。

三、下一步工作计划

(一) 继续抓好普法教育。认真学习习近平总书记关于全面推进依法治国的重要论述，加强全县教育体育系统的普法培训，让广大教体系统的干部职工及学生学法、知法、守法、护法，全面推进依法治教。

(二) 进一步落实权责清单。按照权责清单，抓好行政执法和行政监督工作，确保全县教育体育系统的工作规范合法，维护教育体育工作的稳定和谐。

(三) 抓好业务学习。按照依法治县的要求，抓好全县教育体育系统党员干部和业务人员培训，熟悉业务，按时完成各项工作任务。

牟定县教育体育局

2021 年 2 月 10 日

2. 专题性工作情况报告

朔州市公安局关于 2021 年 10 月政府网站和政府系统政务新媒体自查情况的报告

市政府办公室：

按照《山西省人民政府办公厅关于建立全省政府网站月检查通报制度的通知》《朔州市人民政府办公室关于进一步加强和规范政府系统政务新媒体管理工作的通知》要求，我局组织相关人员对朔州市公安局审批服务"一网通一次办"平台和政务新媒体进行了深入开展自查。现将 10 月份自查情况报告如下：

一、政府网站自查情况

（一）网站基本情况。我局网站 10 月健康运行，网站首页可正常访问，首页及其他页面的链接均可正常打开，无发现空栏目、栏目不符和错误链接现象。

（二）信息更新情况。网站信息发布 12 条，自行采写信息均经经审批同意后才进行发布，自行采写信息 9 条，转载信息 3 条，网站信息来源权威真实，不涉及违规信息。提高了信息公开的及时性、准确性，增强了信息公开的实用性。

（三）互动回应情况。本月共受理诉求回复 5 条，办结 5 条。

（四）服务实用情况。网站发布的公开清单等资料均能正常访问下载，网上办事链接可以正常访问，办事服务事项准确、完善。

二、政务新媒体检查情况

（一）政务新媒体基本情况。我局有政务新媒体 14 个，已在全国政务新媒体正常备案，链接均可正常打开，无发现错误链接现象。

（二）信息更新情况。微信公众号"平安朔州"发布本单位有关信息 20 条，抖音"朔州公安"发布本单位有关信息 13 条，抖音"朔州网警"发布本单位有关信息 6 条，新浪微博"朔州网警巡查执法"发布本单位有关信息 146 条，微信公众号"朔州网警巡查执法"发布本单位有关信息 29 条，今日头条"朔州网警巡查执法"发布本单位有关信息 28 条，百家号"朔州网警巡查执法"发布本单位有关信息 30 条，微信公众号"朔州开发区公安"发布本单位有关信息 9 条，转载信息 40 条，微信公众号"朔州市公安局新开分局"发布本单位有关信息 11 条，微信公众号"朔州交警宣传教育"发布本单位有关信息 31 条，转载信息 42 条，新浪微博"朔州市公安局交警支队"发布本单位有关信息 61 条，转载信息 1 条，新浪微博"朔州开发交警"发布本单位有关信息 16 条，转载信息 0 条，微信公众号"朔州开发交警"发布本单位有关信息 16 条，转载信息 0 条，今日头条"朔州市交警支队"发布本单位有关信息 9 条，转载信息 4 条，均保持每周更新。

（三）互动渠道可用性及回应情况。经自查互动渠道畅通、可用。(1) 朔州交警宣传教育微信经自查互动渠道畅通、可用，本月共受理信件 5 条，办结 5 条；(2) 朔州市公安局交警支队新浪微博经自查互动渠道畅通、可用，本月共受理信件 3 条，办结 3 条；(3) 朔州市交警支队今日头条经自查互动渠道畅通、可用，本月共受理信件 2 条，办结 2 条。

朔州市公安局
2021 年 11 月 9 日

3. 调查处理报告

大同市城市管理局关于 D2SX202105040031 问题调查处理情况的报告

市信访案件处置组：

2021 年 5 月 4 日，收到群众反映的(D2SX202105040031)环境问题。经查，举报情况部分属实。

现将有关情况报告如下：

一、举报内容及调查情况

（一）举报内容

恒安街往南 700 米处，鸿滨嘉苑小区和御东花园小区的中间有一"垃圾中转站"，无任何环保设施，污水横流，臭味呛人，影响周边居民的生活。举报人建议将垃圾中转站取缔或者搬迁。

（二）调查情况

鸿滨嘉苑小区和御东花园小区的中间有一废弃垃圾池(非垃圾中转站)，该片场地归鸿滨嘉苑小区所有，由御东花园小区物业使用，因该处垃圾露天存放、不符合垃圾转运标准，已取缔该处露天垃圾池，并由御东花园小区物业进行封闭处理。因封闭不彻底，仍有个别居民将垃圾越墙抛入池内，造成积存垃圾堆放。

二、处理情况及公开情况

（一）处理情况

接到案件后，我局立即派人现场督办，责令御东花园小区物业清理该处垃圾，鸿滨嘉苑小区对该片场地建墙，全封闭处理，五天内整改到位。

（二）信息公开情况

公开。

三、工作措施

给御东花园小区和鸿滨嘉苑小区下督办卡，要求清理垃圾，封闭场地，通知平城区城市管理局督促整改，我局安排专人跟进整改情况。

联系人：杨晓明

联系电话：5188260

大同市城市管理局
2021 年 5 月 8 日

4. 报送文书报告

上海市崇明区绿华镇人民政府关于
上报绿华镇 2019 年经济果林生态补偿资金使用方案的报告

上海市崇明区财政局：

根据《上海市崇明区经济果林生态补偿指导意见》(沪崇农发〔2017〕146 号)和《上海

市崇明区经济果林生态补偿工作考核办法(2019 版)》文件的要求，为确保生态补偿资金规范使用，提高资金使用效益，提升经济果林品质，保有经济果林资源，我镇研究制定了《绿华镇 2019 年经济果林生态补偿实施方案》和《绿华镇 2019 年经济果林生态补偿资金使用明细表》，我镇将按照明细表预安排资金实施，并根据实际实施情况进行项目内调整。

特此报告。

上海市崇明区绿华镇人民政府

2021 年 9 月 27 日

 三、请示

(一) 请示的含义和种类

《党政机关公文处理工作条例》规定："请示。适用于向上级机关请求指示、批准。"

请示属于上行文。凡是本机关无权决定、无力解决的事项可以向上级请示，而上级则应及时回复。请示应在问题发生或处理前行文，为了便于领导批复，请示行文必须一文一事，只能写一个主送机关，不能多头请示。请示所涉及的问题，一般较紧迫，没有批复，下级机关就无法工作。因此，下级机关应及时就有关问题向上级机关请示，上级机关应及时批复。

在公文写作实践中，按照请示的具体用途，可将请示分为二种，即请求指示性请示、请求批准性请示。

(1) 请求指示性请示。请求指示性请示在上级机关的指令规定要求不明确、或下级机关对上级机关的指令规定要求有不同看法时、或下级机关遇到无章可循的新问题时使用。这时下级机关的请求是希望上级机关能对自身发布的指令规定作出清晰的解释，为下级机关的行政执法活动厘清现有的法律法规内涵和边界，使下级机关的行政工作得以顺利进行。

(2) 请求批准性请示。请求批准性请示一种情况是下级机关日常办公过程中遇到了按相关党纪政规规定必须请示、获批准后方可实施的事项时使用。这时下级机关的请求是希望上级机关作出明确表态，同意或不同意下级机关实施所请求事项。另一种情况是下级机关针对某一涉及面较广的事项提出了可行的处理意见和办法，不过在执行中需其他有关方面协同办理。但是按规定下级机关无权指令平级机关或不相隶属部门办理，这时候则需上级机关审定后发布或批转给其他相关下级机关执行或周知。

(二) 请示的结构和写法

请求指示性请示、请求批准性请示的写法基本相同，它们的结构都由标题、主送机关、请示原由、请示事项、请示结语、落款等部分组成。

(1) 标题。请示的标题属普通法定公文标题形式，即：发文机关 + 事由 + 文种。

在标题的写作中，应注意在事由部分避免使用"申请""请求""恳请""请求批准""申请批复"等动词，以免与文种"请示"同义重复；也不应使用"要求批准""尽快解决"等违反上行文语言表达规范的词语。

(2) 主送机关。请示的主送机关是直接隶属关系的上级机关。

注意：在请示行文时应注意遵守以下规则，《党政机关公文处理工作条例》第十四条规定："行文关系根据隶属关系和职权范围确定。一般不得越级行文，特殊情况需要越级行文的,应当同时抄送被越过的机关";第十五条规定向上级机关行文,应当遵循以下规则:"原则上主送一个上级机关,根据需要同时抄送相关上级机关和同级机关,不抄送下级机关";"党委、政府的部门向上级主管部门请示、报告重大事项,应当经本级党委、政府同意或者授权;属于部门职权范围内的事项应当直接报送上级主管部门";"除上级机关负责人直接交办事项外,不得以本机关名义向上级机关负责人报送公文,不得以本机关负责人名义向上级机关报送公文";"受双重领导的机关向一个上级机关行文,必要时抄送另一个上级机关"。

(3) 请示原由。请示的缘由是请示事项能否成立的前提条件,也是上级机关批复的根据。总体要求客观、合理、充分。

请求指示性请示的原由部分用于介绍正在进行的工作,以及工作涉及的相关法律法规、指令要求等,语言需简洁概括。

请求批准性请示原由包括事实原由、政策法规依据及党政依据等。事实原由指请示事项的历史和现实状况;政策法规依据指可用于处理请示事项的党纪国法;党政依据指有管辖权的上级党政机关对请示事项曾作出的指导性意见和要求。这部分的叙述应开门见山,由直接关涉请示事项的事实开始,介绍清楚有关问题的历史与现状,相关的政策法规规定和上级机关的指导性意见及要求,必要时可举出典型事例或典型数字加以说明,并以叙议结合的方式点明解决有关问题的紧迫性和必要性。这部分的写作应注意突出重点,详略得当,用语谦和,不得使用辩论、决定式语气。

在请示原由的结尾常用过渡句"在执行过程中遇到一些理解不清、难以把握的问题,特(现)请示如下""现作如下请示并建议"等转入请示事项部分。

(4) 请示事项。请示事项是请示全文的重点。

请求指示性请示的事项部分应将遇到的不明确事项或条文逐项列出,并说明对各条文存在的不同解读,请上级机关予以确定。可用表达句式有"希望明确××××问题的处理办法""××××××(需明确概念)是否属于××××××,希望予以明确"等;有时还可提出数种不同的解决办法和对具体条文解读,并建议上级机关采纳某一种解决办法和具体解读,可用表达句式有"对此,我们建议……""对此项条文,我们认为,……""为……,现拟……"等。

请求批准性请示则需要下级明确提出解决问题的具体建议,包括实施的时间、地点、承办单位、数量规模、质量标准、完成方式、经费来源等详细要素,以便于上级机关参照相关信息数据表态。如果是下级机关依据相关法规已制定出方案,一般只需列出希望上级机关予以批转或发布的文件名称。

注意:《党政机关公文处理工作条例》第十五条第(三)次规定:"下级机关的请示事项,如需以本机关名义向上级机关请示,应当提出倾向性意见后上报,不得原文转报上级机关。"即党政机关在向上级转呈下级机关的请示时,需要明确本机机关是否同意下级机关的请求。

(5) 请示结语。请求指示性请示的结尾专用语有"特此请示""以上请示可否(当否、妥否),请批示(批复)""以上请示如无不妥,请批转各地区、各部门研究执行"等。请示结语是请求指示性请示的必要组成部分,不能遗漏。

(6) 落款。请求指示性请示的落款由发文机关署名和成文日期并加盖印章组成。

(三) 报告和请示的不同

报告和请示均为上行文,其不同点表现在:

(1) 行文目的不同。请示用于向上级请求指示或批准某些事项,待上级明确审批意见后再开展或结束工作,在请示中可以向上级明确提出务必予以答复的要求;"汇报性"是报告的一个特点,是上级机关决策指导和协调工作的依据。报告不能请求指示或批准,更不能要求必须复文。

(2) 两个文种的作用不同。请示对工作起到启始或中续作用;报告则起到汇报工作,反映情况供上级了解或参考的作用。

(3) 两个文种的形成时间不同。请示只能在事前;多数报告都是在事情做完或发生后,向上级机关作出汇报,是事后或事中行文。

(4) 语气的不同。因为报告具有汇报性,所以行文一般使用叙述方法,语言以陈述为主;请示是向上级机关请求指示、批准,所以多采用祈使、请求等语气。

(四) 实践例文图例

请示在实践中的结构及写法参看图 2-24。

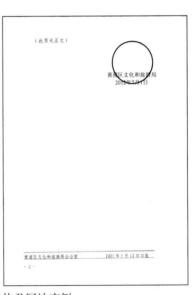

图 2-24　请示结构及写法实例

(五) 例文

1. 请求指示性请示

黄浦区文化和旅游局关于征询《黄浦区文化旅游发展"十四五"规划》意见的请示

上海市文化和旅游局:

《黄浦区文化旅游发展"十四五"规划》是文旅机构改革后编制的首个文旅融合发展五年规划,是我区今后五年文化和旅游发展的重要依据。按照市、区编制工作的总体部署和要求，我局自 2019 年 6 月起作为牵头单位启动了规划编制工作，并聘请了专家课题组共同参与编制，集聚智慧、广泛调研经过多轮修改完善，已初步形成《黄浦区文化旅游发展"十四五"规划(征求意见稿)》。现呈报贵局，请予审阅并给予指导意见。

当否，请示。

附件：《黄浦区文化旅游发展"十四五"规划(征求意见稿)》

黄浦区文化和旅游局

2021 年 5 月 12 日

2. 请求批准性请示

江西省财政厅江西省林业局

关于申报中央财政支持国土绿化示范试点项目的请示

省人民政府：

为贯彻落实党中央、国务院关于开展大规模国土绿化行动的决策部署，积极做好碳达峰、碳中和工作，提升碳汇能力，财政部办公厅、国家林草局办公室于近日下发《关于组织申报中央财政支持国土绿化试点示范项目的通知》(财办资环〔2021〕10 号)，在全国范围采取竞争性评审方式，选择部分省开展国土绿化试点示范。项目由省级统筹规划、统一组织申报，推荐遴选典型地市作为项目主体进行上报，推荐项目应体现国土绿化一体化系统治理，具有引领带动作用。每省申报数量不超过 1 个，项目投资不低于 3 亿元，中央财政支持不超过 2 亿元，并要求各省于 3 月 22 日前报省政府同意后上报项目实施方案。

接通知后，省财政厅、省林业局第一时间向各设区市布置项目申报工作。3 月 16 日，赣州市财政局、赣州市林业局报来《赣州市国土绿化试点示范项目实施方案》，项目总投资 3.4 亿元，其中申请中央财政补助资金 2 亿元，占总投资的 58%。3 月 17 日，省财政厅、省林业局组织召开项目评审会，邀请江西农业大学、省林科院、省林业资源监测中心等单位的专家对赣州市项目实施方案进行了评审。项目编制单位已根据专家意见，对实施方案进行了修改完善，形成《江西赣南区域中央财政国土绿化试点示范项目实施方案》。

为巩固赣州南方重要生态屏障，支持该市打造对接粤港澳大湾区桥头堡，助力赣南革命老区振兴发展，推动巩固脱贫攻坚成果同乡村振兴有效衔接，为实现碳达峰、碳中和目标做出江西贡献。现将《江西赣南区域中央财政国土绿化试点示范项目实施方案》随文呈报，请审定。如无不妥，建议冠以"经省政府同意"字样，由省财政厅、省林业局联合上报财政部、国家林草局，争取项目入围。

专此请示。

附件：江西赣南区域中央财政国土绿化试点示范项目实施方案

江西省财政厅　江西省林业局

2021 年 3 月 17 日

四、批复

(一) 批复的含义和种类

《党政机关公文处理工作条例》规定："批复。适用于答复下级机关请示事项。"

批复的行文属被动性行文，是为答复下级机关请示来文而发，与请示一样具有"一文一事"的特性。批复的用途与请示来文的性质关联，可具体分为指示性批复与批准性批复两种，其中指示性批复用于答复请求指示性请示，批准性批复用于答复请求批准性请示。

注意：在公文写作实践中，负责解释政策法规、指令要求的机关有时并非上级党政机关，而是上级党政机关内部的某一职能部门。因而在答复下级党政机关请求指示性请示时，党政职能部门只能以复函的形式行文，从而形成以指示性复函(参看第二章第七节《函》)答复下级机关请示的现象，这时指示性复函的作用和指示性批复完全相同。

(二) 批复的结构和写法

指示性批复和批准性批复的写法基本相同，它们的结构都由标题、主送机关、批复引据、批复事项、补充要求、结语、落款等部分组成。

(1) 标题。批复标题的基本形式为：发文机关＋事由＋文种。批复标题的事由部分可以标示出批复机关的态度，即在"关于"后加"同意"二字，如《国务院关于同意将江苏省无锡市列为国家历史文化名城的批复》。

(2) 主送机关。批复的主送机关一般是请示来文的发文机关。但是，有时批复的主送机关也可以是跟请示事项相关的若干下级机关。如《国务院关于"十四五"对外贸易高质量发展规划的批复》(国函〔2021〕112 号)的主送机关为"各省、自治区、直辖市人民政府，商务部"。

(3) 批复引据。批复引据用以说明批复所对应的请示来文。在批复引据中一般引用请示来文的标题及文号，文号在标题后圆括号内注明。批复引据部分常与过渡句结合，形成固定句式"你×(请示发文机关简称)《关于……的请示》(××发〔××××〕×号)收悉，经研究，现批复如下"。

(4) 批复事项。批复事项部分用于表明批复机关的态度，不同种类的批复在批复事项部分的写法有所不同。

指示性批复的批复事项部分与请示来文呼应。有时逐条解答请示来文中提出的问题，明确党政管理的对象，确认党政管理应采用的方式方法，其分立的条项数应与请示来文相一致；有时则对请示事项表态同意后进一步提出一些具体的指示要求。

批准性批复的批复事项部分，首先明确表明上级机关的态度，即对下级请示来文中的请求事项同意与否。其中同意又分两种不同情形，一种是完全同意，除同意下级机关的请示事项外，还对下级提出的完成请示事项的具体方法也表示同意。完全同意时，直接标明态度即可，常用句式为"同意你×(请示发文单位简称)……(请示事项)"。此外可以提一些宏观性的要求或号召。另一种是原则同意，即总体同意下级机关对所请示的事项展开工作进程，但在如何完成请示事项方面批复机关仍"有话要讲"。原则同意时，需分条列项加以说明。一般第一条用于表明原则同意的态度，常用句式为："一、原则同意你×(请示发文机关简称)……(请示事项)"，从第二条开始，是批复机关就如何完成请示事项提出的总体指导方针和其他基本要求，常用动词"要"的指令语气表达。

注意：在公文写作实践中，请求批准性请示发文前下级机关会就所请示事项同上级机关作事先的协商沟通，如果上级机关明显不同意下级机关的请求事项，下级机关将不会行文请示，故一般情况下，不存在不同意所请求事项的批复。

(5) 补充要求。这部分用于强调批复事项的意义，向全体下级提出指导性要求，发出希望和号召等。有时补充要求部分也会与批复事项部分合并，以批复事项部分的最后一项形式出现。

(6) 结语。批复的结尾专用语有"特此批复""此复"等。批复的结尾专用语非批复结构的必要组成部分，可以省略。

(7) 落款。批复的落款由发文机关署名和成文日期并加盖印章组成。

(三) 实践例文图例

批复在实践中的结构及写法参看图 2-25。

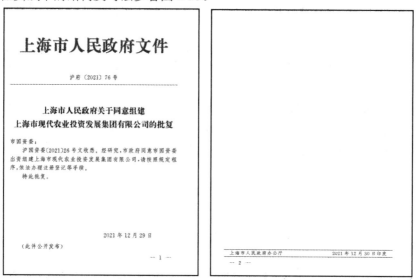

图 2-25　批复结构及写法实例

(四) 例文

1. 指示性批复

国务院关于同意成都建设践行新发展理念的公园城市示范区的批复

国函〔2022〕10 号

四川省人民政府，国家发展改革委、自然资源部、住房和城乡建设部：

国家发展改革委关于成都建设践行新发展理念的公园城市示范区的请示收悉。现批复如下：

一、同意成都建设践行新发展理念的公园城市示范区(以下简称示范区)。具体建设方案由国家发展改革委、自然资源部、住房和城乡建设部会同四川省人民政府等有关方面制定印发并认真组织实施。

二、示范区建设要以习近平新时代中国特色社会主义思想为指导，全面贯彻党的十九大和十九届历次全会精神，完整、准确、全面贯彻新发展理念，加快构建新发展格局，坚持以人民为中心，统筹发展和安全，将绿水青山就是金山银山理念贯穿城市发展全过程，充分彰显生态价值，推动生态文明建设与经济社会发展相得益彰，促进城市风貌与公园形态交织相融，着力厚植绿色生态本底、塑造公园城市优美形态，着力创造宜居美好生活、增进公园城市民生福祉，着力营造宜业优良环境、激发公园城市经济活力，着力健全现代治理体系、增强公园城市治理效能，实现高质量发展、高品质生活、高效能治理相结合，打造山水人城和谐相融的公园城市。

三、四川省人民政府要加强组织领导，明确任务分工，督促做好示范区建设各项工作。成都市人民政府要强化主体责任，完善工作机制，优化资源配置，引导社会力量，确保示范区建设各项任务落实落地，积极创造可复制可推广的典型经验和制度成果。重要政策、重大工程、重点项目按程序报批。

四、国务院各有关部门要加强与四川省协调配合，在公园城市建设、生态产品价值实现、城乡融合发展等方面支持成都市先行先试，在项目布局、资金安排、要素供给等方面给予积极支持，营造良好政策环境。国家发展改革委、自然资源部、住房和城乡建设部要加强对示范区建设的统筹指导，适时评估工作进展情况，总结推广典型经验，重大事项及时向党中央、国务院报告。

国务院

2022 年 1 月 28 日

(此件公开发布)

2. 批准性批复(完全同意型)

江西省人民政府

关于同意鄱阳县城区土地定级及基准地价更新成果的批复

鄱阳县人民政府：

你县《关于批准鄱阳县城区土地定级与基准地价更新成果的请示》(鄱府文〔2021〕78号)收悉。经研究，现批复如下：

一、同意你县城区 47.3851 平方公里基准地价更新成果。具体成果内容详见附件。

二、你县要按照有关规定将城区基准地价更新的有关成果内容(包括土地定级确定的各级别面积及相应范围、基准地价内涵及各级别基准地价、宗地地价修正体系)及时公布实施，尽快登录全国基准地价备案系统进行电子化备案，并做好成果的应用工作。

三、你县要根据经济社会发展情况以及土地市场行情，适时修订城区基准地价，合理配置土地资源，节约集约利用土地，促进经济社会持续健康发展。

附件：1. 鄱阳县城区土地定级成果
　　　2. 鄱阳县城区基准地价更新成果

江西省人民政府
2021 年 11 月 19 日

3. 批准性批复(原则同意型)

国务院关于"十四五"公共服务规划的批复
国函〔2021〕120 号

国家发展改革委：

你委《关于报送〈"十四五"公共服务规划〉(送审稿)的请示》(发改社会〔2021〕1307号)收悉。现批复如下：

一、原则同意《"十四五"公共服务规划》(以下简称《规划》)，请认真组织实施。《规划》由国家发展改革委联合有关部门印发。

二、《规划》实施要以习近平新时代中国特色社会主义思想为指导，深入贯彻党的十九大和十九届二中、三中、四中、五中、六中全会精神，坚持以人民为中心的发展思想，立足新发展阶段，完整、准确、全面贯彻新发展理念，构建新发展格局，以推动高质量发展为主题，树立系统观念，强化底线思维，牢牢抓住人民群众最关心最直接最现实的民生问题，科学合理界定基本公共服务与非基本公共服务范围，正确处理政府和市场关系，持续推进基本公共服务均等化，多元扩大普惠性非基本公共服务供给，丰富多层次多样化生活服务供给，切实兜牢基本民生保障底线，稳步提升公共服务保障水平，不断满足人民群众美好生活需要，努力增进全体人民的获得感、幸福感、安全感，促进人的全面发展和社会全面进步，推动全体人民共同富裕迈出坚实步伐。

三、各省、自治区、直辖市人民政府要把公共服务体系建设作为本地区"十四五"经济社会发展重点任务，加强组织领导，明确责任分工，编制省级公共服务专项规划，细化落实举措，做好重大项目衔接统筹，确保《规划》明确的重要任务和政策举措落实到位，实现公共服务能力和水平稳步提升。对新增公共服务事项、提高服务标准等要审慎研究论证，确保财力可承受、服务可持续。鼓励有条件的地区在公共服务体系—规划、统筹建设、体制创新等方面开展试点，探索积累经验，分步推广实施。

四、各有关部门要按照职责分工，依据《规划》细化提出可衡量、可考核的具体实施举措，明确工作责任和进度安排，深化政策解读，强化宣传引导，健全统计调查体系，定期分领域开展公共服务发展情况监测评估，确保《规划》重点工作任务有效落实。国家发展改革委要会同各有关部门完善基本公共服务标准体系建设部际联席会议制度，制定《规划》任务分工方案，加大跨区域、跨领域、跨部门重大事项协调力度，跟踪《规划》实施进展情况，重大事项及时向国务院报告。

国务院
2021 年 11 月 20 日

(此件公开发布)

第七节　函

(一)　函的含义和种类

《党政机关公文处理工作条例》规定:"函。适用于不相隶属机关之间商洽工作、询问和答复问题、请求批准和答复审批事项。"

函是平行或不相隶属机关之间使用的主要法定公文文种。用于机关之间相互请求和批准事项、商洽、询问和答复问题,起着双向沟通作用,这是其他公文所不具备的特点。函的写作,要注意行文简洁明确,用语把握分寸。无论是平行机关或者是不相隶属机关的行文,都要注意语气平和有礼,以陈述为主,不要倚势压人或强人所难,也不必逢迎恭维、曲意客套。至于复函,则要注意行文的针对性、答复的明确性。一般来说,一个函件以讲清一个问题或一件事情为宜。

在公务活动中,实际存在几种不同性质的函:

1. 函

函属法定公文文种,具有法定公文的文面格式,是平行或不相隶属机关之间的正式行文。法定公文函的用途很广泛,常见的可分为以下几种:

(1) 请求(请示)函、批准(指示)函。

(2) 商洽函去函、商洽函复函。

(3) 询问函、答复函。

(4) 告知(催办)函。

2. 公务便函

公务便函是事务文书的类别名称,有多种具体文种可以选择,如信函、便函、邀请书等。与法定公文文面格式相比,公务便函缺少发文字号要件,其发文程序较法定公文简便,一般不作存档处理;使用范围常限于行政机关内部的各部门之间,有时也用于处理行政机关、人民团体、企事业单位之间如祝贺、邀请、感谢等琐细事务的交涉办理。这类公务便函使用和写作在实践中比较自由,需要我们注意厘清与正式行文的公文函的区别。

3. 凭证函

凭证函是公务活动中使用的证明文件的类别名称,一般有固定格式,使用时需填写留白部分的信息,再加盖行政机关印章作为确认,如介绍信、参会凭证、报到凭证等。

(二)　请求(请示)函的结构和写法

请求(请示)函是用于下级党政机关向上级机关中的职能部门请求批准或请求指示时使用的函。上级党政机关职能部门答复下级机关请求或请示时使用的函为批准(指示)函。这类函以平行文的外在形式行使了上行文(请示)和下行文(批复)的实际功能,属于"一文一事"型公文。

注意:请求函与请示和批复的不同在于,请示的主送机关是上一级党政行政机关,请求函的主送机关是上一级党政机关下属的职能部门，只在某项党政业务方面对下级机关有主管权限，而非全面领导下级机关。上级党政机关职能部门同下级机关之间属不相隶属的关系，向下行文应使用批准函而不是批复。

在公文写作实践中，经常出现下级党政机关以"请示"文种向上级机关职能部门请求批准的情况，而上级机关职能部门又以"函"的形式批复。严格说来，这种情形下请示的用法并不符合法定公文的写作规范，应注意避免。

请求函的结构由标题、主送机关、请求原由、请求事项、结语、落款等部分组成。

(1) 标题。请求函标题属普通法定公文标题形式，即：发文机关 + 事由 + 函。但需在事由部分使用"提请""申请""请求""请求批准"等词语标示出请求函的特征。

(2) 主送机关。请求函的主送机关不是与发文机关有直接隶属关系的上级机关，而是有业务指导关系的上级机关职能部门。

(3) 请求原由。请求函请求原由部分的写法与请示相同。

(4) 请求事项。请求函请求事项部分的写法与请示相同。

(5) 请求函结语。请求函结语与请示不同，常用的结尾专用语有"以上事项，请予批准""可否(当否、妥否)，请予函复""请予批准为盼"等。结语不是结构必备要素，可以省略。

(6) 落款。请求函落款由发文机关署名和成文日期并加盖印章组成。

(三) 批准(指示)函的结构和写法

批准函的结构同批复相类似，由标题、主送机关、批准引据、批准内容、结语、落款等部分组成。

(1) 标题。批准函标题属普通法定公文标题形式，即：发文机关 + 事由 + 复函，在事由部分可以使用"批准""同意"等词语表示出批准函的特征。

(2) 主送机关。批准函的主送机关为请求函来文的发文机关。但是，有时批准函的主送机关也可以是和请求事项相关的若干下级机关。

(3) 批准引据。批准函的批准引据部分的写法与批复相同，只需将引据结尾的过渡句改动为："经研究，现函复如下"。

(4) 批准(指示)内容。批准函的批准内容部分写法与批复相同。由于批准函所涉事项一般较为简单，故实际使用中批准函的批准形式只有完全批准一种。

(5) 结语。批准函的结尾专用语有"特此函复""此复"等。批准函的结尾专用语非结构的必要组成部分，可以省略。

(6) 落款。批准函的落款由发文机关署名和成文日期并加盖印章组成。

(四) 商洽函去函的结构和写法

平行或不相隶属机关之间请求协助、商洽解决具体事项时使用的函称为商洽函去函，对方答复表态时使用的函称为商洽函复函。

商洽函去函的结构一般由标题、主送机关、商洽原由、商洽事项、结语、落款等部分组成。

(1) 标题。商洽函去函的标题属普通法定公文标题形式，即：发文机关 + 事由 + 函，在事由部分可以使用"商洽""商请"等词语标示出商洽函的特征。

(2) 主送机关。商洽函去函的主送机关是需要与之商洽的平行或不相隶属的机关，还可以是社会各有关方面，不易指明行文对象时还可以留白的方式解决。

(3) 商洽原由。商洽原由包括商请对方协助的依据和理由。其中商洽依据指商洽函发文机关所提商洽事项的事实依据和法律党政依据，商洽理由则指商洽对象所具备的能力和条件。

对商洽依据的陈述应开门见山，由直接关涉协商事项的事实开始，介绍清楚商洽事项的历史与现状、相关政策法规规定和上级党政机关的相关指令及要求，并以叙议结合的方式点明商洽事项的紧迫性和必要性。商洽对象所具备的能力条件常常是不言自明的，故可以省略，如必须陈述时则应注意语气谦和，必要时可使用尊称。

(4) 商洽事项。商洽事项指商洽函去函发文机关对商洽对象提出的具体协助请求。这部分在写作中应注意明确协助请求的详细内容，如协助的时间、地点、具体形式及反馈方式等，必要时可采用分条列项的方式对协助请求作详细说明。另外，还应注意使用"拟""现拟"等非决定性词语来描述自身的请求，不得使用命令、论辩的语气。有时，为了更好地说服商洽对象，还可以提示商洽事项所具有的双赢性质，强调商洽对象在提供协助的同时其自身也能获益。

商洽函去函在商洽事项的结尾部分常运用期复句式，如："特致函商请协助，请予复函为盼""特此函商，望予支持为盼""特请你×(商洽对象简称)予以协助，并于××月××日前函复我×(发文机关简称)"等。

(5) 结语。商洽函去函结尾专用语有"此函""特此致函""可否，请回复"等。商洽函去函结尾专用语非商洽函去函结构的必要组成部分，可以省略。

(6) 落款。商洽函去函落款由发文机关署名和成文日期并加盖印章组成。

(五) 询问函的结构和写法

平行或不相隶属机关之间询问问题、征求意见时使用的函称为询问函，对方答复问题时使用的函称为答复函。

询问函结构一般由标题、主送机关、询问原由、询问事项、结语、落款等部分组成。

(1) 标题。询问函标题属普通法定公文标题形式，即：发文机关＋事由＋文种，在事由部分可以使用"询问""请对……予说明""请对……予以解释"等词语标示出询问函特征。

(2) 主送机关。询问函的主送机关是被发文机关询问的平行或不相隶属的机关。

(3) 询问原由。询问函原由部分应概括介绍正在进行的某项工作情况，以及关涉此项工作的相关政策法规、指令要求。在询问原由的结尾，常使用的过渡句有"在贯彻执行过程中遇到以下问题，需你×(询问对象)给予解释(确认)""我×(发文机关简称)现将遇到的问题整理汇总，请你×予以解释(确认)""为……，请将下述(列)情况告知我×(发文机关简称)""为……，请你×(询问对象简称)对下述(列)情况予以确认"等。

(4) 询问事项。询问事项指需要了解确认的有关情况。这部分在写作时应注意条理清晰、重点突出，询问事项复杂时还可分条列项，逐一陈述，常用表达句式有"××××(待确认事项)是否属于××××(法律法规范畴)""××××(法律法规范畴)如何确认""××××(待确认事项)应如何处理""××××(待确认事项)是否存在……情况"等。

(5) 结语。询问函结尾专用语为"专(特)此函达，请回复""以上问题，请予解释(确认、告知)为盼"等。询问函结语非询问函结构必要组成部分，可省略。

(6) 落款。询问函落款由发文机关署名和成文日期并加盖印章组成。

(六) 商洽函复函与答复函的结构和写法

商洽函复函与答复函复函的结构相同。一般由标题、主送机关、答复引据、答复内容、结语、落款等部分组成。

(1) 标题。商洽函复函与答复函的标题属普通法定公文标题，即：发文机关 + 事由 + (复)函。

(2) 主送机关。商洽函复函的主送机关是商洽函来函发文机关，答复函的主送机关是询问函的发文机关。

(3) 答复引据。答复引据用以说明答复函所对应的特定的商洽函来函或询问函来函。在答复引据中一般应引用商洽函来函或询问函来文的标题及文号，文号在标题后圆括号内注明。答复引据部分常与过渡句结合，形成固定句式"你×(商洽函来函发文机关简称或询问函来函发文机关简称)《关于……的函》(××函〔××××〕×号)收悉，经研究，现答复如下"。

(4) 答复内容。商洽函复函答复内容部分应明确表明发文机关的态度，即对商洽函来函中商洽的事项同意与否。如同意提供协助，告知即可，也可进一步提出一些合作细节要求；如不同意提供协助，需申明理由。

注意：在公文写作实践中，商洽函发文前，发文机关一般会就有关商洽事项同对方机关作事先的协商沟通，如果对方机关明显不同意所商洽事项，发文机关将不会行文商洽，故一般也不会存在不同意所商洽事项的回函。

答复函答复内容部分应逐条解答询问来函中提出的问题，明确党政管理的对象及应采用的方式方法，或提供、确认相关信息，其分立的条项数应与询问函来文一致。

(5) 结语。商洽函复函与答复函的结尾专用语相类似，有："特此函复""专此函复""此复"等。商洽函复函与答复函的结语非其结构必要组成部分，可以省略。

(6) 落款。商洽函复函与答复函落款由发文机关署名和成文日期并加盖印章组成。

(七) 告知(催办)函的结构和写法

告知函除可以发送给平行或不相隶属的机关外，还可以向社会有关方面发布，如职务犯罪风险提醒函、税收风险提示函、价格政策提醒函、质监工作提醒函、生态环境问题预警函等，体现出新型服务型政府的行政特征。告知函更多地起着协调沟通的作用，有时也有一定提示催办作用。告知函往往需要告知对象基于自愿配合完成告知事项，所以被告知机关无需回函。

告知函的结构一般由标题、主送机关、告知原由、告知事项、落款等部分组成。

(1) 标题。告知函的标题属普通法定公文标题，即：发文机关 + 事由 + 文种。

(2) 主送机关。告知函的主送机关是平行或不相隶属的一个或数个机关。

(3) 告知原由。告知原由部分用于介绍告知事项的背景，即发文机关正在进行的某项工作过程，以及这项工作的依据，包括政策法规的规定和有决定权的党政机关的指令，有时还需指出此项工作的重要意义。这部分的叙述语言应高度概括，不涉及详细的工作细节。在告知原由的结尾常结合行文目的使用过渡句"为……，我×(发文机关简称)决定(拟)开展

××××××(工作项目名称)工作，现将有关事项函告如下”，用以引导下文。

(4) 告知事项。告知事项是告知函结构的重要组成部分，事项较多时可分条列项加以说明。在事项部分应明确各具体事项的承办主体、完成事项内容、完成方式、完成程序及时间节点、反馈方式等要素，通常还需交代发文机关的联系方式及联系人。这部分在写作时应注意全面完备、条理清晰，具有可操作性。

(5) 落款。告知函落款由发文机关署名和成文日期并加盖印章组成。

(八) 实践例文图例

函在实践中的结构及写法参看图 2-26。

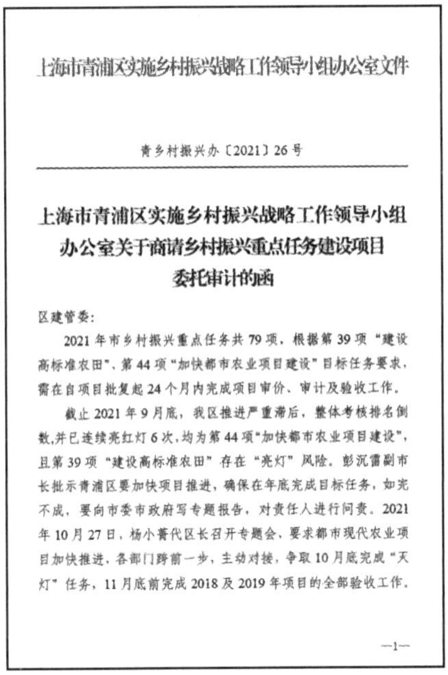

上海市青浦区实施乡村振兴战略工作领导小组办公室文件

青乡村振兴办〔2021〕26 号

上海市青浦区实施乡村振兴战略工作领导小组办公室关于商请乡村振兴重点任务建设项目委托审计的函

区建管委：

2021 年市乡村振兴重点任务共 79 项，根据第 39 项“建设高标准农田”、第 44 项“加快都市农业项目建设”目标任务要求，需在自项目批复起 24 个月内完成项目审价、审计及验收工作。

截止 2021 年 9 月底，我区推进严重滞后，整体考核排名倒数,并已连续亮红灯 6 次，均为第 44 项“加快都市农业项目建设”，且第 39 项“建设高标准农田”存在“亮灯”风险。彭沉雷副市长批示青浦区要加快项目推进，确保在年底完成目标任务，如完不成，要向市委市政府写专题报告，对责任人进行问责。2021 年 10 月 27 日，杨小菁代区长召开专题会，要求都市现代农业项目加快推进，各部门跨前一步，主动对接，争取 10 月底完成“灭灯”任务，11 月底前完成 2018 及 2019 年项目的全部验收工作。

—1—

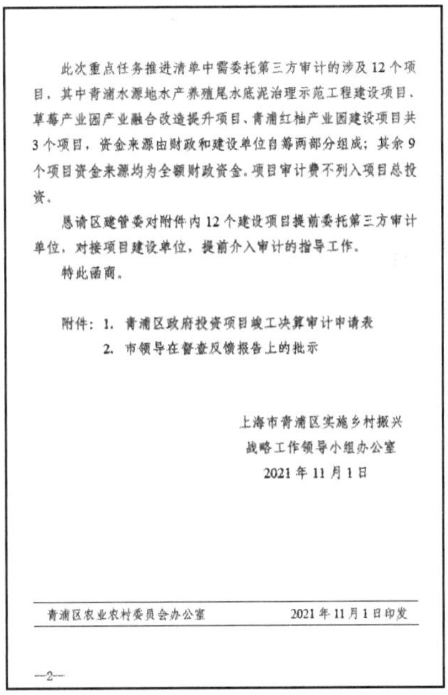

此次重点任务推进清单中需委托第三方审计的涉及 12 个项目，其中青浦水源地水产养殖尾水底泥治理示范工程建设项目、草莓产业园产业融合改造提升项目、青浦红柚产业园建设项目共 3 个项目，资金来源由财政和建设单位自筹两部分组成；其余 9 个项目资金来源均为全额财政资金。项目审计费不列入项目总投资。

恳请区建管委对附件内 12 个建设项目提前委托第三方审计单位，对接项目建设单位，提前介入审计的指导工作。

特此函商。

附件：1. 青浦区政府投资项目竣工决算审计申请表
2. 市领导在督查反馈报告上的批示

上海市青浦区实施乡村振兴
战略工作领导小组办公室
2021 年 11 月 1 日

青浦区农业农村委员会办公室　2021 年 11 月 1 日印发

—2—

图 2-26　函结构及写法实例

(九) 例文

1. 请求函

普陀区桃浦智创城开发建设推进办公室关于申请追加 2021 年项目经费的函

区财政局：

经区政府第 127 次常务会议审议通过，我办根据工作实际需要，申请追加 2021 年项目经费共计 911.9419 万元。具体情况如下：

一、5 条市政道路建设费用

今年以来，桃浦推进办根据负责桃浦地区综合开发建设的工作职责，着力推进土地开发和重大工程项目建设，目前已对桃浦地区市政道路情况进行梳理，编制形成桃浦智创城核心区市政道路工程建设计划(2021 年—2023 年)，今年已有 5 条道路纳入区发改委《2021 年普陀区经济社会发展建设项目计划调入清单》，分别为敦煌南路(真南路—金昌路)、乐创路(敦煌南路—绿兰路)、昭骁路(乐创路—定宁路)、皋兰山路(真南路—武南路)、武南路(真南路—山丹路)。

桃浦推进办按照《普陀区政府投资建设项目管理办法》(普府规范〔2019〕6号)文件精神办理项目审批工作,目前该5条道路已获区发改委关于普陀区政府投资建设项目建议书批复和关于道路新建工程可行性研究报告的批复。该5条道路总投资约12 116.21万元,预计今年年底前开工,拟申请提前启动政府采购相关程序,开展招投标工作,并支付部分建安费和工程建设其他费用,申请追加905万元。

二、整治办工作经费

2021年整治办工作经费预算已安排214.7014万元,因需支付2020年存续合同应付部分差额(物业费3.6819万元和食堂人员费用3.26万元),申请追加6.9419万元。

妥否,请审议。

普陀区桃浦智创城开发建设推进办公室

2021年9月22日

2. 批准(指示)函

国务院办公厅关于同意广东、香港、澳门承办2025年第十五届全国运动会的函

国办函〔2021〕79号

体育总局、财政部、国务院港澳办:

你们《关于广东、香港、澳门承办第十五届全国运动会的请示》(体竞字〔2021〕224号)收悉。经国务院领导同志批准,现函复如下:

一、同意广东、香港、澳门承办2025年第十五届全国运动会。

二、筹备和举办第十五届全国运动会的经费主要由广东省人民政府、香港特别行政区政府、澳门特别行政区政府自筹,中央财政给予一次性定额补助。

三、体育总局、广东省人民政府、香港特别行政区政府、澳门特别行政区政府要严格按照党中央、国务院有关规定,结合当地经济社会发展实际,坚持"简约、安全、精彩"的办赛要求,充分利用现有场馆设施,严格预算管理,节约办赛成本,严格控制规模和规格,全力做好新冠肺炎疫情防控工作,共同组织好第十五届全国运动会。

国务院办公厅

2021年8月21日

(此件公开发布)

3. 商洽函

上海市普陀区科学技术委员会关于商请部分固定资产调拨的函

区财政局:

根据区委区府要求,原科委下属的区信息中心撤销,合并到区大数据中心,因此需要对固定资产进行盘点。据《普陀区行政事业单位国有资产处置管理实施办法》(普财〔2019〕25号)工作要求,我委拟将现区大数据中心使用的,区科委账上机柜、交换机、系统、安全设备等共27台(件)合计金额贰佰陆拾伍万叁仟贰佰陆拾壹元陆角整(¥2 653 261.60元),

无偿调拨至区大数据中心。

特此函商。

上海市普陀区科学技术委员会

2021 年 11 月 24 日

4. 询问函

深圳海事局关于征求大鹏湾深圳水域实施交通管制意见的函

各有关单位、船舶：

自 2020 年香港在大鹏湾水域实施"二次引航"以来，大鹏湾深圳水域海上交通情况发生了较大变化。为进一步维护船舶经大鹏湾深圳水域进出深圳港东部各港区的通航秩序，保障海上交通安全，根据有关法律法规规定，我局将对拟定的大鹏湾深圳水域实施交通管制，请各有关单位、船舶研究并提出意见。有关意见请于 2021 年 11 月 26 日前反馈我局。

此函。

附件：深圳海事局关于对大鹏湾深圳水域实施交通管制的通告(征求意见稿)

中华人民共和国深圳海事局

2021 年 11 月 15 日

5. 答复函

国务院办公厅关于
同意建立国务院参事建言献策成果外部评估机制的函

国办函〔2022〕19 号

国务院参事室：

你室《关于建立国务院参事建言献策成果外部评估机制的请示》(国参字〔2021〕30号)收悉。经国务院同意，现函复如下：

国务院同意建立由国务院参事室牵头的国务院参事建言献策成果外部评估机制。评估机制不刻制印章，不正式行文。请按照党中央、国务院有关文件精神认真组织开展工作。

附件：国务院参事建言献策成果外部评估机制

国务院办公厅

2022 年 2 月 17 日

(此件公开发布)

6. 告知函

黑龙江省住房和城乡建设厅关于
加快全国公租房信息系统数据录入工作的提示函

黑住房组办函〔2021〕18 号

各市(地)人民政府(行署)：

2018 年住建部委托建设银行总行开发了"全国公共租赁住房信息系统"，2019 年部署开展数据录入工作。按照住建部的统一要求，各地务必在 2021 年年底前完成国家下达的政府投资公(廉)租住房建设任务计划的房源信息录入工作。今年年底前全省要完成37.76万套公(廉)住房房源信息的录入。

截至8月15日，全省已录入13.39万套公(廉)住房房源信息，录入率为35.56%，在全国排名倒数第四位。其中齐齐哈尔地区、鹤岗地区、绥化地区进展较快，录入率分别为69.67%、65.38%、64.19%；伊春地区、牡丹江地区、大兴安岭地区录入缓慢，录入率分别为24.67%、24.62%、13.56%；哈尔滨地区和七台河地区基本没有开展信息录入工作，录入率分别为1.2%和0%(详见附件)。

此项工作是住建部部署的重要工作，对于进一步摸清公租房底数，科学研判保障工作形式，决策部署下步住房保障工作方向具有重要意义。请各市(地)人民政府(行署)督促相关部门本着对历史负责、对工作负责、对群众负责的态度，加快推进公租房信息系统数据录入工作，确保年底前完成全部信息录入，避免被国家有关部门约谈、通报甚至追责问责。

此函。

附件：公租房信息系统数据录入情况统计表

黑龙江省人民政府住房建设工作领导小组办公室

2021年8月25日

第八节　意见、纪要

一、意见

(一) 意见的含义和种类

《党政机关公文处理工作条例》规定："意见。适用于对重要问题提出见解和处理办法。"

"意见"可以用于上行文、下行文和平行文。各机关在实际工作中经常会遇到一些新的情况和问题，有时下级机关需要向上级机关提出自己的看法，而上级机关也需要进行及时的指导，以便于工作推进。但是这种情况下提出建议则不适合用请求性的公文"请示"，上级进行指导工作时也不适合使用具有强制执行力的"决定""通知"等文种。"意见"作为法定公文文种，既可以成为下级向上级或向平级机关提出解决有关重要问题的见解和处理办法等方面建议的渠道，又可以成为上级在发现下级工作中遇到有关重要问题时提出见解和措施。在多年的实践中，"意见"较好地解决了呈转性公文中长期存在的难题和上级在指导工作中的弹性问题。"意见"按照在公文实践中的使用特点，可分为以下两类：

(1) 指导性意见。指导性意见作为下行文使用。上级党政机关就某一专项工作向下级阐明其重要意义，提出指导思想、主要原则和发展目标，以及需完成的主要任务和及其保障措施，这时使用的意见文种称之为指导性意见。

指导性意见和决定、通知同属下行文，对下级机关的行政工作同样具有规范性、约束力。不同之处在于，决定和通知通常就事论事，着重提出完成某项工作的具体要求和措施；而指导性意见则大多会以相当的篇幅论述某项工作的重要意义和指导思想，更强调从宏观的角度展示工作的远景，指示完成工作的指导方针与基本原则，有着较为浓厚的理论色彩，在以操作性为主要特征的法定公文中可谓独树一帜。

(2) 建议性意见。建议性意见作为上行文或平行文使用。意见作为上行文时，称之为建议性意见，是党政机关的职能部门就其职权范围内的工作向上级机关提出建议，或请求上级机关批准并转发给与其平行或不相隶属的机关执行。如果上级党政机关批准建议性意见，则将其作为通知的附件下发给全体下级。意见作为平行文时，一般提出建议供对方参考。

(二) 意见的结构和写法

建议性意见与指导性意见的结构相类似，一般篇幅较长，由标题、主送机关、意见背景和依据、意见内容、意见结语、落款等部分组成。

(1) 标题。意见的标题属普通法定公文标题形式，即：发文机关 + 事由 + 文种。

(2) 主送机关。建议性意见的主送机关是具有批转权力的上级机关或供其参考的平级机关，指导性意见的主送机关是全体下级机关。

(3) 意见背景和依据。意见背景和依据这两个要素可根据行文时的不同需要作的取舍。

意见背景指正在进行的某项党政管理工作的进程、此项党政管理工作对象的现状。意见背景部分一般以揭示某项党政管理工作的意义作为发端，先概括叙述此项工作所取得的主要成果，再着重叙述此项工作所面临的主要问题，最后简要指出其危害性。这部分的叙述语言应注意简洁概括，只需归纳出问题的类型，一般无需涉及具体时间、地点、当事人、当事单位等事件细节。

意见依据指进行某项党政工作的政策法规规定、有决定权的党政机关的指令。在引用政策法规规定和相关指令时，表述应明确具体，需具体指明相关法律法规的名称、有决定权的党政机关及相关指令的名称。在背景和依据部分的结尾，一般的写法是结合发文目的，以过渡句引导下文，如："根据《……》(相关政策法规或党政指令)，为……(目的)，经××××(有决定权的党政机关)同意，现就……提出以下意见"。

(4) 意见内容。意见内容部分用于提出完成某项工作的指导性指令、规范性指令、建设性意见等。

指导性指令包括某项工作的重要意义、完成某项工作的指导思想、基本原则以及为此项工作所设定的总体任务目标和完成期限等要素；规范性指令包括为完成任务目标而要采取的保障性措施及具体的任务实施措施等要素。具体任务实施措施的说明随发文机关层级和行文方向的不同而呈现出不同的特点：发文机关层级越高，具体实施措施的说明越宏观；发文机关的层级越低，具体实施措施的说明越微观；并且相对而言，指导性意见的具体实施措施比建议性意见更多地表现出宏观特性。

(5) 落款。意见的落款由意见发文机关署名和成文日期并加盖印章组成。

注意：在公文写作实践中，指导性意见使用频率更高。建议性意见有时会脱离法定公文的写作形式，多使用事务文书的外型格式，其基本结构只由标题、意见正文、发文机关署名三部分组成。

(三) 实践例文图例

意见在实践中的结构及写法参看图 2-27。

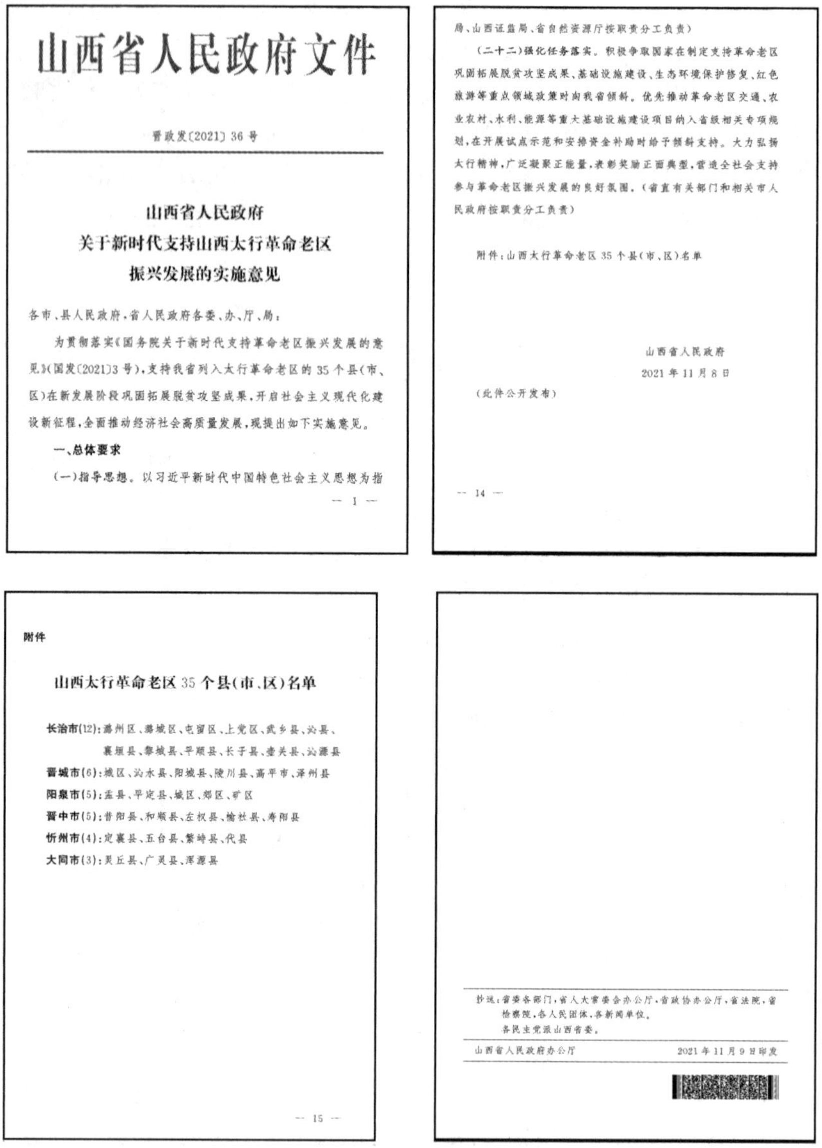

山西省人民政府文件

晋政发〔2021〕36 号

山西省人民政府
关于新时代支持山西太行革命老区
振兴发展的实施意见

各市、县人民政府，省人民政府各委、办、厅、局：

为贯彻落实《国务院关于新时代支持革命老区振兴发展的意见》（国发〔2021〕3 号），支持我省列入太行革命老区的 35 个县（市、区）在新发展阶段巩固拓展脱贫攻坚成果，开启社会主义现代化建设新征程，全面推动经济社会高质量发展，现提出如下实施意见。

一、总体要求

（一）指导思想。以习近平新时代中国特色社会主义思想为指

— 1 —

局、山西证监局、省自然资源厅按职责分工负责）

（二十二）强化任务落实。积极争取国家在制定支持革命老区巩固拓展脱贫攻坚成果、基础设施建设、生态环境保护修复、红色旅游等重点领域政策时向我省倾斜。优先推动革命老区交通、农业农村、水利、能源等重大基础设施建设项目纳入省级相关专项规划，在开展试点示范和安排资金补助时给予倾斜支持。大力弘扬太行精神，广泛凝聚正能量，表彰奖励正面典型，营造全社会支持参与革命老区振兴发展的良好氛围。（省直有关部门和相关市人民政府按职责分工负责）

附件：山西太行革命老区 35 个县（市、区）名单

山西省人民政府
2021 年 11 月 8 日

（此件公开发布）

— 14 —

附件

山西太行革命老区 35 个县（市、区）名单

长治市（12）：潞州区、潞城区、屯留区、上党区、武乡县、沁县、襄垣县、黎城县、平顺县、长子县、壶关县、沁源县
晋城市（6）：城区、沁水县、阳城县、陵川县、高平市、泽州县
阳泉市（5）：盂县、平定县、城区、郊区、矿区
晋中市（5）：昔阳县、和顺县、左权县、榆社县、寿阳县
忻州市（4）：定襄县、五台县、繁峙县、代县
大同市（3）：灵丘县、广灵县、浑源县

— 15 —

抄送：省委各部门，省人大常委会办公厅，省政协办公厅，省法院，省检察院，各人民团体，各新闻单位。
各民主党派山西省委。

山西省人民政府办公厅　　2021 年 11 月 9 日印发

图 2-27　意见结构及写法实例

（四）例文

1. 指导性意见

国务院办公厅关于进一步支持大学生创新创业的指导意见

国办发〔2021〕35 号

各省、自治区、直辖市人民政府，国务院各部委、各直属机构：

纵深推进大众创业万众创新是深入实施创新驱动发展战略的重要支撑，大学生是大众创业万众创新的生力军，支持大学生创新创业具有重要意义。近年来，越来越多的大学生

投身创新创业实践,但也面临融资难、经验少、服务不到位等问题。为提升大学生创新创业能力、增强创新活力,进一步支持大学生创新创业,经国务院同意,现提出以下意见。

一、总体要求

以习近平新时代中国特色社会主义思想为指导,深入贯彻落实党的十九大和十九届二中、三中、四中、五中全会精神,全面贯彻党的教育方针,落实立德树人根本任务,立足新发展阶段、贯彻新发展理念、构建新发展格局,坚持创新引领创业、创业带动就业,支持在校大学生提升创新创业能力,支持高校毕业生创业就业,提升人力资源素质,促进大学生全面发展,实现大学生更加充分更高质量就业。

二、提升大学生创新创业能力

(一)将创新创业教育贯穿人才培养全过程。深化高校创新创业教育改革,健全课堂教学、自主学习、结合实践、指导帮扶、文化引领融为一体的高校创新创业教育体系,增强大学生的创新精神、创业意识和创新创业能力。建立以创新创业为导向的新型人才培养模式,健全校校、校企、校地、校所协同的创新创业人才培养机制,打造一批创新创业教育特色示范课程。(教育部牵头,人力资源社会保障部等按职责分工负责)

(二)提升教师创新创业教育教学能力。强化高校教师创新创业教育教学能力和素养培训,改革教学方法和考核方式,推动教师把国际前沿学术发展、最新研究成果和实践经验融入课堂教学。完善高校双创指导教师到行业企业挂职锻炼的保障激励政策。实施高校双创校外导师专项人才计划,探索实施驻校企业家制度,吸引更多各行各业优秀人才担任双创导师。支持建设一批双创导师培训基地,定期开展培训。(教育部牵头,人力资源社会保障部等按职责分工负责)

(三)加强大学生创新创业培训。打造一批高校创新创业培训活动品牌,创新培训模式,面向大学生开展高质量、有针对性的创新创业培训,提升大学生创新创业能力。组织双创导师深入校园举办创业大讲堂,进行创业政策解读、经验分享、实践指导等。支持各类创新创业大赛对大学生创业者给予倾斜。(人力资源社会保障部、教育部等按职责分工负责)

三、优化大学生创新创业环境

(四)降低大学生创新创业门槛。持续提升企业开办服务能力,为大学生创业提供高效便捷的登记服务。推动众创空间、孵化器、加速器、产业园全链条发展,鼓励各类孵化器面向大学生创新创业团队开放一定比例的免费孵化空间,并将开放情况纳入国家级科技企业孵化器考核评价,降低大学生创新创业团队入驻条件。政府投资开发的孵化器等创业载体应安排30%左右的场地,免费提供给高校毕业生。有条件的地方可对高校毕业生到孵化器创业给予租金补贴。(科技部、教育部、市场监管总局等和地方各级人民政府按职责分工负责)

(五)便利化服务大学生创新创业。完善科技创新资源开放共享平台,强化对大学生的技术创新服务。各地区、各高校和科研院所的实验室以及科研仪器、设施等科技创新资源可以面向大学生开放共享,提供低价、优质的专业服务,支持大学生创新创业。支持行业企业面向大学生发布企业需求清单,引导大学生精准创新创业。鼓励国有大中型企业面向高校和大学生发布技术创新需求,开展"揭榜挂帅"。(科技部、发展改革委、教育部、国资委等按职责分工负责)

(六)落实大学生创新创业保障政策。落实大学生创业帮扶政策,加大对创业失败大学生的扶持力度，按规定提供就业服务、就业援助和社会救助。加强政府支持引导，发挥市场主渠道作用，鼓励有条件的地方探索建立大学生创业风险救助机制，可采取创业风险补贴、商业险保费补助等方式予以支持，积极研究更加精准、有效的帮扶措施，及时总结经验、适时推广。毕业后创业的大学生可按规定缴纳"五险一金"，减少大学生创业的后顾之忧。(人力资源社会保障部、教育部、财政部、民政部、医保局等和地方各级人民政府按职责分工负责)

四、加强大学生创新创业服务平台建设

(七) 建强高校创新创业实践平台。充分发挥大学科技园、大学生创业园、大学生创客空间等校内创新创业实践平台作用，面向在校大学生免费开放，开展专业化孵化服务。结合学校学科专业特色优势，联合有关行业企业建设一批校外大学生双创实践教学基地，深入实施大学生创新创业训练计划。(教育部、科技部、人力资源社会保障部等按职责分工负责)

(八) 提升大众创业万众创新示范基地带动作用。加强双创示范基地建设，深入实施创业就业"校企行"专项行动，推动企业示范基地和高校示范基地结对共建、建立稳定合作关系。指导高校示范基地所在城市主动规划和布局高校周边产业，积极承接大学生创新成果和人才等要素，打造"城校共生"的创新创业生态。推动中央企业、科研院所和相关公共服务机构利用自身技术、人才、场地、资本等优势，为大学生建设集研发、孵化、投资等于一体的创业创新培育中心、互联网双创平台、孵化器和科技产业园区。(发展改革委、教育部、科技部、国资委等按职责分工负责)

五、推动落实大学生创新创业财税扶持政策

(九) 继续加大对高校创新创业教育的支持力度。在现有基础上，加大教育部中央彩票公益金大学生创新创业教育发展资金支持力度。加大中央高校教育教学改革专项资金支持力度，将创新创业教育和大学生创新创业情况作为资金分配重要因素。(财政部、教育部等按职责分工负责)

(十) 落实落细减税降费政策。高校毕业生在毕业年度内从事个体经营，符合规定条件的，在 3 年内按一定限额依次扣减其当年实际应缴纳的增值税、城市维护建设税、教育费附加、地方教育附加和个人所得税；对月销售额 15 万元以下的小规模纳税人免征增值税，对小微企业和个体工商户按规定减免所得税。对创业投资企业、天使投资人投资于未上市的中小高新技术企业以及种子期、初创期科技型企业的投资额，按规定抵扣所得税应纳税所得额。对国家级、省级科技企业孵化器和大学科技园以及国家备案众创空间按规定免征增值税、房产税、城镇土地使用税。做好纳税服务，建立对接机制，强化精准支持。(财政部、税务总局等按职责分工负责)

六、加强对大学生创新创业的金融政策支持

(十一) 落实普惠金融政策。鼓励金融机构按照市场化、商业可持续原则对大学生创业项目提供金融服务，解决大学生创业融资难题。落实创业担保贷款政策及贴息政策，将高校毕业生个人最高贷款额度提高至 20 万元，对 10 万元以下贷款、获得设区的市级以上荣誉的高校毕业生创业者免除反担保要求；对高校毕业生设立的符合条件的小微企业，最高贷款额度提高至 300 万元；降低贷款利率，简化贷款申报审核流程，提高贷款便利性，支持符合条件的高校毕业生创业就业。鼓励和引导金融机构加快产品和服务创新，为符合条件的大学生创业项目提供金融服务。(财政部、人力资源社会保障部、人民银行、银保监会

等按职责分工负责)

(十二) 引导社会资本支持大学生创新创业。充分发挥社会资本作用,以市场化机制促进社会资源与大学生创新创业需求更好对接,引导创新创业平台投资基金和社会资本参与大学生创业项目早期投资与投智,助力大学生创新创业项目健康成长。加快发展天使投资,培育一批天使投资人和创业投资机构。发挥财政政策作用,落实税收政策,支持天使投资、创业投资发展,推动大学生创新创业。(发展改革委、财政部、税务总局、证监会等按职责分工负责)

七、促进大学生创新创业成果转化

(十三) 完善成果转化机制。研究设立大学生创新创业成果转化服务机构,建立相关成果与行业产业对接长效机制,促进大学生创新创业成果在有关行业企业推广应用。做好大学生创新项目的知识产权确权、保护等工作,强化激励导向,加快落实以增加知识价值为导向的分配政策,落实成果转化奖励和收益分配办法。加强面向大学生的科技成果转化培训课程建设。(科技部、教育部、知识产权局等按职责分工负责)

(十四) 强化成果转化服务。推动地方、企业和大学生创新创业团队加强合作对接,拓宽成果转化渠道,为创新成果转化和创业项目落地提供帮助。鼓励国有大中型企业和产教融合型企业利用孵化器、产业园等平台,支持高校科技成果转化,促进高校科技成果和大学生创新创业项目落地发展。汇集政府、企业、高校及社会资源,加强对中国国际"互联网+"大学生创新创业大赛中涌现的优秀创新创业项目的后续跟踪支持,落实科技成果转化相关税收优惠政策,推动一批大赛优秀项目落地,支持获奖项目成果转化,形成大学生创新创业示范效应。(教育部、科技部、发展改革委、财政部、国资委、税务总局等按职责分工负责)

八、办好中国国际"互联网+"大学生创新创业大赛

(十五) 完善大赛可持续发展机制。鼓励省级人民政府积极承办大赛,压实主办职责,进一步加强组织领导和综合协调,落实配套支持政策和条件保障。坚持政府引导、公益支持,支持行业企业深化赛事合作,拓宽办赛资金筹措渠道,适当增加大赛冠名赞助经费额度。充分利用市场化方式,研究推动中央企业、社会资本发起成立中国国际"互联网+"大学生创新创业大赛项目专项发展基金。(教育部、国资委、证监会、建设银行等按职责分工负责)

(十六) 打造创新创业大赛品牌。强化大赛创新创业教育实践平台作用,鼓励各学段学生积极参赛。坚持以赛促教、以赛促学、以赛促创,丰富竞赛形式和内容。建立健全中国国际"互联网+"大学生创新创业大赛与各级各类创新创业比赛联动机制,推进大赛国际化进程,搭建全球性创新创业竞赛平台,深化创新创业教育国际交流合作。(教育部等按职责分工负责)

九、加强大学生创新创业信息服务

(十七) 建立大学生创新创业信息服务平台。汇集创新创业帮扶政策、产业激励政策和全国创新创业教育优质资源,加强信息资源整合,做好国家和地方的政策发布、解读等工作。及时收集国家、区域、行业需求,为大学生精准推送行业和市场动向等信息。加强对创新创业大学生和项目的跟踪、服务,畅通供需对接渠道,支持各地积极举办大学生创新创业项目需求与投融资对接会。(教育部、发展改革委、人力资源社会保障部等按职责分工

负责)

（十八）加强宣传引导。大力宣传加强高校创新创业教育、促进大学生创新创业的必要性、重要性。及时总结推广各地区、各高校的好经验好做法，选树大学生创新创业成功典型，丰富宣传形式，培育创客文化，营造敢为人先、宽容失败的环境，形成支持大学生创新创业的社会氛围。做好政策宣传宣讲，推动大学生用足用好税费减免、企业登记等支持政策。（教育部、中央宣传部牵头，地方各级人民政府、各有关部门按职责分工负责）

各地区、各有关部门要认真贯彻落实党中央、国务院决策部署，抓好本意见的贯彻落实。教育部要会同有关部门加强协调指导，督促支持大学生创新创业各项政策的落实，加强经验交流和推广。地方各级人民政府要加强组织领导，深入了解情况，优化创新创业环境，积极研究制定和落实支持大学生创新创业的政策措施，及时帮助大学生解决实际问题。

国务院办公厅
2021 年 9 月 22 日

（此件公开发布）

2. 建议性意见

中国证券监督管理委员会
关于开展创新企业境内发行股票或存托凭证试点的若干意见

国务院：

为进一步加大资本市场对实施创新驱动发展战略的支持力度，按照市场化、法治化原则，借鉴国际经验，开展创新企业境内发行股票或存托凭证试点，现提出以下意见。

一、指导思想

全面贯彻落实党的十九大精神，以习近平新时代中国特色社会主义思想为指导，认真落实党中央、国务院决策部署，坚持稳中求进工作总基调，牢固树立和贯彻新发展理念，按照高质量发展要求，统筹推进"五位一体"总体布局和协调推进"四个全面"战略布局，深化资本市场改革、扩大开放，支持创新企业在境内资本市场发行证券上市，助力我国高新技术产业和战略性新兴产业发展提升，推动经济发展质量变革、效率变革、动力变革。

二、试点原则

（一）服务国家战略。以服务创新驱动发展为引领，坚持创新与发展有机结合，改革与开放并行并重，助力大众创业万众创新，推动经济结构调整和产业转型升级。

（二）坚持依法合规。在法律法规框架下，做好与相关政策的衔接配合，稳妥适度开展制度创新，确保试点依法依规、高效可行。

（三）稳步有序推进。统筹谋划，循序渐进，探索通过试点解决创新企业境内上市问题，为进一步深化改革、完善制度积累经验、创造条件。

（四）切实防控风险。充分保护中小投资者合法权益，处理好试点与风险防控的关系，把防控风险放到更加重要的位置。强化监管，维护金融市场稳定，坚决守住不发生系统性风险的底线。

三、试点企业

试点企业应当是符合国家战略、掌握核心技术、市场认可度高，属于互联网、大数据、云计算、人工智能、软件和集成电路、高端装备制造、生物医药等高新技术产业和战略性新兴产业，且达到相当规模的创新企业。其中，已在境外上市的大型红筹企业，市值不低于 2000 亿元人民币；尚未在境外上市的创新企业(包括红筹企业和境内注册企业)，最近一年营业收入不低于 30 亿元人民币且估值不低于 200 亿元人民币，或者营业收入快速增长，拥有自主研发、国际领先技术，同行业竞争中处于相对优势地位。试点企业具体标准由证监会制定。本意见所称红筹企业，是指注册地在境外、主要经营活动在境内的企业。

证监会成立科技创新产业化咨询委员会(以下简称咨询委员会)，充分发挥相关行业主管部门及专家学者作用，严格甄选试点企业。咨询委员会由相关行业权威专家、知名企业家、资深投资专家等组成，按照试点企业标准，综合考虑商业模式、发展战略、研发投入、新产品产出、创新能力、技术壁垒、团队竞争力、行业地位、社会影响、行业发展趋势、企业成长性、预估市值等因素，对申请企业是否纳入试点范围作出初步判断。证监会以此为重要依据，审核决定申请企业是否列入试点，并严格按照法律法规受理审核试点企业发行上市申请。

四、试点方式(略)

五、发行条件(略)

六、存托凭证基础制度安排(略)

七、信息披露(略)

八、投资者保护(略)

九、法律责任(略)

十、组织管理(略)

各地区、各相关部门要高度重视，统一思想，提高认识，加大工作力度，确保试点依法有序开展。证监会要根据证券法和本意见规定，加强与各地区、各相关部门的协调配合，稳妥推动相关工作，完善相关配套制度和监管规则，加强市场监管、投资者教育和跨境监管执法合作，依法严肃查处违法违规行为，监督试点企业认真履行信息披露义务，督促中介机构诚实守信、勤勉尽责，切实保护投资者合法权益。

中国证券监督管理委员会

2018 年 3 月 22 日

 二、纪要

(一) 纪要的含义和种类

《党政机关公文处理工作条例》规定："纪要。适用于记载会议主要情况和议定事项。"

纪要是一种以记录性为主、兼具一定指令效力的法定公文文种。从行文方向来看，纪要可用于向上级机关汇报情况，以便得到及时指导；可向平级机关通报情况，以便得到理解与支持；可向下级机关传达会议精神，以便贯彻执行。纪要还可以在报纸上公开发表，以便公众知晓。

在公文写作实践中，常见的和会议相关的行政公文除会议纪要外还有会议记录、会议决议、会议简报、会议公报等多种，我们需要厘清会议纪要同这些文种之间的关系。

(1) 会议纪要。会议纪要属法定公文文种。在一般性会议结束后，如有必要将会议讨论和决定的事项周知相关党政机关时才行文，否则不行文；会议纪要的内容是在会议原始材料的基础上加以概括整理，选择其中的重点部分而形成的文字，涉及事项可一可多。

(2) 会议决议。会议决议属法定公文文种。决议议定事项必须经过相关权力机构正式会议审议表决，并获通过；决议议定事项属某方面或某项重大事项，不涉及日常事务，也不涉及多方面、多事项。(参看第二章第四节·决议)

(3) 会议公报。会议公报属法定公文文种。与会议决议在党政机关内部运行不同，公报具有面向全社会公布的功能，所涉及的事项多为执政党制定的重大执政方针和重大执政举措，一般不在政府部门使用。(参看第二章第四节·公报)

(4) 会议记录。会议记录属于事务文书。凡属党政机关召集的正式会议，无论其规模大小、层级高低都应作记录；记录的内容完全按照会议的实际过程进行实录；成文后仅作为内部资料存档备查，是公务活动原始记录材料，不具有行政效力。

(5) 会议简报。会议简报属于事务文书。其使用范围不限于会议。会议简报通常由会议主办方在会议进行的过程中不定期印发，用于内部通报会议的有关情况，如会议出席情况、主要议程进展、会议的讨论情况、代表们的典型发言与建议等；不具有行政效力。(参看第三章第三节·简报)

根据纪要的具体用途，可以将纪要划分为以下三种：

(1) 日常办公会议纪要。各级党政机关、企事业单位的领导层在处理日常事务时会定期召开集体会商，如国务院常务会议、市长办公会、局长办公会、校长办公会、总经理办公会等。这些会议上所作出的决定需要以日常办公会议纪要的形式作记录，会后下发本单位内部贯彻执行。

(2) 专题性会议纪要。各级党政机关、企事业单位在开展和推进某些重要、重点工作事项时，经常召开相关下级机关和职能部门参加的会议。会后需要将会议议定的事项以纪要的形式作记录，会后发布，要求全体下级共同遵守、共同执行。

(3) 讨论性会议纪要。党政机关和各类社会组织在自身活动中，有时会面临某些重大决策的理论探讨和实际操作问题，需要召开相关各方包括学术界参加的研讨性会议，通过会议反映实际情况、发表各方意见，再将这些情况和意见以纪要的形式记录，抄送有关各方交流信息、沟通意见，同时也为党政机关决策提供参考依据。

纪要成文后，一般会抄送给所有与会单位及上级主管机关，用来交流会议情况、通报会议成果。当纪要被用于传达会议精神和议定事项，要求与会单位共同遵守执行时，则需要借助上级主管机关的发布性通知，将会议纪要作为发布性通知的附件向下行文。

(二) 纪要的结构和写法

《党政机关公文格式》提到"纪要格式可以根据实际制定。"纪要的结构一般由标题、编号或会议日期、会议情况介绍、议定事项纪要、参会人员名单、落款等部分组成。

1. 标题

纪要标题属特殊法定公文标题，即：会议名称＋文种，如："××办公会议纪要""×××工作安排部署会议纪要"。

注意：在公文写作的实践中，专题性会议纪要常常错误地使用了讨论性会议纪要的文种名称，被命名成"×××××座谈会纪要""×××××研讨会纪要"，从而混淆了专题性会议纪要与讨论性会议纪要这两种纪要的不同性质与功用，应注意避免。

2. 编号或会议日期

纪要有时使用正常发文字号发文，有时使用编号发文。具体形式为"第×号"或"××××年第×号"，其中年号和顺序号应使用阿拉伯数字。

注意：纪要作为一种纪实性法定公文，它使用记录文体式行文，故无需标示主送机关，同时全文使用第三人称叙述。

3. 会议情况介绍

日常办公会议情况介绍部分应清楚说明会议时间、会议地点、会议主持者、会议主要议题、会议主要议程等要素，常用句式为："××××年×月×日，××(主持人职务)×××(主持人姓名)在××××(会议地点)主持召开了××××办公会议。会议听取了××××(汇报单位名称)关于××××(工作事项名称)的汇报，会议讨论了……，会议部署了……"。有时相关单位派员参加时，也需对他们作简要介绍，如："××××、××××、××××、××××(列举相关单位名称)有关同志出席了会议"。在会议情况介绍的结尾部分，一般使用过渡句："现纪要如下"引导下文。

专题性会议纪要和讨论性会议纪要应清楚说明会议依据、主办单位、会议时间、会议地点、会议名称、会议主要成果、会议主要议程、参加会议人员等要素。会议的层级越高，上述要素的说明越应全面。这部分的惯用句式有："根据……，经……批准，××××(主办机关名称)于××××年×月×日在××(地名)召开了××××(会议名称)会议。会议听取了……，总结交流了……，研究部署了……。××××、××××××等(数字)余人出席了会议"。

4. 议定事项纪要

办公会议的议定事项分条项逐一准确记录，包括各具体事项的指定承办主体、事项目前的进展情况，遇到的问题和困难，解决的措施及实施的期限等要素。常用表达句式有："会议听取了……""会议指出……""会议同意××××(承办主体名称)……""会议原则同意××××(承办主体名称)……""会议明确××××(承办主体名称)……""会议指定××××(承办主体名称)……"或"××××(承办主体名称)要(可、必须)……"等。

专题性会议和讨论性会议议定事项一般非单个政府部门可以独立完成，常存在需要多个部门协作完成的情形，写作时可采取序号加小标题的形式为议定事项分条列项。小标题可以提示出要达成的任务目标，或者完成专题工作所适用的原则。各协作部门之间的具体分工及完成方法、完成时限等细节可在小标题下进一步详细说明。常用表达句式有："×××(承办主体名称)要(可、必须)……"。

5. 参会人员名单

在纪要的结尾通常应详细列出所有出席人员的名单，以显示记录的完整性。

6. 落款

纪要的落款既可以由发文机关署名和成文日期组成，也可在版记部分标示署名及成文日期。不用加盖公章。

(三) 例文

1. 日常办公会议纪要

苏州市政府第 156 次常务会议纪要

常务会议纪要〔2021〕42 号

2021 年 11 月 15 日下午，吴庆文代市长主持召开市政府第 156 次常务会议，研究进一步加强当前和今后一段时期蔬菜等重要民生商品保供稳价工作，审议《苏州市革命文物保护利用工程实施办法》《关于加快转变发展方式做好碳达峰碳中和工作的实施意见》《苏州市级信息化项目管理办法》《苏州市开放型经济"十四五"发展规划》《苏州市商贸业"十四五"发展规划》。

会议议定以下意见：

一、研究进一步加强当前和今后一段时期蔬菜等重要民生商品保供稳价工作

(一) 会议听取了市发改委等部门关于加强当前和今后一段时期蔬菜等重要民生商品保供稳价工作有关情况的汇报。各地各相关部门要充分认识做好蔬菜等重要民生商品保供稳价工作的极端重要性，进一步加强组织领导，细化工作方案，完善对策措施，全力遏制我市蔬菜价格过快上涨，推动蔬菜整体价格稳步回落。

(二) 民以食为天，"菜篮子"问题关乎群众生活质量和幸福感。各地各相关部门要把今冬明春恶劣天气和疫情防控形势等因素带来的困难估计得更充分一些，把工作做得更细致一些，确保重要民生商品货足价稳。发改部门要发挥统筹协调作用，协调抓好产运销储等各环节工作。农业农村部门要狠抓生产管理，指导农民提早应对极端天气可能带来的影响，努力提高地产蔬菜产量和应急供应能力。商务部门要引导鼓励批发市场、商贸流通企业等增加商业库存，建立阶段性基本蔬菜政府储备。市场监管部门要规范市场价格秩序，依法严厉打击不按规定明码标价、哄抬价格、囤积居奇等违法行为。

(三) 针对我市蔬菜零售价在省内长期处于高位问题，各地各相关部门要认真分析原因，探索建立保供稳价长效机制，让老百姓真真切切得实惠；要学习借鉴兄弟城市经验，将蔬菜等重要民生商品保供稳价作为兜牢民生保障的重要内容，增强产运销储各环节的公益属性；要充分发挥国资国企保障支撑城市运行作用，探索国资国企参与蔬菜等民生商品产运销储各环节的路径方法，增强国资国企的市场话语权和定价权，引导菜价稳定在合理区间；要通过市场化手段，进一步丰富完善"平价菜摊"等举措，确保低收入群体受益。

二、审议《苏州市革命文物保护利用工程实施办法》

(一) 原则同意《苏州市革命文物保护利用工程实施办法》。由市文广旅局根据本次会议讨论意见作进一步修改完善后，按程序提请市委常委会审议。

(二) 革命文物是不可再生、不可替代的珍贵历史资源，做好革命文物保护利用工作责任重大、意义重大。各地各部门要提高政治站位，深入学习贯彻习近平总书记关于革命文物工作的重要指示精神，准确把握实践要求，凝聚起做好新时代革命文物工作的广泛共识。

（三）各地各部门要加强系统思维，推动革命文物保护从单体保护向旧址群体保护转变，从本体保护向本体与周边环境一体保护转变，形成串点连线、连片保护的良好格局；要完善保护机制，加快建立力量充实、素质过硬的基层革命文物保护队伍，推动形成革命文物资源统一保护、协作开发、合理利用、共同管理的长效工作机制；要加强对革命时期重大事件、重要人物有关文物的征集、鉴定和研究，着力挖掘革命文物的思想内涵和时代价值，努力讲好革命故事、奋斗故事、英雄故事；要切实提高革命文物展示利用的质量和水平，推动文物展览进学校、进机关、进社区，让人民群众真真切切享受到这一优质文化资源；要完善红色旅游产业布局和产品体系，将红色旅游资源与乡村旅游、生态旅游相融合，推出一批红色研学旅行、沉浸互动体验式红色旅游产品，培育打造苏州红色旅游品牌。

三、审议《关于加快转变发展方式做好碳达峰碳中和工作的实施意见》

（一）原则同意《关于加快转变发展方式做好碳达峰碳中和工作的实施意见》。由市发改委根据本次会议讨论意见按程序提请市委常委会审议。

（二）实现碳达峰、碳中和，是以习近平同志为核心的党中央统筹国内国际两个大局作出的重大战略决策。各地各部门要进一步提高政治站位，强化思想认识，拿出抓铁有痕的劲头，加快建立绿色低碳循环发展的经济体系，全力推动各项目标如期实现。

（三）碳达峰、碳中和是一场广泛而深刻的经济社会系统性变革，必须贯彻新发展理念，强化系统思维，构建有效的激励约束机制，调动各方减污节能降碳的积极性，推动各项政策系统集成、各项工作相互促进。各地各部门要加强协同配合，认真对照上级文件精神，结合我市实际情况，加快制定碳达峰行动方案、重点领域专项实施方案、关键环节专项保障方案，构建完整的配套政策体系，确保中央和省决策部署在我市落地见效；要不断优化能源结构，大力发展非化石能源，有序推动煤炭减量替代和清洁高效利用，严格落实能耗双控要求，坚决遏制"两高"项目盲目发展；要注重因地制宜，引导各地从发展阶段、经济结构、产业形态等实际出发，制定科学可行的碳达峰路线图和施工图。

四、审议《苏州市级信息化项目管理办法》

（一）原则同意《苏州市级信息化项目管理办法》（以下简称《管理办法》）。由市政府办公室（市大数据局）根据本次会议讨论意见按程序发文实施。

（二）制定《管理办法》，能够进一步完善信息化项目管理范围，精准把控项目成本，有效提高项目建设水平，为推进全市数字经济和数字化发展提供重要支撑。各市级部门和市属企事业单位要全面"抓统筹"，所有使用市级财政性资金的电子政务项目、市级政府投资工程中涉及的信息化项目和市属国有企业建设的信息化项目，均要纳入统一管理范畴；要切实"提质效"，充分论证项目的必要性、合规性、应用性、效益性和预算合理性，实现精细化管理。各县级市（区）要参照制定（修订）本地办法，共同推动全市数字政府市域统筹一体化建设。

（三）各地各部门要持续巩固全市政务信息系统和数据资源大普查成果，持续更新系统清单和数据清单，构建数据归集治理、共享开放、开发利用、安全管控等要素管理闭环；要建立健全权威高效的数据共享统筹协调机制，将信息资源共享的完整性、时效性作为确定项目建设投资、运行维护经费和验收的重要依据；要充分发挥首席数据官作用，对数据治理运营、信息化项目建设情况进行监督，推动政务数据和社会数据对接融合，释放数据价值。

五、审议《苏州市开放型经济"十四五"发展规划》

会议听取了市商务局关于《苏州市开放型经济"十四五"发展规划》编制情况的汇报。

由市商务局根据本次会议讨论意见作进一步修改完善。

六、审议《苏州市商贸业"十四五"发展规划》

(一)原则同意《苏州市商贸业"十四五"发展规划》。由市商务局根据本次会议讨论意见作进一步修改完善后,按程序印发。

(二)"十三五"期间,我市商贸业市场规模持续扩大,商贸空间布局不断优化,业态发展丰富多元,消费市场逐步扩大,流通体系日趋完善。"十四五"期间,我市要积极推进商贸业供给侧结构性改革,不断推动商贸体合理规划布局,广泛聚集全球优质市场主体、商品服务,加快打造地标型现象级商业载体,大力发展"首店经济""首发经济",加快推进商贸业数字化转型升级,持续增强苏州消费市场的影响力和吸引力。

(三)各地各部门要进一步优化促消费品牌格局,持续打造"夜 ZUI 苏州"夜间经济品牌,拓展更多新兴消费场景,不断满足人民群众多元化、高品质生活需要;要积极引进培育高端商贸人才,深化商务部门、商贸企业、高校、科研机构的交流合作,加强促进商贸业发展的智力支撑;要持续优化商贸业营商环境,逐步完善商务诚信体系建设,完善商贸领域审慎包容监管体系,打造商贸业高质量发展服务生态。

出席:(略)

列席:(略)

记录:栗涛

苏州市人民政府办公室
2021 年 11 月 20 日

(此件公开发布)

2. 专题性会议纪要

菊园新区管委会关于环城路 2390 号工业厂房转型注册专题会议纪要

嘉菊管〔2021〕85 号

2021 年 9 月 9 日,菊园新区党工委委员、管委会副主任周健召开工业厂房转型注册会议,财经科科长朱亮、城建办主任赵伟、安监所所长钱盈、规资所所长陶利明等参加。

会议讨论的厂房情况如下:厂房位于环城路 2390 号,属于划拨、工业用地,位于产业区块 195 区域,产权人上海嘉加(集团)有限公司,属国资企业自有。占地面积 28.23 亩,建筑面积 19 340 平方米,全部为合法建筑,已按照相关规范完成改建(以后不再有改扩建),并满足房屋结构安全和消防安全要求。

现出于企业实地办公办理注册需求,拟将该厂房转型用于转型注册企业。经讨论,会议形成一致意见如下:同意上述厂房转型注册事宜,并报区投促办进行认定。

菊园新区承诺按照负面清单要求严格把控注册企业业态,确保入驻企业不在负面清单之内,且引进项目的产业符合我镇产业导向,达到我镇项目准入要求。我镇将加强房屋安全和消防安全的日常监管,切实落实属地管理责任。

嘉定区菊园新区管理委员会
2021 年 9 月 15 日

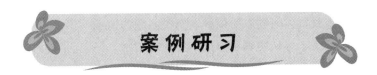

案例研习

一、公文标题练习。

1. 指出下列标题的错误，并加以改正。

(1) ××市人民政府关于加强食品卫生检查，保障人民身体健康的通知

(2) ××市文化局关于2021年文化下乡工作安排

(3) ××市教育局关于组织教师外出访学的请示报告

(4) ××市人民政府关于食品问题的报告

(5) ××市人力社保局关于同意中国国际金融股份有限公司开展企业年金基金投资管理业务资格的批复

(6) ××市人民政府关于延长《××市人民政府关于印发××市融资性担保公司管理试行办法的通知》有效期的通知

(7) 国家药监局33批次不合格化妆品的通知

(8) ××市教育局关于进一步加强中小学德育工作有关问题的意见

(9) 上海市食品药品监督管理局表彰2021年上海市食品安全法律知识竞赛先进个人

2. 根据所学的转文通知标题的写作知识修改下面的标题。

(1) 浦东新区教育局关于转发《上海市教育委员会上海市新闻出版局关于印发2022年秋季特殊教育教学用书征订工作的通知》的通知

(2) 延川县科学技术局关于转发《关于2022年全国专利代理人资格考试延安地区人员报考有关事项》的通知

(3) 番禺区发展和改革局番禺区文化广电新闻出版局转发关于下达2022年春季中小学教材零售价格的通知

(4) 福州市人民政府安全生产委员会办公室关于转发省安委办深入开展2022年安全生产月应急演练活动的通知

(5) 转发省工商局关于转发国家市场监管总局办公厅印发的2022打击商标侵权"溯源"等两个专项行动方案的通知

(6) 福建省人民政府办公厅转发省卫健委等部门关于福建省精神卫生事业发展行动计划(2021—2023年)的通知

(7) ××县人民政府印发××县工业信息化局关于加快××县电子商务发展的若干意见的通知

(8) ××县财政局关于转发××市财政局关于转发省财政厅关于转发财政部关于修改国家工作人员出差补助标准的通知的通知的通知的通知

3. 指出下列请示标题的错误，并加以改正。

(1) ××县国土资源局关于要求批准2022年度城市建设征地补偿安置方案的请示

(2) 关于要求调整玉山镇林宅村马山塘区块详细规划的请示

(3) 关于请求解决××县蕉源水泥用灰岩矿办理采矿许可证过程中有关问题的请示

(4) 关于请求副市长刘××同志协调解决有关问题的请示

(5) ××县体育局关于尽快明确赛事采购方式的请示

(6) 关于请求解决第二教学楼加固改造经费的请示

(7) 虹口区凉城新村街道办事处关于请求批准下半年事业单位招聘使用编制的请示

4. 指出下列函的标题在写法上的问题，并加以改写。

(1) 由"××藏族自治州人民政府"发给"××省移动公司"的函：

标题为"××藏族自治州人民政府关于请求支持加快移动通信基础设施建设的函"

(2) 由"××省食品药品监督管理局"发给"××省行政审批制度改革办公室"的函：

标题为"××省食品药品监督管理局关于商请增加行政权力项目的函"

(3) 由"××镇人民政府"发给"××县环境保护局"的函：

标题为"关于要求出具企业环评执行情况说明的函"

(4) 由"××市人民政府"发给"中国烟草总公司××省公司"的函：

标题为"××市人民政府关于申请解决息烽县高洞水库工程项目建设补贴资金的函"

(5) 由"上海市××区科学技术委员会"发给"上海市××区财政局"的函：

标题为"关于商请2022年度××区支持科技创新专项资金的函"

(6) 由"国务院办公厅"发给"交通运输部"的函：

标题为"关于建立推动道路货运行业高质量发展部际联席会议制度的回函"

(7) 由"教育部办公厅"发给"有关省、自治区、直辖市人民政府办公厅"的函：

标题为"教育部办公厅关于同意2021年度第二批专科层次高等学校备案名单的函"

二、根据下面提供的材料，撰写通告。

❖ 材料一：

中国驻韩国大使馆发布防止电信诈骗最新通告

千龙网北京6月22日讯，来自中国驻韩国大使馆的最新消息提到:近日，驻韩国使馆辖区发生数起在韩中国公民遭遇不法分子冒充使馆工作人员的诈骗活动。诈骗分子采用技术手段将呼出电话号码伪装成使馆值班电话号码，在电话中称当事公民的中国信用卡涉及国际金融诈骗和洗钱案，要求配合调查并提供身份证件号码、银行账户、父母电话等信息，或者称当事公民的护照等身份证件出现问题，已被限制入境中国，要求予以配合调查。由于我当事公民警惕性高且及时向使馆核实情况，未遭受经济损失。

提高防范意识是避免受骗的关键环节。使馆再次提醒在韩中国公民提高警惕，核实有关情况再行处理，严防电话金融诈骗，避免遭受经济损失。

如不幸受骗，请及时向韩国当地警方报案，同时委托亲属就近向国内公安部门报案，并向报案地反电信网络诈骗中心请求帮助(拨打110即可)，要求冻结账户以避免损失。

韩国警方报案电话：112

外交部全球领事保护与服务应急呼叫中心电话：+86-10-12308 或 +86-10-59913991

中国驻韩国使馆领保值班电话：+82-2-755-0572

❖ 材料二：

最高法最高检公安部发通告收缴非法枪支弹药爆炸物品

2018 年 06 月 02 日来源：北京晚报

本报讯(记者　林靖)根据全国打击整治枪爆违法犯罪专项行动的部署，公安部会同最高人民法院、最高人民检察院最新联合发布《关于依法收缴非法枪支弹药爆炸物品严厉打击枪爆违法犯罪的通告》，即日起至本月 30 日前投案自首或主动上交的，可从轻、减轻或免除处罚，逾期则从严惩处。

该《通告》指出，严禁非法制造、买卖、运输、邮寄、储存枪支、弹药、爆炸物品；严禁非法持有、私藏枪支、弹药；严禁非法使用、私藏爆炸物品；严禁盗窃、抢劫、抢夺、走私枪支、弹药、爆炸物品；严禁非法携带枪支、弹药、爆炸物品进入公共场所或者公共交通工具；严禁通过互联网等渠道违法违规制作、复制、发布、传播含有枪支、弹药、爆炸物品的信息；严禁制造、销售仿真枪。

《通告》规定，凡在本《通告》发布之日起至 2018 年 6 月 30 日前投案自首或主动交出上述非法物品的，可依法从轻、减轻或免除处罚；逾期不投案自首、不交出非法物品的，依法从严惩处。违法犯罪人员有检举、揭发他人涉枪涉爆违法犯罪行为，经查证属实的，或提供重要线索，从而得以侦破其他涉枪涉爆案等立功表现的，可以依法从轻或者减轻处罚；有重大立功表现的，可以依法减轻或者免除处罚。《通告》鼓励、保护广大群众积极举报涉枪支、弹药、爆炸物品、仿真枪等违法犯罪活动、提供违法犯罪活动线索。对窝藏、包庇涉枪涉爆违法犯罪分子，帮助其毁灭、伪造证据的，依法追究法律责任。对威胁、报复举报人、控告人的，依法从严惩处。

《通告》要求，枪支、弹药、爆炸物品被盗、被抢或者丢失的，应及时报告当地公安机关。不及时报告的，依法处罚有关责任单位和人员；公民发现遗弃的枪支、弹药、爆炸物品或者疑似爆炸物品的，应立即报告当地公安机关。群众购买玩具枪时，要选择正规厂家生产的产品，勿买无生产厂家、无许可证号、无产品标志、来源不明的玩具枪，勿买仿真枪、火柴枪等易于造成危害的物品。

据了解，今年以来，各部门境内境外、网上网下相结合，全面收缴非法枪爆物品，全面加强网上清理整治，严厉打击枪爆违法犯罪。截至目前，全国已收缴气枪等各类非法枪支 3.2 万支、子弹 194 万发、炸药 472 吨、雷管 88.6 万枚，查处涉枪涉爆案件 8855 起，抓获违法犯罪嫌疑人 9360 余人。其中，群众主动上交、举报查缴占收缴总量的 50% 以上，已兑现群众举报奖励 320 万元。

公安部有关负责人表示，希望广大群众积极举报涉枪涉爆违法犯罪线索。公安机关将及时组织核查侦办，对举报有功人员及时兑现奖励，并在办案中会同法院、检察院依法严惩枪爆违法犯罪，同时坚持区别对待和宽严相济的刑事法律政策。

❖ 材料三：

国家减灾委员会办公室、应急管理部发布 12 月份全国自然灾害风险形势

2021 年 12 月 07 日 09:25　|　来源：人民网-社会频道

人民网北京 12 月 7 日电(记者郝萍、李依环)记者今天从应急管理部获悉，近日，国家

减灾委员会办公室、应急管理部会同自然资源部、水利部、农业农村部、气象局、能源局、林草局等部门对 12 月份全国自然灾害风险形势进行分析研判。

综合分析认为，12 月份我国灾害风险形势接近常年同期水平，东北、新疆等局地强降雪可能引发雪灾，西南地区存在阶段性低温雨雪冰冻灾害风险，南北多地森林火险等级较高，华中和西南部分地区存在地质灾害风险。

东北和西南等地存在寒潮大风引发低温雨雪灾害风险。预计 12 月份影响我国的冷空气活动主要有 4 次，强度总体较弱。黑龙江大部、吉林大部、辽宁北部、新疆北部、四川西部、云南大部、西藏中南部等地降水较常年同期偏多，其中黑龙江中东部、吉林东部、四川西南部、云南西部、西藏东南部等地偏多 2-5 成。北方地区需防范局地大风、低温冷冻和雪灾对农牧业大棚、供水供电供暖等的不利影响，西南等地需防范阶段性低温雨雪冰冻灾害引发交通事故、电力中断等风险。

受冷空气影响，我国近海海域可能出现 4 米以上的灾害性海浪过程 5-6 次，需防范海浪灾害引发水上交通事故风险。今年黄河内蒙古河段首封日期将较常年(12 月 3 日)略偏晚，需加强对黄河封河过程的动态监测，密切监视北方江河凌情发展变化。

南北多地森林火险形势较为严峻。记者了解到，预计 12 月份，北京北部、河北北部、浙江南部、安徽南部、福建大部、江西大部、河南南部、湖北中部、湖南大部、广东大部、广西东部、四川南部、云南北部等地的部分时段森林火险等级为较高危险。

华中、西南部分地区存在发生地质灾害的可能。12 月份，全国普遍进入地质灾害低发期。华中、西南等局部山地丘陵区还需加强防范局地降水引发的滑坡、崩塌等地质灾害风险，重点关注湖北西部、湖南中部、广西中西部、重庆中部、四川东部、西藏东南部等地。

❖ 材料四：

内蒙古食药监局通报 1 起违法广告

(2018-07-30 中国质量新闻网)

中国质量新闻网讯据内蒙古自治区食品药品监督管理局发布的药品医疗器械保健食品违法广告通告(内食药监〔2018〕83 号)，2018 年 5 月，原国家食品药品监督管理总局稽查局组织对全国 180 份报纸和 170 个电视频道刊播的广告进行监测。监测发现刊号属于内蒙古自治区的《老年文摘》存在发布严重违法广告的情形，内蒙古自治区食品药品监督管理局已将有关情况移送内蒙古自治区工商行政管理部门。

长春大政药业科技有限公司生产的"维参锌胶囊"，其广告宣传超出了食品药品监督管理部门批准的内容，存在表示功效的断言、保证，严重欺骗和误导消费者。

内蒙古自治区食品药品监督管理局提醒广大消费者，切勿轻信虚假广告宣传，防止上当受骗。请在医师或药师指导下通过合法渠道购买和使用药品，以免造成伤害。对于怀疑有质量问题的产品，及时向当地食品药品监督管理部门举报。

三、根据下面提供的材料，撰写通知。

❖ 材料一：

北京海淀暂缓拆除违规广告牌匾：设置跟不上造成群众识别困难
(2020-12-11)

人民网12月11日消息，今日，北京市海淀区城市管理委下发"关于暂缓牌匾广告清理工作的通知"(以下简称"通知")，该通知署名为"北京市海淀区城市管理委员会"。通知指出，海淀区现已停止拆除违规广告牌匾，重新启动时间另行通知。此外，通知明确提出，拆除原有牌匾与新设牌匾同步实施。

通知提到，12月8日，北京市城市管理委曾召开会议，研究部署下一阶段集中清理"天际线"专项工作。根据通知，暂停清理拆除主要考虑两个因素。一是由于冬季气温寒冷，大风天气多发，气候干燥，高空作业和着火风险较高。二是拆除工作后存在设置跟不上问题，造成群众识别困难。通知称，已经启动拆除的点位要做好善后处置，确保安全，重新启动时间另行通知。

通知指出，此次行动目标是重现城市"天际线"，各街道要聚焦高层建筑楼顶牌匾开展清理整治。对于其他类型的牌匾设置要充分考虑各种因素，加强日常管理和执法。清理整治应与设置工作同步推进。整治工作以设置指导为前提，凡是有重新设置需求的，要先制定重设方案，待新方案确定并且新牌匾制作完成后，拆除原有牌匾与新设牌匾同步实施。

此外，暂定期间，各街道要继续做好未拆除楼顶违规广告牌匾的权属单位工作，对于矛盾和意见分歧较大的，要反复细致沟通，做好相关前期准备工作。对于拆除难度大的，继续细化施工组织方案，待重新启动后，平稳有序推进专项工作。

对于已拆除单位的重新设置工作，通知中提到，有重设需求的，各街镇立即汇总需求并指导产权单位编制重设方案，方案报区城市管理委同意后可实施。

❖ 材料二：

广大干部！中央这份《意见》为敢于担当的你撑腰
(2018-05-20)

据学习小组5月20日消息，近日，中共中央办公厅印发了《关于进一步激励广大干部新时代新担当新作为的意见》，并发出通知，要求各地区各部门结合实际认真贯彻落实。

《通知》指出，《意见》深入贯彻习近平新时代中国特色社会主义思想和党的十九大精神，对建立激励机制和容错纠错机制，进一步激励广大干部新时代新担当新作为提出明确要求。《意见》的制定实施，对充分调动和激发干部队伍的积极性、主动性、创造性，教育引导广大干部为决胜全面建成小康社会、夺取新时代中国特色社会主义伟大胜利、实现中华民族伟大复兴的中国梦不懈奋斗，具有十分重要的意义。

《通知》强调，各级党委(党组)要大力加强干部思想教育，引导和促进广大干部强化"四个意识"，坚定"四个自信"，切实增强政治担当、历史担当、责任担当，努力创造属于新时代的光辉业绩。要落实好干部标准，大力选拔敢于负责、勇于担当、善于作为、实绩突出的干部，鲜明树立重实干重实绩的用人导向。要完善干部考核评价机制，改进考核方式方法，充分发挥考核对干部的激励鞭策作用。要全面落实习近平总书记关于"三个区分开来"的重要要求，宽容干部在工作中特别是改革创新中的失误错误，旗帜鲜明为敢于担当的干部撑腰鼓劲。要围绕建设高素质专业化干部队伍，强化能力培训和实践锻炼，同时把关心关爱干部的各项措施落到实处。要大力宣传改革创新、干事创业的先进典型，激励广大干部见贤思齐、奋发有为，撸起袖子加油干，凝聚形成创新创业的强大合力。

《通知》要求，各地区各部门在贯彻《意见》中的重要情况和建议，要及时报告党中央。

《关于进一步激励广大干部新时代新担当新作为的意见》全文如下。

为深入贯彻习近平新时代中国特色社会主义思想和党的十九大精神，紧紧围绕统筹推进"五位一体"总体布局和协调推进"四个全面"战略布局，教育引导广大干部为决胜全面建成小康社会、夺取新时代中国特色社会主义伟大胜利、实现中华民族伟大复兴的中国梦不懈奋斗，现就建立激励机制和容错纠错机制，进一步激励广大干部新时代新担当新作为，提出如下意见。(以下略)

❖ 材料三：

2018 广东公积金新政明确三种情况不得申请住房公积金提取

(2018-07-20　　来源：股城网)

7月19日，广州住房公积金管理中心发布《广东省住房和城乡建设厅、广东省财政厅、广东省公安厅、中国人民银行广州分行转发住房和城乡建设部等四部门关于开展治理违规提取住房公积金工作的通知》(下称《通知》)，明确规定三类情况不得申请公积金提取。下面就让我们一起来看一下吧。

《通知》重申，坚持"房子是用来住的，不是用来炒的"定位，不允许提取住房公积金用于炒房投机，并强调提取政策要向首次置业、购买普通商品住房和在户籍地或缴存地购房等情况倾斜，以及要加大提取住房公积金支付房租政策支持力度。

同时，一些情况被明确将不得申请提请住房公积金，主要涵盖3类：

一是对于同一人多次变更婚姻关系购房和多人频繁买卖同一套住房等情况，不允许其申请提取住房公积金；

二是对于异地购房尤其是非户籍地非缴存地购房、非配偶或非直系亲属共同购房等申请提取住房公积金的情况，各地可结合自身实际情况阶段性停止实施该类型提取政策；继续实施该类型提取政策的地方，要严格审核申请提取住房公积金的资格；

三是严格落实住房公积金异地转移接续有关政策，原则上必须通过全国异地转移接续平台转移个人住房公积金，不得选择通过离职提取方式提取。

《通知》还强调将加强内部管控，建立信用制度。这包括将审核工作贯穿到提取业务全过程，不能够仅停留在提取资格一次审核，并且在提取期内也要增加核查、抽查工作，尤其在管理中心取得新的信息查询渠道之后(如与其他部门信息联通，或与异地城市建立互查机制)，要对已审核通过的提取业务进行再审核。

同时，要将个人住房公积金贷款信息纳入人民银行征信系统，建立缴存职工个人信用档案。对于违规提取住房公积金的缴存职工，要记载其失信记录，并将记录随资金转移接续而转移。

此外，《通知》还要求开展集中治理，包括对涉嫌伪造和使用虚假材料的组织和个人，要及时向公安等部门移交问题线索，协助对其依法惩治。

❖ 材料四：

十部门联合下发通知部署"六一"庆祝活动

时间：2021-06-0109:13:34　　　来源：新华网

日前，全国妇联、中央文明办等十部门共同印发《关于庆祝 2021 年"六一"国际儿童节的联合通知》，对各地、各部门开展"六一"系列庆祝活动作出部署。

通知指出，要组织开展庆祝建党 100 周年宣传教育，引领少年儿童坚定不移听党话、跟党走，坚持用习近平新时代中国特色社会主义思想铸魂育人，坚持学习党史、新中国史、改革开放史、社会主义发展史进课堂、进家庭、进头脑，引导少年儿童弄清楚中国共产党为什么能、马克思主义为什么行、中国特色社会主义为什么好等基本道理，厚植爱党爱国爱社会主义的情感。

通知强调，要加强关爱保护，营造有利于少年儿童安全健康成长的社会环境，广泛开展宪法、民法典、未成年人保护法、预防未成年人犯罪法等法律法规政策宣传贯彻，完善未成年人保护工作制度体系，健全快速响应和保护处置机制，加强部门协作配合，打通未成年人救助保护全链条、上下游各环节，形成工作闭环，更好保护未成年人身心健康。

通知要求，要为少年儿童办实事解难事，让少年儿童感受到党的关怀和温暖，用心用情用力解决与少年儿童息息相关的实际问题，特别要关心关爱孤儿、事实无人抚养儿童、农村留守儿童、困境儿童等困难儿童群体，让他们沐浴党的阳光和温暖。

通知强调，各地、各部门要充分认识开展庆祝活动的重要意义，加强组织领导，把握正确导向，精心策划实施。严格落实疫情防控有关要求，围绕"四史"宣传教育主题主线设计开展活动，增强活动仪式感、参与感、现代感，号召动员更多家长和儿童共同参与，引导广大少年儿童将个人理想融入时代主题、汇入复兴伟业，勇做担当民族复兴大任的时代新人。

❖ 材料五：

银保监会下发通知公布《银行保险机构恢复和处置计划实施暂行办法》

2021 年 2 月 24 日，银保监会向各银保监局、各大型银行、理财公司、保险公司、保险资产管理公司等下级机关下发通知。《通知》提到，2021 年第 2 次委务会议审议通过了银保监会制定的《银行保险机构恢复和处置计划实施暂行办法》。该暂行办法有助于进一步健全金融风险预防、预警、处置、问责制度体系，维护金融安全和稳定。《通知》强调下级机关遵照执行该暂行办法。

❖ 材料六：

教育部办公厅下发通知明确申报要求

近日，国家档案局办公室下发了关于组织推荐 2022 年国家档案局科技项目的通知。教育部办公厅向部属各高等学校、各直属单位转发该文件，并要求申报单位请于 2022 年 3 月 15 日前将《计划任务书》一式 6 份及《计划任务书》《项目内容摘要》电子版(涉密项目另报)报送教育部办公厅电子政务与档案处。

联系人：张××

电话：010-66096956

地址：北京西单大木仓胡同 35 号

邮编：100816

❖ 材料七：

教育部办公厅下发通知肯定建立健全普通中小学规范办学工作制度

近期，山东省教育厅印发了《山东省教育厅关于建立健全普通中小学规范办学工作制度的通知》(鲁教基函〔2021〕28 号)。教育部办公厅向各省、自治区、直辖市教育厅(教委)，新疆生产建设兵团教育局转发该文件。教育部办公厅认为该《通知》具体规定了学校规范办学行为、明确属地责任、完善制度措施等，并将手机、睡眠、读物、作业、体质"五项管理"有机融入中小学办学基本规范，内容全面、程序规范、责任明确，具有较强的针对性和操作性，请各地结合实际学习借鉴。

四、根据下面提供的材料，撰写通报。

❖ 材料一：

淮安市淮安区公布"10·19"事故调查处理结果 8 人被处理

人民网南京 2021 年 12 月 5 日电据淮安市应急管理局消息，近日，淮安区安委办对江苏沃联新材料科技有限公司(汇能三期)项目工程"10·19"高处坠落事故进行了通报，责任单位河津市小梁建筑工程有限公司对该起事故的发生负有主要责任，8 名责任人员被处理。

据了解，10 月 19 日 15 时 20 分左右，江苏沃联新材料科技有限公司年产 105 万立方米蒸压加气混凝土制品生产线项目工地发生一起高处坠落事故，致 1 人死亡。经调查认定，江苏沃联新材料科技有限公司(汇能三期)项目工程"10·19"高处坠落事故是一起生产安全责任事故，事故等级为一般事故。

调查结果显示，事故直接原因是死者安全意识淡薄，对高处作业安全风险认识不足，无高处作业资格，在安全带上的安全扣未固定的情况下，冒险进行高处作业，不慎从钢结构架坠落。而钢结构班组负责人何国桥，明知道李先全无高处作业资格，仍安排其从事高处作业，且未将作业现场的安全防护措施落实到位。

根据处理结果，淮安市工程建设监理有限公司对该起事故的发生负有责任，淮安区应急管理局依据《中华人民共和国安全生产法》有关规定对其进行行政处罚。绿色建造产业园管理服务中心对该起事故的发生负有监管责任，淮安区安委会依据《淮安区安全生产约谈实施办法(试行)》第三条第(六)项之规定对其主要负责人进行安全生产约谈。此外，河津市小梁建筑工程有限公司本项目钢结构班组负责人等8名责任人员得到相应处理。

❖ 材料二：

中宣部等三部门通报北京电视台假新闻事件

新华网北京7月23日电　中央宣传部、国家广电总局、新闻出版总署23日就北京电视台播发虚假新闻向各省、自治区、直辖市和新疆生产建设兵团党委宣传部，广电厅(局)、新闻出版局，中央各主要新闻单位发出通报。

通报指出，7月8日，北京电视台生活频道《透明度》栏目播出了题为《纸做的包子》的虚假新闻。报道无中生有，编造了北京市某区一些黑加工点使用废纸箱为馅制作小笼包出售的假新闻。消息播出后，经多家媒体转载转播，引起国内外舆论的广泛关注，造成了极其恶劣的社会影响。

据北京市委宣传部报告，今年6月中旬，北京电视台生活频道《透明度》栏目临时人员訾北佳(化名"胡月")，先后两次找到朝阳区太阳宫乡十字口村13号院，以为工地民工购买早点为名，要求做早点生意的外地来京人员卫某等人为其制作包子。訾北佳自带了从市场上购买的肉馅、面粉和纸箱，授意卫某等人将纸箱经水浸泡后掺入肉馅，制成包子，用自带的家用DV机拍摄了制作过程并进行了影音剪辑，利用欺骗手段获得播出。目前，公安机关已经依法对犯罪嫌疑人訾北佳进行拘留审查。此次事件中，除直接炮制虚假新闻的当事人外，北京电视台生活频道也负有不可推卸的责任。一是对栏目聘用人员疏于管理，存在明显漏洞，二是对稿件采播管理制度执行不力，未经核实就轻易播出。

事件发生后，北京市委、市政府立即采取有力措施，责成北京电视台澄清事实真相、向社会做出深刻道歉，并对相关责任人进行严肃处理，给予北京电视台台长通报批评，给予北京电视台总编辑行政警告处分，给予北京电视台主管副总编记过处分。事后，北京电视台主管副总编引咎辞职。北京电视台也对生活节目中心主持工作的副主任和分管《透明度》栏目的副主任，以及栏目制片人等三人给予撤职处分，同时解除了栏目有关编辑与北京电视台的劳务关系。北京市在全市范围对北京电视台进行通报批评，并要求市属各新闻媒体以此为反面教材，深入开展"三项学习教育"活动。

通报指出，希望各新闻单位要组织新闻工作者认真学习胡锦涛同志在中央党校的重要讲话，学习中央关于加强新闻出版工作的一系列指示，学习有关法律法规，努力建设一支政治强、业务精、纪律严、作风正的新闻工作队伍；要引导广大新闻从业人员自觉增强国家政治意识、大局意识、责任意识和阵地意识，自觉遵守国家法律法规和党的宣传纪律，牢固树立崇高的职业精神和职业道德，始终把社会效益作为最高准则，进一步贴近实际、贴近生活、贴近群众，脚踏实地、求真务实，坚决杜绝虚假新闻，自觉维护新闻出版工作者的良好形象。

❖ 材料三：

"方鼎之王"皿方罍合体6家单位获"特别贡献奖"

(2014-06-29　　来源：红网)

红网长沙6月29日讯(滚动新闻记者徐海瑞)6月28日，在皿方罍身、盖合体仪式上，湖南省政府副省长李友志现场宣读了湖南省人民政府《关于表彰海外流失文物商代青铜皿方罍器身洽购归国积极捐款单位的通报》(下称《通报》)。

《通报》称，皿方罍是1920年左右在湖南桃园县境内出土的青铜重器，后盖身分离，器盖存于国内，器身辗转流失海外90余载。2013年3月，在获悉皿方罍器身将在纽约拍卖之后，湖南省委宣传部、省财政厅、文化厅、国资委、工商联、国税局、地税局、外事侨务办、文物局、外汇管理局、长沙海关、省博物馆、省文化艺术基金会、谭国斌当代艺术博物馆等单位和个人积极作为，湖南广播电视台、湖南中烟工业有限责任公司、湖南出版投资控股集团有限公司、湖南华菱钢铁集团有限责任公司、湖南湘投控股集团有限公司、中联重科股份有限公司等单位慷慨捐款，通力合作，最终促成皿方罍器身成功洽购和归国返湘。

为表彰积极捐款单位，湖南省人民政府决定，对湖南广播电视台、湖南中烟工业有限责任公司、湖南出版投资控股集团有限公司、湖南华菱钢铁集团有限责任公司、湖南湘投控股集团有限公司、中联重科股份有限公司等六家单位予以通报表彰，并授予"皿方罍归湘特别贡献奖"。

❖ 材料四：

广东省人民政府表彰广东省生态环境保护先进集体和先进工作者

"十三五"期间，广东省在省委、省政府的正确领导下，全省各地各部门深入学习贯彻习近平生态文明思想，认真贯彻落实新发展理念，坚决扛起生态环境保护政治责任，坚持精准、科学、依法治污，全力以赴打好打赢污染防治攻坚战，着力解决生态环境突出问题，全面高水平完成国家下达的"十三五"生态环境考核目标任务，大气环境质量领跑先行，水环境质量实现重大改善，全省生态环境质量明显提升，人民群众生态环境获得感、幸福感和安全感不断增强。2021年10月22日，省人民政府下发了广东省生态环境保护先进集体和先进工作者名单。授予广州市公安局食品药品与环境犯罪侦查支队三大队等40个单位"广东省生态环境保护先进集体"称号，授予广州市住房和城乡建设局建筑工程质量安全处曾庆鹏等80名同志"广东省生态环境保护先进工作者"称号，在全省予以通报表彰。

❖ 材料五：

市纪委通报三起违反中央八项规定精神典型案例
(2018年07月30日　　来源：南宁市政府网站)

落实中央八项规定精神关乎人心向背，是一场输不起的斗争。市委认真履行全面从严治党主体责任，把锲而不舍落实中央八项规定精神、纠正"四风"作为严肃的政治任务，坚持以上率下，从严管党治党，推动党风政风和社风民风持续好转。全市各级纪检监察机关坚持"严"的标准和"实"的举措，持续加大"四风"问题整治力度，对顶风违纪行为严处快查，持续释放越往后执纪越严的强烈信号，不断巩固拓展落实中央八项规定精神成果。为进一步发挥警示教育作用，把落实中央八项规定精神化作自觉行动，近日市纪委通报查处3起违反中央八项规定精神典型案例。

宾阳县扶贫办原主任单××违规发放补贴问题。单××在担任宾阳县扶贫办主任期间，2016 年 7 月至 2017 年 5 月，宾阳县扶贫办违规发放值班补贴共计 67 250 元，其中单××领取补贴 3400 元。在开展贯彻落实中央八项规定精神"回头看"工作中，宾阳县扶贫办没有将此问题列入自查自纠问题并进行清退，直至自治区党委第五巡视组到宾阳县巡视召开反馈会后，才将违规发放的值班补贴进行清退、上缴国库。2018 年 6 月，单××受到党内警告处分。

西乡塘区衡阳街道秀灵南社区党委副书记、居委会主任刘××违规为其子操办婚宴问题。2017 年 10 月 6 日，刘××未按规定向上级报备的情况下，为其儿子操办婚宴，共设酒席 58 桌，超出婚丧喜庆事宜规定的桌数。2018 年 7 月，刘××到党内警告处分。

武鸣区锣圩镇农业技术推广站原站长方××规使用公款旅游等问题。方××担任锣圩镇农业技术推广站站长期间，于 2015 年 4 月 25 日违规使用工作经费 3042 元组织该站职工到景区旅游；2016 年 3 月 15 日，违规使用工作经费 3000 元给该站职工发放下乡补助。2018 年 4 月，方××到党内严重警告处分，违纪款项予以收缴。

通报指出，上述 3 起问题，涉及违规发放补贴、公款旅游、违规操办婚宴等，相关人员受到严肃处理，教训深刻。充分说明纠正"四风"是一场持久战，必须久久为功，毫不松懈。全市广大党员干部要引以为戒，清醒认识到贯彻落实中央八项规定精神是全面从严治党的重要体现，时刻绷紧作风建设这根弦，知敬畏、存戒惧、守底线，切实把贯彻落实中央八项规定精神内化于心、外化于行。

全市各级党组织要坚持以习近平新时代中国特色社会主义思想为指导，全面贯彻落实党的十九大精神，牢固树立"四个意识"，提高政治站位，把落实中央八项规定精神作为向党中央对标看齐的具体行动，强化责任担当，采取过硬措施，坚定不移纠"四风"，一刻不停歇地推动作风建设向纵深发展，使铁的纪律转化为党员干部的日常习惯和自觉遵循。当前，要重点排查本单位本年度干部职工子女升学情况，严格落实主体责任，加强教育提醒。各级党员干部和公职人员特别是党员领导干部严禁违规操办或参加各种名目的"升学宴""谢师宴"，严禁借子女升学之机违规宴请管理服务对象或其他可能影响公正执行公务的人员，严禁借子女升学之机违规收受礼品、礼金、微信红包等行为，严禁由管理服务对象支付"升学宴""谢师宴"费用等。

各级纪检监察机关要认真履行党章党规党纪和宪法法律法规赋予的职责，将纠"四风"工作覆盖到所有行使公权力的公职人员。要把违规操办和参加"升学宴""谢师宴"问题作为当前纠"四风"的重要内容，加大监督检查力度，狠刹操办"升学宴""谢师宴"等不正之风，严防"四风"问题反弹。要继续密切关注公款旅游、公款吃喝、违规发放津补贴和公车私用等享乐主义和奢靡之风新动向新表现，紧盯领导干部这一"关键少数"，紧盯重要时间节点，深化运用"四种形态"，抓早抓小、防微杜渐，对触碰纪律红线、顶风违纪行为坚持露头就打、快查严办、精准发力，严肃追究主体责任、监督责任和领导责任，加大通报曝光力度，进一步巩固不敢、知止氛围。要着力发现和纠正形式主义、官僚主义等突出问题，特别是对党的十九大后仍顶风违纪的，一律从严查处、严肃问责，坚决防止"四风"问题回潮复燃。

五、根据下面提供的材料，撰写请示。

❖ 材料一：指出下面提供的请示原文的错误，并加以改写。

关于请求立项建设××司法警官职业学院图书馆的请示报告

××省发改委：

我厅所属的××司法警官职业学院是经省政府批准成立的全日制公办普通高校。近年来，在贵委的关心重视和大力支持下，学院得到较快发展，尤其是学院的基础设施建设得到明显加强，教学环境得到明显改善，极大地调动了学院教职员工和学生的教学积极性，有力地促进了我省法律职业教育事业又好又快发展。在此，我厅表示衷心感谢！

当前，学院正处在快速发展时期，校园占地面积184.37亩，建筑面积达58 806.86万平方米，有教职员工516人，在校学生7千余人。而现有的图书馆是在1987年建成的，建筑面积却只有1883平方米，已远远不能满足现代教学发展的需要和学生的学习需求。为解决这一问题，学院在2006年经驻地建设规划管理部门批准，修订了校园建设规划，并按照教育部门对图书馆建设的有关规定要求(生均建筑面积1.77平方)，结合自身发展需要，拟规划建设一个建筑面积12 300平方米、集文化交流、信息交流、学术交流为一体的多功能图书馆。规划建设的新图书馆预算每平方米工程造价1200元，总投资1476万元，所需资金由学院自筹解决。为此，特恳请贵委对学院规划建设图书馆予以立项为盼。

❖ 材料二：指出下面提供的请示原文的错误，并加以改写。

上海市××区交通委员会
关于上海市××区交通委员会执法大队报废更新车辆的请示

区机管局：

我委所属上海市××区交通委员会执法大队，目前有两辆执法标识车：沪 B18886、沪 DL8662桑塔纳轿车，分别购置于2003年9月和2005年6月，行驶里程均已超过40万公里且已达到报废年限，车况较差，使用和维修成本较高，存在较大安全隐患。近年来，随着我区客货运市场的不断扩大，日常执法巡查管理任务繁重，执法车辆使用频率高，为加强管理，确保执法人员和人民群众出行安全和生命财产安全，拟对该两辆车进行报废更新。

请立即回复。

上海市××区交通委员会

2022年1月15日

❖ 材料三：指出下面提供的请示原文的错误，并加以改写。

××市安监局关于2021年度安全生产监督检查工作计划的请示

市人民政府：

为进一步做好2021年全市安全生产工作，按照《安全生产监管职责和行政执法责任追究的暂行规定》(国家安监总局第24号令)第六条规定：安全监管监察部门应当根据监管监察权限、行政执法人员数量、监管监察的生产经营单位状况、技术装备和经费保障等实际情况，制定本部门年度安全监管或者煤矿安全监察执法工作计划。安全监管执法工作计划应当报本级人民政府批准后实施，并报上一级安全监管部门备案。

制定监督检查计划，可以有效落实行政执法责任，严格按计划进行督察检查，提高工作效率。《安全生产监管职责和行政执法责任追究的暂行规定》(国家安监总局第 24 号令)第十九条第 5 款规定：按照批准、备案的安全监管或者煤矿安全监察执法工作计划、现场检查方案和法律、法规、规章规定的方式、程序已经履行安全生产监管监察职责的行政执法人员不承担责任。充分调动行政执法人员的工作积极性和主动性。

根据《安全生产监管职责和行政执法责任追究的暂行规定》(国家安监总局第 24 号令)要求，我局制定了《市安监局 2021 年度安全生产监督检查工作计划》，恳请市政府审批。

附件：1. 市安监局 2021 年度安全生产监督检查工作计划
　　　 2. 市安监局 2021 年度重点检查的生产经营单位名单

××市安全生产监督管理局

2022 年 2 月 28 日

❖ 材料四：指出下面提供的请示原文的错误，并加以改写。

关于 2021 年××市环卫随机监督抽查结果在政府网站进行公示的请示

市政府：

现申请将 2021 年××市卫生计生随机监督抽查结果相关信息在政府网站进行公示。

××市卫生和计划生育局

2021 年 6 月 21 日

❖ 材料五：指出下面提供的材料的错误，并加以改写。

××市农业局关于对 2021 年农民田间学校备案情况

××市农业委员会：

按照××委组织部、××农委《关于在市派第一书记村开展一村一校扶智增效活动的通知》(青农字[2021] 4 号)的统一部署，根据《青岛市新型职业农民培训公共服务规定》(青农规〔2020〕4 号)要求，我市组织认定了院上镇武备三村田间学校等 25 处三轮市派第一书记村的田间学校，以及莱西金丰公社农业服务有限公司田间学校、××地壹品农业专业合作社田间学校共 27 处农民田间学校。

为切实加强农民田间学校规范化建设，更好地开展农民培训工作，现申请对我市上述 27 处田间学校予以备案。

附：××市农民田间学校基本情况汇总表

××市农业局

2021 年 5 月 11 日

❖ 材料六：根据下面提供的材料撰写请示。

据悉，2021 年 3 月 1 日，苏州市姑苏区人民政府双塔街道办事处向姑苏区发展和改革局去文请求立项。根据《姑苏区综合为老服务中心标准化建设运营指导意见》的相关要求，计划将大公园社区(十梓街 343 号)4 楼一层约 480 平方场地无偿用于大公园社区服务站建设。该项目总投入约 30 万元，由街道自筹。项目将根据卫生服务站的建设标准，进行无障碍设施改造，文化装饰等项目，以及相应的家具家电设备设施采购等，使其满足综合为老服务中心及社区居民的基础医疗服务需求。

六、根据下面提供的材料，撰写批复。

❖ 材料一：

经党中央批准、国务院批复自 2021 年起，每年 1 月 10 日设立为"中国人民警察节"

中国经济网　　　　2020-07-2207:43

新华社北京 7 月 21 日电(记者　熊丰)记者从公安部获悉，近日，经党中央批准、国务院批复，自 2021 年起，将每年 1 月 10 日设立为"中国人民警察节"。这是在国家层面专门为人民警察队伍设立的节日，是对人民警察队伍为党和人民利益英勇奋斗的充分肯定。

人民警察队伍是一支有着光荣传统和优良作风的队伍，也是和平年代牺牲最多、奉献最大的队伍。新中国成立以来，全国仅公安机关人民警察队伍就有 1.4 万余名民警英勇牺牲，10 余万名民警负伤，3700 余名民警被评为烈士。在今年上半年疫情防控和维护安全稳定工作中，共有 169 名公安民警因公牺牲。

据了解，1986 年 1 月 10 日，广东省广州市公安局率先建立我国第一个 110 报警服务台。近年来，每年 1 月 10 日公安部及各地公安机关都组织开展多种形式的"110 宣传日"活动，这一日期具有极高的社会知晓度和群众认可度。将这一日期确立为"中国人民警察节"，体现了鲜明的政治性、广泛的人民性和警察职业的标志性。

国务院批复要求，"中国人民警察节"由公安部会商有关部门组织实施。

❖ 材料二：

"中再巨灾风险管理股份有限责任公司"获中国银保监会批复同意设立

2018 年 07 月 26 日　　　来源：重庆市政府网站

近日，由中国财产再保险有限责任公司发起设立的国内首个行业性巨灾风险管理技术平台——"中再巨灾风险管理股份有限责任公司"获中国银保监会批复同意设立，注册地在重庆。该公司将通过专业化建设和运营巨灾大数据科技平台，研发推广具有独立知识产权、符合国情的巨灾风险管理模型和信息系统，推进巨灾风险管理技术创新，协助政府部门提升区域巨灾风险管理能力，帮助保险公司提升行业巨灾风险管理能力，帮助大中型企业提升企业生产风险防范能力，助推国家防灾减灾救灾体系建设。

❖ 材料三：

聚焦|一心、两环、两带、五区！省政府批复了，贵州这里要建个"绿色新区"

2018 年 07 月 25 日　　　来源：多彩贵州网

大消息！省政府批复了，贵州黔南州要建"绿博园"，规划面积 11.5 平方公里，中国绿化界的"奥林匹克"将在这里举办！

近日，贵州省人民政府发布《关于第四届中国绿化博览会绿博园总体规划的批复》(以下简称《批复》)，原则同意《第四届中国绿化博览会绿博园总体规划》(以下简称《总体规划》)，要求黔南州人民政府抓紧会同有关单位和部门按《总体规划》要求认真组织实施。

批复指出，绿博园建设过程中，要始终坚持把绿色发展理念贯穿到绿博园建设全过程，做好绿色发展文章，在绿博园的规划、设计和建设上，统筹考虑黔南独特的文化、民族特色，提炼个性特色的建筑元素，并将其融入规划建设之中。要做好《总体规划》与城市总体规划、土地利用规划、林业规划、交通规划、水利规划等其他规划的衔接，确保《总体规划》符合上位规划，符合城市未来发展要求。

批复要求，黔南州要切实加强组织领导、健全机制、明确分工，落实责任，建立《总体规划》监督检查和评估制度，定期对工作开展情况进行跟踪分析和督促检查，并适时将检查情况报省人民政府。

七、根据下面提供的材料，撰写报告。

❖ 材料一：指出下面提供的报告原文的错误，并加以改写。

××市发改委2021年度工作总结和2022年工作安排情况报告

市府办：

根据《关于报送2021年工作总结和2022年工作安排的通知》要求，现将市发改委2021年工作总结及2022年工作安排情况报告如下：

一、2021年工作总结

(以下省略2000字)

二、2022年工作安排

(以下省略1500字)

特此报告，请审示

××市发改委

2022年1月10日

❖ 材料二：根据下面提供的材料，先判断报告的性质种类，再撰写报告。

关于"××旗×××镇嘎岔村西刘家屯组建小炼油厂污染严重"群众举报问题的调查处理结果

(2018年06月25日　　来源：赤峰日报)

赤峰市收到《关于调查处理中央环保督察组转办群众举报问题的通知》(〔2018〕67号)中央第二环境保护督察组举报受理转办清单(第6批)中，关于"××旗×××镇嘎岔村西刘家屯组有小炼油厂污染严重，冒黑烟，树都熏死，味道呛人"(受理编号：D150000201806120034)的群众举报问题后，立即组织调查处理。经调查核实，群众举报问题部分属实。

经调查核实，群众反映的"小型炼油厂"位于××旗×××镇嘎岔村西刘家屯组，该炼油厂出资建设人为王××(河北省××市××区)，该厂未办理任何手续，属作坊式企业。

针对该炼油厂"污染严重，冒黑烟，味道呛人"的举报内容，2018年6月11日晚，××旗环保局、公安局联合对该炼油厂进行了现场检查，检查时该炼油厂已停产，院内仅有更夫1人。从现场情况看，该炼油厂有过生产痕迹，建设的3套砖砌窑炉均未配套建设污染防治设施，现场检查时厂区露天堆存部分原料及废弃物，有异味。同时还发现，在距离该厂1千米处的辽宁省××市××镇，建有辽宁省××市福多多生态养殖专业合作社，现存栏猪200口、鸡2.3万只，×××镇政府已函告辽宁省××镇政府，要求严格按照环境保护相关要求加强监管，防止污染周边环境。

2018 年 6 月 12 日，现场组织清除了该炼油厂所有生产设备，并将原料及废弃物运送至××宝塔油页岩有限公司仓库临时贮存。与此同时，××旗公安局对此展开调查。××旗环保局积极联系资质部门对原料及废弃物进行科学鉴别，待鉴定结果出具后将依法依规作出严肃处理。

对于树被熏死的举报内容，经调查核实，此项问题属实。经××旗林业局核实，该炼油厂占用林地面积 629 平方米(0.944 亩)，现场杨树有 5 株为半枯死、3 株为全枯死。目前，××旗森林公安已介入立案处理。

对该项群众举报问题的调查处理结果，已于 6 月 17 日在赤峰市人民政府网站"环保督查专栏——边督边改情况"、赤峰市环保局网站"中央环境保护督察回头看专栏"进行了公开，同日在赤峰电视台《赤峰新闻》频道进行了报道。《赤峰日报》于 6 月 19 日在综合新闻版进行了公开。(记者曲方乔磊晶)

❖ 材料三：从下面提供的材料中提炼出一份以海南省人民政府名义撰写的、呈交给国务院的"全省美丽乡村建设"专题情况报告。特别提示：注意运用党政公文应有的语言风格行文。

海南省人大常委会全省美丽乡村建设情况调研报告建议
推进全省美丽乡村建设需倾听民声
(2018 年 07 月 29 日　　来源：海南省人民政府网站)

7 月 9 日至 13 日，省人大常委会赴文昌、万宁、五指山等五市县，开展了全省美丽乡村建设情况专题调研暨 2018 年海南环保世纪行活动。

此次调研活动比较全面了解全省美丽乡村建设的情况，总结宣传了美丽乡村建设取得的成绩，并及时发现了部分存在的突出问题。

调研报告显示，全省美丽乡村建设自 2012 年启动，六年来，全省的美丽乡村建设取得了阶段性的成果，在农村的环境卫生整治和农村的基础设施建设以及农村的公共服务等方面确实取得了明显的成效，但部分农村在环境整治方面还存在着一些问题，解决这些问题，需要拓宽群众参与渠道，发挥农民主体作用，把有限的建设资金用在群众急需解决的问题上。

406 个美丽乡村示范村成为海南靓丽名片

航天主题壁画、火箭造型标识、航天瓜菜农庄……这是 7 月 9 日省人大常委会全省美丽乡村建设情况调研组走进文昌市龙楼镇好圣村看到的美丽场景，在这个椰林掩映的村庄，不仅有整洁的柏油村道、规划有序的民居、生机盎然的菜园，其间还有随处可见的航天元素。

2017 年，好圣村被省农业厅列为海南共享农庄创建试点，被住建部门评为 5A 级美丽乡村。从此，村民吃上了"旅游饭"，2017 年该村人均可支配收入增幅达 52.2%。

好圣村是我省美丽乡村建设中的一个美丽缩影。党的十九大报告提出了实施乡村振兴战略，而我省早在 2012 年就启动了美丽乡村建设，六年来，我省遵循习近平总书记提出的"绿水青山就是金山银山"发展理念，各部门联动形成美丽乡村建设合力，加强农村环境整治和基础设施建设，多形式引入产业支撑乡村发展，因地制宜编制乡村发展规划，循序渐进突破乡村建设难点。

报告显示，在美丽乡村建设过程中，省政府有关部门积极指导、大力推动，市县政府积极行动、努力推进，取得了一系列瞩目的成绩——

通过加强农村道路修建扩建，实现了村村通水泥路；在推进改水改厕方面，基本实现了村村有自来水、户户有冲水厕所；

通过实施绿化、美化、亮化、彩化工程，一些村庄环境得到改善、乡村道路安装了路灯；

通过开展"农村清洁家园"行动，初步建立了三级清扫保洁体系，农村清扫保洁覆盖率达 90% 以上；

在推进农村生活污水处理设施建设方面，建成的美丽乡村生活污水多数实现达标排放；

通过探索发展特色产业，建立农业专业合作社，帮助农民脱贫致富，农民收入不断提高，多数贫困户成功脱贫；

结合农村危房改造，开展农村风貌改造提升行动，一些乡村展现出"新房、新村、新貌"。
……

截至 2017 年底，全省已经建成 406 个美丽乡村示范村，204 个星级美丽乡村。如今，海口、三亚、琼海、文昌等市县建设的美丽乡村示范村，已经成为海南一张靓丽的名片，成为全域旅游的重要支撑点，为加快建设美好新海南奠定了基础。

农村污水处理垃圾分类等方面工作还待加强

虽然六年来全省的美丽乡村建设取得了阶段性的成果，但此次全省美丽乡村建设调研和环保世纪行的活动过程中，仍发现部分存在的问题。

省人大常委会环境和资源工作委员会主任叶振兴介绍，在调研过程中，调研组发现农村的垃圾处理、污水处理和农业面源的污染，以及我省农村产业的发展等方面还要不断加强和改进。特别是要坚持生态文明的思想理念，把美丽乡村建设与乡村振兴战略结合起来，全面推动美丽乡村建设持续健康发展。

在此次调研过程中，调研组发现比较突出的具体问题主要集中在农村环境治理方面：目前我省美丽乡村建设中的污水处理，有的地方还存在设施建设不到位和改厕不到位的现象，导致农村污水排放不达标，也不能根据排放的流向建设污水处理设施。调研组在调研中发现，有的地方污水处理设施因后期管理不善，建成投入使用没多久就因损坏被废弃。

在此次调研中，调研组还发现，农村垃圾分类处理，按照原计划要用三年时间完成，但目前计划中的时间已经过去了一年多，农村垃圾分类工作基本没有开展，试点的设施还没有建设完成。

美丽乡村建设要拓宽群众参与渠道

推进美丽乡村建设，事关全面建成小康社会，事关实现"两个一百年"奋斗目标。针对美丽乡村建设过程中发现的部分问题，省人大常委会调研组在调研报告中也提出了一系列针对性的建议。

"倾听民声、了解民情、反映民意、集中民智，充分考虑农民需求，把有限的建设资金用在群众亟须解决的问题上。"这是报告针对我省美丽乡村建设中存在问题提出的一项重要建议。

围绕着倾听民声，报告指出，在美丽乡村建设中，要拓宽群众参与渠道，发挥农民主体作用，要在广泛听取群众意见、反复论证的基础上集体决策。特别是在抓好农村环境整治，改变脏乱差的面貌、建设宜居乡村上，要把"功成不必在我，功成必定有我"的精神落实在实际工作中，切实避免大包大揽、一竿子插到底。

报告中建议，在建设好管理好农村生活污水处理设施方面，我省相关部门在规划建设污水处理设施建设要结合本地实际，依据排放去向，以实现达标排放为原则，既要避免过度提高标准建设给今后正常运转带来困难的污水处理设施，也要避免建设过于简单、不能实现达标排放的处理设施。

针对垃圾分类存在的问题，调研报告中也提出了相关建议：要加强对"可腐烂的垃圾"就地生物发酵堆肥处理设施的建设和运营管理，及时将堆好的肥清理运送到田间地头，防止无人清运管理造成二次污染。要切实抓好农村户分类的试点工作，积极探索和总结可复制推广的经验和做法，逐步在全省推广。

叶振兴表示，针对美丽乡村建设中的成绩和发现的问题，省人大常委会调研组已形成调研报告，该报告就发现的问题要求省政府进行改进。同时省人大常委会也将加大人大的监督力度，对美丽乡村建设过程中一些比较突出的问题，进行专题的执法检查和调研，通过执法检查和调研推动美丽乡村建设更加扎实、更加有效。

八、根据下面提供的材料，撰写函。

❖ 材料一：指出下面提供的函原文的错误，并加以改写。

××市民政局关于申请 2022 年 2 月份城市低保金的函

市财政局：

根据×政发[1998] 6 号文《××市城市居民最低生活保障制度实施细则》要求，为保障奎屯市困难居民的基本生活水平，通过居委会、街道办事处摸底、调查、申报，由民政局审查核实，符合条件的有 804 户，1278 人，其中：在职职工 1 人、在中心下岗职工 人、离退休人员 0 人、失业人员 860 人、三无人员 0 人、在校生 376 人、其他人员 41 人 (少数民族人员有 122 人)，需低保资金 611 376 元整(包括：1、每户 12 元燃气补助 9648 元；2、2 月残疾人补贴 409 人×1 个月×220 元＝89 980 元，1-2 级残疾人补贴 211×1 个月×37＝7807 元；3、2 月重病补助 112 人×1 个月×32＝3584 元；4、2 月未成年补助 183 人×1 个月×32＝5856 元；5、60 岁以上老年补贴 167 人×97＝16 199 元)注：城市低保金为 478 302 元，加上应发各项补贴 133 074 元，实际发放金额 611 376 元。

××市民政局

2022 年 02 月 09 日

202202 城市低保手工发放清单 xin.xls

202202 财政低保花名册.xls

❖ 材料二：指出下面提供的函原文的错误，并加以改写。

征求意见函的回复

县工商局：

经我局研究，对《××县营业性棋牌室管理暂行办法》的征求意见函，无意见。

××县住房和乡建设局

2022 年 1 月 5 日

❖ 材料三：根据下面提供的材料，撰写函。

根据交通运输部《关于印发船舶碰撞桥梁隐患治理三年行动实施方案的通知》(交办水〔2020〕69 号)和市交通委《关于印发上海市内河高等级航道船舶碰撞桥梁隐患治理行动实施方案的通知》(沪交港〔2021〕138 号)等文件，要求属地政府对辖区内高等级航道船舶碰撞桥梁隐患进行排查和治理。其中大浦线涉及浦东新区祝桥镇的两条内河航道浦东运河(祝桥段)和大沙路港(祝桥段)。因此，浦东新区祝桥镇人民政府 2021 年 9 月 10 日致函浦东新区航务事业发展中心，咨询大浦线上述河道的现实通航等级。

❖ 材料四：根据下面提供的材料，撰写函。

为了全面推进新冠疫苗接种工作，上海市浦东新区康桥镇人民政府去函向浦东一汽青岛专用车公司，借用公司厂房(川周公路 3298 号)用于新冠疫苗接种点。初定使用时间：2021 年 04 月 13 日至 2021 年 05 月 31 日，到期后视工作情况再行协商。镇政府会对场地进行局部修缮，借用期间产生的费用均由镇政府承担。使用过程中所有人员的安全，发生任何事情由镇政府承担。其他未尽事宜，镇政府将全力配合。

九、根据下面提供的材料，撰写会议纪要。

❖ 材料一：指出下面提供的会议纪要原文的错误，并加以改写。

2022 年第 2 次党委会议纪要

3 月 9 日下午，党委书记×××在行政楼 3 楼会议室主持召开了 2022 年第 2 次党委会。会议研究确定的事项如下：

一、讨论研究《学院 2022 年工作要点》

会议指出：2022 年是我校建设国家优质校和创建省级示范高职院校的验收年，是实施"十三五"规划承上启下的关键年，学校将进一步解放思想，更新理念，全面深化改革，奋力追赶超越，各项工作努力跃上新台阶。

会议决定：1. 原则同意《学院 2022 年工作要点》，按照讨论意见修改，以党委、行政联合发文。同时，上报省委高教工委、教育厅及市委、市政府。

2. 将《2022 年工作要点》中涉及的目标任务分解到各二级学院、部门，各二级学院、部门要据此制定出各自的年度工作计划。

3. 人事和绩效制度改革要在战略上总揽全局，战术上灵活多变。

4. 今年要办好校园樱花节和莘子节，并抓紧落实"一学三到"相关工作及活动。

二、讨论研究《关于免去××同志医学院党总支副书记职务的意见》

会议同意《关于免去××同志医学院党总支副书记职务的意见》。

三、讨论研究《学校人事分配制度改革系列方案》

会议原则同意《学校人事分配制度改革系列方案》，按照会议讨论意见修改、细化。

参加人员：略

列席人员：略

❖ 材料二：指出下面提供的会议纪要原文的错误，并加以改写。

×县人民政府专题会议纪要

〔2022〕第 7 号

时间：2022 年 3 月 15 日 11：30

地点：政府三楼会议室

主持：×××

参加：略

专题研究津石高速征拆工作相关事宜。

会议听取了各相关乡镇关于津石高速征拆工作进度的汇报，县交通局传达了上级相关会议精神，并就下一步工作安排提出具体意见，副县长×××就相关工作提出要求。

会议指出：

自去年 12 月份以来，县政府已多次召开调度会，对津石高速建设的相关工作都提出了具体要求。但根据近期实地巡查和各乡镇汇报的情况看，仍存在一定的问题。工作推进的进展不快，各乡镇进度不平衡，整体进度距上级要求还存在一定差距，仍存在一定的工作量。各相关部门、相关乡镇要加大工作力度，切实做好津石高速公路建设的各项工作，确保按照上级要求完成各项工作任务。

会议议定：

一是做好征地补偿工作。由各乡镇负责，全面解决争议地块等遗留问题，加快合同签订、放款等工作进度，确保一周内把全线征地款发放到位。

二是做好地上附着物清表工作。由各乡镇负责，交通局配合指导，抓紧开展地上附着物的清点、评估、放款、移除等工作；重点是要抓住清明节前的有利时机，尽快开展迁坟工作，确保在清明节前完成迁坟工作。

三是做好其他基础性工作。由各乡镇负责，交通局配合指导，对符合赔偿标准的附着物，要立即按标准赔偿；对不符合赔偿标准的附着物，要做好群众工作，充分利用春季植树的良好时机，尽快移除线上种植的各类树木等附着物。交通局要积极协调上级部门，了解周边县市动态，掌握信息，明晰政策，提出工作建议。

四是做好强制清表的准备工作。由交通局负责，3 月 15 日印制强制清表的通告，3 月16 日要发至各村、各户；3 月 20 日前拿出强制清表的工作方案，择机开展强制清表集中行动。由各乡镇负责，做好群众工作，确保强推工作顺利开展。在此期间，各相关部门、各乡镇要加强宣传引导，广泛利用电视、村内喇叭广播、印制条幅等传统媒体和微信、微博等新媒体，对相关政策进行宣传。

五是强化工作督导。由交通局负责，成立工作组，每乡镇派出两名工作人员，每天到乡镇入户了解实际情况，解决具体问题。

六是加强风险管控。交通局、各相关乡镇要严格按照资金管理的相关规定，对各类资金的使用做到手续完备、内容真实、数据准确、账目清晰，保障资金安全。

会议强调：

津石高速公路是河北省"十三五"规划高速路网的重要组成部分，也是京津冀协同发展的重要交通项目，更是蠡县的大事要事。津石高速公路的建设，对优化我县路网格局、推动县域经济发展具有十分重要的意义。各相关单位、相关乡镇一定要转变思想，站在讲政治的高度上，履职尽责，调集人力、物力、财力，把压力传导到具体的工作人员，传导到每个村，确保在 3 月底前全部完成清表工作。县政府、高指办将对此项工作进行督导检查，对组织有力、行动迅速、成效明显的，予以通报表扬；对组织不力、敷衍塞责、没按时限和标准完成任务的，将按照相关规定对责任单位和责任人进行通报批评并严肃问责。

第三章 事 务 文 书

【本章导读】

事务文书是党政机关、企事业单位和人民团体等在处理日常事务时用于沟通信息、安排工作、总结得失、研究问题的实用性文体。

常用的事务文书有：

(1) 计划安排类文书，是单位或个人对一定时限内的工作进行筹划和部署的文书，如计划、规划、安排、设想等。

(2) 报告总结类文书，是向社会、上级或本单位反映工作状况和经验，对工作中存在的问题或具有普遍意义的重要情况进行分析研究的文书，如工作研究、调查报告、总结等。

(3) 记录简报类文书，是记录或向他人传达会议精神、工作情况等的文书，如简报、会议记录、大事记、工作日志等。

(4) 规章制度类文书，是为了更好地开展工作而订立的包含某些制约性措施的文书，包括条例、规定、办法、公约等。

事务文书的特点有：第一，事务文书是为处理日常事务活动而使用的，它所反映的是具体职能部门的看法和意见，作者可以是具体职能部门，也可以是工作人员。第二，事务文书是用来处理实际事务的工具，对推动实际工作、解决实际问题所起的是参考和指导作用，只有通过公文载体批转、转发、发布的行政公文，才具有法定作用。第三，事务文书虽有一定的写作格式，但这是在实践中逐步形成的惯用格式，而不是固定不变的，作者可以根据其内容和写作要求，自由、灵活、多样地确定表述程序，合理地安排文章结构。

事务文书在机关工作中具有重要作用。第一，指导作用。事务文书在机关、单位日常事务中起着计划、组织、指挥、监督、调节等管理作用。第二，沟通作用。事务文书在机关事务活动中起着交流信息、沟通情况，便于上下、左右、内外联系的作用，尤其在沟通单位内部情况时作用明显。第三，约束作用。凡以法定作者名义制发的事务文书，在行政管理中具有规范行为的作用。

本章主要介绍调查报告、计划、总结、简报、规章制度、公示等常用事务文书写作的基本知识。通过对这些内容的学习，学生应了解各类常用事务文书的特点和作用，掌握各类常用事务文书的结构和写法，学会撰写各类常用事务文书，为今后工作打下坚实基础。

第一节　调查报告

一、调查报告的含义和种类

调查报告是对某项工作、某个事件、某个问题，经过深入细致的调查后，将调查中收集到的材料加以系统整理，分析研究，以书面形式向组织和领导汇报调查情况的一种文书。常见的调查报告的种类有如下几类：

(1) 介绍典型经验的调查报告。这是针对某一地区、某一单位、某一企业，在贯彻落实党和国家的各项方针政策的过程中，或在日常的思想政治、经济建设、科学教育等方面取得了突出的成绩，为了把他们的做法和成功经验从理论的高度予以分析，可以对他们进行专题的调查，然后写出调查报告，如《关于通过大学英语六级的经验调查》。

(2) 揭露问题的调查报告。与上一种类型相反，这是针对社会中存在的某一问题展开调查，以揭示这一问题的种种现象和深层原因为主要目的的调查报告。它的主要功能是揭露和批判，探究问题产生的原因，分析问题的症结所在，并提供解决问题的思路和方法，如《这样建商业一条街行吗？——关于××市金街建设的调查》。

(3) 反映新生事物的调查报告。这是针对社会现实中某种新近产生或新近有了长足发展的事物而写的调查报告。即探究这些新生事物，究竟是显示了社会发展的某种趋势，还是昙花一现的偶然现象；对这些新生事物究竟应该肯定，还是应该引起足够的警惕。分析它的性质和意义，指出它的发展规律和前景，如《2021新媒体发展调查报告》。

(4) 说明情况的调查报告。这是针对一些社会情况所写的调查报告。主要涉及社会风气、百姓意愿、婚恋、赡养、衣食住行等群众生活各方面的基本情况。这类调查报告虽不直接反映政治、经济等重大问题，但这些情况是与政治、经济密切相关的，也是群众最为关心的一些问题，如《大学生热门话题调查》。

二、调查报告的作用和特点

调查报告能够为党和国家的路线、方针、政策的制定和修改提供依据，为上级领导机关的科学决策提供参考；也可以扶植新生事物，推广典型经验，树立典型；还可以揭露和批评丑恶现象，澄清事实真相。其特点体现在：

(1) 写实性。调查报告是在占有大量现实和历史资料的基础上，用叙述性的语言实事求是地反映某一客观事物。充分了解实情和全面掌握真实可靠的素材是写好调查报告的基础。

(2) 针对性。调查报告一般有比较明确的意向，相关的调查取证都是针对和围绕某一综合性或是专题性问题展开的，因此调查报告反映的问题集中而有深度。

(3) 逻辑性。调查报告离不开确凿的事实，但又不是材料的机械堆砌，而是对核实无误的数据和事实进行严密的逻辑论证，探明事物发展变化的原因，预测事物发展变化的趋势，提示本质性和规律性的东西，并得出科学的结论。

三、调查报告的结构和写法

调查报告一般由标题、开头、主体和结尾四部分组成。

(一) 标题

(1) 公式化标题。公式化标题由"调查对象＋调查课题＋文体名称"的公式拟制标题。如《第十八次国民阅读调查报告》。这样写的好处是要素清楚，读者一看就知道这是写的什么单位，涉及的是哪些问题，文种也很明确。这样写的不足之处是太模式化，不够新鲜活泼。

(2) 提问式标题。提问式标题可以用问题作标题，如《"问题少年"的出现，原因何在？》《大学生就业，路在何方？》等，这种写法更为醒目，引人入胜。

(3) 复合式标题。复合式标题由正副标题组成，其中正标题一般采用常规文章标题写法，具体手段如第一章第四节《应用文的结构》中关于标题的写法，方法多样。副标题则采用公式化写法，由调查对象、调查课题、文体名称组成。如《明晰产权起风波——对太原市一集体企业被强行接管的调查》。

(二) 开头

调查报告的开头即前言一般要根据主体部分组织材料的结构顺序来安排，常用的有以下几种类型：

(1) 概括式开头。概括式开头将调查对象最主要的情况进行概括后写在开头，使读者一入篇就对它的基本情况有一个大致的了解。

(2) 介绍式开头。介绍式开头在开头简单地交代调查的目的、方法、时间、范围、背景等，使读者在入篇时就对调查的过程和基本情况有所了解。

(3) 问题式开头。问题式开头在开头提出问题来，引起读者对调查课题的关注，促使读者思考。这样的开头可以采用提问的方式引出问题，也可以直接将问题摆出来。

(三) 主体

主体部分的主要结构形态有三种：

(1) 用观点串联材料。由几个从不同方面表现基本观点的层次组成主体，以基本观点为中心线索将它们贯穿在一起。

(2) 以材料的性质归类分层。课题比较单一，材料比较分散的调查报告，可采用这种结构形式。作者经分析、归纳之后，根据材料的不同性质，将它们梳理成几种类型，每一个类型的材料集中在一起进行表达，形成一个层次。每个层次之前可以加小标题或序号，也可以不加。

(3) 以调查过程的不同阶段自然形成层次。事件单一、过程性强的调查报告，可采用这种结构形式。它实际上是以时间为线索来谋篇布局的，类似于记叙文的时间顺序写法。这种有清晰过程的写法，可以提高读者的阅读兴趣。

(四) 结尾

调查报告常在结尾部分显示作者的观点,对主体部分的内容进行概括、升华,因此,它的结尾往往是比较重要的一个部分。常见的写法有下述三种:

(1) 总结全文,得出结论。在结束的时候将全文归结到一个思想的立足点上,强化主旨。这样结尾,给读者提供了清醒的理性认识。

(2) 提出问题,引发思考。如果一些存在的问题还没有引起人们的注意,如果限于各种因素的制约作者也不可能提出解决问题的办法,那么,只要把问题指出来,引起有关方面的注意,或者启发人们对这一问题的思考,也是很有价值的。

(3) 针对问题,提出建议。在揭示有关问题之后,对解决问题提供一些可行的建议。当然这些建议应不乏切实可行的措施。

四、调查报告的写作要求

(一) 调查报告的写作要求

(1) 认真调查。只有深入细致地做好调查研究工作,才能写出较有分量的调查报告。调查前,要明确调查的目的和任务,拟定调查提纲,确定调查方法等;调查中,对得来的资料要反复核实,数据、事实要准确;调查后,要及时归纳整理,不明确的或有出入的问题,应作进一步的调查。(调查的基本方法参看第一章第二节·应用文的材料。)

(2) 尊重事实。事实是立论的基础,事实包括数据、情况、例证。一切的观点看法,调查得出的结论,都应在事实基础上产生和形成。

(3) 突出重点。调查中应善于分清主要矛盾和次要矛盾,只有抓住主要矛盾,其他矛盾就迎刃而解了。切忌罗列材料,面面俱到。

(二) 例文

第十八次全国国民阅读调查报告
(中国新闻出版研究院全国国民阅读调查课题组)

一、本次阅读调查的基本情况

自 1999 年起,由中国新闻出版研究院组织实施的全国国民阅读调查已持续开展了 18次。第十八次全国国民阅读调查从 2020 年 8 月开始全面启动,2020 年 9 月开展样本城市抽样工作,2020 年 9 月至 12 月同步开展问卷采集、问卷复核工作,2020 年 11 月至 2021年 4 月开展数据处理、数据加权和数据分析工作。

本次调查仍严格遵循“同口径、可比性”原则,继续沿用四套问卷进行全年龄段人口的调查。对未成年人的三个年龄段(0～8 周岁、9～13 周岁、14～17 周岁)分别采用三套不同的问卷进行访问。本次调查采用网络在线调查和电话调查方式,在 167 个城市进行样本采集,覆盖我国 30 个省、自治区、直辖市。本次调查的有效样本量为 46 083 个,其中成年人样本占到总样本量的 74.8%,18 周岁以下未成年人样本占到总样本量的 25.2%,城乡样本比例为 3.3∶1。

样本回收后，课题组根据第六次全国人口普查公报的数据对样本进行加权，并运用SPSS 社会学统计软件进行分析。本次调查可推及我国人口 12.36 亿，其中城镇居民占55.5%，农村居民占 44.5%。现将本次调查的主要发现公布如下。

二、本次阅读调查的主要结论

(一) 2020 年我国成年国民各媒介综合阅读率持续稳定增长，图书阅读率和数字化阅读方式接触率呈上升态势

2020 年我国成年国民包括书报刊和数字出版物在内的各种媒介的综合阅读率为81.3%，较 2019 年的 81.1%提升了 0.2 个百分点。2020 年我国成年国民图书阅读率为59.5%，较 2019 年的 59.3%增长了 0.2 个百分点；报纸阅读率为 25.5%，较 2019 年的 27.6%下降了2.1 个百分点；期刊阅读率为 18.7%，较 2019 年的 19.3%下降了 0.6 个百分点；数字化阅读方式[网络在线阅读、手机阅读、电子阅读器阅读、Pad(平板电脑)阅读等]的接触率为 79.4%，较 2019 年的 79.3%增长了 0.1 个百分点。对我国城乡成年居民 2020 年图书阅读率的考察发现，我国城镇居民的图书阅读率为 68.3%，高于 2019 年的 67.9%；农村居民的图书阅读率为 49.9%，高于 2019 年的 49.8%。

(二) 手机阅读和网络在线阅读是成年国民数字化阅读的主要方式，中老年群体在数字化阅读人群中的占比增高

进一步对各类数字化阅读载体的接触情况进行分析发现，2020 年有 76.7%的成年国民进行过手机阅读，较 2019 年的 76.1%增长了 0.6 个百分点；71.5%的成年国民进行过网络在线阅读，与 2019 年(71.6%)基本持平；27.2%的成年国民在电子阅读器上阅读，较 2019 年的 24.8%增长了 2.4 个百分点；21.8%的成年国民使用 Pad 进行数字化阅读，较 2019 年的 21.3%增长了 0.5 个百分点。从数字化阅读方式的人群分布特征来看，主力依然是 18～49 周岁的中青年群体，同时越来越多的 50 周岁及以上的中老年群体加入数字化阅读大军。具体来看，在我国成年数字化阅读方式接触者中，18～29 周岁人群占 31.0%，30～39 周岁人群占 23.2%，40～49 周岁人群占 22.6%，50～59 周岁人群占 15.9%，60～70 周岁人群占5.6%，70 周岁及以上人群占 1.7%。在接触过数字化阅读方式的群体中，50 周岁及以上人群占 23.2%，较 2019 年的 20.4%增长了 2.8 个百分点。

(三) 2020 年我国成年国民人均纸质图书和电子书阅读量均较上年有所提升，深度阅读人群的规模持续扩大

从成年国民对各类出版物阅读量的考察看，2020 年我国成年国民人均纸质图书阅读量为 4.70 本，高于 2019 年的 4.65 本。人均电子书阅读量为 3.29 本，高于 2019 年的 2.84 本。纸质报纸的人均阅读量为 15.36 期(份)，低于 2019 年的 16.33 期(份)。纸质期刊的人均阅读量为 1.94 期(份)，低于 2019 年的 2.33 期(份)。

2020 年我国成年国民中，有 11.6%的国民年均阅读 10 本及以上纸质图书，较 2019 年的 11.1%增长了 0.5 个百分点；有 8.5%的国民年均阅读 10 本及以上电子书，较 2019 年的7.6%增长了 0.9 个百分点。

通过对我国城乡成年居民图书阅读量的考察发现，2020 年，我国城镇居民的纸质图书阅读量为 5.54 本，较 2019 年的 5.48 本多 0.06 本；农村居民的纸质图书阅读量为 3.75 本，高于 2019 年的 3.73 本。

（四）从不同媒介接触时长看，成年国民每天手机接触时间最长，读书时长较上年有所增加

从人们对不同媒介接触时长来看，成年国民人均每天手机接触时间最长。2020年我国成年国民人均每天手机接触时长为100.75分钟，比2019年的100.41分钟增加了0.34分钟；人均每天互联网接触时长为67.82分钟，比2019年的66.05分钟增加了1.77分钟；人均每天电子阅读器阅读时长为11.44分钟，较2019年的10.70分钟增加了0.74分钟；2020年人均每天接触Pad(平板电脑)的时长为9.73分钟，较2019年的9.63分钟增加了0.10分钟。在传统纸质媒介中，2020年我国成年国民人均每天读书时间最长，为20.04分钟，比2019年的19.69分钟增加了0.35分钟；人均每天读报时长为5.71分钟，少于2019年的6.08分钟；人均每天阅读期刊时长为3.25分钟，少于2019年的3.88分钟

（五）成年国民有声阅读规模持续扩大，听书介质日趋多元化

对成年国民听书习惯的考察发现，2020年，我国有三成以上(31.6%)的成年国民有听书习惯，较2019年的平均水平(30.3%)提高了1.3个百分点。对我国成年国民听书介质的考察发现，选择"移动有声APP平台"听书的国民比例较高，为17.5%；有10.8%的人选择通过"微信公众号或小程序"听书；有10.4%的人选择通过"智能音箱"听书；分别有8.8%和5.5%的人选择通过"广播"和"有声阅读器或语音读书机"听书。

（六）倾向"拿一本纸质图书阅读"的成年国民比例有所上升，近三成国民对个人总体阅读情况表示满意

从成年国民倾向的阅读形式来看，2020年，有43.4%的成年国民倾向于"拿一本纸质图书阅读"，比2019年的36.7%上升了6.7个百分点；有33.4%的国民倾向于"在手机上阅读"；有8.6%的国民倾向于"在电子阅读器上阅读"；有7.9%的国民倾向于"网络在线阅读"；有6.7%的国民倾向于"听书"。从成年国民对个人阅读数量的评价来看，2020年，有2.4%的国民认为自己的阅读数量很多，有9.9%的国民认为自己的阅读数量比较多，有40.6%的国民认为自己的阅读数量一般，有37.0%的国民认为自己的阅读数量很少或比较少。

从成年国民对个人纸质内容和数字内容的阅读量变化情况的反馈来看，与上年相比，有10.8%的国民表示2020年"增加了数字内容的阅读"，但有8.1%的国民表示2020年"减少了数字内容的阅读"；有9.5%的国民表示2020年"增加了纸质内容的阅读"，但有10.6%的国民表示2020年"减少了纸质内容的阅读"；还有52.7%的国民认为2020年个人阅读量没有变化。从成年国民对于个人总体阅读情况的评价来看，有27.7%的国民表示满意(非常满意或比较满意)；有17.1%的国民表示不满意(比较不满意或非常不满意)；另有41.1%的国民表示一般。

（七）成年国民对全民阅读品牌活动的知晓率超七成，活动参与度和满意度均较高

调查数据显示，我国成年国民对阅读活动的诉求较高。2020年，有79.1%的成年国民认为当地有关部门应当举办读书活动或读书节。为满足居民对阅读活动的高诉求，各地全民阅读主管部门推出了精彩纷呈的全民阅读品牌活动。

2020年，我国成年国民对全民阅读品牌活动的知晓率达72.7%。其中，"机关企业/校园读书活动"的知晓率位居第一，选择比例近三成(28.4%)；"本地读书会"的知晓率位居其次，选择比例为26.7%；"本地城市读书节"和"书展书市"的知晓率也相对较高，选择

比例分别为 26.0%和 25.9%；"城市读书大讲堂"的选择比例为 22.1%。

2020 年我国成年国民对全民阅读品牌活动的参与度达 65.2%。其中，"机关企业/校园读书活动"的参与度最高，为 25.1%；"本地读书会"的参与度位列其后，为 23.7%；"本地城市读书节"和"书展书市"的参与度均为 21.4%；"城市读书大讲堂"的参与度为 18.7%。

对参与过的阅读活动满意度的考察发现，参与过全民阅读品牌活动的成年国民中，七成以上(71.0%)的人对其参加过的阅读活动表示满意("非常满意"或"比较满意")，两成多(22.3%)的人对参加过的阅读活动表示一般，仅有 4.5%的人对参加过的阅读活动表示不满意("非常不满意"或"比较不满意")

(八) 我国城镇居民对公共阅读服务设施的使用满意度较高

2020 年我国城镇成年居民对居住的街道附近有公共图书馆、社区阅览室/社区书屋/城市书房、报刊栏等至少一种公共阅读服务设施的知晓率为 51.1%。其中，对公共图书馆的知晓率为 29.9%；对报刊栏的知晓率为 27.4%；对社区阅览室/社区书屋/城市书房的知晓率为 24.8%。

从对各类公共阅读服务设施的使用情况来看，2020 年我国城镇成年居民中，使用过公共图书馆的比例为 13.9%；使用过报刊栏的比例为 11.1%；使用过社区阅览室/社区书屋/城市书房的比例为 9.1%。在使用过以上公共阅读服务设施的城镇成年居民中，公共图书馆的使用满意度最高，为 76.7%；社区阅览室/社区书屋/城市书房的使用满意度为 70.0%；报刊栏的使用满意度为 62.0%。

(九) 0～17 周岁未成年人图书阅读率、阅读量均高于上年，超七成未成年人接触过数字化阅读

从未成年人的图书阅读率来看，2020 年 0～8 周岁儿童图书阅读率为 71.4%，较 2019 年的 70.6%提高了 0.8 个百分点；9~~13 周岁少年儿童图书阅读率为 98.7%，较 2019 年的 97.9%提高了 0.8 个百分点；14～17 周岁青少年图书阅读率为 89.7%，较 2019 年的 89.1%提高了 0.6 个百分点。综合以上数据，2020 年我国 0～17 周岁未成年人图书阅读率为 83.4%，较 2019 年的 82.9%提高了 0.5 个百分点。

对未成年人图书阅读量的分析发现，2020 年我国 14～17 周岁青少年课外图书的人均阅读量最大，为 13.07 本，高于 2019 年的 12.79 本；0～8 周岁儿童人均图书阅读量为 10.02 本，高于 2019 年的 9.54 本；9～13 周岁少年儿童人均图书阅读量为 9.63 本，高于 2019 年的 9.33 本。

综合以上数据，2020 年我国 0～17 周岁未成年人的人均图书阅读量为 10.71 本，比 2019 年的 10.36 本增加了 0.35 本。从未成年人的数字化阅读方式(网络在线阅读、手机阅读、电子阅读器阅读、Pad 阅读等)的接触率来看，2020 年我国 9～13 周岁少年儿童数字化阅读方式接触率高于其他两个年龄群体，为 76.2%；14～17 周岁青少年数字化阅读方式接触率为 74.3%；0～8 周岁儿童数字化阅读方式接触率为 69.1%。综合以上数据，2020 年我国 0～17 周岁未成年人数字化阅读方式接触率为 72.3%。

2020 年我国 0～17 周岁未成年人的听书率为 32.5%。具体来看，0～8 周岁儿童的听书率为 33.5%，9～13 周岁少年儿童的听书率为 31.1%，14～17 周岁青少年的听书率为 32.3%。

对亲子早期阅读行为的分析发现，2020 年我国 0～8 周岁儿童家庭中，平时有陪孩子读书习惯的家庭占 71.7%，较 2019 年的 70.0%增加了 1.7 个百分点。另外，在 0～8 周岁有

阅读行为的儿童家庭中，家长平均每天花 25.81 分钟陪孩子读书，较 2019 年的 24.98 分钟增加了 0.83 分钟。

（十）2020 年全国阅读指数为 70.45 点，其中个人阅读指数为 73.05 点，公共阅读服务指数为 67.63 点

为了综合反映我国国民阅读总体情况及其变化趋势，我们研制出我国国民阅读指数指标体系。阅读指数指标体系共包含 25 项指标，分为"个人阅读指数"和"公共阅读服务指数"两大方面。其中，"个人阅读指数"包括国民个人图书阅读量与拥有量、各类出版物的阅读率以及个人阅读认知与评价等三个方面，综合反映国民阅读水平；"公共阅读服务指数"包括国民对公共阅读服务设施、全民阅读活动等的认知度、使用情况以及满意度评价三个方面，综合反映全民阅读公共设施建设与公共服务水平。

通过对 25 项指标进行分层拟合，获得阅读指数。经测算，2020 年全国阅读指数为 70.45 点，较 2019 年的 70.22 点提高了 0.23 点。其中，个人阅读指为 73.05 点，较 2019 年的 73.04 点提高了 0.01 点；公共阅读服务指数为 67.63 点，较 2019 年的 67.61 点提高了 0.02 点。

第二节 计划、总结

一、计划

（一）计划的含义

计划是为完成一定时期的工作任务而事先作出筹划和安排的一种事务文书。它是党政机关、企事业单位、社会团体做好行政管理的基础。科学、切实的计划，可以减少工作的盲目性，增强预见性；可以合理安排人力、财力、物力，高效率地完成工作任务。计划是个大的范畴，凡是对未来工作所作的打算安排都可称为计划，如规划、安排、打算、设想、方案、要点、意见等。

（二）计划的种类

(1) 按照不同标准，计划可以分为不同的种类。

① 按性质分，可分为综合计划、专题计划等。

② 按内容分，可分为工作计划、生产计划、学习计划、科研计划、教学计划、投资计划、会议计划等。

③ 按时限分，可分为长远计划、近期计划、短期规划、年度计划、季度计划、月度计划等。

④ 按范围分，可分为国际合作计划、国家计划、地区计划、系统计划、单位计划、部门计划、个人计划等。

⑤ 按行政效力分，可分为指令性计划和指导性计划。

⑥ 按表现形式分，可分为条文式计划、表格式计划和条文表格结合式计划。

(2) 在实践中，不同的计划因内容上的差异，而往往选用不同的名称。

① 纲要。纲要指对全局范围内带有远景发展设想的某项工作作出的提纲挈领式的总体计划，一般由级别较高的机关制定，内容比较原则、概括，如带有纲要性质的《中国教育现代化 2035》。

② 规划。规划指时间较长(三年以上)、范围较广、内容比较概括的计划，是对未来整体性、长期性、基本性问题的思考和考量，设计未来整套行动的方案，如《中华人民共和国国民经济和社会发展第十四个五年规划》。

③ 方案。方案指对要做的某一专项工作，从总体上作出的周密安排，一般有指导思想、主要目标、工作重点、实施步骤、政策措施、具体要求等项目，如《违章行为综合治理方案》。

④ 设想。设想指对某项具体工作作出粗略构想的非正式计划，如《2022 年工作设想》。

⑤ 工作要点。工作要点指在一个时期内的工作指导原则和总体要求、主要的工作任务即应把握的重点，如《2021 年党建工作要点》。

⑥ 安排、打算。安排、打算指对短期内所做工作提出的、内容较具体的计划，如《2022年全年公休假放假安排》。

(三) 计划的特点

计划具有如下特点：

(1) 预见性。这是计划最明显的特点之一。计划不是对已经形成的事实和状况的描述，而是在行动之前对行动的任务、目标、方法、措施所作出的预见性确认。但这种预想不是盲目的、空想的，而是以上级部门的规定和指示为指导，以本单位的实际条件为基础，以过去的成绩和问题为依据，对今后的发展趋势作出科学预测之后作出的。可以说，预见是否准确，决定了计划写作的成败。

(2) 针对性。计划一是根据党和国家的方针政策、上级部门的工作安排和指示精神而定，二是针对本单位的工作任务、主客观条件和相应能力而定。总之，从实际出发制定出来的计划，才是有意义、有价值的计划。

(3) 可行性。可行性是和预见性、针对性紧密联系在一起的，预见准确、针对性强的计划，在现实中才真正可行。如果目标定得过高，措施无力实施，这个计划就是空中楼阁；反过来说，目标定得过低，措施方法都没有创见性，实现虽然很容易，但并不能因此取得有价值的成就，那也算不上有可行性。

(4) 约束性。计划一经通过、批准或认定，在其所指向的范围内就具有了约束作用，在这一范围内无论是集体还是个人都必须按计划的内容开展工作和活动，不得违背和拖延。

(四) 计划的结构和写法

计划一般由标题、正文和落款三部分组成。

1. 标题

计划的标题一般由单位名称、计划内容和文种组成，如《普陀区民防办 2022 年工作计划》。

2. 正文

计划在正文部分要讲清为什么做，做什么，如何做，何时完成。写法上大致分为指导思想、计划事项和执行希望三个部分。

(1) 指导思想(前言)。指于思想是回答"为什么做"的问题，说明制定计划的政策依据和实践依据。大体上包含以下三点：

第一，政策依据：党和国家的方针政策、上级文件精神。

第二，实践依据：说明实施计划的基础，主要写明前阶段工作计划实施情况，分析未来工作的内、外部条件(有利因素和不利因素)。

第三，提出总的任务和要求，或阐释完成计划指标的意义。

但并非所有计划的前言都需要包含这三方面的内容，而是根据计划事项适当选择。

(2) 计划事项(主体)。计划事项是回答如何做以及何时完成的问题。计划事项是指完成任务的项目，是计划的主体部分。其内容大体上包含以下三方面的事项：

第一，目标。目标能够回答"做什么"的问题。可以是总体目标，也可以是具体任务和指标。具体说明要达到什么目的，完成什么指标，做好某项工作，开展某项活动。目标应明确而具体，定位要合理而恰当。任务和要求应该具体明确，有的还要定出数量、质量和时间要求。目标过低或过高均不可取。

第二，措施。措施是说明完成任务的具体做法，回答"如何做"的问题。具体包括组织分工、进程安排、物质保证、方式方法等。计划的措施要具体，切实可行。应具体说明实施计划的领导机构、负责人员，有关分工和责任，如何协调配合等内容。要对工作进程做出明确的时间规定，阐明在工作进程的每一阶段要达到什么指标，以及实施计划的人力、物力、财力安排，完成任务的具体方式方法，包括政策、措施、制度、具体做法及检查执行情况和修订计划的办法，写得明确具体，切实可行。

第三，步骤。步骤是指执行计划的工作程序和时间安排。每项任务，在完成过程中都有阶段性，而每个阶段又有许多环节，它们之间常常是互相交错的。因此，制定计划必须胸有全局，妥善安排。哪些先干，哪些后干，应合理安排；而在实施当中，又有轻重缓急之分，哪些是重点，哪些是一般，也应该明确。在时间安排上，要有总的时限，又要有每个阶段的时间要求，以及人力、物力的相应安排。这样，使计划实行者知道在一定的时间内，一定的条件下，把工作做到什么程度，以便争取主动，有条不紊地协调进行。

以上三方面的事项，在计划正文的结构中，不要机械地排列，应按实际情况的需要或分开写，或糅在一起写。

(3) 执行希望(结尾)。

第一，展示实施计划的前景，提出希望发出号召，勉励大家为实现目标而努力。

第二，强调人物的重要和工作主要环节，说明注意事项。

第三，有的把检查督促的事项另起一段作为结尾。

第四，意尽言止，只要想表达的意见已经讲完，就可以结束，不必做延伸。

3. 落款

落款写明计划制定机关和制定日期，实际使用中也可灵活处理。

(五) 计划的写作要求

(1) 制定计划要符合现行政策规定。要把计划的指导思想、目标、措施等与党和国家的方针、政策以及上级的规定要求结合起来，这样指定的计划才有可能顺利地实施。

(2) 制定计划要从实际出发，有的放矢。要对本单位、本部门的实际情况作深入细致的调查研究，力求积极稳妥，计划指标不高不低，恰到好处，这样制定的计划才有可能调动大家的积极性和创造性，不至于成为一纸空文。

(3) 制定计划要明确具体。工作计划的目标、措施、方法、步骤和责任等，都必须表述十分清楚，这样，既便于执行，也便于检查落实。

(六) 例文

普陀区民防办 2022 年工作计划

2022 年，普陀区民防办将按照区委、区政府和市防办的部署要求，遵循"战时防空，平时服务，应急支援"的工作方针，真抓实干，开拓创新，不断推进工程建管、指挥通信、宣传教育等工作。

一、推进工程建管相关工作

1. 推进公用民防工程公益化开发。完成桃浦中央 608 地块公用民防工程公共体育空间建设，进一步拓展公用民防工程服务居民解决"停车难"问题的车位数量，增加公用民防工程社区微仓数量，提升公用民防工程社会服务效能。

2. 拓展"一网统管"应用场景。搭建地下空间数字体征模型分析模块，集合地下空间工程年限、维修养护、工程巡检、执法处罚、物联监管、周边环境、信访投诉、开发使用等 8 个纬度的数据模型，由系统自主分析、量化评估，动态生成地下空间低、中、高三级风险工程清单，针对不同工程情况适时调整管理力量、管理方式做到对地下空间管理的专业化、个性化、精细化。

3. 完成公用民防工程大修(一期)项目。结合民防工程普查工作成果，摸清全区民防工程破坏民防效能及维修养护不到位情况，制定整改和行政执法计划，督促各管理单位落实整改。对区内防护效能缺失的公用民防工程实施为期三年的大修项目，确保我区公用民防工程战时防护效能完好。

二、推进国防动员相关工作

1. 演练训练工作常态化。对照今年的经验，完善 2022 年训练演练计划。做好三个演练即临战城市人口疏散演练、警报器试鸣暨防空袭疏散掩蔽演练、早期人口疏散演练。完成市防办第二联训单元演训任务。开展民防干部集中训练。尝试拓展指挥部演习演练。合理安排日常每周五训练日的训练安排。

2. 开展防空警报试鸣及人员疏散演练。继续推进警报器控制设备更新，布点安装、管理和维护工作，为实施 9 月警报器试鸣活动及防空疏散演练做好准备工作。按年度工作计划，积极与各街道镇沟通，明确具体演习地址，选择普陀区演练主会场，加强沟通协调，提高演习质量。

3. 推进应急避难场所建设工作。与区应急局共同牵头，完善普陀区应急避难场所建设规划，落实到相关委办局和街道镇，及时推进工作，力争完成 6.77 万平方米等级应急避难场所和 20 万平方米社区避难场所的建设任务。推进兰田中学、尚阳外国语学校等级避难场所建设工作。

4. 加强民防宣传教育工作。不断拓展覆盖面，利用新媒体扩大影响力，在巩固"六进"的基础上，进一步开拓宣传教育新路径，增强传播力。以"5·12"全国防灾减灾日和"9·18"全民国防教育日为契机，加强重要节点的集中宣传工作。积极开展街道镇武装部长、社区居民和民防骨干、民防师资的培训工作。利用社区宣传屏、板报、宣传栏，民防微信公众号，强化民防宣传。组织开展好中学生民防知识网络竞赛活动、上海市第八届"安全达人"校园挑战赛活动。

5. 加强值班工作和应急处置。优化战备值班、应急避难场所巡查、警报器维修维护、指挥所巡查等工作流程，纳入巡更系统，科学管理，提高效率。经常开展值班人员的教育，做到人人能够遵守值班制度，按时交接班，坚持以老带新，能够处理一般突发情况，保持正常工作秩序。

三、加强和推进党建工作

1. 抓好政治理论学习，注重涵养初心使命。继续巩固"不忘初心、牢记使命"主题教育和四史学习教育、党史学习教育成果，聚力办好实事项目。加强党的十九届六中全会精神学习，努力做到：在学习宣讲上促深化、在理解领悟上促消化、在学用结合上促转化。

2. 深化党风廉政教育，警钟长鸣防微杜渐。促使全体党员干部自觉尊崇制度、敬畏法纪，加强对国家和党内法规制度的学习，严格落实民防系统系列铁规禁令，树立起廉洁从政高压线，积极营造风清气正良好政治生态。

3. 加强制度规范学习，注重落实落地见效。强化办领导班子的"关键少数"的"头雁效应"，学好用好制度，建立常态长效机制，一级带着一级干，一级做给一级看，靠制度管人管事，抓党建、强班子、带队伍、促业务，主动对标、自我完善，激发各年龄段干部的主人翁精神，把"人"的积极性、主动性、创造性充分激发，从而厚植担当作为的底气和自信。

4. 强化领导班子推进"四责协同"机制建设。一方面推进全面从严治党"四责协同"机制落地见效，把党组主体责任、派驻监督责任、党组书记第一责任人责任、班子成员"一岗双责"责任协同推进，主动增进和维护班子团结，既注重听取班子成员的意见和建议、充分发挥班子成员作用，也对班子成员从严教育、从严管理、从严监督。另一方面加强统一战线建设，凝心聚力干事创业。区民防办领导班子加强对统战工作的全面领导，将"四个纳入"融入区民防办学习、宣传、议事等各项工作过程。

5. 落实党风廉政建设、深化全面从严治党。进一步提高政治站位，深化思想认识，切实增强落实全面从严治党主体责任的自觉性和坚定性，着力在学懂弄通做实上下功夫。从严落实"3+X"会议制度，深入细致廉政风险滚动排查，以更高的标准、更严的要求，牢牢把全面从严治党主体责任放在心上、扛在肩上、抓在手上，真正做到守土有责、守土担责、守土尽责。

普陀区民防办公室

2021 年 12 月 6 日

二、总结

(一) 总结的含义

总结是本部门、本单位对已经完成的实践活动进行回顾、分析，从中找出经验、教训，提炼出具有指导意义的理论认识并形成书面材料。

(二) 总结的种类

(1) 按性质分，可分为工作总结、生产总结、科研总结、学习总结、思想总结等。

(2) 按内容分，可分为综合总结、专题总结。

(3) 按时间分，可分为年度总结、季度总结、月度总结等。

(4) 按范围分，可分为单位总结、部门总结、个人总结等。

(三) 总结的作用

总结的作用在于认识事物发展的客观规律性，指导未来的实践，以增强实践的自觉性，避免盲目性。一件工作完成后，干得是好是坏，原因何在，往往不是一下子就认识得很清楚，常常是知其然而不知其所以然，停留于感性认识的阶段。只有通过总结，认真地加以"去粗取精、去伪存真、由此及彼、由表及里"的分析总结，才可以肯定成绩，发现问题，从中吸取经验教训，借以指导今后的实践行为；通过总结，可以培养自己观察事物、分析事物的能力，从而掌握事物的发展规律；通过总结，可以对上级领导提供情况，可以对下级进行宣传鼓动，还可以向他人传授经验。

(四) 总结的特点

总结具有如下特点：

(1) 自我性。总结是对自身社会实践进行回顾的产物，它以自身工作实践为材料，采用的是第一人称写法，其中的成绩、做法、经验、教训等，都有自指性的特征。

(2) 回顾性。这一点总结与计划正好相反。计划是预想未来，对将要开展的工作进行安排。总结是回顾过去，对前一段的工作进行检验，但目的还是为了做好下一阶段的工作。所以总结和计划这两种文体的关系是十分密切的，一方面，计划是总结的标准和依据，另一方面，总结又是制定下一步工作计划的重要参考。

(3) 客观性。总结是对前段社会实践活动进行全面回顾、检查的文种，这决定了总结有很强的客观性特征。它是以自身的实践活动为依据的，所列举的事例和数据都必须完全可靠、确凿无误，任何夸大、缩小、随意杜撰、歪曲事实的做法都会使总结失去应有的价值。

(4) 经验性。总结还必须从理论的高度概括经验教训。凡是正确的实践活动，总会产生物质和精神两个方面的成果。作为精神成果的经验教训，从某种意义上说，比物质成果更宝贵，因为它对今后的社会实践有着重要的指导作用。这一特性要求总结必须按照实践是检验真理的唯一标准的原则，去正确地反映客观事物的本来面目，找出正反两方面的经验，得出规律性认识，这样才能达到总结的目的。

(五) 总结的结构和写法

总结一般由标题、正文和落款三部分组成。

1. 标题

总结的标题，常用的写法有三种：

第一，标明总结的范围、期限、内容、文种，类似行政公文标题的写法。如《××学院 20××年工作总结》。

第二，以总结的内容、主题为标题(文章标题式)。如《采用适合财大办学特点的形式进行改革》《在竞争中求发展》。

第三，正副标题式。正标题标明总结的中心、内容，副标题标明总结的范围、时间、种类。如《节水措施的新尝试——天津财经大学用智能 IC 卡系统节水总结》。

2. 正文

(1) 正文的内容。

第一，基本情况。基本情况也称导言，是文章的开头，主要是进行总的工作回顾，概述主要工作及主要成绩，介绍工作活动的背景、环境、形势等。

第二，成绩和缺点。成绩和缺点是总结的中心和重点。总结的目的就是要肯定成绩，找出缺点。成绩有多大，表现在哪方面，是怎样取得的；缺点是什么，表现在哪些方面，是什么性质的，怎样产生的。这些都是总结中必不可少的内容。

第三，经验和教训。取得成绩一定有经验，存在缺点一定有教训。为了巩固成绩，克服缺点，在总结时，需对以往工作的经验和教训进行分析、概括、集中，对取得的成绩和产生错误的原因进行分析，并将其提升到理论的高度来认识，作为今后工作的借鉴。

第四，存在的问题和今后的设想。写出今后的工作设想，或针对存在的问题提出今后的改进意见或努力方向。

总结的内容一般包括以上四部分，但不一定要面面俱到、一一写出。可以有所侧重，或者重写成绩，或者重写经验体会，或者重写经验教训。写什么，如何写，一切要从实际出发，灵活处理。

(2) 正文的结构方式。

第一，并列式(横式)。按照工作内容，从类别角度进行总结，或按所取得的几个方面的成绩或问题来安排总结内容。

第二，递进式(纵式)。按事物的发展过程安排层次。一般把整个工作过程分成几个阶段(按时间顺序写)，再分别对各阶段的状况进行分析，找出每阶段的经验教训。这样有助于了解工作的始末。工作周期较长，又有明显阶段性的工作，不论是综合总结还是专题总结，都可用此法来写。

第三，综合式。综合运用并列式与递进式，纵横交错，事理结合，既体现事物发展的过程，又注意内容的逻辑关系。

3. 落款

落款署名要写全称，写在正文右下方，日期写在署名之下。实践中亦可灵活处理。

(六) 总结的写作要求

(1) 实事求是不臆造。这是写好总结的基础。要如实反映工作中的成绩和问题、经验和教训，对实践工作的评判要准确恰当，对经验教训的分析要实事求是，不能臆造事实、夸大成绩、隐瞒缺点。

(2) 挖掘本质找规律。这是衡量一篇总结质量高低的重要标志。对所选用的事实材料，要进行深入挖掘、分析和研究，从中提炼出规律性的东西来，而不是简单地堆砌或像记流水账似的罗列。

(3) 观点材料相统一。总结写作中提炼出来的带有规律性的观点，必须要有事实材料作支撑，使观点和材料相一致，否则，就会使总结显得空洞无物，失去应有的说服力。

(4) 点面结合有分寸。要根据工作实际、写作目的和总结的性质，在全面介绍工作情况的基础上，突出重点和特色，做到主次分明、详略得当、点面结合、不失分寸。

(七) 例文

2021 年上半年城管综合执法工作总结

上半年，按照市委、市政府工作部署，在市城市管理委直接领导下，全市城管综合执法队伍统筹开展疫情常态化防控和城市环境秩序整治，取得阶段性成效，各项工作稳步推进。

一、凝心聚力，提升重大活动保障水平。围绕中国共产党成立 100 周年庆祝活动，以强烈的责任感、紧迫感和使命感，统筹推进"每月一题"占道经营、施工工地、非法运营、市容景观等重点专项整治；坚持服务保障与日常治理相结合，实施区域分级分类管控，组织开展跨街乡联合执法，对重点地区开展环境秩序问题和安全隐患拉网式排查，积极营造整洁有序的城市环境。

二、主动作为，维护良好城市环境秩序。一是坚持常态化疫情防控检查，坚持日检查执法、周调度会商、月督导通报工作机制，深化"执法＋公示""执法＋曝光"工作模式，有效筑牢疫情防控防线。二是强化生活垃圾分类检查执法，持续开展"主题执法月＋日常执法检查"执法模式，集中开展"施工工地、公园景区、厨余垃圾"主题执法活动；部署开展"城管执法进社区"生活垃圾分类专项执法检查和全市居住小区(村)个人生活垃圾分类专项执法检查。三是突出抓好大气污染防治，会同相关部门开展第三轮"点穴式"专项执法检查行动，查处大气污染违法行为，推动空气质量持续改善。

三、党建引领，加强基层执法队伍管理。以庆祝建党 100 周年为主线，印发《北京市城市管理综合执法系统"学党史、守初心、担使命、强作风"专项行动方案》，加强队伍建设管理工作。各区局、各基层综合执法队积极开展主题党日等专题教育，走深走实"我为群众办实事"实践活动。加强执法规范化建设，根据《行政处罚法》，修订执法文书式样和裁量基准；参照首都环境建设管理和 12345 市民服务热线考评办法，修订《北京市城管综合执法考核评价办法(试行)》和《北京市城管综合执法考核评价指标体系》；结合新形势新要求，修订《北京市城市管理综合执法人员行为规范》，努力打造专业规范的综合执法队伍。

北京市城市管理综合行政执法局

2021 年 7 月 9 日

第三节　简报、规章制度、公示

一、简报

(一) 简报的含义

简报是传递某方面信息，具有汇报性、交流性和指导性的简短、灵活、快捷的内部小报。简报又称"动态""简讯""要情""摘报""工作通讯""情况反映""情况交流""内部参考"等。

(二) 简报的种类

(1) 按时间分，有定期的简报、不定期的简报。

(2) 按性质分，有工作简报、生产简报、学习简报、会议简报。

(3) 按内容分，有会议简报，主要反映会议交流、进展情况；情况简报，反映人们关注的问题，供机关领导参考；工作简报，报告重大问题的处理情况以及工作动态、经验或问题等。

(三) 简报的特点

(1) 快捷性。简报有严格的时效性，不论是定期简报还是不定期简报，都要抢时间、争速度，及时反映情况。特别是会议简报，往往一日一报，甚至一日数报。

(2) 限于内部交流。一般报纸面向全社会，内容是公开的，没有保密价值，读者越多越好，正因为如此，它除了新闻性外，还要求有知识性和趣味性。简报则不同，它一般在编报机关管辖范围内各单位之间交流，不宜甚至不能公开传播，特别是涉外机关和专政机关主办的简报更是如此。有的简报，往往是专给某一级领导人看，有一定的保密要求，不能任意扩大阅读范围。

(3) 简洁。简洁是简报的价值所在。所以简报要求内容精粹、篇幅短小、语言简明扼。每期简报都要内容集中，文字精练。

(4) 新颖。简报要反映新情况、新问题、新经验，能给人以启发和借鉴。单位的新动态，事物的新趋势、新苗头，是简报要抓的主要素材。

(四) 简报的作用

(1) 反映情况。通过简报，可以将工作进展情况以及工作中出现的新情况、新问题、新经验，及时反映给各级决策机关，使决策机关了解下情，为决策机关制定政策、指导工作提供参考。

(2) 交流经验。简报体现了领导机关一定的指导能力，通过组织交流，可以提供情况、借鉴经验、吸取教训，这样对工作有指导和推动作用。

(3) 传递信息。简报本身即是一种信息载体，可以使各级机关及从事行政工作的人互相了解情况、吸收经验、学习先进、改进工作。

(五) 简报的结构和写法

简报的种类尽管很多，但其结构却不无共同之处，一般都包括报头、报核、报尾三个部分。

1. 报头

报头在首页的上方约占三分之一的版面，包括简报名称、期号、编发单位和印发日期等四项。

(1) 简报名称。简报名称位于居中位置，是用套红印刷的大号字体"××简报""××动态"。如有特殊内容而又不必另出一期简报时，就在名称或期数下面注明"增刊"或"××专刊"字样。如果内容不能对外公开，可在左上角标注秘密等级，也有的写"内部文件"或"内部资料，注意保存"等字样。

(2) 期号。期号位于简报名称的正下方，用阿拉伯数字标明"第×期"，用括号括上。

(3) 编印单位。在期号左下方顶格写编印单位的全称，如"××大学党委办公室"。

(4) 印发日期。印发日期用阿拉伯数字写在与编印单位平行的右侧。如"20××年×月×日"。

在编印单位和日期下面，用一道红色横线将报头与报核隔开，参看图3-1。

浦东新区生态文明建设

工作简报

第 16 期

浦东新区生态文明建设领导小组办公室
浦东新区生态环境保护督察整改办公室　　　2021 年 9 月 23 日

图 3-1　简报报头实例

2. 报核

报核是简报的核心部分，即简报所刊的一篇或几篇文章。简报的写法是多种多样的，因此，它的形式也较灵活。一般包括标题、导语、主体、结果和穿插在叙述中的背景材料。

(1) 标题。简报的标题类似新闻的标题，一般要求要揭示主题，简短醒目，准确生动。可用单标题，也可用双标题。

(2) 导语。导语是简报的开头，通常用简明的一句话或一段话概括全文的主旨或主要内容，给读者一个总的印象。导语的写法多种多样，有提问式、结论式、描写式、叙述式等。导语一般要交代清楚谁(某人或某单位)，什么时间，干什么(事件)，结果怎样等内容。

(3) 主体。主体是简报的重点部分，应该用充分的、典型的、有说服力的材料，把导语的内容加以具体化。主体的层次安排通常有两种方法：

第一，横式结构，即按逻辑顺序，依照事物的主次、递进、并列、因果等内在关系来安排材料。

第二，纵式结构，即按事情发生、发展的先后时间顺序来安排材料。

(4) 结尾。结尾是全文内容的总括。它可以对主体部分所述事实进行概括评价，也可以指明事情今后的发展趋势，或是提出希望以及今后打算。如果主体部分已经把事情说清楚了，也可省略结尾。

3. 报尾

报尾在简报最后一页下部，用一横线与报核隔开，横线下左边写明发送范围，如"报：××；送：××；发××"。在平行的右侧写明印刷份数，如"共印××份"，参看图3-2。

```
报：芝松、迎伟同志
抄：区委办公室、区人大办公室、区政府办公室、区政协办公室
发：新区各部、委、办、局，各区级机关，各管理局（管委会），
　　各直属企业，各街道、镇
区生态文明建设领导小组办公室印发　　　　　　　共100份
```

图 3-2　简报报展实例

(六) 简报的写作要求

(1) 简明扼要，一目了然。简报的写作必须注意做到简短、明快，用尽可能少的文字说清楚必须说明的问题。注意主题集中，一稿一事，不贪大求全。

(2) 讲究时效，反应迅速。简报是单位领导对一些问题做出决策的参考依据之一，也是单位推动工作的一个重要手段。简报的功能，决定了简报的编者必须讲求时效。这就要求简报的作者思想敏锐、行动敏捷，对问题反应快，对材料分析快，写作构思快，动笔成稿快，同时，还要求简报的编辑、签发、打印、发稿速度快，共同把握发稿时机。

(3) 内容实在，切忌空洞。简报和新闻报道一样，靠用现实生活中鲜活的生活事实来宣传党的路线、方针、政策。用事实说话，是简报的主要特征之一，也是我们编写简报应该注意的一个重要问题。

(七) 例文

精神文明建设

第 11 期

中央文明办　　　　　　　　　2021 年 8 月 17 日

〔工作交流〕

邢台"百姓议事厅"为群众办实事

潍坊统筹各方资源拓展文明实践领域

重庆南岸区上好文明实践"三堂课"

宁波奉化区统筹五支队伍深化文明实践

编者按：各地在推进新时代文明实践中心建设试点工作中，面向全社会广泛开展党史、

新中国史、改革开放史、社会主义发展史宣传教育，普及党史知识，解决群众难题，实现思想引领与解决实际问题相结合，推动文明实践工作不断走深走实。现将邢台、潍坊、重庆南岸区、宁波奉化区做法摘要刊发，供各地学习借鉴。

邢台"百姓议事厅"为群众办实事

河北省邢台市依托新时代文明实践中心(所、站)建立"百姓议事厅"，围绕群众实际需求和反映问题有的放矢办实事，半年多来解决落实重要民生诉求 13 000 多件，推动新时代文明实践工作深入开展。

一、线上织网，一呼百应。以各村(社区)新时代文明实践站为单位，组织本辖区居民代表组建 7500 余个"百姓议事厅"微信群，第一时间反映生产生活需求和问题。招募 7300 多名基层志愿者，成立"百姓代言人"志愿服务队，随时随地收集身边群众需求，就近加群并将群众意见信息集中反映在"百姓议事厅"中，打造 5 分钟社区为民服务圈，使小事不出小区、大事不出社区，矛盾不上交、就地化解。每个群配备一名志愿者担任议事厅学习专员，负责每日更新名言警句、党史知识和农业科技、天气状况等信息，使"百姓议事厅"成为城乡群众的"掌上百事通"。

二、实事实办，落地有声。为确保"百姓议事厅"内群众和"百姓代言人"反映的需求和问题得到及时回复，各乡镇(街道)新时代文明实践所在每个"百姓议事厅"中安排一名文明实践联络员，随时关注和回应群众反映的问题和建议。针对各实践所、站解决不了的群众问题，由各县新时代文明实践中心牵头，组织县直各有关职能部门联络员成立"部门集中办"微信群。由各"百姓议事厅"联络员负责将问题集中反映到群内，并把进展和处理结果第一时间反馈到相关"百姓议事厅"，接受群众监督。"部门集中办"微信群对群众反映的问题每天一汇总、每周一总结，对办理速度快、力度大、举措实、成效显著的部门案例及时总结推广。

三、线下联动，形成闭环。在各新时代文明实践中心(所、站)将"百姓议事厅"工作简介、5 分钟为民服务圈工作流程、微信管理架构图、志愿服务项目等内容向群众公开展示，让"百姓议事厅"家喻户晓。每个实践站专门设立"百姓议事厅"线下接待室，方便群众和"百姓代言人"畅聊心事、商议"要"事。针对无法进群的老年人和困难群体，由"百姓代言人"定期上门咨询、征集需求，切实搭建起党和政府"识民情、听民意、解民忧"的平台，实现宣传群众、服务群众零距离。

潍坊统筹各方资源拓展文明实践领域

山东省潍坊市在新时代文明实践中心建设中抓统筹、重整合、促共享，积极探索文明实践新路径。

一、统筹宣讲资源，让理论学习更深入。组织各级理论宣讲员和百姓宣讲员组成宣讲队伍，深入各级中心、所、站开展重大主题宣讲和理论惠民宣讲。组建父母大讲堂宣讲团，依托乡村学校少年宫打造"亲子共成长"教育实践基地，在市、县、校三级开设"父母大讲堂"，面向学校及周边社区提供家庭教育指导服务，让家庭教育成果惠及更多家庭。推动组建企业职工宣讲团，潍坊供电公司开发精品课程库，建立宣讲计划清单，每月组织 100 名讲师走进 100 个班组。诸城市开展劳模工匠宣讲进企业、模范精神进企业等活动，传递榜样力量，弘扬时代正能量。

二、统筹物业服务资源，让市民生活更舒心。建立网格文明实践志愿服务队，把所有小区划分成实践网格，志愿者变身红色网格长、网格员、实践员，建立了"网格长调度—网格员包靠—实践员负责"的工作机制。建立小区文明实践站，发挥老旧小区"红色物业"全覆盖体系优势，同步建设小区新时代文明实践站，吸纳物业"红小二"、业委会业主等加入文明实践志愿服务队，常态化开展理论宣讲、安全巡查、矛盾调解、环境卫生治理、限时免费停车等志愿服务活动，为辖区居民群众办实事解难题。

三、统筹驻地高校资源，让共建共享更广泛。联合 13 所驻潍高校建立高校志愿服务联盟，创新打造"1255＋N"新时代文明实践校地共建工作模式。"一个方案"明确结对共建的指导思想、目标内容、工作要求、具体责任、落实举措。"两个平台"畅通校地互动，即建立新时代文明实践云平台，开展信息宣传、公益讲座、网络直播、接受点单等；建立社区教育学院平台，与高校共建社区教育学院，开展社区教育培训及服务。"五项措施"推动工作落地，包括深挖结合资源、打造合作团队、强化业务培训、联通乡村共建，实现供需双方精准对接。"五个机制"保障高效运行，即强化项目管理机制、校地联系机制、服务激励机制、人才培养机制、服务保障机制，激发工作活力。"N个项目"服务走深走实，比如打造党史学习教育主题微课、爱老公益食堂、农村教学课堂、绘制美丽乡村画卷等项目，让群众从中得到实惠。

四、统筹信用激励资源，让文明更入心。联合市农村信用合作联社等开展"乡村振兴·文明信用"工程，以"文明信用户"评定为主要抓手，推进实施整村授信、道德信用优惠、文明信用巡演，开发道德模范贷、志愿服务贷、义工贷等，让文明信用变"真金白银"，逐渐形成以"志愿＋金融""文艺+金融""信用＋金融""激励＋金融"为主的"文明实践＋金融"运行体系。寿光市"化'文明信用'为乡村振兴'金融活水'"、青州市"无感授信普惠共享青州市创新文明实践助力乡村振兴"等经验做法得到广泛认可。

重庆南岸区上好文明实践"三堂课"

重庆市南岸区把普及党史知识与拓展新时代文明实践中心建设有机结合，聚焦"学党史、悟思想、办实事、开新局"，以文明实践"三堂课"为抓手，广泛深入开展党史学习教育，引导群众学党史、听党话、感党恩、跟党走。

一、上好党史知识学习课。在推进党史学习教育入脑入心上下功夫，依托新时代文明实践所(站)打造"文化＋党史""党建＋党史""廉政＋党史"专题党课，组织广阳故事大王宣讲团、龙梅讲坛、北斗村农民管乐宣讲队为代表的新时代文明实践"六讲"志愿者队伍，用讲、演、唱、诵等群众喜闻乐见方式，开展"学习新思想、永远跟党走"微宣讲超1600 场。依托区融媒体中心全平台，联动文明实践中心(所、站)全媒体矩阵，推出《百年党史·精神谱系》《百年党史·革命英烈》等栏目，开展"永远跟党走·强国伴我行"党史知识竞赛240 余场。运用"掌新南岸"线上新时代文明实践中心、钉钉平台推出党史学习"每日一课"特色品牌，以"百字文"形式形成"应知应会"知识点，把党史知识融入日常、学在经常。

二、上好红色家风传承课。以建设优良家风为切入点，实施新时代文明实践"久久家风"项目，把中华优秀传统文化中的"孝、和、礼、义、信"5 个字作为理念，融合革命先烈故事、社会主义核心价值观宣传教育、诚信建设等内容，依托新时代文明实践站开展红色家风传承系列活动。积极应对新冠肺炎疫情影响，根据小学生、家风指导师和专业家风志愿者等不同受众开发 3 套课程，开展线上学习和线上实训 180 余场次，组建线上"久久家风"志愿者"云列车"，构成"家风导师＋专业社工＋家风志愿者"的服务团队。充分发挥文明家庭、最美家庭示范带动作用，通过设置党史学习教育亲子读书角，开展"童心向党·星火传递""家长课堂""好书分享"和"故事爸妈同阅读·红色基因共传承"亲子红色故事会、故事爸妈讲"四史"等主题活动，把传承红色基因根植于家庭教育中，培养时代新人。

三、上好志愿服务实践课。结合"我为群众办实事"实践活动，全面开展新时代文明实践"蓝色心愿"项目，通过微信群、公众号、融媒体平台发布 H5 主题网页、志愿者倡议书等，征集了解和连线认领群众"微心愿"，组织文明实践志愿者参与圆梦。搭建志愿服务平台，依托社区养老服务设施定期开展歌舞、书画、手工等文娱活动，每周为高龄、失能、独居等特殊老年群体送去"暖心汤""春和计划"等助餐助娱服务。给志愿者购买意外伤害保险，切实做好志愿者保障工作，为志愿者参与文明实践提供保障。

宁波奉化区统筹五支队伍深化文明实践

宁波市奉化区在新时代文明实践中心建设工作中，注重整合队伍、统筹资源、调配力量，重点培育理论宣讲员、文明督导员、乡风巡访员、文化指导员、志愿领航员"五大员"，更好地教育群众、凝聚人心。

一、理论宣讲员举旗育人传思想。组织党员干部、党校老师、道德模范、青年团员等，组建覆盖老、中、青等各类群体的理论宣讲员，深入新时代文明实践中心(所、站)开展理论宣讲。结合党史学习教育，依托"金色专线""奉邑学堂走乡间"等载体，整合"大脚板""小板凳""小喇叭"等宣讲团，运用方言俚语、奉化走书、快板说书等群众喜闻乐见的方式，推动习近平新时代中国特色社会主义思想"飞入寻常百姓家"。

二、文明督导员查缺补短促文明。招募机关干部、社会志愿者、市民巡访团等担任"奉化红"文明督导员，开展有针对性的指导督办。机关干部作为"街巷跑长"，每周两次巡街，解决群众反映集中的问题，今年以来解决 9023 个，解决率为 98.91%。社会志愿者针对无物业管理小区开展垃圾分类"桶边督导"，每周五天参与路段巡街、路口劝导。市民巡访团每月跑街串巷、入村进社，扮好城市"啄木鸟"角色。"车子停进框里、垃圾分进桶里、红灯等在线里、宠物牵在手里、秩序排在队里、文明记在心里"等文明理念深入人心。

三、乡风巡访员共建共享美家园。发动"五老"人员、乡村贤达、热心村民等组建"我们的家园"乡风巡访团，定期开展环境卫生集中整治、垃圾分类入户宣传，引导村民精准进行垃圾分类。发挥 317 家"道德庭"作用，通过党建与公益联合、自治与德治融合、庭员威望与村规民约结合，调解评判家庭矛盾、邻里纠纷、干群关系、村庄建设等事件，两年来已累计调解矛盾纠纷 3000 多起。

四、文化指导员传技送艺惠万家。整合区文化馆、镇(街道)文化站及舞蹈、戏曲等协会志愿者担任文化指导员，定期下基层提供书法、绘画、舞蹈、戏曲等志愿服务课程，推进基层文化服务活动提质增量。推进"共享礼堂"建设，连续 2 年举办区礼堂文化节，开展"万场活动进礼堂""我们的村晚""非遗文化进校园"等活动 2.1 万余场次。持续扮靓"我们的节日"，利用春节、元宵节、清明节等重要时间节点，组织形式多样的文明实践活动，传承节日民俗，丰富活跃文化生活。

五、志愿领航员扶弱帮困领风尚。选拔奉献意识强、专业能力突出的志愿服务骨干担任志愿领航员，每月召开交流会，精准设计一批引领性、普惠性文明实践项目，全面带动志愿服务队伍发展。目前已培育"锋之社""博爱""绿叶"等 10 个品牌志愿服务组织。连续 2 年举办区文明实践项目比赛，"青鸟探巢"等项目先后获得浙江省、宁波市新时代文明实践志愿服务项目大赛金奖，"平安亮万家"、何美蓉分获全国"四个 100"最佳志愿服务项目和最美志愿者。

报：××部

发：各省(市、自治区)文明办

共印××份

二、规章制度

(一) 规章制度的含义

规章制度是单位在不违背国家法律、法规的前提下，在一定范围内指定的一种具有法规性和约束性的、要求有关人员必须按章办事、共同遵守的文书。规章制度的主要表现形式有规定、章程、制度、办法、规则、守则、条例、条令、规程、公约、须知等。

(二) 规章制度的种类

按照不同的标准，规章制度可作不同的分类。

1. 法规类规章制度

法规类规章制度是由立法机关或政府部门依据法律、政策，对国家政治、经济、文化等领域的某些事项作出的规定。这种类型的规章制度具有明显的法规性，如《中华人民共和国优质产品奖励条例》。

2. 章程类规章制度

章程类规章制度是政府或社会团体用以说明该组织的宗旨、性质、组织原则、机构设置、职责范围等的纲领性文件，具有准则性与约束性的作用。它的制发者是政党或社会团体，如《中国共产党章程》。

3. 制度类规章制度

制度类规章制度内容较广，一般可分为五类：

(1) 制度。制度一般是行政部门、企事业单位根据本部门的实际需要制定的要求所属人员共同遵守的准则，是机关单位对某项具体工作、具体事项制定的必须遵守的行为规范，如《仓库安全管理制度》。

(2) 规则。规则是机关单位为维护劳动纪律和公共利益而制定的要求大家遵守的关于工作原则、方法和手续等的条规。它的制发者是机关团体、企事业单位及其部门，如《天津财经大学图书馆借书规则》。

(3) 规程。规程是生产单位或科研机构，为了保证质量，使工作、试验、生产按程序进行而制定的一些具体规定。它的制发者是机关团体、企事业单位及其部门。如《计算机操作规程》。

(4) 守则。守则是机关团体、企事业单位要求其成员遵守的行为准则，它倡导有关人员遵守一定的行为、品德规范。它的制发者是机关团体、企事业单位及其部门，如《高等学校学生守则》。

(5) 须知。须知是有关单位、部门为了维护正常秩序，搞好某项具体活动，完成某项工作而制定的具有指导性、规定性的守则。它的制发者是有关单位、部门，如《阅览须知》。

4. 公约类规章制度

公约是人民群众或社会团体经协商决议而制定出的共同遵守的准则，是人们为了维护公共秩序，经集体讨论，把约定要做到的事情或不应做的事情，应该宣传的事情或必须反对的事情明确写成条文，作为共同遵守的事项。它的制发者是人民群众、社会团体，如《南极海洋生物资源养护公约》《居民文明公约》。

(三) 规章制度的特点

(1) 统一性。规章制度的内容必须与国家法律和现行政策相统一。另外，规章制度反映了一个组织的全体成员共同的理想、愿望、意志，体现了全体成员的共同利益，必须在全体成员达成统一共识的基础上才能建立起来。因此，规章制度的建立和修改必须经过充分的讨论，并且要在代表大会上表决通过。没有达成统一，多数人抱有质疑态度的内容，不能写入规章制度中。

(2) 严肃性。规章制度是严肃的文书，它能确保各项活动的有序开展，甚至关系到前途和命运，必须慎重对待。

(3) 约束性。规章制度具有约束性，是这个组织所有成员的思想原则和行动规范，每一个成员都应遵章办事。在一定范围内，人们如有违反，将会受到处理。

(4) 稳定性。规章制度一经制定，就具有较长时间的稳定性，不能朝令夕改。当然，随着时代的发展，对规章制度进行一些补充和修改也是必要的，但只限作局部调整，不宜大面积改动。

(四) 规章制度的作用

规章制度的使用范围非常广泛。大至国家机关、社会团体、各行业、各系统，小至单位、部门、班组，都要制定相应的规章制度，以保证工作、生产、学习等活动能正常有序地进行。规章制度是国家法律、法令、政策的具体化，是人们行动的准则和依据，使人们的工作和生活有法可依、有章可循。因此，规章制度对社会经济、科学技术和文化教育事业的发展，对社会公共秩序的维护，都有着十分重要的作用，具体表现在保证组织的思想统一、建立组织的管理机制、保障成员权益、规定组织纪律等方面。

(五) 规章制度的结构和写法

规章制度一般由标题、正文和落款三部分组成。

1. 标题

规章制度的标题一般有以下几种类型：

(1) 由制发单位、规章主题和文种组成，如《××集团公司内部审计奖惩规定》。

(2) 由规章主题和文种构成，如《季度奖金发放办法》。

(3) 由制发单位和文种组成，如《中国共产党章程》。

(4) 由适用范围和文种组成，如《天津财经大学学生守则》。

(5) 只有文种的规章制度，如《用户须知》。

有的规章制度在文种前加"暂行""试行"等，如《××暂行规定》《××试行办法》。

2. 正文

规章制度正文的写作一般采用的形式是：引言＋主体＋结尾。

(1) 引言。引言用于简要说明制定规章制度的目的、意义、依据和指导思想等。

(2) 主体。主体部分是文件最核心最重要的部分。主体大部分是分章、分条款表述的，这也是规章制度区别于其他文体的主要特征之一。

比较复杂的规章制度由于涉及面较广、内容较多，常常分为若干章。每章拟一个标题，章之下再列一个条款。这种规章制度一般分为总则、分则和附则。一般来说，第一章是总则，说明规章制度的目的、意义、宗旨和基本原则等；分则分作若干章，逐条、逐款地写出规定事项；最后一章是附则，说明解释权限、适用对象、修订权、生效日期等。这种规章制度的条目序号采取一贯到底的排列方法，款目序号在条目下单独排列。

(3) 结尾。比较简单的规章制度往往无引言和结尾，以条目开篇，以条目收尾，适用于内容单一的守则、须知等。

3. 落款

规章制度的落款写明制发单位和日期并加盖印章。实际使用中也可省略。

(六) 规章制度的写作要求

(1) 制定的合法性。规章制度的内容和制定过程必须符合党的有关方针、政策，符合国家的法律、法规，这是规章制度写作的前提要求。

(2) 制定的权威性。为了维护规章制度的权威性，在起草时必须做到"三明确"，即明确领导意图、明确行文基调、明确制发背景。

(3) 内容的可行性。规章制度的内容要有针对性、依据性、协调性和可行性。

(4) 体式的规范性。规章制度属于法规性文书，具有一定的约束力，因此其文字表述必须严谨、周密、规范，既要体现严肃性，又要考虑稳定性。

(5) 定稿的完整性。有些重要的规章制度成型后，先要制成讨论稿，经过有关会议或部门的认真讨论、逐条审议修改后，方能定稿；有些规章制度即使在反复讨论审定后印发下去，也还须注明"试行"或"暂行"字样，尚需经过一段时间的实践检验，并在实施过程中不断地修订和完善。

(七) 例文

普通话水平测试管理规定

第一条　为规范普通话水平测试管理，促进国家通用语言文字的推广普及和应用，根据《中华人民共和国国家通用语言文字法》，制定本规定。

第二条 普通话水平测试(以下简称测试)是考查应试人运用国家通用语言的规范、熟练程度的专业测评。

第三条 国务院语言文字工作部门主管全国的测试工作,制定测试政策和规划,发布测试等级标准和测试大纲,制定测试规程,实施证书管理。

省、自治区、直辖市人民政府语言文字工作部门主管本行政区域内的测试工作。

第四条 国务院语言文字工作部门设立或者指定国家测试机构,负责全国测试工作的组织实施、质量监管和测试工作队伍建设,开展科学研究、信息化建设等,对地方测试机构进行行业务指导、监督、检查。

第五条 省级语言文字工作部门可根据需要设立或者指定省级及以下测试机构。省级测试机构在省级语言文字工作部门领导下,负责本行政区域内测试工作的组织实施、质量监管,设置测试站点,开展科学研究和测试工作队伍建设,对省级以下测试机构和测试站点进行管理、监督、检查。

第六条 各级测试机构和测试站点依据测试规程组织开展测试工作,根据需要合理配备测试员和考务人员。

测试员和考务人员应当遵守测试工作纪律,按照测试机构和测试站点的组织和安排完成测试任务,保证测试质量。

第七条 测试机构和测试站点要为测试员和考务人员开展测试提供必要的条件,合理支付其因测试工作产生的通信、交通、食宿、劳务等费用。

第八条 测试机构和测试站点应当健全财务管理制度,按照标准收取测试费用。

第九条 测试员分为省级测试员和国家级测试员,具体条件和产生办法由国家测试机构另行规定。

第十条 以普通话为工作语言的下列人员,在取得相应职业资格或者从事相应岗位工作前,应当根据法律规定或者职业准入条件的要求接受测试:

(一) 教师;

(二) 广播电台、电视台的播音员、节目主持人;

(三) 影视话剧演员;

(四) 国家机关工作人员;

(五) 行业主管部门规定的其他应该接受测试的人员。

第十一条 师范类专业、播音与主持艺术专业、影视话剧表演专业以及其他与口语表达密切相关专业的学生应当接受测试。

高等学校、职业学校应当为本校师生接受测试提供支持和便利。

第十二条 社会其他人员可自愿申请参加测试。

在境内学习、工作或生活3个月及以上的港澳台人员和外籍人员可自愿申请参加测试。

第十三条 应试人可根据实际需要,就近就便选择测试机构报名参加测试。

视障、听障人员申请参加测试的,省级测试机构应积极组织测试,并为其提供必要的便利。视障、听障人员测试办法由国务院语言文字工作部门另行制定。

第十四条 普通话水平等级分为三级,每级分为甲、乙两等。一级甲等须经国家测试机构认定,一级乙等及以下由省级测试机构认定。

应试人测试成绩达到等级标准,由国家测试机构颁发相应的普通话水平测试等级证书。

普通话水平测试等级证书全国通用。

第十五条　普通话水平测试等级证书分为纸质证书和电子证书，二者具有同等效力。纸质证书由国务院语言文字工作部门统一印制，电子证书执行《国家政务服务平台标准》中关于普通话水平测试等级证书电子证照的行业标准。

纸质证书遗失的，不予补发，可以通过国家政务服务平台查询测试成绩，查询结果与证书具有同等效力。

第十六条　应试人对测试成绩有异议的，可以在测试成绩发布后 15 个工作日内向原测试机构提出复核申请。

测试机构接到申请后，应当在 15 个工作日内作出是否受理的决定。如受理，须在受理后 15 个工作日内作出复核决定。

具体受理条件和复核办法由国家测试机构制定。

第十七条　测试机构徇私舞弊或者疏于管理，造成测试秩序混乱、作弊情况严重的，由主管的语言文字工作部门给予警告、暂停测试资格直至撤销测试机构的处理，并由主管部门依法依规对直接负责的主管人员或者其他直接责任人员给予处分；构成犯罪的，依法追究刑事责任。

第十八条　测试工作人员徇私舞弊、违反测试规定的，可以暂停其参与测试工作或者取消测试工作资格，并通报其所在单位予以处理；构成犯罪的，依法追究刑事责任。

第十九条　应试人在测试期间作弊或者实施其他严重违反考场纪律行为的，组织测试的测试机构或者测试站点应当取消其考试资格或者考试成绩，并报送国家测试机构记入全国普通话水平测试违纪人员档案。测试机构认为有必要的，还可以通报应试人就读学校或者所在单位。

第二十条　本规定自 2022 年 1 月 1 日起施行。2003 年 5 月 21 日发布的《普通话水平测试管理规定》(教育部令第 16 号)同时废止。

三、公示

(一) 公示的含义

公示是党政机关、企事业单位、社会团体等事先预告群众周知，以征询公众的意见和接受公众监督的一种实用性文体，是自 20 世纪 90 年代以来，随着我国各项体制改革的不断深化，以及党务、政务和公务的民主化和公开化而产生的一个新文种。

公示不同于公告。发布公示的目的在于使社会各有关方面或者本系统内的公众了解和掌握被公示对象的基本情况，同时征询各方面的意见，接受社会公众的监督；而发布公告的目的在于将有关的重要事项或者法定事项向国内外告知。因此，公告的发布范围要比公示更广。不仅如此，从内容上看，公告所涉及的内容事项具有确定性，它要将已经确定的重要事项或者法定事项向国内外公布；而公示的内容具有可变性，其对社会公众所提交的反馈意见，可以根据实际情况和需要加以调整和变更。

公示也不同于通告。通告在告知的范围方面虽然不及公告广泛，但要比公示相对宽泛；更为重要的是，通告还对一定范围内的社会公众和有关方面具有强制性和约束力，而公示则显然不具备此种效能。

公示还不同于通知。通知作为一种知照性公文，具有用以公布有关事项如人事任免的功能，而且这些事项是由法定机关经过法定程序确定了的；公示中所涉及的相关事项内容则是尚未确定的，它要广泛征求社会公众的意见，而后方能做出定论。同时，就行文要求来看，通知所涉及的事项一般是需要下级机关遵照执行和办理的，而公示则要求有关人员对公示对象的基本情况如有异议，可以向组织人事部门进行举报，或对公示内容的真实性和程序的合法性进行监督，但这种举报和监督是出自有关人员的自愿，而不是一种必然要求。

(二) 公示的内容和形式

公示所涉及的内容极为广泛，它既可以是有关党政领导干部任前公示，也可以是选拔后备干部公示，还可以是其他有关方面的公示，诸如招标结果公示、捐款捐物公示、收费价格公示、发展党员公示、评先选优公示等。在发布形式上，公示也较为灵活多样，它既可以采取张贴的形式，也可以采取正规文件的形式，还可以采取通过报纸、广播、电视等新闻媒体或者网上传输的形式，将公示的内容公布于众。

(三) 公示的特点

(1) 公开性。公示写作的内容、承载的信息，都是要向一定范围内或特定范围内的人员公开出来的，是要让大家知道和了解的，具有较强透明度，不存在任何秘密和暗箱操作。

(2) 周知性。公示写作的目的，是为了让关注它内容与信息的人们都了解是怎么回事，从而参与其事。

(3) 监督性。公示的过程与结果，都是公开、公平、公正的，都是有群众参与和监督，并为他们所认可的。

(4) 事前性。公示是事先的公示，不是事后的公示。公示的内容是初步的决定而非最终的决定。如果是最终的决定就必须在"公示"前言中加以说明。

(四) 公示的结构和写法

公示一般由标题、正文和落款三部分构成。

1. 标题

公示的标题有三种格式：

(1) 公示机关名称＋公示内容＋文种，如《××省民政厅关于救灾捐款捐物接收和发放使用情况的公示》。

(2) 公示内容＋文种，如《关于全市民办高等职业技术院校办学质量评估结果的公示》。

(3) 只标明文种"公示"二字。

2. 正文

公示的正文一般由三部分构成，即：

(1) 进行公示的原因，包括发布公示的目的、依据以及公示的具体事项等。

(2) 事情的基本情况。以干部任前公示为例，正文应将拟任对象的姓名、性别、出生年月、政治面貌、文化程度、工作简历、现任和拟任职务以及主要业绩或政绩等逐项列出进行公示，尤其是要重点强调其政绩或业绩，以便令公众了解和信服。

(3) 公示的起始及截止日期(以工作日计)和意见反馈单位地址及联系方式。

3. 落款

公示的落款一般是写发布公示的单位全名称或规范化简称(加盖公章)及发布时间。

(五) 公示的写作要求

(1) 公示的名称不要与公告、通告或通知等其他文种混用或叠用，要将公示作为独立文种直接使用，这样有利于促进公文文种的规范化建设。

(2) 采用适当的载体发布形式。公示的发布载体主要有公示栏、公示牌等，可采用张贴的形式。内容重要的公示也可借助于报刊、广播电视、网络等新闻媒体发布。

(3) 内容要完整真实，语言要精练准确。公示的内容一定要真实、完整，不能掺杂任何虚假或浮夸的成分，否则将失去公示的应有之义。公示的语言力求简明，使人一目了然，切忌繁文缛节，夸夸其谈。

(六) 例文

关于对虹桥商务区 2021 年度
上海市重点工程实事立功竞赛先进集体(个人)推荐名单的公示

根据市竞赛办《关于开展 2021 年度上海市重点工程实事立功竞赛先进评选推荐和评估总结工作的通知》要求，经集体(个人)申报、参赛单位推荐、赛区考核评议、党组会研究，推荐上海南虹桥投资开发有限公司等 6 个集体、杜军等 9 名个人参与 2021 年度上海市重点工程实事立功竞赛先进评选，现对先进集体(个人)推荐名单予以公示，公示期：2021 年 11 月 26 日至 11 月 30 日。

如有意见，请向虹桥国际中央商务区管委会规划建设处反映。

联系人：王凡

联系电话：34733356。

附件：虹桥商务区 2021 年度上海市重点工程实事立功竞赛先进集体(个人)推荐名单

上海虹桥国际中央商务区管委会规划建设处

2021 年 11 月 26 日

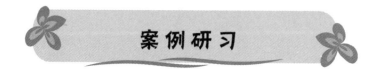

案例研习

1. 请指出下面这份计划在写法上存在的问题，并加以修改。

学习计划

根据我的学习成绩，我特定以下目标：

在英语方面

1. 每天记四个单词、两句英语。

2. 上课认真听讲，不懂就问，以便提高自己的成绩。

在写作方面

1. 每天练钢笔字 2 页。

2. 每周写两篇日记。

3. 经常去阅览室阅读文章，以便提高自己的写作水平。

为了达到这个目标，请老师和同学进行监督。

2. 阅读下面这篇总结，按文后要求回答问题。

放手发展多种经营努力增加农民收入

近年来，××县委、县政府在稳定发展粮棉油生产的同时，把突出发展多种经营作为增加农民收入的突破口，充分利用现有土地资源，依托近城优势，建设具有地方特色的城郊经济，显示出"服务城市，富裕农村"的战略效应。××年，全县人均纯收入达到 1107 元，比上年增加 310 元，增长 38.9%，成为全省农村人均纯收入增幅最高的县。我县的主要做法是：

(一) 积极引导，鼓励发展。(略)

(二) 因地制宜，发扬优势。(略)

(三) 综合利用，立体种养。全县广泛运用食物链、生物链和产业链的理论，在种、养、加工方面创造出多种立体开发模式。根据植物相生、伴生、互生与序生规律，在林果基地间作套种粮、油、药、茶、瓜等，实行以短养长，取得最佳效果。全县××年多种经营间作套种 13 万亩，亩平收入 500 元，有的高达 1000 元。全县推广用农副产品加工的下脚料喂猪养禽，用畜禽粪便养鱼，最后用塘泥肥田，综合利用，极大地促进了畜牧业的发展。××年全县生猪出栏达到 35.5 万头，家禽出笼 741 万只，鲜蛋产量 1.93 万吨，分别比上年增长 11%、40.3% 和 14.8%。

(四) 大力发展乡镇企业和个体、私营经济。(略)

××县人民政府

××××年×月

(1) 单项选择：

① 开头采用了(   )的方式。

A. 概述情况　　　　　B. 提出结论　　　　C. 提出内容　　　　D. 做出设问

② 主体部分主要写了(   )。

A. 做法、成绩与经验　　　　　　B. 问题与教训

C. 设想与努力方向　　　　　　　D. 以上三个方面

③ 本文安排材料主要采用了(   )的方法。

A. 先亮观点，后举材料　　　　　B. 先举材料，后亮观点

C. 边举材料，边亮观点　　　　　D. 既摆事实，又讲道理

(2) 填空：

① 本文标题属＿＿＿＿＿＿式标题，其作用是＿＿＿＿＿＿＿＿＿＿。

② 全文采用了＿＿＿＿＿＿结构形式。

③ 本文显示主旨采用了＿＿＿＿＿＿＿＿的方法。

④ 本文主旨是＿＿＿＿＿＿＿＿＿＿＿＿＿＿＿＿＿＿。

3. 阅读下面的例文，回答相关问题。

政协××市第×届×次会议简报

(第 24 期)

秘书处 20××年×月×日

今年政府应办几件实事

××委员说：建议市长要有相应的任期目标，要像×××那样一年办几件实事，年终总结，有哪些完成、有哪些没完成以及为什么。

改"三公开一监督"为好

×××委员说：报告在谈到廉政建设时，提出实行"两公开一监督"，我们认为应改为"三公开一监督"，即再公开市、县两级主要领导的经济收入，以便接受人民群众的监督。

不能再走大投入低效益之路

×××委员认为：20××年我市社会总产值为 180 亿元，国民收入为 74 亿元，而全市的财政收入只有 9.15 亿元，很明显，经济效益是很低的。而 20××年的计划数字，基本上是按比例同步增长，经济效益无明显提高。这是我市多年来生产发展的一个关键性的问题，即大投入、低效益，致使财政拮据，入不敷出。市领导应着眼长远，从当前入手，立足于大力提高经济效益和增强生产后劲。

报：省政协

送：市政府

发：区政协(共印 30 份)

(1) 分析该例文的结构特征(报头、正文、报尾)。

(2) 该例文的正文采用了什么形式的写作方法？有何好处？

4. 请仔细阅读下面这篇调查报告，指出其在写法上存在的问题，并写成一篇标准的调查报告。

关于××市市区商店招牌上错别字的调查报告

××年×月×日至×月×日，进行了为期一周的调查，调查 5000 余家，对象包括××市的商店招牌、路边招牌、广告牌、厂矿名称牌，发现有错别字的 160 余家，约占调查总数的 3.2%。调查的目的在于了解错别字现象，分析原因，以至减少、消灭错别字，让广大人民群众更准确地使用汉字，从而让汉字更好地发挥语言辅助作用，更好地为人民服务。现对所调查的错别字大体分为下列四种类别：1. 增减汉字笔画。这类在调查中所占较多，可能多属于无意，如"××市造纸厂""纸"下面就多了一点。根据传达室老大爷介绍，这是一位名人提的词，他说："怎么改它呢？" 2. 由于音相同、相近而写错偏旁。如市百货大楼小家电商场，为电视机写的"超清晰度画面"，"晰"写成了"析"。3. 国家文件正式宣布废除了的繁体字、异体字，虽不是错别字，但也属于不规范现象。如"迎春商场"写成"迎春商塲"。分析原因，主要是主观与客观两大方面，主观上是思想认识不足，写字时就粗枝大叶、草率从事；客观是汉字数量众多，结构复杂，形体多变，难认、难写、难查。针对其原因，纠正方法是：首先从主观上认识到错别字的危害性，把纠正错别字当作大事抓；其次勤查字典，多请教于人。4. 客观上分析汉字的音、形、义三者之间的联系与区别及其结构特征，对症下药，这样错别字就可以逐步得到纠正。

情境写作

1. 根据实际，写一份学期个人计划。要求：内容不限，可以是学习、考级、课外阅读、社会实践、旅游、消费开支等。

2. 请你将这学期学习"应用文写作"课程的情况写一篇总结。要求：格式完整、正确，语言流畅。

3. 就本学院近期的活动情况写一份简报。

4. 根据下面的材料，拟写一份公示。

天津财经大学人文学院党支部计划发展下面两位同志为中共预备党员：

(1) ××：男，商英 1801 班学生，2001 年 7 月出生，现任人文学院学生会副主席，2018 年 12 月向党组织递交入党申请书，2019 年 11 月被吸收为入党积极分子，2021 年 4 月参加财大党校培训结业。

(2) ××：女，广电 1801 班学生，2000 年 2 月出生，现任人文学院学生会生活部部长，2018 年 10 月向党组织递交入党申请书，2019 年 11 月被吸收为入党积极分子，2021 年 4 月参加财大党校培训结业。

以上两位同志政审合格，师生座谈会也反映良好。

第四章　书信宣讲柬帖类文书

【本章导读】

本章主要涉及一些常用的书信类、宣讲类和柬帖类文书的写作。

书信类文书是指个人与个人、个人与社会组织、社会组织与社会组织之间，通过书面方式互通信息、协调关系、加强合作、联络感情的一种应用文体。在交通不发达的时代，书信一直起着重要的社会沟通作用。随着网络的出现，电子邮件可以通过互联网快捷便利地传递到另一方，这更促进了书信在现代社会中的广泛使用。按照适用范围，书信可以分为一般书信和专用书信两大类。一般书信是指人们在日常生活中使用的私人之间的往来信函。专用书信是指在特定场合使用的、具有专门用途的信函，包括倡议书、申请书、慰问信、表扬信、感谢信等。

宣讲类文书又称演讲类文书，是人们在集会或会议等公开场合发表观点、表明态度、说明事理的讲话文体，包括各种演讲稿、开幕词、闭幕词、竞聘词、辩论词、海报、启事等。宣讲类文书具有一定的即时性和临场性，一些著名的讲演就是即兴之作。但重要场合的讲演最好还是准备好演讲稿，其作用有二：一是进一步梳理和明确思路，使讲述内容更加丰富和富有条理；二是帮助讲演者增加自信，消除紧张情绪。

柬帖类文书是指用简短的言辞书写而成的各类请柬、书简、贺卡、名帖、礼帖等的合称。古代文字的载体主要为竹片、木片和布帛等，书写在布帛上的文辞一般称为"帖"。布帛比较贵重，说明这类文书比较重要。现代社会中，布帛已经不再成为文字的载体，但柬帖类文书的用纸、印制工艺仍非常讲究，呈现出浓厚的文化礼仪色彩。根据柬帖文书的形式，可分为卡片式和折叠式；根据柬帖文书的书写习惯，可分竖式和横式；根据柬帖类文书的内容，可分为喜庆类、丧葬类、日常应酬类、礼帖类和谢帖类。在日上生活中比较常用的有邀请函、请柬、贺卡、唁电和讣告等。

第一节　书信类文书

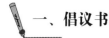

一、倡议书

(一) 倡议书的含义

倡议书是个人或集体提出建议并向社会或有关方面公开发起，希望共同完成某项任务或开展某项公益活动所运用的一种专用书信。它作为日常应用写作中的一种常用文体，在现实社会中有着较为广泛的使用。

(二) 倡议书的特点

倡议书具有如下特点：

(1) 群众性。倡议书不是对某个人或某一集体而言的，它往往面向广大群众，或对一个部门的所有人发出，或对一个地区的所有人发出，甚至向全国发出。所以其对象广泛的群众性是倡议书的根本特征。

(2) 公开性。倡议书就是一种广而告之的书信。它就是要让广大的人民群众知道了解，从而激起更多的人响应，以期在最大的范围内引起共鸣。

(三) 倡议书的作用

倡议书的作用有如下几点：

(1) 倡议书能在较大范围内调动群众的积极性。

倡议书可以使大家心往一处想，劲往一处使，齐心协力共同做好一些有益于社会的事务和开展某些公益活动。

(2) 倡议书是开展精神文明建设的一个有效的方法。

倡议书的内容一般是同人们的日常生活相关的一些事项。如倡议爱护花草树木，保护生态环境；倡议众志成城，同心协力，实现祖国的尽快复兴等。所有这些都有利于人们的身心健康，属于社会主义精神文明的重要内容。

(四) 倡议书的结构和写法

倡议书多由某些会议代表或先进集体为倡导某种先进风气或为号召群众开展某些有意义的活动而发出，所以其内容也不尽相同，但其格式基本一样。倡议书一般由标题、称谓、正文、结尾和落款五部分组成。

1. 标题

倡议书的标题一般由文种名单独组成，即在第一行正中写上"倡议书"三个字。也有的在前面加上倡议的对象范围，如"给全市教育工作者的倡议书"。

2. 称谓

倡议书的称谓可依据倡议的对象而选用适当的称谓。如"全国大学生朋友们""广大的妇女同胞们"等。有的倡议书也可不用称呼，而在正文中指出。

3. 正文

(1) 倡议的背景、条件、原因和目的。发出倡议书的期望是引起广泛的响应，只有交代清楚倡议活动的原因、条件、各种背景事实，并申明发布倡议的目的，人们才会理解和信服，才会自觉地行动起来。这些因素交待不清就会使人觉得莫名其妙，难以响应。写明这些因素后，可以用"为此，我们倡议如下(我们提出如下倡议)"进行过渡。

(2) 倡议的具体内容和要求。这是正文的重点部分。开展怎样的活动，都做哪些事情，具体要求是什么，它的价值和意义都有哪些，均需一一写明。因为只有明白了倡议的内容、实行的具体措施，他人才知道如何去响应、如何去投入实际行动。内容如果较多，则可以分条列项，这样写往往清晰明确，一目了然。

4. 结尾

结尾要表示倡议者的决心和希望或者写出某种建议。一般不必写表示敬意或祝愿的礼节性结束语。

5. 落款

倡议书的落款写明倡议的发出者，即写明倡议者单位、集体或个人的名称或姓名，署上发倡议的具体日期。

(五) 倡议书的写作要求

倡议书的写作要求有如下几点：

(1) 倡议的内容应符合时代精神，切实可行，与国家的路线、方针、政策相一致；还要结合本地区或本单位实际情况，实事求是、合情合理地提出倡议。

(2) 在行文上，则要说理清楚，措辞贴切，情感真挚，富有鼓动性，这样才能真正起到倡议的作用，使动员的对象积极参与到活动中来。

(六) 例文

关于厉行节约，共克时艰，规范行业秩序的倡议书

各会员单位，各位影视同仁：

我国抗"疫"之战已经取得阶段性胜利，各行各业正响应中央号召积极复工复产，我们影视制作行业也将迎来复工复产高峰。大家都明白，此次疫情对我们影视制作业的冲击很大，全行业面临资金严重短缺、生产周期延长、疫情防控困难、购片价格锐减等一系列困难，需要我们团结一心，同心同德，共渡难关。为此，特向广大会员单位和影视界同仁发出如下倡议：

一、坚决克服前一时期因资本大量涌入，给我们影视制作行业带来的浮夸浮躁之风，希望大家静下心来，审时度势，认真分析市场容量和观众需求，谨慎立项，慎重开机，力争把我国电视剧网络剧的数量控制在科学适度的范围内，杜绝一切资源浪费和资金浪费现象再度重现。

二、倡导全行业厉行勤俭节约之风，反对一切攀比，奢靡之气，把制作成本压缩到合理范畴之内；各摄制组要精打细算，下决心压缩人员、车辆和物资配置，把有限的资金投入到对精品的制作中，下决心压缩在服装、制景和特技上过度追求奢华的投入，把功夫下在讲好故事，塑造好人物上。

三、要认真贯彻执行广电总局和行业协会提出的合理匹配制作成本的意见，把制作成本控制在合理范围内。目前各电视平台、视频网站平台、购片与自制片订制价格已下降30%～40%。为保证生产与产出的合理平衡，我们建议我国电视剧、网络剧制作成本应控制在每集 400 万元人民币以内，摄制人员酬劳亦应同步降低 30%，同时需进一步调整主创和主演人员酬金过高的现象，避免造成主要创、演人员与普通专业工种的收入失衡。根据国际惯例，一部电视剧、网络剧的编剧、导演和男、女一号主演的酬金，各自最高不得超

过制作成本的 10%，全体演员酬金不得超过制作成本的 40%。

四、进一步规范行业秩序，治理行业乱象。要拒绝演艺经纪公司在艺人随行人员、生活待遇、交通工具以及宣传推广上的过度要求。主要演员可带随行助理一人，享受剧组普通工作人员生活待遇，每人可配工作用商务车一辆。如要求配房车或要求特殊生活待遇，则费用自理。经纪公司到剧组拍摄艺人宣传资料，要服从剧组统一安排，且一切费用自理，努力减轻剧组负担。要坚决杜绝过度排场、过度炫耀的奢靡浪费行为，树立影视工作者良好的社会形象。

五、尊重艺术规律，用敬畏之心对待我们的事业。编剧，导演要亲力亲为，潜心制作，反对粗制滥造，认真打造精品；各公司、各摄制组要科学安排制作周期，合理控制演员档期，保证演员有充足的时间和精力熟悉剧本，熟悉角色，塑造人物；要坚决杜绝滥用枪手、执行导演和演员替身的现象，保证产品质量，维护行业声誉。

六、应严肃规范字幕署名制度，重视我国制作人才队伍的规范建设，明确各职务的专业工作职能，确认其在作品中的实际工作职务责任与效能，不挂虚名。大力扭转整个制作行业，名不符实、沽名钓誉，以权职谋虚名，以至于真正干事的人，在艺术创作中有造诣的人被埋没、被忽视、被虚化的不良风气。坚决纠正真正对作品思想艺术质量负责的艺术创作人员的署名价值被褫夺的乱象。

各会员单位，各位影视同仁，党和国家寄希望于我们，全国观众瞩望着我们，让我们挽起手来，同心同德，砥砺前行，努力打造中国电视剧网络剧新的辉煌，创建永不落幕的中国剧场。

中国电视剧制作产业协会
首都广播电视节目制作业协会
2020 年 4 月 15 日

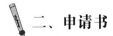

二、申请书

(一) 申请书的含义

申请书是个人或集团用来向上级或主管组织表达某种愿望、提出某种请求或申请解决某个问题时所使用的一种请求性专用书信。

申请书的适用范围比较广泛，加入党团、社团或其他组织时，学习、工作、生活上出现困难与要帮助时，都要用它进行申请。可见，申请书是个人与组织，下级与上级沟通的一种工具，一般要求一事一书。

申请书按照使用的对象，可以分为个人申请书和单位申请书；按照内容的不同，则可以分为入党申请书、入团申请书、入学申请书、困难补助申请书、住房申请书、调动申请书、加入社会团体申请书等。

(二) 申请书的结构和写法

申请书由标题、称呼、正文、结语和落款五部分构成。

(1) 标题。申请书的标题一般有两种形式，一种是文种名称式的标题，仅以"申请书"三字作为标题；另一种是申请类别加文种名称式的标题，如"入党申请书""入团申请书""住房申请书"等。后一种也可省略"书"字,如"住房申请"。申请书的标题应写在正文上方的正中处,书写应认真、醒目。

(2) 称呼。称呼的内容为接受申请的单位或个人名称,书写位置在标题之下,顶格写起,后加冒号。称呼应该明确具体,写给单位或组织的就写单位或组织名称,如"××省总工会""××市委宣传部"等;给个人的一般在人名后(或姓后)加职务,如"李书记""齐厂长"等,也可以泛称,如"××同志"等。

(3) 正文。正文是申请书的主体部分和核心部分,应在称呼之后另起一行写。正文包括申请事项和申请理由两部分内容。写作时应先写申请事项,然后写申请理由。事项与理由一般应该分段写。如果理由内容较多,也可以分段逐条写,以便读者理解和把握。

(4) 结语。并不是所有的申请书都必须有结语,有无结语可视具体情况而定。结语一般多写表达敬意的常用语,如"此致""敬礼"。"此致"在正文之后另起一行,前面空两格,然后再另起一行顶格写"敬礼",不用标点符号。有时也可写一些表达希望和感谢的短语,如"请党组织考验我""请批准""请组织考察""谢谢"等。

(5) 落款。申请书的落款包括署名和日期两方面内容,写在正文和结语之后的右下方。一般署名前都注明"申请人"三字,日期应写在署名之下,年、月、日具备。注意,如果申请者是单位,一定要加盖单位公章。

(三) 申请书的写作要求

申请书的写作要求有如下几点:

(1) 理由要充分。理由充足与否,直接影响到申请结果。申请能不能得到批准,关键要看请求的事情合理不合理,够不够条件。这些都应在申请理由中进行充分的交代,否则,提交的申请就失去它应有的作用和意义。

(2) 事项要明确。请求的内容是申请的核心,一定要明确写出,不能含糊其词。交代申请事项要注意的是,切不可提出过分、超越职权的要求,那样不仅不能使申请落到实处,还会造成不好的影响。更要注意的是,在申请里不能够"鱼与熊掌"兼而求之,只能够突出重点,请求解决一件事。

(3) 内容重点要突出。申请书应根据对象的不同来决定繁简,对方不太了解的内容应交代仔细,对方已经了解的情况则可以少说或者不说。总之要重点突出,不能"眉毛胡子一把抓",事无巨细,让人不得要领。

(4) 表达意思要明确。申请书是应用文,它要求语言平实、准确,表意明晰、确切,所以在选词用语上要认真推敲,以意思表达准确、明晰为要,切不可空泛拖沓,玩弄辞藻,玄而又虚。

(四) 例文

入党申请书

敬爱的党组织:

我怀着十分激动的心情向党组织提出申请:我申请加入中国共产党,愿意为实现共产主义奋斗终身。

通过对党的理论知识的学习，特别是近期对党的十九大精神的学习，我对中国共产党有了更深的认识。中国共产党是中国工人阶级的先锋队，同时是中国人民和中华民族的先锋队，是中国特色社会主义事业的领导核心。我们党以马克思列宁主义、毛泽东思想、邓小平理论、"三个代表"重要思想、科学发展观、习近平新时代中国特色社会主义思想作为自己的行动指南。中国共产党人的初心和使命是为人民谋幸福，为民族谋复兴。中国共产党一经成立，就把实现共产主义作为党的最高理想和最终目标，义无反顾肩负起实现中华民族伟大复兴的历史使命，团结带领人民进行了艰苦卓绝的斗争，付出巨大牺牲，敢于面对曲折，勇于修正错误，攻克了一个又一个看似不可攻克的难关，创造了一个又一个彪炳史册的人间奇迹，谱写了气吞山河的壮丽史诗。

历史已经并将继续证明，我们党始终是时代先锋、民族脊梁，没有中国共产党的领导，民族复兴必然是空想。为此，我常常思考，我如何才能加入中国共产党，成为先锋队的一员；我能为党做什么，为实现党的伟大事业贡献一份微薄而坚强的力量？党的十九大擘画了决胜全面建成小康社会、夺取新时代中国特色社会主义伟大胜利的宏伟蓝图，提出分两步走，用两个十五年时间，建设社会主义现代化强国。仔细算来，第一阶段到2035年，我正处于事业的黄金期；第二阶段到2050年，我正值退休年纪。可以说，在建设新时代中国特色社会主义强国的征程，我将直接参与并全程见证。这是使命，也是荣耀；这是责任，更是担当。我决心要在党组织的培养和帮助下，在实现中国梦的生动实践中放飞青春梦想，在为人民利益的不懈奋斗中书写人生华章！

我深知，一名合格的共产党员，不仅是一个解放思想、实事求是的先锋，更需要在不断改造客观世界的同时，努力改造自己的主观世界，树立马克思主义的科学世界观。只有树立科学的世界观、人生观和价值观，才能充满为共产主义奋斗终身的信心和勇气，才能为新时代中国特色社会主义事业不遗余力地奉献自己的智慧和汗水。我要切实增强学习贯彻习近平新时代中国特色社会主义思想和党的十九大精神的思想自觉和行动自觉，牢固树立"四个意识"，坚决维护习近平总书记在党中央和全党的核心地位，在政治立场、政治方向、政治原则、政治道路上同以习近平同志为核心的党中央保持高度一致，为夺取新时代中国特色社会主义伟大胜利不懈奋斗。

在进入××单位后，我踏实肯干，认真完成本职工作。在工作中，我任劳任怨，起到了模范带头作用。同时，在生活中，我接触到了许多优秀的党员同志，他们时刻以党员的标准严格要求自己，吃苦在前，享受在后，勤勤恳恳工作，从不叫苦叫累，我从他们的身上看到了党的优良传统和作风，进一步激发了我加入党组织的决心和信心。

今天，我虽然向党组织提出了申请，但我深知，在我身上还有许多缺点和不足，因此，希望党组织从严要求我，以使我更快进步。今后，我将用党员的标准严格要求自己，自觉地接受党员和群众的帮助与监督，努力克服自己的缺点，弥补不足，在实际工作中以十九大精神为指导，志存高远、脚踏实地，不忘初心、不懈奋斗，争取早日在思想上，进而在组织上入党。

请党组织在实践中考验我！

此致

敬礼！

申请人：×××

2022年1月10日

三、慰问信

(一) 慰问信的含义

慰问信是以社会组织、机构或个人的名义向有关人员和团体表示安慰、问候、关怀、鼓励的专用书信。慰问信的字里行间充满感情、诚挚动人，充分体现出慰问主体和慰问对象之间的深厚情谊，给人以情感的慰藉和心灵的鼓舞。慰问信可以写给个人或机构、组织，但下级机关团体对上级机关团体、个人对上级机关团体，一般不宜用慰问信。慰问信可以直接寄给对方，也可以通过新闻媒体发出，如果以电报形式发出，又称为慰问电。

(二) 慰问信的种类

慰问信大体上可以分为三种：一是在对方取得成就、作出贡献时使用，即业绩慰问；二是在对方遭遇自然灾害、意外事故等困难时使用，表示同情，鼓励对方克服困难，即灾难慰问；三是在重大节假日里向特定群体或社会公众表示慰问时使用，包括社会弱势群体、生产一线工人等，即节日慰问。

(三) 慰问信的结构和写法

慰问信一般由标题、称谓、正文、结尾、落款五个部分组成。

(1) 标题。慰问信的标题在比较重要的场合用全称标题，由慰问主体、慰问对象加"慰问信"组成，如《中共中央、国务院致四川灾区人民的慰问信》。一般情况下，可以省略慰问主体和慰问对象，仅在第一行居中以较大字体写"慰问信"三字。

(2) 称谓。慰问信的称谓在第二行顶格书写受慰问单位名称或个人姓名，称呼后加冒号。如果是个人，姓名后可加称谓。

(3) 正文。慰问信的正文部分根据慰问对象和事件的不同，阐明慰问的缘由和背景，如业绩慰问要赞扬对方的杰出贡献和巨大成就，慰问对方在工作中的辛苦；灾难慰问既要表达慰问方的同情和支持，还要说明慰问方所采取的支援行动，如果有捐赠的资金、物品也要列举清楚；节日慰问要表达出对社会弱势群体的关怀、对加班加点劳动者的感谢。

(4) 结尾。慰问信的结尾一般以表示敬意的祝颂语收尾，如"祝取得更大成绩""致以节日的问候"等。

(5) 落款。慰问信的落款一般在右下方署明个人姓名或单位名称，后一行写明年、月、日。以单位名义发出的要加盖公章。

(四) 慰问信的写作要求

慰问信的写作要求有如下几点：

(1) 对象明确，分清事由。慰问信的对象要明确，然后根据对象不同，或者赞扬、歌颂对方在某方面作出的特殊贡献，或者对遭受灾害的集体或个人表示关心、支援。

(2) 行文诚恳，措辞恰当。慰问信的感情要真挚充沛，语言要生动得体，可以在信中适当运用抒情等修辞手法。

(五) 例文

冲在抗击疫情最前线万众一心打赢阻击战
——致奋战在疫情防控一线同志及家属的慰问信

全区广大奋战在疫情防控一线的全体同志及家属们：

你们辛苦了！

区委、区政府和全区广大人民群众，向你们致以崇高的敬意和衷心的感谢！感谢你们在战"疫"一线作出的无私奉献、重要贡献！感谢家属们的真心理解和大力支持！

疫情就是命令，防控就是责任。区委、区政府坚决贯彻落实上级决策部署，坚持把人民群众生命安全和身体健康放在第一位，动员全区力量以最强决心、最严举措、最大努力落实防控措施，疫情防控工作步步为营。

万众一心，众志成城，无坚不摧。在这场没有硝烟的战"疫"中，全区各级党组织和广大党员干部筑堡垒、当先锋、带头上，经受现实考验、展现作风能力，让党徽在群众心中熠熠生辉，使党旗在防疫一线高高飘扬。广大医务工作者、公安民警、基层干部、社区网格员、志愿者等心系群众安危，义无反顾、挺身而出，不惧风险、敢打硬仗，始终坚守在前线、冲锋到一线，这种魄力感人至深，这种精神令人敬佩；大家融小我于大我、舍小家为大家，展现了担当、勇气和风采。全区广大人民群众积极参与、自觉行动，社会各界奉献爱心、支援一线，形成了全民动员、群策群力、群防群治的抗"疫"局面，共同筑牢了坚不可摧的铜墙铁壁。区委、区政府和全区人民感谢所有奋战在疫情防控一线勇士们的负重前行，你们是全区的骄傲和榜样，为你们点赞，向你们致敬！

一线的同志无私奉献，后方的家属全力支持。所有抗击疫情一线同志的家人们用理解鼓励、坚定支持和亲情奉献，让广大一线同志无后顾之忧，全身心投入工作，增强了一线同志勇往直前、战胜疫情的信心决心，你们是令人钦佩的幕后英雄，是你们的爱与力量汇聚在一起，共同构筑起了防控疫情的坚实屏障！

战"疫"还在继续，"外防输入、内防反弹"的任务依然艰巨，需要我们继续上下齐心、坚定信心、沉着应战。大家一定要继续发扬不怕吃苦、连续作战的精神，再鼓干劲、再建新功。同时，大家也一定要注意做好自身防护，劳逸结合，保重身体。我们坚信，有党中央的坚强领导，有省委、市委的周密部署，有全社会的团结一致、万众一心、同舟共济，我们必定能够打赢这场疫情防控遭遇战阻击战！

衷心地祝愿大家健康平安、一切顺利、阖家幸福！

中共青岛市即墨区委

青岛市即墨区人民政府

2022 年 3 月 16 日

四、表扬信

(一) 表扬信的含义

表扬信是用来表彰社会组织、机构或个人的先进事迹、高尚风格的一种专用书信。表扬信可以针对个人，也可以针对具体的社会组织和机构，具有弘扬正义、褒扬善良的积极作用。表扬信的作者可以是领导机关或社会机构、组织，也可以是普通个人。

(二) 表扬信的种类

按照表扬双方的关系不同，可分为上级对下级的表扬、机构团体对机构团体的表扬、机构团体对个人的表扬和个人对个人的表扬；按照被表扬者身份的不同，可分为对团体、机构的表扬和对个人的表扬。

(三) 表扬信的结构和写法

表扬信一般由标题、称谓、正文、结尾、落款五个部分组成。

(1) 标题。表扬信的标题在第一行居中以较大字体写上"表扬信"三个字，也可以加上受信对象，如"致×××的表扬信"。

(2) 称谓。表扬信的称谓在第二行顶格书写受信者的姓名或单位名称，称呼后加冒号。

(3) 正文。表扬信正文部分另起一行，空两格写表扬信的具体内容，先简要叙述人物事迹的发生、过程和结果，在此基础上，热情表彰或赞扬对方表现出来的崇高品质、宝贵精神，并表达感谢之情。如果表扬信是写给个人的，可适当表示向对方学习的态度和决心，如"深受感动""值得我学习"等；如果是以领导机关或社会团体的名义写的，可对受信者作出进一步的勉励和期望；如果是写给受信者单位或报纸、电视的，可以提出建议，如"××同志的优秀品德值得大家学习，建议予以表扬"。

(4) 结尾。表扬信的结尾一般以表示敬意的祝颂语收尾，如"此致""敬礼"等。

(5) 落款。表扬信的落款在右下方署明个人姓名或单位名称，后一行写明年、月、日。以单位名义发出的要加盖公章。

(四) 表扬信的写作要求

表扬信的写作要求有如下几点：

(1) 事实清楚。表扬的事实要具体清楚，时间、地点、人物、事件、经过等要素都要叙述清楚，简要不烦，这是表扬的基础。

(2) 评价适度。表扬信的评价要与事迹相称，恰如其分，不讲空话、套话，不空发议论，少讲大道理，更不可以偏概全、夸张溢美。

(3) 感情真挚。表扬信的语言要流畅、活泼，表达的感情色彩一般比较强烈、充满激情。

(五) 例文

表 扬 信

珠海市粤华园林绿化建设管理有限公司、珠海市晟华园林建设管理有限公司：

2020 年 8 月 19 日，台风"海高斯"正面袭击珠海，给我市带来严重影响。在市委、市政府的统筹部署下，全市各应急救援单位积极响应、倾力配合，快速完成了台风灾后救援及复工复产工作。

在抢险救灾过程中，粤华、晟华公司全司上下高度重视，争取了上级企业主要领导亲自到场支持。能够迅速组织人员队伍、设施设备投入灾后抢险修复工作，不仅有力组织业务范围内的各市属公园和珠海大道的抢险救灾工作，更全力支持市区联安路、翠仙路、翠福路、三台石路等交通中断路段的清障工作，助力城市交通第一时间恢复。两个公司在时间紧、任务重的情况下，以高度负责的精神、严谨细致的工作作风和饱满的精神状态，让珠海以最快速度恢复了城市市容市貌，并成功控制了次生灾害的发生及经济损失的扩大。

在此，我单位对粤华、晟华公司为珠海城市管理所作出的努力和贡献给予表扬，希望你们再接再厉，紧密结合工作实际，为建设珠海美丽家园做出更大的贡献。

珠海市城市管理和综合执法局

2020 年 12 月 18 日

五、感谢信

(一) 感谢信的含义

感谢信是社会机构、组织或个人为感谢对方的关心、帮助、支持而撰写的专用书信。感谢信的对象可以是个人，也可以是某个社会组织、机构，包括政府部门和企事业单位等，但感谢对象的事迹应与感谢信的作者有直接联系。通过感谢信，双方可以进一步沟通情感、深化情谊，同时，感谢信可以公开传播，张贴或者发表、公布在媒体上，起到弘扬社会正气、提升精神文明的正面作用。

(二) 感谢信的种类

根据感谢的对象，可分为写给集体或机构的感谢信和写给个人的感谢信；根据感谢信的内容，可分为感谢援助、感谢探访和感谢吊唁等；根据感谢信的存在形式，可分为公开传播(发表或张贴)的感谢信和不公开传播的感谢信。

(三) 感谢信的结构和写法

感谢信一般由标题、称谓、正文、结尾、落款五部分组成。

(1) 标题。感谢信的标题在第一行居中以较大字体写上"感谢信"三个字，可以在前面加上定语，说明是因何事、写给谁的感谢信。标题还可以写成双标题，正标题的用语可以生动形象，再加上一个副标题，如"致×××的感谢信"。

(2) 称谓。感谢信的称谓在第二行顶格写受信者的姓名或机构名称。如果是个人，前可加定语如"尊敬的""敬爱的"，后加"先生""女士""同志"等称呼，称呼后用冒号。

(3) 正文。感谢信的正文称谓下另起一行空两格起写具体内容。这部分内容要写清楚对方在何时、何地做了什么好事或给予了什么帮助，产生了什么良好结果和影响，对自己或单位有什么帮助等。还可以适当表示自己向对方的学习态度和决心。

(4) 结尾。感谢信的结尾一般以表示敬意的祝颂语收尾，如"此致敬礼""致以最诚挚的敬礼"等。

(5) 落款。感谢信的落款在右下方署明写信者姓名或单位名称，后一行写明年、月、日。以单位名义发出的还要加盖公章。

(四) 感谢信的写作要求

感谢信的写作要求如下几点：

(1) 事实清楚。感谢信以说明事实为主，以事表情，议论不宜过多。叙述对方对自己或本单位的帮助时，要注意把来龙去脉和相关人物、时间、地点等要素说清楚，以便于大家了解情况。

(2) 感情真挚。感情要真挚、热烈，以情动人，让看到的人都能受到感染。

(3) 语言得体。表示谢意的语句要得体，要分别契合被感谢者、感谢者的身份，还要符合社会交往的一般习惯。

(五) 例文

感 谢 信

全市广大政协委员，各商(协)会、爱心捐助企业和爱心人士：

大家好！

今年注定是一个特别的年份，刚迈入虎年新春之际，我们共同经历了新年第一场大战大考。除夕夜我市突发输入性新冠疫情，全市上下闻令而动、团结一心、众志成城，打响了一场共同抗击疫情的遭遇战歼灭战。在省委省政府的坚强领导下，在省专家组的指导下，我们仅用不到 10 天的时间，让疫情得到了控制，20 天内疫情已经全面解封，我们取得了抗击疫情阶段性重大成果。

疫情无情，人间有爱。大疫面前，全市上下、社会各界同心抗疫、共克时艰。市委有号召，政协有行动，委员显担当，企业献大爱。全市各级政协委员、各商(协)会、各企业和广大非公经济人士积极响应号召，慷慨解囊，奉献爱心，为支援前线抗击疫情踊跃捐资捐物。一份份付出、一次次驰援，体现了凝聚共识、凝聚人心的政协力量；一笔笔捐款、一项项物资，体现了把事业放在心上，把责任扛在肩上的社会担当。

寸土积成泰山，滴水汇成海洋。你们用实际行动诠释了无私奉献的仁爱精神，体现了大爱无疆的家国情怀，为打好打赢疫情防控遭遇战歼灭战贡献了自己的一份力量！在这里，市委、市人大、市政府、市政协向大力支持我市疫情防控工作的爱心政协委员、商(协)会、企业和非公经济人士，表示衷心的感谢，并致以崇高的敬意！

万众一心，没有办不成的事；众志成城，没有过不去的坎。"团结奋斗，一起向未来"。希望全市各级政协委员、各商(协)会、各企业和广大非公经济人士继续弘扬传统美德、传递社会正能量，一如既往关心支持云浮发展。我们将持续深入学习贯彻习近平总书记重要讲话和重要指示批示精神，牢记省委、省政府的殷切嘱托，切实按照"一二三四五六"的思路举措，聚焦园区经济、镇域经济、资源经济"三大抓手"，继续保持昂扬斗志，团结一心、感恩奋进，统筹常态化疫情防控和经济社会发展，全力守护云浮人民的生命安全和身体健康，全力建设高质量发展的美丽云浮，以优异成绩迎接党的二十大胜利召开！

最后，祝大家身体健康，事业进步，万事如意！

中共云浮市委员会

云浮市人大常委会

云浮市人民政府

政协云浮市委员会

2022 年 2 月 22 日

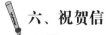 **六、祝贺信**

(一) 祝贺信的含义

祝贺信简称贺信，是对取得突出成绩、作出卓越贡献的机构或个人，或者对国际、国内发生的值得庆祝的重大事项，表示祝贺、赞颂的一种专用书信。在现代社会中，贺信的应用范围越来越广泛，诸如会议、开业、开工、竣工、获奖、周年庆、任职、乔迁、升学、寿辰、婚庆、酒会等，都可以贺信方式表示祝贺。发信人可以是社会组织和机构，也可以是个人。贺信可以直接寄给或派专人送抵对方，也可以通过新闻媒体发出。如果以电报形式发出，又称为贺电。

(二) 祝贺信的特点

祝贺信的语言既要简练，更要热情真挚，行文基调可以欢快热烈，以体现出贺信的强烈感情色彩，抒发喜悦、勉励、希望、敬佩之意。同时，赞美对方的成绩应实事求是，不要刻意拔高，避免过分的溢美之词，切忌有献媚之感。

(三) 祝贺信的结构和写法

祝贺信一般由标题、称谓、正文、结尾、落款五个部分组成。

(1) 标题。祝贺信的标题一般写"祝贺信"或"贺信"即可，有时也可写明发信主体、收信对象和祝贺事由。

(2) 称谓。祝贺信的称谓在标题下一行顶格写受祝贺对象的单位名称或受贺人的尊称，如果是祝贺会议，只写会议名称。有时也可以省略。

(3) 正文。祝贺信的主体内容一般应充分肯定和热情赞扬对方所取得的成就，以及取得成就的根本原因和重大意义等，并作出肯定性评价，让对方感到鼓舞和激励。如果是祝贺重要会议的召开，应简要说明会议召开的重要意义和深远影响。

(4) 结尾。祝贺信的结尾一般以表示敬意、希望的祝颂语收尾，如"祝取得更大成绩"等。

(5) 落款。祝贺信的落款在右下方署明个人姓名或单位名称，后一行写明年、月、日。以单位名义发出的要加盖公章。

(四) 祝贺信的写作要求

祝贺信的写作要求有如下几点：

（1）充满热情。祝贺信是向对方表示祝贺，要充满热情、喜悦，使对方确实感到温暖和鼓舞。

（2）评价适当。赞美对方时要做到实事求是、恰如其分，有一定新意。不要故意拔高对方，甚至献媚，也不能过分渲染，否则无法起到表示祝贺的目的。

（3）文字简练。祝贺信的用词要大方得体，篇幅不宜过长，不堆砌华丽辞藻。另外，祝贺信所用信封和信纸要有所选择，美观大方，不能随便应付。

（五）例文

习近平致厦门大学建校 100 周年的贺信

值此厦门大学建校 100 周年之际，我向全体师生员工和海内外校友，致以热烈的祝贺和诚挚的问候！

厦门大学是一所具有光荣传统的大学。100 年来，学校秉持爱国华侨领袖陈嘉庚先生的立校志向，形成了"爱国、革命、自强、科学"的优良校风，打造了鲜明的办学特色，培养了大批优秀人才，为国家富强、人民幸福和中华文化海外传播作出了积极贡献。

我国已开启全面建设社会主义现代化国家新征程。希望厦门大学全面贯彻党的教育方针，切实落实立德树人根本任务，为党育人、为国育才，与时俱进建设世界一流大学，全面提升服务区域发展和国家战略能力，为增强中华民族凝聚力和向心力，为全面建设社会主义现代化国家、实现中华民族伟大复兴的中国梦作出新的更大贡献。

习近平

2021 年 4 月 6 日

第二节　宣讲类文书

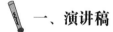

一、演讲稿

（一）演讲稿的含义

演讲稿又称演讲词，它是讲话者在大会或其他场合公开发表个人观点、见解和主张的文稿。演讲稿是讲话的依据、规范和提示。从广义上来说，准备在听众面前发表意见、抒发感情而写成的文稿都是演讲稿，如学术专题演讲、会议报告演讲、法庭论辩演讲以及各种礼仪演讲等。从狭义上来说，专指各种主题演讲稿，即参加各种演讲赛、演讲会使用的文稿。

（二）演讲稿的种类

（1）按主要表达方式划分可分为：

① 议论型演讲稿。议论型演讲稿用论证的方法使听众了解、赞同和接受某种观点，并进而使听众产生一定的行动；或解释和说明一个道理、一个过程，揭示一个新发现、一个秘密，从而使听众了解、明白到底是怎么一回事。语言要求简洁明快。

② 抒情型演讲稿。抒情型演讲稿主要借助对人、事、景、物的描述来抒发自身情感，也可以直抒胸臆，直接倾诉内心的思想感情。语言运用更近散文的要求。

③ 叙事型演讲稿。叙事型演讲稿是通过对某事的叙述介绍来阐述观点或抒发感情的演讲稿。为了便于充分表达情感，又使听众感到亲切可信，常常使用第一人称。

(2) 按内容性质的不同划分可分为：

① 政治鼓动类演讲稿。政治鼓动类演讲稿政治家或代表某一权力机构的要员阐述政治见解和主张的讲话稿。

② 学术交流类演讲稿。学术交流类演讲稿是传播交流科学知识、学术见解、研究成果的讲话文稿。

③ 工作交流类演讲稿。工作交流类演讲稿是交流经验、布置工作、传达思想的讲话文稿。

④ 宣传教育类演讲稿。宣传教育类演讲稿以真切的事情、有力的论证、充盈的感情来讴歌真善美，鞭挞假丑恶而写成的讲话文稿。

(三) 演讲稿的特点

演讲稿具有如下特点：

(1) 内容的现实性和针对性。现实性是指演讲稿探讨的是现实生活中存在的、并为人们所关心的问题。它的观点和材料要来自生活、学习和工作中，它是真实可信的，是为了解决身边的问题而提出来讨论的；针对性是指演讲稿的内容要根据演讲对象的身份、职业、心理、文化程度、接受能力、审美趣味等的不同而选择相应的语言材料，做到因人而异。

(2) 情感的说服性和情境性。演讲的目的就在于打动听众，使听者对讲话者的观点或态度产生认可或同情。演讲稿作为具有特定目的的讲话稿，一定要具有说服力和感染力。因此还须顾及时间效应和地点环境等，具备应变能力，随时调整自己的演讲内容。

(3) 语言的通俗性和有声性。演讲是通过有声语言来表情达意的，因此还要注意语言的使用。把语言转换为有气势，易产生听觉效果的短句、排比句等，并力求做到抑扬顿挫、清晰流畅。因此，演讲的语言应该通俗易懂，明白晓畅，但同时也应该讲究文采，以便雅俗共赏。

(四) 演讲稿的作用

演讲稿是人们在日常工作和社会生活中经常使用的一种文体。它可以用来交流思想、感情，表达主张、见解；也可以用来介绍自己的学习、工作情况和经验。演讲稿可以把演讲者的观点、主张和思想感情传达给听众和读者，使他们信服并在思想感情上产生共鸣。演讲稿可以整理演讲者的思路，提示演讲的内容，限定演讲的速度；演讲稿通过对语言的推究，提高语言的表现力，增强语言的感染力。

(五) 演讲稿的结构和写法

演讲稿一般由标题、称谓和正文三部分组成。

1. 标题

演讲稿的标题无固定格式，可以用"演讲稿""演讲词"作标题，也可以自由拟题。

如"扬起生命的风帆""我有一个梦想""当代大学生应具备什么素质"等。成功的标题能概括演讲的中心内容，体现演讲的内容风格，还能发人深思，引人入胜。

2. 称谓

演讲稿的称谓提行顶格加冒号，常用"同志们："" 朋友们："等，也可以根据受听对象和讲演内容需要决定称呼。有时也省略称谓。得体的称呼使人感到亲切，会唤起听众的注意，拉近演讲者与听众的感情距离。在长篇演讲中，除开头称呼外，可以在演说过程中穿插使用称呼，起提示听众注意的作用。

3. 正文

演讲稿的正文分开头、主体和结尾三个部分，其结构原则与一般文章的结构原则大致相同。

(1) 开头。演讲的开头，也称开场白。它在演讲稿的结构中处于显要地位，具有特殊作用。开头的方式灵活多样：或开门见山，揭示主题；或说明情况，介绍背景；或提出问题，引起关注；或以讲述、引用故事开头，激发听众兴趣；或以设置情境开头，唤起听众情绪；或以幽默、自嘲的方式开头，活跃场上气氛。开头要有较强的吸引力，力求抓住听众，沟通演讲者与听众的心理。好的开场白能够紧紧地抓住听众的注意力，为整场演讲的成功打下基础。

(2) 主体。主体是演讲的核心部分，能否写好，直接关系到演讲的质量和效果。主体部分的写作，应注意以下几点。

① 确定好结构。一般来说，演讲稿的主体即中心内容有三种类型：

记叙性演讲稿，以对人物事件的叙述和生活画面描述行文；

议论性演讲稿，以典型事例和理论为论据，用逻辑方式行文，用观点说服听众；

抒情性演讲稿，用热烈的抒情性语言表明观点，以情感人，说服听众，寓情于事、寓情于理、寓情于物。

结构形式不管怎样变化，都要求内容突出，问题说透，推理严密，层次清晰，情理交融。

② 组织好材料。演讲稿的理论论据和事实论据的组织安排要适当。一方面必须保证例证的真实性、典型性；另一方面内容应言简意赅、起到画龙点睛的作用。

③ 构筑演讲高潮。一个成功的演讲，不可能没有高潮。要构筑演讲的高潮，首先要注重思想感情的升华。必须对某个问题有较为深刻全面的分析、论证，演讲者的思想倾向要逐渐明朗，听众也能逐渐领会演讲者的思想观点，并有可能与演讲者的思想感情产生共鸣，从而构筑高潮。其次要注意语言的锤炼，如可以使用排比、反问等句式增加气势，也可借助名言警句把思想揭示得更深刻。演讲的高潮有如下三个特点：

其一，思想深刻、态度明确，最集中体现演讲者的思想观点；

其二，感情强烈，演讲者的爱憎、喜怒在这里得到尽情宣泄；

其三，语句精炼。

(3) 结尾。结尾是演讲能否走向成功的关键，结尾给听众的印象，往往将代表整个演讲给听众的印象。好的结尾同样可以为演讲添彩。演讲稿的结尾没有固定的格式，或对整个演讲全文要点进行简单小结，或以号召性、鼓动性的话收尾，或以诗文名言以及幽默俏皮的话结尾。但一般原则是要言简意赅、能够使听众精神振奋，给听众留下深刻的印象，并促使听众不断思考和回味，给人"余音袅袅，不绝于耳"的感觉。写结尾不宜草草收兵，也不宜陈词滥调，更不要画蛇添足，比如在本来已经讲完后，又唠叨几句"我讲得不好、请大家批评指正"之类的话，势必让人反感。

(六) 演讲稿的写作要求

演讲稿的写作要求有如下几点：

(1) 了解对象，有的放矢。演讲稿是有特定听众的，因此，写演讲稿首先要了解听众的思想状况、文化程度、职业状况，了解他们所关心和迫切需要解决的问题等，做到有的放矢。了解得越明白透彻，准备也就越充分，演讲就越能引起共鸣，从而收到良好的效果。

(2) 观点鲜明，感情真挚。演讲稿观点鲜明，显示着演讲者对一种理性认识的肯定，显示着演讲者对客观事物见解的透辟程度，能给人以可信性和可靠感。演讲稿还要有真挚的感情，才能打动人、感染人，达到鼓动的效果。因此，它要求在表达上注意感情色彩，把说理和抒情结合起来。既有冷静的分析，又有热情的鼓动；既有所怒，又有所喜；既有所憎，又有所爱。当然这种真的感情不应是"挤"出来的，而是发自肺腑的，是内心情感的自然流露。

(3) 行文变化，富有波澜。演讲稿要写得有波澜，主要不是靠声调的高低，而是在内容安排上有起有伏，有张有弛，富于变化和节奏感，以此集中听众的注意力，引起他们的兴趣。如果能掌握听众的心理特征和认识事物的规律，恰当地选择材料，安排材料，也能使演讲在听众心里激起波澜。内容上有强调，有反复，有比较，有照应，恰当地使用比喻、排比、反问等修辞手法，善于运用格言警句，都能增加行文的变化和波澜，收到良好的效果。

(4) 语言幽默，风趣智慧。演讲稿的幽默法，是用诙谐的语言、逗人发笑的材料或饶有兴趣的方式，来表达演讲内容、抒发演讲者情感的一种艺术手法。莎士比亚说："幽默和风趣是智慧的闪现。"幽默在演讲中起着相当重要的作用，它所产生的谐趣对听众有着巨大的吸引力和感染力。因此，要提高演讲稿的质量，不能不在语言的运用上下一番功夫。

(七) 例文

赠与今年的大学毕业生(1932 年)

胡 适

这一两个星期里，各地的大学都有毕业的班次，都有很多的毕业生离开学校去开始他们的成人事业。学生的生活是一种享有特殊优待的生活，不妨幼稚一点，不妨吵吵闹闹，社会都能纵容他们，不肯严格的要他们负行为的责任。现在他们要撑起自己的肩膀来挑他们自己的担子了。在这个国难最紧急的年头，他们的担子真不轻！我们祝他们的成功，同时也不忍不依据自己的经验，赠他们几句送行的赠言——虽未必是救命毫毛，也许做个防身的锦囊罢！

你们毕业之后，可走的路不出这几条：绝少数的人还可以在国内或国外的研究院继续做学术研究；少数的人可以寻着相当的职业；此外还有做官，办党，革命三条路；此外就是在家享福或者失业闲居了。走其余几条路的人，都不能没有堕落的危险。堕落的方式很多，总括起来，约有这两大类：

第一是容易抛弃学生时代求知识的欲望。你们到了实际社会里，往往学非所用，往往所学全无用处，往往可认完全用不着学问，而一样可认胡乱混饭吃，混官做。在这种环境里即使向来抱有求知识学问的人，也不免心灰意懒，把求知的欲望渐渐冷淡下去。况且学问是要有相当的设备的：书籍，实验室，师友的切磋指导，闲暇的工夫，都不是一个平常要糊口养家的人的能容易办到的。没有做学问的环境，又谁能怪我们抛弃学问呢？

第二是容易抛弃学生时代理想的人生的追求。少年人初次和冷酷的社会接触，容易感觉理想与事实相去太远，容易发生悲观和失望。多年怀抱的人生理想，改造的热诚，奋斗的勇气，到此时候，好像全不是那么一回事了。渺小的个人在那强烈的社会炉火里，往往经不起长时期的烤炼就熔化了，一点高尚的理想不久就幻灭了。抱着改造社会的梦想而来，往往是弃甲抛兵而走，或者做了恶势的俘虏。你在那俘房牢狱里，回想那少年气壮时代的种种理想主义，好像都成了自误误人的迷梦！从此以后，你就甘心放弃理想人生的追求，甘心做现在社会的顺民了。要防御这两方面的堕落，一面要保持我们求知识的欲望，一面要保持我们对人生的追求。

要防御这两方面的堕落，一面要保持我们求知识的欲望，一面要保持我们对于理想人生的追求。有什么好方法子呢？依我个人的观察和经验，有三种防身的药方是值得一试的。

第一个方子只有一句话："总得时时寻一两个值得研究的问题！"问题是知识学问的老祖宗：古往今来一切知识的产生与积聚，都是因为要解答问题——要解答实用上的困难和理论上的疑难。所谓"为知识而求知识"，其实也只是一种好奇心追求某种问题的解答，不过因为那种问题的性质不必是直接应用的，人们就觉得这是"无所为"的求知识了。我们出学校之后，离开了做学问的环境，如果没有一二个值得解答的问题在脑子里盘旋，就很难保持学问的热心。可是，如果你有了一个真有趣的问题逗你去想他，天天引诱你去解决他，天天对你挑衅你无可奈何他——这时候，你就会同恋爱一个女子发了疯一样，坐也坐不下，睡也睡不安，没工夫也得偷出工夫去陪她，没钱也得缩衣节食去巴结她。没有书，你自会变卖家私去买书；没有仪器，你自会典押衣物去置办仪器；没有师友，你自会不远千里去寻师访友。你只要有疑难问题来逼你时时用脑子，你自然会保持发展你对学问的兴趣，即使在最贫乏的知识中，你也会慢慢的聚起一个小图书馆来，或者设置起一所小试验室来。所以我说：第一要寻问题。脑子里没有问题之日，就是你知识生活寿终正寝之时！古人说，"待文王而兴者，凡民也。若夫豪杰之士，虽无文王犹兴。"试想伽利略(GALIEO)和牛顿(NEWTON)有多少藏书？有多少仪器？他们不过是有问题而已。有了问题而后他们自会造出仪器来解决他们的问题。没有问题的人们，关在图书馆里也不会用书，锁在试验室里也不会有什么发现。

第二个方子也只有一句话："总得多发展一点非职业的兴趣。"离开学校之后，大家总是寻个吃饭的职业。可是你寻得的职业未必就是你所学的，未必是你所心喜的，或者是你所学的而和你性情不相近的。在这种情况之下，工作往往成了苦工，就不感兴趣了。为糊口而做那种非"性之所近而力之所能勉"的工作，就很难保持求知的兴趣和生活的理想主义。最好的救济方法只有多多发展职业以外的正当兴趣与活动。一个人应该有他的职业，也应该有他非职业的玩艺儿，可以叫做业余活动。往往他的业余活动比他的职业还更重要，因为一个人成就怎样，往往靠他怎样利用他的闲暇时间。他用他的闲暇来打麻将，他就成了个赌徒；你用你的闲暇来做社会服务，你也许成个社会改革者；或者你用你的闲暇去研究历史，你也许成个史学家。你的闲暇往往定你的终身。英国十九世纪的两个哲人，弥儿(MILL)终身做东印度公司的秘书，然而他的业余工作使他在哲学上＇、经济学上、政治思想史上都占一个很高的位置；斯宾塞(SPENCER)是一个测量工程师，然而他的业余工作使他成为前世纪晚期世界思想界的一个重镇。古来成大学问的人，几乎没有一个不善用他的闲暇时间的。特别在这个组织不健全的中国社会，职业不容易适合我们的性情，我们要想生活不苦痛不堕落，只有多方发展业余的兴趣，使我们的精神有所寄托，使我们的剩余精力有所施展。有了这种心爱的玩艺儿，你就做六个钟头抹桌子工作也不会感觉烦闷了，因为你知道，抹了六点钟的桌子之后，你可以回家做你的化学研究，或画完你的大幅山水，或写你的小说戏曲，或继续你的历史考据，或做你的社会改革事业。你有了这种称心如意的活动，生活就不枯寂了，精神也就不会烦闷了。

第三个方法也只有一句话："你得有一点信心。"我们生当这个不幸的时代，眼中所见，耳中所闻，无非是叫我们悲观失望的。特别是在这个年头毕业的你们，眼见自己的国家民族沉沦到这步田地，眼看世界只是强权的世界，望极天边好像看不见一线的光明－－在这个年头不发狂自杀，已算是万幸了，怎么还能够保持一点内心的镇定和理想的信任呢？我要对你们说：这时候正是我们要培养我们的信心的时候！只要我们有信心，我们还有救。

古人说："信心(FAITH)可以移山。"又说："只要工夫深，生铁磨成绣花针。"你不信吗？当拿破仑的军队征服普鲁士占据柏林的时候，有一位教授叫做费希特(FICHTE)的，天天在讲堂劝他的国人要有信心，要信仰他们的民族是有世界的特殊使命的，是必定要复兴的。费希特死的时候，谁也不能预料德意志统一帝国何时可以实现。然而不满五十年，新的统一的德意志帝国居然实现了。

一个国家的强弱盛衰，都不是偶然的，都不能逃出因果的铁律的。我们今日所受的苦痛和耻辱，都只是过去种种恶因种下的恶果。我们要收获将来的善果，必须努力种现在新因。一粒一粒的种，必有满仓满屋的收，这是我们今日应有的信心。

我们要深信：今日的失败，都由于过去的不努力。

我们要深信：今日的努力，必定有将来的大收成。

佛典里有一句："福不唐捐。"唐捐就是白白的丢了。我们也应该说："功不唐捐！"没有一点努力是会白白的丢了的。在我们看不见想不到的时候，在我们看不见的方向，你瞧！你下的种子早已生根发叶开花结果了！

你不信吗？法国被普鲁士打败之后，割了两省地，赔了五十万万法郎的赔款。这时候有一位刻苦的科学家巴斯德(PASTEUR)终日埋头在他的化学试验室里做他的化学试验和微菌学研究。他是一个最爱国的人然而他深信只有科学可以救国。他用一生的精力证明了三个科学问题：(1) 每一种发酵作用都是由于一种微菌的发展；(2) 每一种传染病都是一种微菌在生物体内的发展；(3) 传染病的微菌，在特殊的培养之下可以减轻毒力，使他们从病菌变成防病的药苗。——这三个问题在表面上似乎都和救国大事业没有多大关系。然而从第一个问题的证明，巴斯德定出做醋酿酒的新法，使全国的酒醋业每年减除极大的损失。从第二个问题的证明，巴斯德教全国的蚕丝业怎样选种防病，教全国的畜牧农家怎样防止牛羊瘟疫，又教全世界怎样注重消毒以减少外科手术的死亡率。从第三个问题的证明，巴斯德发明了牲畜的脾热瘟的疗治药苗，每年替法国农家减除了二千万法郎的大损失；又发明了疯狗咬毒的治疗法，救济了无数的生命。所以英国的科学家赫胥黎(Huxley)在皇家学会里称颂巴斯德的功绩道："法国给了德国五十万万法郎的赔款，巴斯德先生一个人研究科学的成就足够还清这一笔赔款了。"

巴斯德对于科学有绝大的信心，所以他在国家蒙奇辱大难的时候，终不肯抛弃他的显微镜与试验室。他绝不想他有显微镜底下能偿还五十万万法郎的赔款，然而在他看不见想不到的时候，他已收获了科学救国的奇迹了。

朋友们，在你最悲观失望的时候，那正是你必须鼓起坚强的信心的时候。你要深信：天下没有白费的努力。成功不必在我，而功力必不唐捐。

二、开幕词

(一) 开幕词的含义

开幕词是在重要会议和聚会、晚会等活动开始前，由主持人或相关领导、社会名流所发表的讲话文体。开幕词分为侧重性开幕词和一般性开幕词两类，前者往往对会议和活动的历史背景、重大意义和中心议题作详细阐述，后者则只对会议或活动的目的、议程、来宾等作简要概述。

(二) 开幕词的特点

开幕词具有两个特点：一是庄重性，只有在比较重大的会议或活动才会举行开幕式，致开幕词者具有一定的身份地位，因此开幕词要注意分寸尺度，既不能过于时尚，又不能陈词滥调。二是宣传性，开幕词通常体现了会议或活动的指导思想，为保证会议或活动的顺利进行，致辞者要以具有一定鼓动力、感染力和号召力的语言，激发参与者的积极性。

(三) 开幕词的结构和写法

开幕词一般由标题、称谓、正文三个部分组成。

(1) 标题。开幕词的标题通常有三种写法，一是会议名称加文种组成，如"国庆晚会开幕词"；二是前面再加上致辞人姓名，如"××同志在××代表大会上的开幕词"，或"××同志在××代表大会开幕式上的讲话"；三是分正、副标题，主标题概括或揭示内容中心或主旨，如《我们的文学应走在世界前列——中国作家协会第四次代表大会开幕词》。

(2) 称谓。开幕词的称谓比较正式，一般用"同志们""代表们""各位朋友、代表们"等。

(3) 正文。开幕词的正文一般包括开头、主体和结尾三部分。开头部分宣布会议或活动正式开始，主体部分可以介绍会议或活动的主题、宗旨，分析面临形势，阐释会议的意义、作用和影响。结尾提出希望和号召，如"预祝大会圆满成功"，语气上要带有号召力和鼓动性，用以适当调动现场气氛。

(四) 开幕词的写作要求

开幕词的写作要求有如下几点：

（1）庄重热情。开幕词要正式宣布会议的开始，对参加者和来宾的到来表示欢迎，结束语还要带有号召力和鼓动性，因此开幕词既要庄重，又要表示出适度的热情，以调动气氛。

（2）主题明确。开幕词的主要内容应围绕会议或活动的主题或基本精神展开，与会议或活动无关的话题没有必要放入。

（3）简洁明晰。开幕词的语言要生动、简洁，结构要严谨、严密，篇幅不长，不需要长篇大论。用词要口语化，力求生动。

（五）例文

国际奥委会主席巴赫在 2022 冬奥会开幕式上的致辞

奥林匹克运动员们，尊敬的中华人民共和国习近平主席阁下，尊敬的联合国秘书长古特雷斯阁下，联合国大会主席沙希德阁下，北京冬奥组委主席蔡奇先生，各位来宾，奥林匹克运动的朋友们：

欢迎参加北京 2022 年冬奥会！祝中国朋友们新年快乐，新春快乐，虎年大吉！

今年是虎年，也是奥运年，虎年和奥运年都代表着雄心、勇气和力量。如今，正是凭借着这份雄心，中国已是一个冬季运动之国。在中国，有超过 3 亿人在约 2000 座滑雪场和溜冰场上参与冬季体育运动。中国在冬季运动方面取得的非凡成就，开启了全球冬季运动的新时代，将使全球冬季运动参与度登上新台阶，让中国人民和全球各地的冬季运动爱好者从中受益。

今天，我们之所以能够书写体育运动史的这一全新篇章，要归功于我们热情的东道主，也就是全体中国人民。我衷心地感谢中国人民的热情款待。谢谢你们，中国朋友！

我们要特别感谢全体志愿者。从我们抵达的第一刻起，你们就给了我们宾至如归的感受。你们眼中的微笑温暖着我们的心。谢谢你们，志愿者！

遗憾的是，目前全球疫情仍然是我们要面对的现实，因此，我们要感谢北京冬奥组委、中国政府部门和全体中国人民，感谢你们让本届冬奥会能够举办，感谢你们让所有的人都能够安全地参与本届冬奥会。我们之所以能够在这里相聚，得益于中国及世界各地无数的医护人员、科研人员以及所有人员的主动奉献。谢谢你们的辛勤付出与团结协作。

基于同样的精神，我们也欣喜地看到，疫情并没有阻碍运动员们实现奥运梦想。奥林匹克运动员们，奥运舞台已经为你们搭好，你们克服了重重困难，经历了诸多不确定因素，最终来到了这里。现在，你们即将迎来自己的时刻，这是你们一直长久期待的时刻，也是我们都长久期待的时刻。现在，你们将在中国数亿新冬季运动爱好者的支持下，在恢弘的运动场馆内，实现你们的奥运梦想。作为奥林匹克运动员，你们将向世人展示，如果我们遵守同一规则，并且彼此尊重，世界将会是怎样的一番景象。在未来的两周时间里，你们将为最高荣誉展开激烈角逐，与此同时，也将在奥运村的同一个屋檐下和谐共处，在奥运村里，不会有任何理由的歧视存在。

我们所在的这个世界是脆弱的，分裂、冲突和猜疑正在日益升级。我们要向世界证明，是的，竞争激烈的对手也能够和平共处、彼此尊重。这就是奥林匹克运动会的使命，让人们在和平竞争当中团结一心。奥运会总是搭建沟通的桥梁，绝不会筑起一道道高墙。奥运会让我们保留多样性的同时，把我们团结在一起。这一崇高使命，得到了联合国大会的强力支持。联合国大会以 173 个会员国全体协商一致通过了《奥林匹克休战决议》。决议当中明确提到了奥林匹克运动员，感谢你们借助奥林匹克理想，促进世界和平与人类的相互理解。本着奥林匹克和平精神，我呼吁全球各国政府，遵守你对奥林匹克休战的承诺，给和平一个机会。

亲爱的运动员们，我们与你们站在一起，我们都在支持着你们，我们都在为你们加油喝彩！愿这样的支持能够鼓励你们团结一致，共同实现更快、更高、更强。如此一来，你们将在这个奥运年，以虎年的雄心、勇气和力量来鼓舞全世界的人们。

现在，我荣幸地邀请中华人民共和国主席习近平阁下宣布北京 2022 年第二十四届冬季奥林匹克运动会开幕。

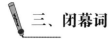

三、闭幕词

(一) 闭幕词的含义

闭幕词是在重要会议和聚会、晚会等活动结束时，由主持人或相关领导、社会名流所发表的带总结性的讲话文体。闭幕词一般对会议活动的基本情况进行总结，评价其影响和意义，提出今后的任务。闭幕词常与开幕词相呼应，首尾相照，显示出会议或活动的组织严密。

(二) 闭幕词的特点

闭幕词具有如下特点：

(1) 宣告性。闭幕词是会议的尾声，宣布会议完成使命闭幕。

(2) 总结性。闭幕词一般要对整个会议进行总结，对会议精神进行高度概括，为会议性质定下结论。

(3) 评估性。闭幕词中要对会议取得的成果进行评价，解决了哪些问题，完成了哪些任务，得到了哪些经验教训。

(三) 闭幕词的结构和写法

闭幕词一般由标题、称谓、正文三个部分组成。

(1) 标题。闭幕词通常以会议或活动名称加文种"闭幕词"为标题，也可以在前面加上致辞人的姓名，如"中华人民共和国第十届运动会闭幕词"，或"××同志在××代表大会上的闭幕词"，或"××同志在××代表大会闭幕式上的讲话"。

(2) 称谓。闭幕词的称谓一般用"同志们""代表们""各位朋友、代表们"等较为正式的称呼。

(3) 正文。闭幕词的正文一般包括开头、主体和结尾三部分。开头可以先问候参会者并感谢其支持，主体部分可以回顾会议或活动的进程，概括主要内容和取得的成果，肯定会议或活动的意义，对出现的问题则表明立场，还可以提出今后的任务和要求。结尾部分正式宣布会议或活动的结束，并提出希望和号召。

(四) 闭幕词的写作要求

闭幕词的写作要求有如下几点：

(1) 庄重热情。和开幕词互相呼应，闭幕词宣布会议或活动的正式结束，并对参与者期间的努力和付出表示感谢，因而既要庄重，又要热情。

(2) 适当总结。闭幕词可以对会议或活动的成果进行简要评析或作出总结，还可以提出一些建设性意见供参与者考虑，但不必涉及所有内容。

(3) 简洁明晰。闭幕词的语言要简洁流畅，节奏明快，篇幅不要过长，用词要口语化，力求生动。

(五) 例文

国际奥委会主席巴赫在 2022 冬奥会闭幕式上的致辞

尊敬的中华人民共和国主席习近平阁下，北京冬奥组委主席蔡奇先生，奥林匹克运动的朋友们，亲爱的运动员们：

在过去的 16 天里，我钦佩你们的出色表现，你们每一个人都力争取得最佳成绩，但你们也希望竞争对手取得最佳成绩，并为他们加油，我们为此深受感动。

你们不仅彼此尊重，还相互支持，即使有的地方因为冲突而对立，但你们彼此拥抱。你们克服了这些分歧，证明了无论我们有着怎样的面容，无论我们来自何方，我们在这个奥林匹克大家庭里人人平等。奥运会团结的力量，比那些试图分离我们的力量更加强大。你们给和平提供了一个机会，愿你们树立的团结与和平的榜样鼓舞全世界的政治领导人。

我们与所有因为疫情而无法实现奥运梦想的运动员们分享这份奥林匹克精神，你们的缺席令我们伤心，但是，你们现在是，并且永远都会是我们奥林匹克大家庭的一分子。要最终战胜这次疫情，我们必须追求"更快、更高、更强——更团结"。本着奥林匹克运动的团结、友爱精神，我们呼吁国际社会，请为全世界每个人提供平等的疫苗接种机会。

奥林匹克精神之所以如此闪耀，得益于中国人民为我们出色地搭建了安全的奥运舞台。本届奥运会的奥运村独具匠心，场馆令人叹为观止，组织工作非凡卓越，国际奥委会、国际单项体育联合会、全球合作伙伴、持权转播商对我们的支持坚定不移。

我们要向北京冬奥组委、中国政府部门，以及我们在中国所有的合作伙伴和朋友们致以最诚挚的谢意。我谨代表全球最优秀的冰雪运动员们，向你们表示感谢。谢谢你们，中国朋友！我要对所有的志愿者说，你们眼中的笑意温暖了我们的心田，你们的友好善意将会永驻我们心中。志愿者，谢谢你们！

我们之所以能够有如此难忘的经历，都要归功于我们热情好客的东道主——全体中国人民。目前中国已经有三亿多人参与冰雪运动，中国的冰雪运动员取得了巨大成功。这是一届真正无与伦比的冬奥会，我们欢迎中国成为冰雪运动大国，祝贺中国！现在，我不得不为这段令人难忘的奥运经历画上句号，我宣布，北京 2022 年第二十四届冬季奥林匹克运动会闭幕。

按照奥林匹克传统，我号召全世界青年 4 年之后在意大利米兰-科尔蒂纳丹佩佐相聚，与我们所有的人一起参加第二十五届冬季奥林匹克运动会。

四、祝词

(一) 祝词的含义

祝词，也称祝贺词，适用于各类喜庆场合中对人对事表示良好祝愿和隆重祝贺的一种文体，主要适用于典礼、剪彩、开业、寿辰、婚礼、酒会等重要场合。

(二) 祝词的种类

根据祝愿对象和内容的不同，祝词可以分为五类：一是节日祝词，如"春节祝词""国庆讲话"等；二是寿诞祝词，向老年人和亲朋好友祝贺生日时使用；三是婚礼祝词，结婚典礼上祝贺新人时使用；四是祝酒词，用于各种酒会、宴会和招待会；五是事业祝词，祝贺个人或单位事业发达，这类祝词运用广泛，诸如会议开幕闭幕、工程剪彩竣工、公司开张乔迁以及周年庆典活动等均可使用。

(三) 祝词的特点

祝词用语要注意准确、得体，语调要热烈、欢快，结构要紧凑、完整，富有感情色彩，态度要诚恳，对受贺者的评价和赞颂要恰如其分，切不可虚情假意，也不能使用辩论、责备、鄙视的语气。

(四) 祝词的结构和写法

祝词一般由标题、称谓、正文、结尾、落款五个部分组成。

(1) 标题。祝词于第一行居中写标题，可以注明类别，如"祝婚词""祝酒词"，或者写明祝贺对象或主旨。

(2) 称谓。祝词的称谓在标题下一行顶格写被祝贺的单位名称或个人姓名，称呼前可加"尊敬的""亲爱的"等修饰定语表示敬重，称呼后加职位、头衔，或"先生""女士"等泛称。

(3) 正文。祝词的正文根据不同的祝贺对象具体陈述不同的内容，或肯定其工作成绩、称赞其所作贡献，或赞颂长者福如东海、寿比南山，或称颂新娘新郎情投意合、相敬如宾等。

(4) 结尾。祝词以祝愿、希望、共勉之类的言辞收尾，如"祝您健康长寿""祝生意兴隆、财源滚滚"等。

(5) 落款。祝词的落款要写明祝贺单位或个人姓名的全称，如果标题中已经涉及，此处可省略。

(五) 祝词的写作要求

祝词的写作要求有如下几点：

(1) 感情真挚。祝词种类虽多，但均为表示祝贺之意，要感情真挚、态度诚恳，让对方充分体会到祝贺者的真心实意。

(2) 主题明确。祝词适用于不同的场合，要了解对方的基本情况，根据身份的不同，紧扣祝贺事由致不同的祝词，并做到言之有物。

(3) 雅俗共赏。祝词适用于公开场合，要隆重热烈、别致贴切，雅俗共赏、亦庄亦谐，这样才能调动气氛。祝词要避免使用不吉祥的用语。

(4) 篇幅精短。祝词宜短小精悍，不必长篇大论。用词要口语化，力求生动。

(六) 例文

国家主席习近平二〇二二年新年贺词

2021 年 12 月 31 日

大家好，2022 年即将到来。我在北京向大家致以新年祝福！

回首这一年，意义非凡。我们亲历了党和国家历史上具有里程碑意义的大事。"两个一百年"奋斗目标历史交汇，我们开启了全面建设社会主义现代化国家新征程，正昂首阔步行进在实现中华民族伟大复兴的道路上。

从年头到年尾，农田、企业、社区、学校、医院、军营、科研院所……大家忙了一整年，付出了，奉献了，也收获了。在飞逝的时光里，我们看到的、感悟到的中国，是一个坚韧不拔、欣欣向荣的中国。这里有可亲可敬的人民，有日新月异的发展，有赓续传承的事业。

七月一日，我们隆重庆祝中国共产党成立一百周年。站在天安门城楼上感慨系之，历史征程风云激荡，中国共产党人带领亿万人民经千难而百折不挠、历万险而矢志不渝，成就了百年大党的恢宏气象。不忘初心，方得始终。我们唯有踔厉奋发、笃行不怠，方能不负历史、不负时代、不负人民。

党的十九届六中全会通过了党的第三个历史决议。百年成就使人振奋，百年经验给人启迪。我曾谈到当年毛主席与黄炎培先生的"窑洞对"，我们只有勇于自我革命才能赢得历史主动。中华民族伟大复兴绝不是轻轻松松、敲锣打鼓就能实现的，也绝不是一马平川、朝夕之间就能到达的。我们要常怀远虑、居安思危，保持战略定力和耐心，"致广大而尽精微"。

大国之大，也有大国之重。千头万绪的事，说到底是千家万户的事。我调研了一些地方，看了听了不少情况，很有启发和收获。每到群众家中，常会问一问，还有什么困难，父老乡亲的话我都记在心里。

民之所忧，我必念之；民之所盼，我必行之。我也是从农村出来的，对贫困有着切身感受。经过一代代接续努力，以前贫困的人们，现在也能吃饱肚子、穿暖衣裳，有学上、有房住、有医保。全面小康、摆脱贫困是我们党给人民的交代，也是对世界的贡献。让大家过上更好生活，我们不能满足于眼前的成绩，还有很长的路要走。

黄河安澜是中华儿女的千年期盼。近年来，我走遍了黄河上中下游 9 省区。无论是黄河长江"母亲河"，还是碧波荡漾的青海湖、逶迤磅礴的雅鲁藏布江；无论是南水北调的世纪工程，还是塞罕坝林场的"绿色地图"；无论是云南大象北上南归，还是藏羚羊繁衍迁徙……这些都昭示着，人不负青山，青山定不负人。

　　这一年，还有很多难忘的中国声音、中国瞬间、中国故事。"请党放心、强国有我"的青春誓言，"清澈的爱、只为中国"的深情告白；"祝融"探火、"羲和"逐日、"天和"遨游星辰；运动健儿激情飞扬、奋勇争先；全国上下防控疫情坚决有力；受灾群众守望相助重建家园；人民解放军指战员、武警部队官兵矢志强军、保家卫国……无数平凡英雄拼搏奋斗，汇聚成新时代中国昂扬奋进的洪流。

　　祖国一直牵挂着香港、澳门的繁荣稳定。只有和衷共济、共同努力，"一国两制"才能行稳致远。实现祖国完全统一是两岸同胞的共同心愿。真诚期盼全体中华儿女携手向前，共创中华民族美好未来。

　　我同外国领导人及国际组织负责人电话沟通、视频连线时，他们多次赞扬中国抗疫和为全球疫情防控所作的贡献。截至目前，中国累计向120多个国家和国际组织提供20亿剂新冠疫苗。世界各国风雨同舟、团结合作，才能书写构建人类命运共同体的新篇章。

　　再过一个多月，北京冬奥会、冬残奥会就要开幕了。让更多人参与到冰雪运动中来，这也是奥林匹克运动的题中之义。我们将竭诚为世界奉献一届奥运盛会。世界期待中国，中国做好了准备。

　　新年的钟声即将敲响。我们的三位航天员正在浩瀚太空"出差"，海外同胞仍在辛勤耕耘，使领馆、中资企业等海外派驻人员和广大留学生仍在勇毅坚守，无数追梦人还在奋斗奉献。大家辛苦了，我向大家致以诚挚的新年问候！

　　让我们一起向未来！祝福国泰民安！

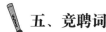 五、竞聘词

(一) 竞聘词的含义

　　竞聘词，也称竞聘演讲稿、竞聘讲话稿。它是竞聘者为了实现竞争上岗，充分展现自我应聘条件的讲演稿。自总统竞选，至办公室主任的竞聘上岗，都要使用，随着竞争时代的到来，竞聘词在日常生活中的作用越来越明显。

(二) 竞聘词的特点

　　竞聘词是针对某一竞争目标而进行的演讲，具有如下几个特点：

　　(1) 目标的明确性：写作时要明确指出自己所要竞聘的目标岗位。

　　(2) 内容的竞争性：要显出"人无我有""人有我强""人强我新"的优势。

　　(3) 主题的集中性：指观点集中，重点突出。

　　(4) 材料的真实准确性：指所选材料符合竞聘者的实际情况，都是客观真实的，且所谈事实和所用材料、数字都要准确无误。

　　(5) 思维的逻辑性：指竞聘词的思维脉络要遵循一定的逻辑性。

　　(6) 措施的可操作性：指工作措施有可操作性，符合现实情况。

(三) 竞聘词的结构和写法

　　竞聘词一般由标题、称谓、正文和署名四个部分组成。

1. 标题

竞聘词的标题可有三种写法。一是文种标题法，如《竞聘词》；二是公文标题法，由竞聘人和文种构成或竞聘职务和文种构成，如《关于竞聘××大学图书馆馆长的竞聘词》；三是文章标题法，可以采用单行标题形式，也可采用正副标题形式，如《脚踏实地光明磊落——竞聘学校办公室主任的竞聘词》。

2. 称谓

竞聘词的称谓是对专家、评委或听众的称呼。一般用"各位评委""各位听众"等。

3. 正文

(1) 开头。竞聘词的开头要明确地表明自己竞聘的职务和竞聘的缘由，应自然真切，干净利落。

(2) 主体。竞聘词的主体部分先介绍个人情况，包括年龄、政治面貌、学历、现任职务等；再介绍自己优于他人的竞聘条件，如政治素质、业务水平、工作能力等；最后提出自己任职后的施政构想、施政措施等。

(3) 结尾。竞聘词的结尾要用最简洁明快的语言表明竞聘的决心和信心。

4. 署名

竞聘词可在标题下居中书写竞职者的姓名，也可将署名和竞聘日期置于正文后右下方的落款处。

(四) 竞聘词的写作技巧

竞聘词的写作技巧有如下几点：

1. 先声夺人

竞聘词一定要体现出竞争性，在演说之初就必须在气势上争取主动。开头的方式可以是潇洒豪放的，如"拿破仑曾说，不想当将军的士兵不是好士兵。本人虽算不上好士兵，但是也愿谨遵巨人教诲，当个好将军，故此登台亮相，毛遂自荐。"也可以是新巧睿智的，如："俗话说：胆小不得将军做。对此我却不敢苟同，有例为证：汉代韩信为度过险境，忍受街上无赖的胯下之辱，可谓胆小，但是最终却成为将军。本人素以胆小著称，却偏有鸿鹄之志，故斗胆走上台来，倾诉心中夙愿，并自信会成为一个正直磊落、心地善良、胆小而不怕事的好官。"还可以是坦率质朴的，如"首先说明一下，此次登台，并无非当上官不可的奢望，只想响应一下人事制度改革的召唤，并借此结识一下新朋友，使大家认识我，了解我，喜欢我！"

2. 突出优势

获取竞聘演讲成功的关键在于能够充分展示竞聘者的竞争优势。

(1) 任期目标明确。竞聘者提出的任期目标要明确具体，才能使人信服。比如竞聘厂长，对未来的生产规模、产品质量、经济效益、技术水平、职工福利等项目，任务、指标要明确，能量化的要尽量量化，不能量化的要具体化。

(2) 施政构想充分。竞聘者必须联系实际、体现岗位特点、注重破解难点问题、顺应客观形势来谈施政构想。特别是职工关注的焦点、难点问题，能在多大程度上解决、解决多少，竞聘者都应该胸有成竹地提出来。

(3) 施政措施得当。竞聘者围绕实现未来任期目标所构想的措施，必须切实可行，具有可操作性。还能体现出创新意识和创新精神。

(4) 个人优势突出。个人优势要根据设置岗位的实际需要，有选择、有针对性地介绍，或在经历上突出优势，或在素质上突出优势，或在构想上突出优势，或在语言技巧上突出优势等。通常有政治、思想、文化等方面的素质；有管理、组织、协调、等方面的能力；有领悟政策的理论水平；有个人资历、工作经验、专业技术等。

3. 结尾恳切有力

竞聘词的结尾，也要认真对待，以便于给听众留下更深更好的印象。可以卒章显志表真诚，也可以发出号召表真心，还可以借景抒情显水平等，也可以干脆利落，随要说的东西说完而戛然而止，不另外作结。

(五) 竞聘词的写作要求

竞聘词的写作要求有如下几点：

(1) 实事求是，明确具体。竞聘者应实事求是，言行一致。每介绍一段经历、一项业绩都必须客观实在。给国家做出什么贡献，给单位创造什么效益，给职工提供什么福利，一定要清楚，不能吞吞吐吐，模棱两可。

(2) 调查研究，有的放矢。竞聘词是针对某岗位而展开的，因此，写作前必须了解岗位的情况，力争找到解决问题的最佳途径，以便战胜对手。

(3) 谦虚诚恳，平和礼貌。专家、评委及与会者是不会接受狂妄傲慢、目中无人的竞聘者并委以重任的，竞聘词的语言既要生动，有风采，同时又要谦逊可信，情感真挚。

(六) 例文

学生会主席竞聘词

各位领导，老师，同学们：

大家晚上好!非常高兴也很荣幸，能站在这个讲台上，参加学生会主席的竞选，今天我竞选的职位是学生会主席。过去的工作经验和能力的积累，使我觉得自己有能力肩负这一重任，调解好老师和同学们之间的关系，组织好我系各项活动，丰富同学们的生活，相信在领导和老师以及各位同学的支持下我会很好地完成各项工作。

对于学生工作我是有着深厚的感情的，在初高中时期我曾担任过班长的工作，获得了不少经验，一进入大学校门我就主动加入了院学生会，成为院纪律检查委员会的一员。这些年的学生工作经验使我对学生会的结构和运作有一定的了解，也充满了热情。我自信能担任好学生会主席一职。

如果我当选了汽车系学生会主席，我将做好自己本职工作。在系领导、老师的指导下，以狠抓学风、班风建设为方向，积极开展学生思想教育，努力提高本系学生的整体素质。"求真、务实、开拓、创新"，将我系的学生工作做"小"、做"细"，为同学服务，为老师分忧。在此基础上我将重点做好以下几点：

第一，做好迎新工作，开展丰富、全面的入学教育活动，帮助大一新生更快更好地适应这里的生活。将"比学风，促班风"活动长久开展下去，坚持开展以"三大竞赛"为代表的各项学习竞赛。浓厚我系学习氛围，使同学们充分认识到"勤学积淀才干，奋斗铸就未来"的理念。选拔一批成绩优异的同学成立学科兴趣小组，帮助同学解答学习过程中遇到的困难。

第二，使学生会工作人性化，加强与班委及班级代表的沟通，了解同学们在学习生活中的现况和存在的问题，切实帮助解决广大学生的实际困难。开展丰富多彩的座谈会，让同学们与系领导面对面进行交流，鼓励并引导同学们参与到本系学生工作的讨论中，为学生工作添砖加瓦。在对待"热水收费""洗澡收费"等改革举措上，及时向系领导反映同学们的心声，积极探讨解决问题的方法；在针对"抵制日货"等一些敏感问题上，及时开展交流会，纠正部分偏激思想。

第三，正确引导"学通社""蓝宙科技小组"这些优秀社团开展活动。充分发挥"英语角"等特色小组的榜样作用，开展形式多样的学习娱乐活动，充分发挥他们的优势，让"看到汽车系文字，听到汽车系声音，了解汽车系文化"成为现实，为汽车系打开一个又一个交流窗口。

完善学生会内部的例会制度，做好各项会议的记录工作。精简学生会部门，明确各部门的工作范围，将各项工作细致地分配到部，提高办事效率，充分发挥各部的优势，让学生会每个成员得到充分的锻炼。

如果我竞选成功，我将努力做到：严格要求，严密制度，严守纪律；勤学习，勤调查，勤督办。以共同的目标来凝聚大家，以有效的管理来激励大家，以自身的行动来带动大家。努力做到大事讲原则，小事讲风格，共事讲团结，做事讲效果。我将用真诚、理解和信任对待我们的每一个部员，给他们一个宽松的自我发展和创造的空间。

参加这次竞选无疑是一次绝好的锻炼机会，凭借这么多年的经验，凭借高涨的热情，我确信自己能够胜任学生会工作。今天我在这里努力争取这份责任，希望承担这份责任，不是为了荣誉和名号，而是希望伴随大家一起成长，一起为我系的学生工作献出一分微薄但很坚实的力量。大学生活，一路上有你有我，有彼此的祝福、期待与信任。

我期待你们的信任。谢谢大家！

竞聘人：王玮
2022 年 4 月 28 日

六、海报

（一）海报的含义

海报是在一定的范围内向公众报道或介绍有关电影、戏剧、杂技、体育、学术报告等消息时所使用的一种招贴性应用文。

海报这一名称，最早起源于上海。旧时，上海的人通常把职业性的戏剧演出称为"海"，而把从事职业性戏剧的表演称为"下海"。而作为剧目演出信息的具有宣传性的招徕顾客性的张贴物，人们便把它叫作"海报"。

(二) 海报的种类

根据内容的不同，海报大致可以分为以下几类：

1. 文艺类海报

文艺类海报主要是指告知电影、戏剧、文艺演出和大型公众综艺活动的信息；公布这些文艺活动的名称、时间、地点及内容介绍，以扩大其宣传的力度。

2. 体育类海报

体育类海报主要是指介绍体育赛事和活动。它的内容应使观众愿意身临其境进行观赏，这类海报一般有较强的参与性。

3. 报告类海报

报告类海报主要是指告知举办各种讲座，学术报告，英模报告，政治形势、国际形势报告等内容。

4. 展销类海报

展销类海报主要是告知各种展览活动的海报，如商品展销、科普展览等。

(三) 海报的特点

海报具有张贴性、宣传性和灵活性的特点。海报在某些方面与广告有相似之处，又像是电影、戏剧等宣传画，今天海报越来越注重美观艺术。海报的特点重在告知和宣传，广告除了宣传外，目的重在营销。虽然两者都很注重创意和设计，但海报较广告更随意。海报可以是设计精美的艺术宣传招贴，还可以写在大小不等的纸上张贴，既可以用质量不错的展板设计制作，也可以用黑板写清楚告知的内容。重要的海报需要通过报刊、电台、电视台等媒体进行宣传。

(四) 海报的结构和写法

海报一般由标题、正文和落款三部分组成。

1. 标题

海报的标题非常关键，这是海报的主题和内容的焦点，必须醒目、简洁、新颖。其写法较多，大体可以有以下一些形式：

(1) 单独由文种名构成。即在第一行中间写上"海报"字样。

(2) 直接以活动的内容当题目。如"舞讯""影讯""球讯"等。

(3) 可以使用一些描述性的文字或适当使用修辞手法以突出海报的效果。如"奇异的世界——海洋生物展览""×××再显风采"等。

2. 正文

海报的正文因海报种类的不同而不同。一般来说应写清楚以下一些内容：

(1) 活动的目的和意义。

(2) 活动的名称种类(电影、报告、比赛等)，交代活动的时间、地点、票价等。时间、地点要写得具体明白，必要时还要标出乘车路线。

(3) 参加的具体方法及一些必要的注意事项等。

3. 落款

海报的落款要求署上主办单位的名称及海报的发文日期。

以上的格式是就海报的整体而讲的，实际的使用中，有些内容可以少写或省略。

(五) 海报的写作要求

海报的写作要求有如下几点：

(1) 海报一定要具体真实地写明活动的地点、时间和主要内容。

(2) 海报可以用些鼓动性的词语，但不可夸大事实。

(3) 海报文字要求简洁明了，篇幅要短小精悍。

(4) 海报的版式可以做些艺术性的处理，以吸引观众。同时要重视整体创意和美术设计。

(六) 例文

海报样例参看图 4-1。

图 4-1 海报样例

七、启事

(一) 启事的含义

启事是机关团体、企事业单位或个人有事情需要向公众说明，或者请求有关单位、广大群众帮助时所写的一种说明事项的应用文书。它通常张贴在公共场所或者刊登在报纸、刊物上。

(二) 启事的种类

启事涉及的内容十分广泛，种类繁多。

(1) 按照其内容和目的，可以分为以下四种。

① 寻领类启事。如寻人启事、寻物启事、招领启事等。

② 征召类启事。如征文启事、征婚启事、征稿启事、招聘启事、征订启事等。

③ 告知类启事。如更名启事、开业启事、校庆启事、结婚启事等。

④ 声明类启事。如声明作废、声明无效、声明无关等。

(2) 按照公布的形式，可以分为张贴启事、报刊启事、电视启事、广播启事等。

(三) 启事的特点

启事具有如下特点：

(1) 公开性。当事人希望有更多的公众了解启事的内容，并给予帮助，因此，启事具有公开性。

(2) 知照性。公众对启事的内容和要求可以关注，也可以不关注；可以介入、办理，也可以不介入、办理；因此，启事对公众不具备强制性和约束力，它只具有知照性。

(3) 多样性。启事的内容和用途广泛，几乎涉及日常工作、生活的方方面面。从其发文者看，可以是行政机关、企事业单位、社会团体，也可以是个人；从其社会效用来看，既可以是商业性广告，也可以是事务性的告知。

(四) 启事的结构和写法

启事一般由标题、正文和结尾三部分组成。

1. 标题

启事的标题有多种形式：

(1) 直接用文种"启事"作为标题。

(2) 用"内容 + 文种"的形式，如"开业启事""征文启事"等。

(3) 用"启事者 + 事由 + 文种"的形式，如《××大学招聘教授启事》。

2. 正文

启事的正文是启事的主体部分，主要说明启事事项。启事的正文根据启事内容的不同而有所不同，但一般都包括发出启事的目的、原因、意义，办理启事事项的方式、方法、要求等内容。

3. 结尾

启事的结尾一般包括联系地址、姓名、电话或签署启事者姓名、启事日期等。

(五) 启事的写作要求

启事的写作要求有如下几点:

(1) 内容要明确、简洁、条理清楚。启事是为了公开陈述事情,要让公众了解情况,所以要注意内容明确、简洁、条理分明地告知有关事项的时间、地点、人物、原因、结果、请求事项、联系地址、联系方式等。

(2) 用语要礼貌诚恳。启事作为一种公众文体,有请求公众帮助和给予支持的目的,带有祈请性,因此,写作语言要注意贴切得体。

(六) 例文

"新时代山乡巨变创作计划"征稿启事

党的十八大以来,中国特色社会主义进入新时代。随着脱贫攻坚、全面小康取得决定性胜利,中国创造了人类减贫史上前无古人后无来者的伟大奇迹,中国的广大山村在经历新中国成立之初告别旧社会的山乡巨变之后,又迎来了新时代更为波澜壮阔的山乡巨变,为中国当代文学提供了丰厚的写作资源和生动的写作对象。

一个时代有一个时代的文学。习近平总书记指出:"面对生活之树,我们既要像小鸟一样在每个枝丫上跳跃鸣叫,也要像雄鹰一样从高空翱翔俯视。中国不乏生动的故事,关键要有讲好故事的能力;中国不乏史诗般的实践,关键要有创作史诗的雄心。"歌德也曾告诫青年作家:"要牢牢抓住不断前进的生活不放,一有机会就要检查自己,因为只有这样才能表明,我们现在是有生命力的;也只有这样,在日后的考察中,才能表明我们曾经是有生命力的。只有了解了生活,认识了生活,才能塑造出各种力量运动的碰撞,紧紧依靠生活和现实是文学的基础,超越生活,就是文学作品成为作品的根本条件。"

为贯彻落实习近平总书记在中国文联十一大、中国作协十大开幕式上的重要讲话精神,积极服务乡村振兴战略,以文学力量为新时代山乡铸魂,中国作家协会决定全面启动"新时代山乡巨变创作计划",邀请全国广大作家和所有文学写作者共同拥抱新时代、书写新山乡。

"新时代山乡巨变创作计划"以原创长篇小说形式聚焦新时代中国山乡天翻地覆的史诗性变革,多角度展现乡村时代变迁,生动讲述感天动地的山乡故事,塑造有血有肉的人民典型,为人民捧出带着晶莹露珠、散发泥土芳香的新时代文学精品,以文学力量激发新时代乡村振兴的昂扬斗志与坚定信念。

"新时代山乡巨变创作计划"既是向伟大的时代、伟大的人民、伟大的土地、伟大的实践致敬,也是向周立波和《山乡巨变》等文学史上的经典作家和经典作品致敬,是用文学的方式对时代的回应,我们希望创造配得上新时代新征程的文学新经典,向人民、向时代、向历史交上合格的文学答卷。

"新时代山乡巨变创作计划"面向所有作家和文学写作者,我们期待文学界的名家大家能真正沉入生活深处、扎根新时代的山乡大地、投身山乡巨变的写作，写出有时代温度的精品力作。我们更期待那些民间的、基层的、奋斗在脱贫攻坚和乡村振兴一线的潜在写作力量激活文学梦想和文学才华，拿起笔描绘、书写亲身经历的"山乡巨变"。我们推崇生活在山乡、成长在山乡，亲历山乡变化的山乡人写山乡事，以文学记录时代，呈现山乡巨变，书写伟大人民。

　　"新时代山乡巨变创作计划"由中国作家协会主办、作家出版社承办。欢迎写作者踊跃自荐，也欢迎各级作协和各大文学网站热情推荐。参加者既可提交完稿作品，也可先提交不少于 10 000 字的创作大纲。征集作品经由专家组遴选，将在中国作家网、作家出版社官网及"作家在线"网公布入选名单，并交由作家出版社出版。

　　征集办公室：北京朝阳区农展馆南里 10 号作家出版社总编室。联系电话：(010)65004079 投稿邮箱：zw@shanxiangjubian.com，邮件名需为"征文＋作品名＋作者名＋手机号"。或登陆作家在线网站：www.zuojiazaixian.com/shanxiang 进入活动链接按系统要求在线提交作品及相关说明。征集时间：2022 年 4 月至 2027 年 4 月。

中国作家协会
2022 年 3 月 17 日

第三节　束帖类文书

一、邀请函

(一) 邀请函的含义

　　邀请函，也称邀请信、邀请书，它是邀请亲朋好友或知名人士、专家等参加某项活动时所发的请约性书信。它是现实生活中常用的一种日常应用写作文种，在国际交往和日常的各种社交活动中，这类书信使用广泛。

(二) 邀请函的种类

　　根据邀请函的发送者情况，可分个人发送的邀请函和机构、组织发出的邀请函；根据邀请函的发送对象，可分为发给个人的邀请函和发给机构、组织的邀请函；根据邀请的内容，可分普通邀请函和正式邀请函，前者适用于朋友、熟人，仅表明邀请的意图、活动的时间和地点等，后者常由活动主办方或活动主办机构发出，一般会在邀请函中具体说明活动的概况和意义，内容具体，篇幅较长。

(三) 邀请函的结构和写法

　　从撰写方法上说，不论哪种样式的邀请函，都包括标题、称谓、正文、结尾、落款五部分。

　　(1) 标题。邀请函的标题由礼仪活动名称和文种名组成，还可包括个性化的活动主题标语。如北京大学 112 周年校庆邀请函及活动主题标语——"5 月 4 日，让我们相聚燕园"。活动主题标语可以体现举办方特有的文化特色。

(2) 称谓。邀请函的称谓是被邀请单位名称或个人姓名，其后加冒号。个人姓名后要注明职务或职称，如"××先生""××女士"，个人姓名的前面还通常加上敬语，如"尊敬的"，以表示尊敬。

(3) 正文。邀请函的正文是指正式告知被邀请方举办礼仪活动的缘由、目的、事项及要求，写明礼仪活动的日程安排、时间、地点，并对被邀请方发出得体、诚挚的邀请。活动的各种事宜必须写得清楚、周详。若距离较远，则应写明交通路线以及来回接送的方式。

(4) 结尾。邀请函的结尾处通常写上礼节性的问候语，如"欢迎参加""致以敬意""敬请(恭请)光临"等等。

(5) 落款。邀请函的落款需写明邀请单位名称或个人姓名，下边写日期。

(四) 邀请函的写作要求

邀请函的写作要求有如下几点：

(1) 措辞适当，情感真挚。邀请函是向对方表示邀请、提出请求。根据不同的场合，使用诚恳热情的措辞，以显示对受邀请者的尊重。同时用词要高雅大方，以显示邀请者的热情和修养。

(2) 语气适中，不可强求。邀请函的写作是有求于人，因此语气中应带有商询的口气，不能强加于人。

(3) 文字简练。邀请函的篇幅一般不大，因此语言要求简明扼要，不要啰嗦。即便是由活动主办方名义发出的正式邀请函，也要求行文简洁，要言不烦。

(五) 例文

"向全球南开校友拜年"合作伙伴邀请函

广大南开校友：

大家好！

金牛辞岁寒风尽，玉虎迎春喜气来。在过去一年的时光里，感谢各位校友在艰难的大环境考验中，逆风破浪，一如既往对校友工作的鼎力支持；淬砺奋发，兢兢业业为母校的发展耕耘奉献！

南开校友新春贺信是一年一度的传统项目，每年南开大学校友工作办公室都会携手南开大学发展委员会办公室一同代表学校为广大校友送去饱含暖意的新年祝福，有时是一封贺信，有时是一份小小的礼物，如：前年是范曾先生亲笔为校友书写的"福"字，去年是叶嘉莹先生亲自为校友题词的书签，都受到了广大校友的一致好评，每年校友们都会十分期待收到母校的新年祝福。它是一种"念"，是学校对各位校友的一种挂念，虽然你们毕业不在学校了，但母校对你们的牵绊还在；它是一份"情"，是链接母校和广大离家孩子的祝福情。祝福虽小，情谊绵长，一笔落墨，一念一情。

诚邀关注支持南开大学发展的校友及企业共同参与，携手母校一起为全球二十万校友送去 2022(农历壬寅)年的新春祝福。

我们接受资金赞助，用于校友贺信邮寄费用、个性化快递信封的制作等。(预计辐射校友 7 万人)。

我们衷心希望能以此次活动为契机，与各位校友及校友企业建立长久的合作关系，如有合作意向，请于 2022 年 1 月 7 日前联系我们，联系人：于老师 136××××××××。

南开大学校友工作办公室

南开大学发展委员会办公室

2021 年 12 月 31 日

 二、请柬

(一) 请柬的含义

请柬又称请帖，是邀请客人参加酒会、宴会、婚礼、会议、典礼、招待会、茶话会、展览会、联欢会、洽谈会等喜庆、纪念、礼仪活动时所写的文书。请柬一般使用于较为庄重的场合，为显示隆重，可以购买印制精美的空白请柬卡片，然后用黑色钢笔或签字笔填入各项内容。

电子请柬是利用电子贺卡、电子邮件、手机短信等发出的请柬。电子请柬一般流行于私人朋友之间，图文并茂，伴随有音乐、动画，妙趣横生，还可以加入卡通漫画、个人照片、幽默文辞等元素，随着时尚的流行不断创新。如网上人气很高的一份"羊入虎口"婚礼请柬，用卡通形式画了一只张大嘴巴的老虎，虎口里是一只美丽可爱的小羊，老虎志得意满，小羊也是一副甘心被吞的幸福表情，令人莞尔开颜。

请柬可以印制或手写，可以竖排或横排，但都有封面、封里两部分，内容结构基本相同。

(二) 请柬的结构和写法

请柬一般由封面、称谓、正文、结尾、落款五个部分组成。

(1) 封面。请柬的封面居中有"请柬"两字，字体稍大，且美观、醒目、庄雅。

(2) 称谓。请柬的称谓有三种形式：

一是首行顶格书写受邀单位或个人姓名，姓名后加上尊称用语，如邀请夫妻两人，则两人名字并列书写，并加"伉俪"二字；二是书写在正文后的"恭请"和结语前的"光临"间的留空上；三是写在请柬的封面上，柬内没有称谓，这种情形多见于商业信函。

(3) 正文。请柬的正文部分另起一行空两格写明邀请目的、活动内容、时间地点。如有其他注意事项，包括有无人接送、到达路线等安排，都可作出适当说明，以方便受邀请者预作准备。

(4) 结尾。请柬通常以"敬请光临""恭候莅临""敬请拨冗光临""致以敬礼"等期盼性用语结尾。书写位置或在正文之下另起一行，空两格书写；或空两格写"恭请"或"敬请"，转行顶格写"光临"或"莅临"等。

(5) 落款。请柬的落款一般空一至两行写明发柬单位或个人姓名，换行标明时间。

(三) 请柬的写作要求

请柬的写作要求有如下几点：

(1) 语言精练。请柬的篇幅非常短小，因此语言要求简明扼要，说清楚相关事项即可。

(2) 措辞得体。根据不同的场合，使用诚恳热情的措辞，以显示对受邀请者的尊重。同时用词要高雅大方，以显示邀请者的修养。

(四) 邀请函与请柬的异同

邀请函与请柬虽然均属于对客人发出邀请的专用函件，但请柬由于其内页篇幅有限，所以正文部分除写明邀请的意向、会议(或活动、宴请等)的内容、时间、地点以及提请被邀请者注意的有关事项外，不可能对会议(或活动、宴请等)的内容作进一步的介绍。被邀请者阅读请柬，只知道被邀参加某一会议(或活动、宴请等)，却很难从中了解这一会议(或活动、宴请等)的来由和具体情况。因此，请柬一般用于一些宴请活动或常规活动，或者被邀请者是主办者的老朋友；而如果是一些内容较新颖的专题性会议(或活动)，被邀请对象中又有不少对主办单位不很了解者，一份请柬则不足以说明情况。由于对会议(或活动)内容及主办者缺乏了解，许多人可能会弃邀请于不顾，不如期赴会。在这种情况下，就需要用到邀请函。此外，在文本载体上，请柬用纸精良，制作考究、精美，而邀请函则对用纸、印刷均无特殊要求。

(五) 例文

请　　柬

×××女士/先生：

兹定于12月30日下午2:00——4:00在市政协会议厅举办元旦茶话会，届时敬请光临。

此致

敬礼

××市政协

2021年12月26日

三、贺卡

(一) 贺卡的含义

贺卡，也称为祝贺卡片，是某人、某单位或某组织、某国家有喜庆之事，为向对方表示祝贺、赞颂而写成的应用文书。贺卡使用范围较为广泛，可以用于私人之间、单位之间，也可以用于组织和国家之间。

(二) 贺卡的作用

贺卡是社会交际中常用的礼仪文书。它是公关活动中不可缺少的文字材料，也是增进友谊、加深感情的重要手段。

(三) 贺卡的结构和写法

贺卡由标题、称谓、正文和落款四部分组成。

1. 标题

贺卡一般没有标题，或直接写"贺卡""××贺卡"即可。

2. 称谓

贺卡的称谓是收看信函的对象，即接受祝贺的单位或个人的称呼，或者会议、活动的名称。

3. 正文

正文是贺卡的内容。可分为如下段落，包括开头、主体、结尾三个部分：

(1) 开头。开头要写清事由和表示祝贺、敬意之类的话。

(2) 主体。贺卡的内容比较简单，有时只需直接写上祝福、祝贺的语言就可以了。如果是致知名人士的贺卡，应简单说明对方的品质、贡献等。

(3) 结尾。贺卡的结尾主要写祝愿、希望的内容。

4. 落款

贺卡的落款处应当署上发信单位名称或个人姓名，署名下边写上成文日期。

(四) 贺卡的写作要求

贺卡的写作要求有如下几点：

(1) 在内容上要实事求是，评价成绩要恰如其分。

(2) 表示祝贺的感情要充沛、真挚，给人以鼓舞。

(3) 篇幅应短小，语言应精练、通俗流畅，不能堆砌华丽的辞藻。

(五) 例文

教师节贺卡

××老师：

　　每一年都收获不同的欢乐、平静和烦恼，也沐浴着老师的关爱和指导，请允许在教师节到来之际向您表示我深深的祝福。

学生：××
2021 年 9 月 10 日

✎ 四、唁电

(一) 唁电的含义

唁电是因吊唁者与丧家相距较远或因故不能亲临吊唁，而向丧家发出的表示哀悼、慰问的吊唁的电报或传真文字，多用于官方等正式场合。

(二) 唁电的种类

唁电分个人唁电、单位唁电、国家唁电三类。

1. 个人唁电

个人唁电指唁电的发者同逝者生前往往是志同道合的朋友，有过密切交往或深受其教诲、关怀和帮助，在惊闻噩耗后，以唁电表示悼念之情。

2. 单位唁电

单位唁电领导机关、单位团体向丧家发的唁电。这种唁电的致哀对象多是原机关或单位团体的重要领导人或在革命和建设中曾做出较大贡献的人物。

3. 国家唁电

国家唁电一般发给对方的国家政府机关或其他相应的重要国家政府机关。逝世者一般为重要的国家领导人或为两国之间的和睦关系、经济发展做出过巨大贡献的重要人物。一方发去唁电以表示对逝者方的哀悼。

(三) 唁电的结构和写法

无论是哪种类型的唁电，一般而言，都由标题、称谓、正文、结语和落款五部分构成。

1. 标题

唁电标题的构成有两种形式：

(1) 直接由文种名称构成，如直接在第一行正中书写"唁电"二字。

(2) 由逝者亲属姓名或单位名称和文种名共同构成，如《致许广平女士的唁电》。

2. 称谓

唁电称谓是收唁电方的单位或逝世者家属的称呼。收唁电者是家属的，一般应在姓名后边加"同志""先生""女士""夫人"等相应称呼，称呼后面加冒号。

3. 正文

唁电正文要另起一行，空两格再写。正文通常由以下几项内容构成：

(1) 直接抒写噩耗传来之后的悲恸心情，话无须多。

(2) 以沉痛的心情，简述双方在交往中逝者生前所表现的优秀品德及功绩。

(3) 表达致电单位或个人对逝者遗志的继承和决心，或表达一定要在逝者优秀品德或精神的感召下奋勇前进等。

(4) 向逝者家属表示亲切的问候和安慰。

4. 结语

唁电结尾，一般写上"肃此电达""特电慰问"等字样。

5. 落款

唁电落款写在右下方，要写明拍发唁电的单位名称或个人姓名，然后在此下面署上发电时间。

另外，拍发电报一般要求短小精悍，用语简洁明了，所以写唁电应尽量避免用修饰语，篇幅要短小。唁电写作结构五部分的分法是就完整性而言的，实际上，电文中有些部分常可以省略，如标题。

(四) 唁电的写作要求

唁电的写作要求有如下几点：

(1) 用词要深沉、质朴、自然，并能体现吊唁者的悲痛悼念之情。忌油腔滑调，滥用修饰词语。

(2) 对死者生前的品德、情操和功绩的叙述，要实事求是，恰如其分，突出本质。忌本末倒置。

(3) 语言要精练、概括、朴实、安详。忌篇幅过长。

(4) 唁电要写得及时，否则将失去原有意义。

(五) 例文

致田家炳先生亲属的唁电

田家炳先生亲属：

田家炳先生是我们非常敬佩的实业家、慈善家。他爱国至诚，爱港至深，自奉俭朴，乐善好施，情系中华，惠泽社群。我们对他的逝世深感悲痛。

望节哀珍重。

国务院港澳事务办公室

2018 年 7 月 12 日

五、讣告

(一) 讣告的含义

讣告，也称讣文、讣闻，是人死后报丧的书面文书。"讣"原指报丧的意思，"告"是让人知晓，讣告就是告知某人去世消息的一种应用文体。它是死者所属单位组织的治丧委员会或者家属向其亲友、同事、社会公众报告某人去世的消息。讣告可以张贴于死者的工作单位或住宅门口，较有影响的人物去世，还可登报或通过电台向社会发出，以便使讣告的内容迅速而广泛地告知社会。

(二) 讣告的种类

我国现代讣告形式有三种：一般式讣告、公告宣告式讣告和新闻报道式讣告。

1. 一般式讣告

一般式讣告是人们常用的讣告。这类讣告往往用来传达某人去世的消息，简要介绍逝者生平，通知举行告别活动的时间、地点。

2. 公告、宣告式讣告

公告、宣告式讣告一般用于党和国家领导人、国内的重要人物或影响力大的人物。它是由党和国家机关、团体作出决定发出的,形式隆重、庄严。

3. 新闻报道式讣告

新闻报道式讣告作为一则消息在报纸上公布,旨在让社会各界人士知道。这种讣告的内容和形式都很简单,但也有的报道得较详细。

(三) 讣告的结构和写法

讣告一般由标题、正文和落款三部分组成。

1. 标题

讣告的标题写"讣告"二字,或冠以逝者名字"×××讣告",字体应大于正文。宜用楷、隶书体。

2. 正文

讣告的正文通常包括三方面的内容:

(1) 写明逝者姓名、身份、民族、因何逝世、逝世的日期、地点和终年岁数。

(2) 简介逝者生平。主要写其生前重要事迹、具有代表性的经历。

(3) 写清吊唁、开追悼会或举行遗体告别仪式等的办法和时间、地点。

3. 落款

讣告的落款写明发出讣告单位的名称或个人的姓名,以及讣告发出的日期。

(四) 讣告的写作要求

讣告的写作要求有如下几点:

(1) 讣告必须在向遗体告别仪式之前发出,以便死者亲友与有关方面人士及时地做出必要的准备,如送花圈、挽联等。

(2) 讣告只能使用黄、白两色纸,长辈之丧用白色,幼辈之丧用黄色。

(3) 讣告文字必须使用黑色,四周加黑框,以示哀悼。

(4) 讣告的语言要求准确、简练、沉痛、严肃。

(五) 例文

袁隆平同志逝世讣告

新华社长沙2021年5月24日电 享誉海内外的著名农业科学家,我国杂交水稻事业的开创者和领导者,中国共产党的亲密朋友,无党派人士的杰出代表,"共和国勋章"获得者,湖南省政协原副主席,国家杂交水稻工程技术研究中心原主任,中国工程院院士袁隆平同志,因病于2021年5月22日在长沙逝世,享年91岁。

袁隆平同志病重期间和逝世后,中央有关领导同志以不同方式表示慰问和哀悼。

袁隆平,江西德安人,1930年9月出生于北京。1949年至1953年在西南农学院农学系作物遗传育种专业学习。1953年至1971年任湖南省安江农业学校教师。1971年至1984年任湖南省农业科学院助理研究员、副研究员、研究员。1984年后,历任湖南杂交水稻研究中心主任、国家杂交水稻工程技术研究中心主任、湖南省农业科学院名誉院长、湖南农业大学名誉校长等职务。1988年任湖南省政协副主席。1995年当选中国工程院院士。

袁隆平同志是第五届全国人大代表，第六届、七届、八届、九届、十届、十一届、十二届全国政协常委。他一生致力于杂交水稻技术的研究、应用与推广，为我国粮食安全、农业科学发展和世界粮食供给作出杰出贡献，被誉为"杂交水稻之父"。曾荣获国家最高科学技术奖、国家科学技术进步奖特等奖、国家发明奖特等奖、联合国教科文组织科学奖、世界粮食奖等，2018年荣获"改革先锋"称号，2019年被授予"共和国勋章"。

案例研习

指出下列病文存在的问题，并将其改正过来。

❖ 材料一：

张老师：

您好！我班定于6月8日在本班教室举行辩论赛，特邀您参加，希望您百忙之中抽出时间，一定到会。谢谢！

此致

敬礼

班委会敬邀

××年6月5日

❖ 材料二：

讣　告

夫：××同志(××市原政协委员)因病医治无效不幸于×年×月×日×时×分在××市逝世。今定于×年×月×日在××殡仪馆举行遗体告别仪式，敬请参加。

妻：××

××年×月×日

情境写作

1. 经调查发现，你校食堂存在巨大的浪费，请以校学生会的名义写一份倡议书，倡议全校师生厉行节约。

2. 天津财经大学珠江学院团委决定在暑假组织一次大学生暑期"三下乡"支教活动，统计2101班的李明同学很想参加，请代他写一份申请书。

3. ××先生系××大学金融系教授，在财金信息化理论与实务方面造诣极高，天津财经大学珠江学院金融系拟请××教授到该校××楼阶梯教室举办财税金融电算化课程建设与模拟银行的创立及综合利用方面的讲座。请你以天津财经大学珠江学院金融系的名义写一封邀请函。

4. 毕业季到了，大四学生即将离校。假如你是校学生会主席，请以校学生会的名义写一篇用于毕业晚会上欢送大四毕业生的欢送词。

5. 假如你要竞选学生会主席一职，请根据竞聘词的特点和要求，写一篇富有感染力的竞聘词。

6. 国庆将至，××超市将于 2021 年 9 月 30 日至 2021 年 10 月 10 日期间做促销活动。凡在该超市购物满 58 元就可参加活动。满 58 元赠洗衣粉一袋，满 68 元可参加抽奖。奖品分三等：一等奖，海信液晶电视一台；二等奖，美的豆浆机一台；三等奖，心心相印卫生卷纸一提。请为这次活动设计一份海报。

7. 小张接到他的恩师××老师去世的讣告，万分悲痛。请以××老师家属的名义写一则讣告。

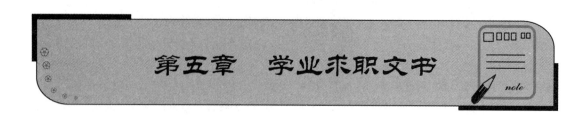

第五章　学业求职文书

【本章导读】

　　学业求职文书是大学生为完成学业和个人谋求职位时写作的一类常用文书。根据大学生的实际需求，本章选择了学术论文写作(以毕业论文为主)、求职材料(主要指简历和求职信)和公务员考试中的申论展开介绍。

　　通过本章的学习和写作实践训练，可以掌握人文社会科学论文的基本写作方法；了解和熟练掌握求职材料的写作技巧；了解公务员考试，并对其中的申论写作有基本的掌握。

第一节　学　术　论　文

 一、学术论文的含义和类型

(一) 学术论文的含义

　　学术论文又叫科学论文、研究论文，是进行科学研究、描述科研成果的一种文章样式，分为人文社会科学论文和自然科学论文。人文社会科学论文和自然科学论文在研究方法和写作方式上有很大的不同，本书只讲授人文社会科学论文的写作。

(二) 学术论文的类型

　　人文社会科学论文既包括一般专业性论文，又包括高等院校学生所写的学年论文、毕业论文和学位论文。

1. 一般专业论文

　　一般的专业论文是指人文社会科学专业研究领域的研究人员和工作人员进行科学研究，描述科研成果，发表在报纸期刊上或提交给有关部门的论文。

2. 学年论文

　　学年论文旨在培养学生运用专业知识分析问题的能力，并使学生初步掌握科学研究的方法。学年论文的题目不宜太大，篇幅不宜太长，论述的问题也不宜过深。

3. 毕业论文

毕业论文是高等学校毕业生提交的有一定学术价值和学术水平的文章。它是高等院校学生从理论基础知识学习到从事科学技术研究与创新活动的最初尝试，是对高等院校学生在读书期间所学各种基础课和专业课的一次总的测试和全面的考核，目的在于培养和锻炼学生综合运用所学知识和技能，理论联系实际，独立分析解决实际问题的能力及进行科学研究的能力。毕业论文是学术论文的一种，但由于是高等院校学生在学习期间所撰写，所以又有其特殊性。毕业论文旨在总结学生在校期间的学习成果，并培养其综合运用所学知识解决实际问题的能力，使之受到科学研究的基本训练。

毕业论文又分为学士论文、硕士论文和博士论文。学士论文要求对所研究课题有一定的心得，并反映出作者一定的科学研究能力；硕士论文要求对所研究课题有独到的见解，并反映出作者已经具备独立从事科学研究的能力；博士论文要求在专门研究的问题上提出自己的创造性成果，并反映出作者已具备渊博的理论知识和较强的科研能力。不同层次的毕业学位论文对于字数的要求也不同，本科毕业论文大约8000～10 000字，硕士毕业论文大约30 000～50 000字，博士毕业论文大约80 000字。

撰写毕业论文是教学科研过程的一个环节，也是学业成绩考核和评定的一种重要方式。毕业论文通常是一篇较长的、有文献资料佐证的学术论文，是学生运用在校学习的基本知识和基础理论，去分析、解决一两个实际问题的实践锻炼过程的结果，也是学生在校学习期间学习成果的综合性总结，是毕业生总结性的独立作业。毕业论文反映出作者能够准确地掌握所学的专业基础知识，基本学会综合运用所学知识进行科学研究的方法，对所研究的题目有一定的心得体会，对于培养一名合格的大学生具有重要意义和作用。撰写毕业论文不仅是对高等院校学生全面的业务考核，也是对高等院校学生毕业后从事科学性研究和工作的一次初步训练。在科学研究的实践中，高等院校学生可以熟悉科学研究和论文撰写中的基本环节、程序和方法，初步确定科研方向，为今后从事科研工作打下基础。高等院校学生在毕业论文写作过程中，能够比较充分地展现自己的成绩和才华，学校和用人单位能从毕业论文的写作和答辩中及时发现人才、推荐人才。我国的很多知名专家学者，在学生时代的论文写作中就已经崭露头角。

通过毕业论文写作，可以使高等院校学生熟悉科学研究论文写作的基本方法、基本的论文格式与规范，初步了解科研工作的一些技巧，了解本专业方向的一些研究内容，掌握文献资料查找的基本方法。

二、人文社会科学毕业论文的写作过程

(一) 选题

1. 选题的原则

客观上，人文社会科学论文的选题可以是具有科学价值的课题：其一，人文社会生活中亟待解决的问题，如经济领域中《建立适合我国国情的消费结构》；其二，前人尚未探讨

过的问题，如随着网络文学的兴起，网络文学的理论建构和批评标准就成为亟须学术界解决的新问题；其三，人文社会科学专业领域中的新发明、新创造，如网络文学的影视改编研究；其四，纠正通说和补充前说，如随着新媒介的兴起，文学领域的许多概念都发生了重大的变化，重新加以研究便成为学术领域中的新课题；其五，具有学术价值的题目，如经济领域中《汉武帝时财政政策》、历史领域中《项羽失败的原因探悉》等。

主观上，人文社会科学论文的选题可以是具有以下特征的问题：其一，要有浓厚的兴趣；其二，能够发挥自己的专长；其三，可以获得丰富的资料；其四，题目难易适当，大小适中。

2. 选题的方法

首先通过大量查阅资料，摸清情况，确定方向。主要关注本研究领域，前人有哪些重要的研究成果？有哪些问题已经解决，哪些问题还没有解决？存在有争议的问题是哪些？争论的焦点何在？争论各派有哪些代表性的观点？研究的薄弱环节在哪里？有什么尚待开拓的领域？实践中有什么新情况、新问题出现？有哪些是具有重大意义和广阔前景的课题？其次，在摸清情况，确定大致方向的基础上，在新旧矛盾的冲突中选择课题，在学派林立的争论中发现矛盾，在开拓思维、积极探索中发现问题。

(二) 撰写开题报告

开题报告是毕业论文工作的重要环节，是为阐述、审核和确定毕业论文题目而做的专题书面报告，由选题者把自己所选课题的概况向有关老师、专家、学者进行陈述，然后由他们对科研课题进行评议，确定是否同意这一选题。

开题报告主要由论文题目、研究的目的和意义、国内外研究概况、拟研究解决的主要问题、论文拟撰写的主要内容(提纲)、研究及论文写作计划等几部分构成。各高校开题报告表格设置的具体内容或有不同，但一般都应具备以上几项。

1. 论文题目

题目就是文章的"眼睛"，要明亮而有神，应当是论文研究内容的高度概括，是整篇论文的研讨中心。题目就是告诉别人你要干什么或解决什么问题。因此，论文题目要注意以下几方面：

(1) 题目应当精练而完整地表达文章的本意，如《房地产企业财务管理分析》。不要简单地罗列现象或陈述事实。

(2) 文章题目要体现研究的侧重点，要呈现研究对象及要解决的问题。如《上市公司股权激励存在的问题及对策》。

(3) 论文题目要新颖、简洁，最好不超过 20 字。如果确因研究需要，可以采用主副标题，如《〈金瓶梅〉与〈红楼梦〉比较研究——以两场奢华盛宴下的丧葬风俗与人情为例》。

2. 研究目的和意义

研究目的和意义即回答为什么要研究，交代研究的理论和实践意义，切忌空洞无物的口号。在简介论文所研究问题的基本概念和背景之后，简单明了地指出论文所要研究解决的具体问题，及解决该问题对学术发展或社会实践的推动作用。

3. 文献综述

文献综述用于评述国内外研究现状。在论文写作过程中，文献是我们文章的理论基础和实践支撑，在理论和实践上都具有一定的价值。

做文献综述，要以查阅文献为前提，所查阅的文献应与研究问题相关，但又不能过于局限。与问题无关则流散无穷；过于局限又违背了学科交叉、渗透原则，使视野狭隘，思维窒息。文献综述很容易犯两方面的错误，一是只是高度地加以概括和总结，三言两语就结束了；二是把所有的文章和书本都一一罗列上去。文献综述的目的在于帮助我们理清思路，看前人是如何研究的，已有哪些方面的研究成果，是对学术观点和理论方法的整理，具有评论性。因此，要带着作者本人批判的眼光来归纳和评论文献，而不仅仅是相关领域学术研究的"堆砌"。评论的主线要按照问题展开，也就是说，别的学者是如何看待和解决你提出的问题的，他们的方法和理论是否有缺陷？要是别的学者已经很完美地解决了你提出的问题，那就没有重复研究的必要了。做文献综述前，要针对该课题进行广泛的资料收集，如该领域的核心期刊、经典著作、专职部门的研究报告等。具体收集资料常用的途径包括：

(1) 图书馆的中外学术期刊。找到几篇经典的文章后"顺藤摸瓜"，留意它们的参考文献。质量较高的学术文章，通常是不会忽略该领域的主流、经典文献的。

(2) 利用学校图书馆的"中国期刊网"和过刊阅览室，查找一些较为早期的经典文献。

(3) 国家图书馆。有些 20 世纪七八十年代、甚至更早出版的社科图书，学校图书馆往往没有收藏，但可在国家图书馆找到。

4. 拟研究解决的问题

拟研究解决的问题这部分要明确提出论文所要解决的具体学术问题，也就是论文拟定的创新点。评述就这一问题在学术界已经提出的观点、结论、解决方法、阶段性成果，以及上述文献研究成果的不足，进而提出本论文准备论证的观点或解决方法，简述初步理由。而本论文观点或方法正是需要通过论文研究撰写所要论证的核心内容，提出和论证它是论文的目的和任务，因而并不是定论，研究中可能推翻，也可能得不出结果。开题报告的目的就是要请专家帮助判断，你所提出的问题是否值得研究，你准备论证的观点或方法是否能够研究出来。

5. 研究价值与创新

研究价值与创新主要阐明选题的理论价值和实践意义，介绍该选题研究的创新点。研究的价值与创新应立足于选题和自身实际，不能把跟选题无关或自己根本不可能实现的内容罗列上去。如本节第一篇例文《平海军声与广东三大方言》，将广东的三大方言(粤语方言、客家方言、闽南方言)与平海军声进行联系比较，从而分析出这几大方言之间的一些联系和区别，不仅探讨了军声方面的内容，同时也进一步密切了粤、客、闽之间的联系。这样的选题就具有一定的价值和创新性。

6. 研究的主要内容及论文提纲

研究的主要内容及论文提纲是整个论文的写作大纲或内容结构，由此更能理解"论文拟研究解决的问题"。开题报告包含的论文提纲可以是粗线条的，是一个研究构想的基本框架，可采用整句式或整段式提纲形式。在开题阶段，提纲的目的是让人清楚论文的基本框架，没有必要像论文目录那样详细。

7. 参考文献

开题报告中应包括相关参考文献的目录，这样一方面可以反映作者立论的真实依据，另一方面也是对原著者创造性劳动的尊重。参考文献的格式要规范，其顺序为论文作者、论文题目、出版社或刊物名称、出版日期。另外，每部分的标点符号都有明确规定，字号一般用小五。对于来源渠道不一样的文章，要分别用大写英文字母标明其文章类型。

8. 研究和论文写作进度安排

研究阶段主要是指从选题思考阶段到论文成熟阶段。对研究阶段的进度安排一定要细化，要明确各阶段的研究目标和任务，合理分配各阶段的时间，有步骤、有计划地进行研究和论文写作。

开题报告的主要写作目的在于，请老师或专家帮助写作者判断该选题有没有研究价值，研究方法有没有可能奏效，论证逻辑有没有明显缺陷。因此，开题报告实际上是用文字体现的论文总构想，篇幅不必过大，但要把计划研究的选题、如何研究、理论适用等主要问题写清楚。

(三) 毕业论文写作前的资料积累

对于毕业生来说，在写作开题报告时应该已经确定了各自的选题。毕业论文选好课题后，接下来的工作就是研究课题。研究课题的一般程序是搜集资料、研究资料、明确论点、执笔撰写、修改、定稿。

(1) 搜集资料。在开题报告形成观点的基础上，研究者要进行大量的资料搜集、梳理和研究，以支撑自己的论点。毕业论文不同于一般的论文。专业的毕业论文是某一学科领域的科研成果的描述与反映，没有研究，写作就无法进行。而研究的前提是必须掌握尽可能多的文献信息资料。一个人读的书越多、查找的资料越全面，专业水平就越高，创造性的思考可能性就越大，写出来的论文质量就越高。因此，大学生在写作毕业论文时，首先要学会如何检索文献资料，懂得文献查找的方法和技巧。

文献资料的查找也就是文献资料的检索，它是现代科技人员获取文献和信息的主要手段之一，同时也是大学生写作毕业论文获取资料的主要方法。图书馆及其他文献信息机构收藏的文献资料有很多种类。随着互联网的流行，现在图书馆有很多电子期刊数据库可供选择。电子期刊数据库不仅检索种类齐全，而且速度快，是当今科技人员资料查找的首选。

目前，常用的电子期刊数据库主要有中国知网、万方数据资源系统、中文科技期刊数据库等。

(2) 选取和记录资料。论文写作所搜集的资料是非常庞杂的，数量也是很大的。但写作所具备的资料一定要有选取的标准，主要有：必要性、真实性(尽量选取一手资料)、新颖性(资料本身、研究方法)和充分性。选好的资料一定要将其完整记录下来，记录的内容包括：阅读过程中看到的新观点、新见解；能说明问题的，具有证明力量的论据；论据的展开过程，论文和著作构成的逻辑体系；阅读中想到的问题等，要进行分类记录。同时也应该包括这些论据的出处，具体内容有：论文或著作的名称、作者、出版社或期刊号、出版时间和页码。如《马克思恩格斯选集》第 4 卷，人民文学出版社 1995 年版，第586 页。

(四) 毕业论文的结构

毕业论文一般由前置、正文、附录、尾部四部分构成。在四个部分中，论文编写的基本格式项目为前置部分和正文部分。

1. 前置部分

各高等院校根据实际情况，对毕业论文的前置部分制定了相关的格式标准，学生只需根据其规定填写相关内容即可。前置部分主要包括标题、作者及专业班级、中英文内容摘要和关键词、目录等。

(1) 标题。标题是文章的眉目。各类文章的标题样式繁多，但无论是何种形式，总要以全部或不同的侧面体现作者的写作意图和文章的主旨。毕业论文的标题一般分为总标题、副标题和分标题三种。

第一，总标题。总标题是文章总体内容的体现。标题可以高度概括全文内容，便于读者把握全文内容的核心，如《关于经济体制的模式问题》《经济中心论》《天津方言特点浅析》等。标题也可以只是对文章内容的范围做出限定。这样做有两方面原因：一方面是文章的主要论点难以用一句简短的话加以归纳；另一方面是通过交代文章内容的范围，可引起同仁读者的注意，以求引起共鸣，如《试论我国农村的双层经营体制》《战后西方贸易自由化剖析》等。

第二，副标题。为了点明论文的研究对象、研究内容、研究目的，对总标题加以补充、解说，有的论文还可以加副标题，如《如何看待现阶段劳动报酬的差别——也谈按劳分配中的资产阶级权利》等。

第三，分标题。设置分标题的主要目的是清楚地显示文章的层次。分标题有的用文字，一般都把本层次的中心内容昭然其上；也有的用数码，仅标明"一、二、三"等顺序，起承上启下的作用。需要注重的是，无论采用哪种形式，都要紧扣所属层次的内容，以及上文与下文的联系紧密性。

(2) 作者及专业班级。作者属于论文的责任者之一。根据文责自负的规定，论文应署上作者的姓名，所在院系、专业、班级的名称。

(3) 内容摘要。内容摘要是全文内容的缩影。作者应该以极经济的笔墨，勾画出全文的整体面目；提出主要论点，揭示论文的研究成果，简要叙述全文的框架结构。内容摘要是正文部分的附属部分，一般放置在论文的篇首。不同层次的毕业论文内容摘要的字数要求也不同。

写作内容摘要的目的在于使指导老师在未审阅论文全文时，先对文章的主要内容有个大体上的了解，知道研究所取得的主要成果，研究的主要逻辑顺序；也使其他读者通过阅读内容摘要，能大略了解作者所研究的问题，假如产生共鸣，则再进一步阅读全文。因此，内容摘要应把论文的主要观点提示出来，便于读者一看就能了解论文内容的要点。论文摘要要求简明而又全面，一般只简要地叙述研究的成果(数据、看法、意见、结论等)，对研究手段、方法、过程等较少涉及。

编写摘要应注意客观地反映原文内容，不得简单重复题名中已有的信息，要着重反映论文的新内容和特别强调的观点。摘要宜采用第三人称过去式的写法，如"对……进行了研究""综述了……"等，不应写成"本文""我校……"等。

(4) 关键词。关键词是标示文献关键主题内容，但未经规范处理的主题词。它是为了文献标引工作，从论文中选取出来，用以表示全文主要内容信息的单词或术语。一篇论文可选取 3~5 个词作为关键词。关键词在摘要后另起一行排。关键词的字级、字体和排式与"摘要"的相同。关键词与摘要之间一般不空行，与正文之间一般空 1 行。

(5) 英文内容摘要和关键词。英文内容摘要和关键词可直接根据中文内容摘要和关键词翻译，注意词汇和语法必须准确。

(6) 目录。根据论文各部分内容的标题及其所在页码编制目录。目录中的标题一般不能超过三级。例如，四川大学要求一级标题用小 3~4 号字；二级标题用 4~小 4 号字；三级标题用小 4 号字；天津财经大学要求目录内容只列两级。

2. 正文

正文这部分是毕业论文写作的核心和重点，一般由引论、本论、结论、注释、参考文献等构成。

(1) 引论。引论也称绪论、引言、前言，用于引导读者领会下文内容。引论应简要说明研究工作的目的、范围、相关领域的前人成果及存在的研究空白、研究设想及采用方法的预期结果或研究工作的意义。这部分内容是否放置在毕业论文里，要根据毕业论文的层次和篇幅来确定，本科毕业论文字数一般要求在 10 000 字左右，因此这部分内容就没有必要放置在正文里，只作为论文写作的基础和潜台词存在。

(2) 本论。本论是毕业论文的核心部分，占主要篇幅。一般来说，本论内容应包括以下三个方面：

第一，事实根据，包括通过本人实际考察所得到的语言、文化、文学、教育、社会、思想等事例或现象。提出的事实根据要客观、真实，必要时要注明出处。

第二，前人的相关论述，包括前人的考察方法、考察过程、所得结论等。理论分析中，应将他人的意见、观点与本人的意见、观点明确区分。无论是直接引用还是间接引用他人的成果，都应该注明出处。

第三，本人的分析、论述和结论等。做到使事实根据、前人的成果和本人的分析论述有机地结合，注意其间的逻辑关系。

本论主要表达本人的研究成果，阐述本人的观点及其论据。这部分要以充分有力的材料阐述观点，要准确把握文章内容的层次、大小段落间的内在联系。篇幅较长的论文常用推论式和分论式相结合的方法。推论式即由此论点到彼论点逐层展开、步步深入的写法；分论式即把从属于基本论点的几个分论点并列起来，一个个分别加以论述的写法。本论的格式，如标题的字级、字体、标题占行等，各学校要求不尽相同，但一般要符合学术论文的写作规范。

(3) 结论。结论即毕业论文最终的、总体的结论。换句话说，结论是整篇论文的结局和归宿，而不是某一局部问题或某一分支问题的结论，也不是本论中各段的小结的简单重复。结论应当体现作者更深层的认识，且是从全篇论文的全部材料出发，经过推理、判断、归纳等逻辑分析过程而得到的新的学术总观念、总见解。结论部分的标题可采用"结论"等字样，要求精练、准确地阐述自己的创造性工作，或新的见解及其意义和作用，还可提出需要进一步讨论的问题和建议。结论应该准确、完整、明确、精练。

(4) 注释。毕业论文内容中涉及他人的观点、统计数据、图表或计算公式的要有出处(引注)，采用脚注形式。中文脚注字体一般要求为五号宋体，英文脚注字体一般要求为五号Times New Roman。在同一页中有两个或两个以上的注释时，按先后顺序编注释号，采用阿拉伯数字，编在右上角，注释内容当页写完，不得隔页。所引资料来自著作的需注明：作者姓名.书名.出版地：出版社，出版年：起止页码。所引资料来自期刊杂志的需注明：作者姓名.文题.刊名，出版年，卷号(期号)：起止页码。卷号、期号使用阿拉伯数码。所引资料来自法令或文件的需注明：发文机关、法令或文件名，文号或颁布日期。如果该页有一处或多处引注，应以①②……在正文中顺序标出并作出相应的脚注。涉及计算内容的数据要求准确。

(5) 参考文献。在学术论文后一般应列出参考文献(表)。这样既能反映出真实的科学依据，体现严肃的科学态度，分清是自己的观点或成果还是别人的观点或成果，也为了对前人的科学成果表示尊重，同时还指明了引用资料出处，便于检索。参考文献可以按正文中出现的顺序列出直接引用的主要参考文献，也可以分类列出。

各高校对参考文献的格式要求不完全一致。以天津财经大学为例，要求参考文献应根据各学科规范的要求书写，并按顺序编码制。"参考文献"四个字居中，三号黑体。参考文献的正文与"参考文献"四个字之间空一行。作者两个人以上中间要用逗号隔开，超过三人的只写到第三位，余者写"等"。参考文献应另起一页，一律放在正文后。参考文献要写明作者、出版年、书名(或文章题目及报刊名)、出版者。序号使用中括号，即[1]，[2]，[3]，……序号与文字之间空两格。如果需要两行的，第二行文字要位于序号的后边，与第一行文字对齐。中文的参考文献用五号宋体，外文的用五号Times New Roman字体。

3. 附录

附录是将一些不宜放入正文中、但作为毕业论文又是不可缺少的部分，或有重要参考价值的内容编入其中。例如问卷调查原件、数据、图表及其说明等。

4. 尾部

尾部为毕业论文写作格式的选择项目，需要时可以使用，包括致谢、作者及科研成果简介等。致谢用于对在毕业论文写作中给予指导、帮助，提供便利条件的单位或个人表示感谢。作者及科研成果简介是对毕业论文作者及其在校期间所取得的科研成果的简要介绍。

(五) 毕业论文的写作要求

毕业论文的写作要求有如下几点：

(1) 选题要合适、新颖。选题是否合适、有新意，是论文成败的关键。

(2) 选材要精准、恰当。材料是论证观点、完成写作的基础。

(3) 构思要巧妙、细致。独特、精巧、缜密的构思是写好毕业论文的前提。

(4) 论据要多元、充分。恰当使用图、表、符号、公式等多种书面符号论证观点，图文相互结合、印证,增强论证的直观性和说服力。

(六) 例文

1. 开题报告

平海军声与广东三大方言

一、选题目的、意义和国内外研究现状

1. 选题的研究目的

语言是人们相互交流的工具,也是一种十分独特的文化现象。现代汉语的各种方言都是从古代汉语发展而来的,方言在语音、词汇和语法结构上的异同,更能反映文化地理学、史学、社会学、民俗学的各种文化现象。军话作为濒危的方言岛,对其进行研究更具深刻的意义。本文拟从平海军声与广东三大方言的一些异同的角度,通过对平海军声的语音、词汇、语法、修辞等几方面特点的分析,以及三大方言对它的影响,探讨濒危军话的特色,以进一步促进对平海军声这一珍贵方言的研究。

2. 选题的研究意义(略)

3. 国内外的研究现状(略)

二、选题研究内容介绍

本文首先从"军话"的濒危现象引出军话所处环境对其影响,然后简单介绍军话、军话形成的历史以及性质特点,然后再重点介绍平海军声,主要从其语音、词汇、语法和修辞的特点以及广东三大方言对它的影响着手。内容结构拟定如下:

引言

一、军话与平海军声

(一) 军话的简介

(二) 军话的总体性质特点

(三) 平海军声的形成与概况

二、平海军声的语音特点及广东三大方言对其影响

(一) 平海军声的语音特点

(二) 三大方言对平海军声语音的影响

三、平海军声的词汇特点及广东三大方言对其影响

(一) 平海军声的词汇特点

(二) 三大方言对平海军声词汇的影响

四、平海军声的语法特点及广东三大方言对其影响

(一) 平海军声的语法特点

(二) 三大方言对平海军声语法的影响

结语

三、选题创新之处与研究方法

1. 选题的创新之处

本文选题的角度比较独特,并非单方面研究平海军声的情况,而是结合广东的三大方言(粤语方言、客家方言、闽南方言),将这三大方言与平海军声进行联系比较,从而得出

这几种方言之间的一些联系和区别，不仅探讨了军声方面的内容，同时也进一步密切了粤、客、闽之间的联系。

2. 选题的研究方法(略)

四、参考文献(略)

五、研究进程与计划(略)

2. 本科毕业论文

能源消耗与经济增长的关系研究

内容摘要：

能源是经济增长的物质条件，研究能源与经济增长的关系不仅是优化经济结构的要求，而且对于减少能源使用，走可持续发展道路具有重要的意义。本文借鉴国内外学者关于能源消耗与经济增长的关系的相关研究成果，选取我国 1995—2015 年 GDP 和能源消耗(TE)相关数据，在介绍我国能源消耗与经济增长发展现状基础上，运用描述性统计分析和计量经济学中时间序列的检验方法，构建 VAR 模型，通过单位根检验、协整检验、因果关系检验、脉冲响应函数分析等方法探究我国能源消耗与经济增长之间存在的动态关系。在检验结果的基础上，就我国当前如何协调好能源消耗与经济增长关系给出相关建议。

关键词：

能源消耗　　经济增长关系

一、数据变量的描述

(一) 变量的选取

本文研究经济增长与能源消耗之间的关系，选取国内生产总值即 GDP(单位：亿元)为经济增长的代表值，选取能源消耗总量(单位：万吨标准煤)为能源消耗的代表值。其中，国内生产总值(GDP)相关数据来自国家统计局，能源消耗总量数据来自世界银行数据库，在收集数据的过程中，发现 1995 年之前的数据有所缺失，因此以近 21 年(1995—2015 年)的我国国内生产总值与能源消耗总量年度数据作为样本进行系统性的研究。

(二) 数据的预处理与描述性统计分析

为使研究结果更为准确而真实，需要对原始数据进行预处理。在数据收集方面，本文收集的国内生产总值数据为名义国内生产总值。由于价格变动等因素的影响，名义国内生产总值并不能真实准确地反映出我国的经济发展水平，因此，需要把名义国内生产总值换算为实际国内生产总值。相关换算公式为：实际 GDP=名义 GDP/GDP 平减指数(GDP 平减指数数据来源：世界银行数据库)。能源消耗量的单位是万吨标准煤，因此无需做换算。同时，由于经济时间序列常常存在递增型异方差，可能会造成检验结果不准确。为了防止这种情况的出现，本文使用对数运算来处理实际国内生产总值与能源消耗总量，以达到消除异方差、保证检验结果真实可靠的目的。

首先考察经济增长与能源消耗在总量上的关系。在国内生产总值与能源消耗总量关系图(图 1)中可以看出，从 1995 年到 2015 年间，国内生产总值由 1995 年的 114 401.95 亿元增至 2015 年的 689 052.1 亿元，21 年间翻了 6 倍，而能源消耗量由 1995 年的 131 176 万吨标准煤增至 2015 年的 429 905.1 万吨标准煤，翻了 3 倍还多。从总体上来看，GDP 与能源消耗呈同向增长的关系。随着我国经济的飞速增长，相应的能源消耗量也随之不断增加，但二者在总量之间的"缺口"越来越大，这表明经济增长对能源消耗的依赖性在逐渐降低，尤其是在 2006 年以后，从图中可以看出，这一阶段 GDP 总量增加十分迅速，与之相比，能源消耗量的增加相对较少。

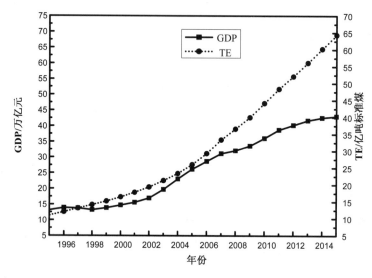

数据来源：GDP 数据来源于国家统计局，能源消耗总量数据来源于世界银行数据库

图 1　GDP 与能源消耗总量关系图

通过对比二者的环比增长速度(图 2)，总体来说能源消耗量的增长速度比 GDP(国内生产总值)的增长速度要慢，甚至在有些年份的能源消耗量出现了负增长的现象。除 2003—2005 年这三年的能源消耗增长率高于 GDP 增长率外，其余年份的 GDP 增长率都比能源消耗增长率高，这表明 GDP 增长速度要快于能源消耗的增长速度。出现这种现象的可能原因有：① 能源加工转换效率的提高；② 经济增长方式的转变，产业结构的调整；③ 政府节能减排相关政策的实施。

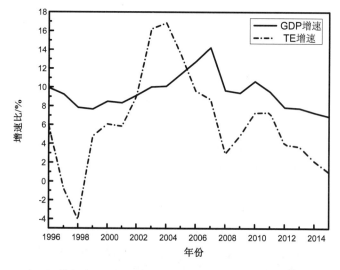

数据来源：根据 GDP 与能源消耗总量数据计算

图 2　GDP 与能源消耗增长速度比较

单位 GDP 能耗是指单位产值消耗的能源量(也称为万元 GDP 能耗, 计算公式为: 某年能源消耗总量/这一年实际 GDP), 也反映出经济增长与能源消耗的一些关系。从图 3 中可以看出, 虽然单位 GDP 能耗的曲线较为平缓, 但总体趋势仍是逐渐降低, 从 1995 年到 2015 年, 单位 GDP 能耗总体上呈现不断下降的趋势, 这也表明 GDP 对能源消耗的依赖性在一定程度上有所降低。出现这种情况的原因可能有: ①能源利用率的提高; ②产业结构的优化, 高能耗产业在生产中的占比降低。

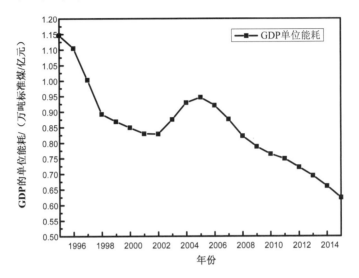

数据来源: 根据 GDP 与能源消耗总量数据计算

图 3　GDP 的单位能耗

二、计量模型分析

(一) 计量模型选择

本文采用向量自回归模型(VAR 模型)来探究经济增长与能源消耗之间的关系。VAR 模型建立的基础是所分析数据的统计性质, 在这种情况下, 系统中的每一个内生变量都被看作整体内生变量的滞后值函数, 据此构建 VAR 模型。在研究经济问题时, 传统的计量方法是构建以经济理论为基础的计量经济模型, 但这类模型的缺点是不能很好地说明变量间的动态联系。与之相比, VAR 模型的优点在于其可以对经济变量间动态的联系进行很好的说明, 弥补了以经济理论为基础的传统计量模型的缺陷。VAR 模型的公式为

$$Y_t = c + \beta_1 y_{t-1} + \beta_2 y_{t-2} + \cdots + \beta_p y_{t-p} + e_t$$

其中, c 是 $n \times 1$ 常数向量, β_i 是 $n \times n$ 矩阵。e_t 是 $n \times 1$ 误差向量, 满足白噪声的性质。在本文中, 滞后阶数根据 AIC 和 SC 准则确定。

(二) 计量经济学检验

本文采用的计量经济学检验有单位根检验、协整检验、格兰杰因果关系检验、脉冲响应函数分析。Engle、Clive 和 Granger(1987)指出: 变量间存在协整的前提是各个变量间是同阶单整[1]。由此可知, 在进行协整检验之前, 首先要确定时间序列中是否存在同阶单整,

---

1　ENGLE, CLIVE R F, GRANGER W J. Cointegration and error-correction: representation, estimation, and testing [J]. Econometrica,1987 (55) :251-276.

因此单位根检验应在协整检验之前进行。若检验结果表明存在同阶单整,则对经济增长(lnG)与能源消耗(lnTE)进行协整检验,判断变量间是否存在协整关系。若协整关系存在,则可进一步对变量进行格兰杰因果关系检验。最后,运用向量自回归模型对结果进行估计,并使用广义脉冲响应函数分析和检验经济增长与能源消耗在所限定期数内的作用机制。

以下本文按照上述思路进行检验。

1. 单位根检验(略)

2. 协整检验(略)

3. 格兰杰因果检验(略)

4. VAR 模型估计(略)

5. 脉冲响应函数分析(略)

(三) 研究中可能存在的问题

本文采用了计量经济学的方法,对能源消耗与经济增长之间的关系进行了探究,但在研究过程中也存在着一些问题。第一,受数据可获得性的限制,本文只选取了我国 1995—2015 年 21 年间的数据,时间跨度比较小,在描述性统计分析中,可能不能够准确地显示出数据的趋势。第二,同样是由于样本数据时间跨度较小,在计量经济学相关检验中,可能对检验的结果产生一定的影响,造成其检验结果不准确的现象。

三、研究结论及相关建议(略)

参考文献:

[1]　高珊珊. 我国经济增长、能源消耗及二氧化碳排放的动态关系研究[D]. 重庆: 重庆大学, 2013.

[2]　胡玉莹. 中国能源消耗、二氧化碳排放与经济可持续增长[J]. 当代财经,2010(02): 29-36.

[3]　庞家幸,陈兴鹏,王惠榆. 甘肃省能源消耗与经济增长的关系研究及能源消耗预测[J]. 干旱区资源与环境, 2014, 28(02): 31-36.

[4]　王崇梅. 中国经济增长与能源消耗脱钩分析[J]. 中国人口·资源与环境, 2010, 20(03): 35-37.

第二节　求职材料

随着时代的发展,求职成为人们日常生活中的一项重要内容。一份完整的求职材料应包括简历、求职信和支撑材料三部分,在某些特殊情况下也可以附加一份推荐信。装订前要加一个有设计内涵和理念的封面。封面上要体现毕业院校、姓名和专业等信息。

一、求职简历

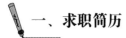

(一) 求职简历的基本内容

求职简历最好设计成表格的形式,因为表格体现信息可以做到明朗化。作为介绍个人情况的简历，一般包括以下内容：

(1) 个人基本情况。个人基本情况包括姓名、性别、出生年月(年龄)、籍贯、文化程度、政治面貌、联系方式(固定电话、手机、电子邮件、详细联系地址、邮政编码)等。

(2) 个人履历。个人履历包括教育背景(如果是本科生从中学填起，如果是硕士研究生以上则从本科填起)、所学专业课程(与谋职单位有重要关系的课程要放在显眼的位置上)、外语和计算机情况、获奖情况、发表文章情况(本科生所发表的杂感、评论等都可以)、导师或者名人的推荐信(手写体，如较多可放置于第三部分附件里)、参加实习和社会活动情况、配偶状况等。如果是硕士研究生以上求职，应该突出自己的科研成果；如果是有长时间工作经验的跳槽者，应该突出自己以往的工作经历和工作业绩。

(二) 求职简历的写作要求

求职简历的写作要求有如下几点：

(1) 客观性。简历中的内容都是客观的，最好使用一些数字，有数字支持的成就是最好的说服工具。

(2) 针对性。应该针对不同的单位、不同的应聘岗位、不同的求职目标，做出相应的调整，做到有针对性，不能一份简历"打天下"。

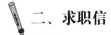 二、求职信

(一) 求职信的含义

求职信是指求职者向自己有意谋职的单位负责人提出求职申请，使对方接受自己的专用信件。

(二) 求职信的特点

求职信具有如下特点：

(1) 具有明显的针对性，不像私人信件那样寒暄客套。

(2) 具有强烈的自我推荐性。

(3) 具有独特的个性。

(三) 求职信的内容

求职信一般由标题、称谓、开头语、主体和结尾五个部分组成。

(1) 标题。第一行中间要写标题"求职信"，字体要大一些，使信件整体比较美观。

(2) 称谓。求职信的称谓一般使用尊敬的某某经理、领导、先生、女士等。注意不宜使用"小姐"这类比较有争议的词。

(3) 开头语。求职信的开头语要简单表明对求职单位性质的了解、认识和评价，并表达自己愿意到该单位工作的意愿。

(4) 主体。求职信的主体部分用于简单介绍自己。由于简历部分对姓名等客观情况都已经很清楚地显示出来了，所以这里的简单介绍只是介绍与求职目标(求职意向)相关的个

人情况。介绍自己的主要成绩和优势所在，自己的专业特长和成果(与谋职单位的需要密切相关)，以表明自己具备求职目标所需要的条件和做好该项工作的能力；如果有特殊的个人爱好和特长(不是一般的喜欢)，可以向对方略作介绍，以引起对方的兴趣；还应表明自己的工作态度和就职后的打算，让对方感到你不仅能够胜任工作，还是一个很有想法的人。总的来说，需要围绕求职目标，多层次、多角度、多方位地表现自我。因此，求职信的主体部分应做到以下三个方面：

其一，定位准确。突出你能做什么。

如达·芬奇在求职信中针对自己应聘军事工程师的岗位，逐项列举自己军事方面的才能，并且自信地说："如果有人认为上述任何一项办不到或不切实际的话，我愿意随时在阁下的花园里或您指定的其他任意地点实地实验。"这份自信来自他对自己的准确定位和清醒认识，凭着这封求职信，达·芬奇求职成功。

其二，实事求是。突出你学到什么。

求职信是针对某一招聘信息、某个具体岗位而专门写的书信。比如说某个招聘单位在招聘启事里特别强调沟通能力，你就应该根据招聘启事的要求，在求职信里更多体现你的沟通能力。再比如单位招聘行政秘书，应用写作能力则是必须优先强调的能力。但切忌不切实际的浮夸。

其三，态度诚恳。

求职时希望用人单位能聘用自己前去工作，所以态度上一定要热切诚恳，靠自己的素质去征得对方的认可。因此，在写作中尤其要突出求职者的 EQ(EmotionalQuotient 情商)和 AQ(AdversityQuotient 逆境商)。

(5) 结尾。求职信的结尾要表明自己的迫切愿望，如"我热切地盼望您的答复""切盼佳音""希望得到您的允诺"等；祝颂语用"此致""敬礼"，"此致"空两格，"敬礼"(后加叹号)顶格；落款要有求职人姓名，求职时间详细到年月日。

(四) 求职信的写作要求

求职信的写作要求有如下几点：

(1) 杜绝错别字。求职信中字词的选择能反映出一个人做事是否仔细、严谨。一篇内容很好的求职信，往往会因为错别字而产生不好的效果。在实际生活中，由于计算机输入而出现的错别字现象非常普遍，如"毕业生"写作"毕业剩"等。

(2) 不要规定对方，以免引起反感。有的求职者求职心切，但处理不好容易引起用人单位反感。例如，"我家人都在某市，故很想去贵单位就职"，本来可能是要表达去了以后能安心，但给人感觉你是为和家人在一起才去的，对单位并不感兴趣；"×月×日前复信为盼"，表面上看相当客气，但却限定对方时间，容易引起反感；"本人谨以最诚挚的心情应聘于贵单位，盼望获得贵单位的尊重考虑"，这似乎在说你不聘用我就是不尊重我，让人难以接受；"现有多家单位欲聘我，所以请您从速答复我""是贵单位的某某领导让我和你们取得联系的"，这些都是容易引起对方反感的措辞。

(3) 切忌语气不庄重。招聘单位大都喜欢看事物比较客观的申请人，所以在求职信上要尽量避免用"我觉得""我看""我想"等字眼来表明自己的观点，也忌用"我非常希望""我真的喜欢"之类的强调语气。同时，也应该避免一些不得体的语言使用，如"这职位对我来说简直是无法抵挡的引诱"等。

(4) 少用简写词语。用于实际生活中的简称不能写在求职信中，如将自己的毕业院校简称为"××大""××工""××院"等，容易使招聘人员产生误解，认为求职者态度不庄重，影响录用。

三、支撑材料

如果说简历和求职信分别是客观自我和主观自我的展现，那么支撑材料则是主客观自我的证明。支撑材料主要包括学历、职称、立功受奖等证明复印件，科研成果、各种资格考试证明(计算机等级证书、英语四六级证书或成绩单等)的复印件，已发表文章、实验成果、专业课程成绩单的复印件，导师或名人推荐信的复印件等。

四、装订完整

(一) 求职材料的装订

求职材料可加封皮装订。封皮一般包括图案设计、学校名称、姓名、专业等内容。封皮图案可以根据自己的兴趣爱好进行个性化设计，或者使用学校的徽标，要做到简单大方，有象征意义。

(二) 例文

1. 个人简历

个 人 简 历

×××(姓名)

(贴照片处)

电话：×××××××
E-mail：××@126.com.cn
地址：××市××区××街××号
邮编：×××××××

个人基本情况

| 性别：女 | 出生年月：1997/04 | 民族：汉 | 籍贯：××× |

学历：本科　　学位：管理学学士　　专业：工商管理　　政治面貌：共青团员
毕业院校：××大学　　　　　　　　爱好：体育运动，尤其擅长羽毛球
教育背景
2012/09—2015/07××省××中学
2015/09—2019/07××省××大学

主修课程

市场营销、人力资源管理、西方经济学、统计学、企业战略管理、管理信息系统等

社团经历与社会经验

2017/10—2019/10 任自我管理委员会楼长工作部部长，负责各楼栋的工作分配及核查、汇总工资单；其间在《阳光总在风雨后》活动中，负责组织拔河项目

2017/04 在南京沃尔玛超市当促销员，负责各类茶叶的促销

外语及计算机水平

大学英语六级，具备良好的听说读写能力

全国计算机二级(C 语言程序设计)，熟悉办公自动化等操作

所获证书及荣誉

2018/09 全国普通话二级甲等证书

2019/10 在第二届社区自我管理委员会工作期间被评为"优秀先进个人"

自我评价

性格开朗，积极向上；头脑灵活，勇于创新；适应力强，体质良好；乐于助人，有责任心

2. 求职信(本科)

求　职　信

尊敬的先生/女士：

您好！

我是一名刚刚从××商学院会计系毕业的大学生，因贵单位对会计实务人员的招聘很符合我的专业特点，同时贵单位良好的发展势头也深深地吸引着我。很荣幸在即将投身社会之际，能够呈上我的个人资料。为了找到符合自己专业和兴趣的工作，更好地发挥自己的才能，实现自己的人生价值，谨向您作自我推荐。

作为一名会计学专业的大学生，我非常热爱我的专业并为其投入了巨大的热情和精力。在四年的学习生活中，我所学习的内容包括了从会计学的基础知识到运用等许多方面的知识。通过对这些知识的系统学习，我对会计学有了一定程度的理解。在与课程同步进行的各种相关实践和实习中，我掌握了一定的实际操作能力和技术。

求学期间，在学好本专业的前提下，我对计算机产生了极大的兴趣，并阅读了大量相关书籍，具备一定的实践操作能力。同时，认真学习英语，通过了 CET—6 考试，达到了流利掌握一门外语的要求。

由于自己的努力，大学期间，我多次获得各项奖学金，而且发表过多篇论文。我还担任过班长、团支书，具备了较强的组织协调能力；在具体工作中还锻炼了我的意志。使我能够面对今后工作中遇到的任何困难和挑战。

我正处于人生中精力充沛的时期，渴望在更广阔的天地里展露自己的才能；不满足于

现有的知识水平，期望在实践中得到锻炼和提高，因此希望能够加入贵单位。我会踏踏实实地做好属于自己的一份工作，竭尽全力地在工作中取得好成绩。我相信，经过自己的勤奋和努力，一定会做出应有的贡献。

感谢您在百忙之中所给予我的关注！愿贵单位事业蒸蒸日上，屡创佳绩！祝您的事业百尺竿头，更进一步！希望您能够对我的求职愿望予以考虑，我热切期盼您的回音。谢谢！

此致！

敬礼！

××(签名)

2021 年 9 月 14 日

3. 求职信(研究生)

求 职 信

尊敬的××：

您好！

首先向您致以真诚的问候和良好的祝愿！非常感谢您在百忙之中审阅我的求职材料。作为一名应届毕业生，我应聘高校辅导员岗位有如下优势：

1. 理想信念坚定，政治理论功底扎实。我本科专业是"思想政治教育"，研究生专业为"马克思主义中国化研究"，同时辅修了法学专业第二学士学位，过硬的政治素质和多元的知识结构满足了高校辅导员的基本要求。此外，作为一名××岁就加入中国共产党的青年学生，我有着坚定的政治信念，有信心做好大学生的思想政治工作。政治素质过硬，有较强的政治敏锐性和政治辨别力。

2. 精力充沛，对学生工作兴趣浓厚。从本科至今我一直担任学生干部，活跃于各类学生活动的现场，逐渐积累起丰富的工作经验。兴趣是最好的老师，它引导我选择了辅导员这一岗位。

3. 责任心强，擅长团队协作。辅导员需要具备良好的组织协调能力才能出色地完成对大学生的日常管理工作。四年的排球运动生涯使我形成了极强的团队意识，在团队管理中善于营造和睦、融洽的团队氛围，善于调动成员积极性。这些经验将帮助我从容地面对班级管理工作。

4. 态度端正，工作严谨细致。半年的挂职锻炼使我熟练掌握了处理日常行政事务的技巧，形成了严谨、细致、耐心的工作态度。同时，我的公文写作能力和处理复杂问题的能力也得到了很好的锻炼。这些将有助于我高效地处理日常行政工作和突发事件。"天高任鸟飞，海阔凭鱼跃"，我渴望自己的才华能在贵单位得到充分的施展，实现我的人生价值。

最后，衷心祝愿贵单位事业发展蒸蒸日上！

此致！

敬礼！

求职人：×××(签名)

2021 年 9 月 18 日

第三节 申 论

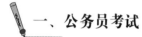

一、公务员考试

中国的公务员考试开始于 2000 年，在短短的二十多年时间里成为中国比较有"含金量"的考试形式，从国家公务员考试历年报名人数就可以看出公务员考试的热度。

近几年国家公务员报名人数统计参看表 5-1。

表 5-1　2013—2022 年国家公务员招录及报名人数统计

年份	招聘职位	招录人数	审核通过	参考人数	最终比例
2022	16 745	31 242			
2021	13 172	25 726	157.6 万人		61.3∶1
2020	9657	24 128	143.7 万	96.5 万	40.0∶1
2019	9657	14 537	137.93 万	127.20 万	87.5∶1
2018	16 144	28 533	165.97 万	113.4 万	39.7∶1
2017	15 589	27 061	148.63 万	98.4 万	36.4∶1
2016	16 669	27 817	139.46 万	93 万	33.4∶1
2015	13 475	22 249	140.9 万	105 万	47.2∶1
2014	11 729	19 536	152 万	99 万	50.7∶1
2013	12 927	20 879	150 万	111.7 万	53.5∶1

2022 年国考全国 1 833 396 人通过审查；全国平均竞争比 68.9∶1，职位最大竞争比是 20 813∶1，岗位为西藏自治区邮政管理局。当然这只是显示了一种报考情况，具体弃考情况不详，据报道公务员考试的弃考率是比较高的。

(一) 现代公务员考试与中国古代科举的联系

由于我国的公务员制度是由古代科举制度和西方文官制度结合改造而成的产物，因此现代公务员考试与古代科举有诸多共同之处：

第一，科举考试与公务员考试都是竞争性的选拔考试，采用公开考试、择优录取的公平竞争方式，以考试成绩作为取舍的依据，成绩面前人人平等。

第二，科举考试与公务员考试都是国家性质的考试，由国家举办。

第三，科举考试和公务员考试都有严密的考试程序，科举考试所施行的编号、闭卷、密封、监考、回避、入围、复查等办法还为现代公务员考试所沿用。

第四，考试内容有一定的相似性。申论考题与科举策论有一定的相似性。申论考题就问题进行概括、提出对策、进行论证。科举策论在某种程度上也遵循这样的内在逻辑，如1904 年陕西乡试第一场策题："西国钱财律重，中国钱财律轻。以故商家集股，多被司事者侵吞乾没，股东受累，无如之何矣。今欲设公司，振兴商务，刑律轻重，应否釐定策。"就股东侵吞股民利益问题进行策论。

第五，从考试的作用和影响来看，两者也有类似之处。读书应试是中国古代读书人立身扬名的唯一道路，考中举人进士是每个读书人的梦想，而一旦考中，即使最低等的秀才也有诸多生活上的优待。所谓"书中自有黄金屋，书中自有颜如玉，书中自有千钟粟"。现代公务员考试虽然不是读书人的唯一出路，但是进入公务员队伍也是很多青年人的梦想。

(二) 公务员考试的含义和类型

公务员考试是公务员主管部门组织的担任主任科员以下及其他相当职务层次的非领导职务公务员的录用考试。中国公务员正规统一都叫国家公务员，不管是中央还是地方都是国家公务员，具体分为中央、国家机关公务员和地方国家公务员。

公务员考试分为中央和地方两种形式——国家公务员考试和地方公务员考试。国家公务员考试是指中央、国家机关以及中央国家行政机关派驻机构、垂直管理系统所属机构录用机关工作人员和国家公务员的考试；地方公务员考试是指地方各级党政机关，社团等为招录机关工作人员和国家公务员而组织进行的各级地方性考试。中央和地方考试单独进行，不存在从属关系，考生根据自己要报考的政府机关部门选择要参加的考试，也可同时报考，相互之间不受影响。

中央、国家机关的公务员考试包括笔试(公共科目、专业科目)和面试，公共科目为行政职业能力测验和申论。从2002年起，中央、国家机关公务员招考工作的时间被固定下来，报名时间在每年10月中旬，考试时间在每年11月的第四个周末。省、自治区、直辖市国家公务员考试时间由各地自行决定并组织实施，部分地区每年在上、下半年各组织一次考试，全国大部分地区每年只考一次，省级以下公务员主管部门不组织开展公务员考试。

二、国家公务员考试公共科目之一——行政职业能力测验

行政职业能力测验为客观性试题，考试时限120分钟，满分100分，是一种职业能力测试，用来测试应试者与拟任职位相关的知识、技能和能力，考查应试者从事公务员工作所必须具备的一般潜能。该测验主要包括言语理解与表达、数量关系、判断推理、常识判断、资料分析等五个方面。言语理解与表达主要测查应试者运用语言文字进行交流和思考、迅速而又准确地理解文字材料内涵的能力；数量关系主要测查应试者理解、把握事物间量化关系和解决数量关系问题的技能，主要涉及数字和数据关系的分析、推理、判断、运算等；判断推理主要测查应试者对各种事物关系的分析推理能力，涉及对语词概念、图形、事物关系和文字材料的理解、比较、组合、演绎和归纳等；常识判断主要测查应试者的法律知识运用能力，涉及宪法、民商法、行政法、经济法、刑法、诉讼法等；资料分析主要测查应试者对各种形式的文字、图形、表格等资料的综合理解与分析加工的能力，这部分内容通常由数据性、统计性的图表数字及文字材料构成。具体情况，考生可阅读每年的公务员考试大纲，把握具体说明和要求。

三、国家公务员考试公共科目之二——申论

(一) 申论概述

申论是测查从事机关工作应当具备的基本能力的考试科目。试题全部为主观性试题，考试时限为 180 分钟。申论，取自孔子的"申而论之"，即申述、申辩、论述、论证之意。它既有别于中国古代科举考试中要求就给定题目论证某项政策或对策，撰写论文的策论形式；也有别于传统作文的形式。但申论考试的内容、方法及其要达到的测评功能，实际却涵盖了策论和作文这两种考试形式的基本方面。申论可以说是中国古代科举制艺文、现代高考作文、相关公务文书等文体结合而成的产物。国家公务员考试中，申论考试按照省级以上(含副省级)综合管理类、市(地)以下综合管理类和行政执法类职位的不同要求，设置两类试卷。省级以上(含副省级)综合管理类职位申论考试主要测查报考者的阅读理解能力、综合分析能力、提出和解决问题能力、文字表达能力。市(地)以下综合管理类和行政执法类职位申论考试主要测查报考者的阅读理解能力、贯彻执行能力、解决问题能力和文字表达能力。考试形式既严格又灵活，要求考生摒弃套话、闲话，要求分析、论证和解决问题透彻、全面、清晰，同时又保证考生能充分发挥自己的潜力，展示真才实学。

(二) 申论的特征

申论具有如下特征。

1. 形式的灵活性

申论答卷一般由三部分组成：概括部分、方案部分、议论部分。概括部分可能是记叙文、说明文、议论文、应用文中的某一种形式，也可能综合了多种文体形式；方案部分则是应用文写作；议论部分则是议论文写作。测试形式灵活实用。

2. 材料的广泛性

申论所给定背景资料涵盖了政治、经济、法律、教育等诸多方面的内容，涉及范围极其广泛，且表述比较准确，一般不会出现偏差。申论的背景资料所反映的问题大部分已有定论，也有一些问题尚无定论或存在争议，需要考生自己去理解、分析和判断，并做出结论。至于一些难以定论的问题，特别是一些争议激烈的前沿问题，一般不会成为背景材料。

3. 较强的针对性

申论测试考查的目的明确，针对性很强，即主要考查考生阅读、分析、概括、解决问题的能力。这些能力主要通过对背景材料的分析、概括、论述体现出来，从所提出的方案对策是否具有针对性和可行性体现出来。从这一角度看，考查的目的与测试的命题是密切相关的有机整体：目的具有针对性，试题也具有针对性；试题为测试的目的服务，目的则是试题设计的指导思想。

4. 极具政策导向性

申论的背景材料是应试者在生活、工作中经常接触到的事情，或是社会生活中的热点

问题，或是国家治理过程中的难点问题，具有强烈的时代特征，是以国家的法律、法规和政策为依据的，政策导向性较强。

5. 多方面的测试优势

申论命题既有规范性，又有创新性。规范性是创新性的基础，创新性是规范性的提升。高质量的申论试题，从测试效果上可以起到以下几个方面的作用：其一，为国家选拔优秀人才；其二，规范考试竞争，引导考生备考；其三，具有严格的程式性，能有效预防考生作弊；其四，便于阅卷老师快速、客观、公正地进行试卷评阅；其五，训练考生思维，测验考生智力。

6. 答案的非标准化

申论测试从资料背景来看，都是有关当前政治、经济、法律、教育等社会问题的，有的已定论，有的尚未定论，完全要考生自己来解决。从这个角度来看，无论是提出对策或是对对策进行论证，都不会有一个非常确切、固定、唯一的标准答案。

(三) 例文

2021 年国家录用公务员考试"申论"真题卷
省级以上(含副省级)综合管理类

一、注意事项

1. 本题本由给定资料和作答要求两部分构成。考试时限为 180 分钟。其中，阅读给定资料参考时限为 50 分钟，作答参考时限为 130 分钟。满分为 100 分。

2. 请用黑色字迹的钢笔或签字笔在题本、答题卡指定位置上填写自己的姓名、准考证号，并用 2B 铅笔在答题卡上填涂准考证号对应的数字栏。

3. 请用黑色字迹的钢笔或签字笔在答题卡指定区域内作答，超出答题区域的作答无效！

4. 待监考人员宣布考试开始后，你才可以开始答题。

5. 所有题目一律使用现代汉语作答，未按要求作答的，不得分。

6. 当监考人员宣布考试结束时，考生应立即停止作答，并将题本、答题卡和草稿纸都翻过来放在桌上。待监考人员确认数量无误、允许离开后，方可离开。

7. 严禁折叠答题卡！

二、给定资料

材料 1

阳光伴随着讨价还价声，洒在谷底开阔的地方，这里正是小谷村集市所在的地点。驻村第一书记汪杰正在摊前拉话时，镇长陈青松打来了电话："不错呀，你这'无中生有'的集市渐成气候了。"

集市上，来的人越来越多，大家一边赶集，一边说着过去种种，十分感慨："想过有改变，但没想到会有这么大的改变。"

从前的小谷村是什么样子呢？

汪杰记得他刚来小谷村的场景。因为山多平地少，村民择坡而居，住的都是篱笆屋。住得远的村民到村委会要走两个多小时，除了出山买必要的生活用品，几乎与世隔绝。

汪杰刚到村里时，老百姓看到他，都躲得远远的。他走进住在深山的赵贵家，看到他们家高高低低四个孩子，全都没有上学，最大的孩子都十四岁了。赵贵说，女孩子就应该在家照顾猪鸡羊。男孩子呢？赵贵说，上学太远也太苦了。汪杰说，小谷村会好起来的。赵贵只是笑。

很快，在国家政策的扶持下，小谷村的各项改造开始逐步推进。从县城到小谷村的苏民路正式动工，村内七条道路的拓宽硬化同步进行，五个易地住房安置集中点建设同时启动，安全饮水配套工程加快实施，电信宽带也进入村民家中。

改变小谷村硬件容易，但是人们的思想呢？连村干部们都得过且过。汪杰来的第4天才见到他们。汪杰没有说什么，只是默默做事。他"化缘"来的几台电脑，让村干部们学会打字，带领他们学习习近平总书记在解决"两不愁三保障"突出问题座谈会上的讲话，组织大家一起交流心得体会。他还有意识地锻炼年轻村干部，鼓励他们独立去解决问题。村纪检小组长刘波年轻，有些怕事，邻村一只狗咬死小谷村的一只羊，两村村民争吵起来，刘波觉得这事超出了村纪检小组长能管的范围，他解决不了。汪杰鼓励刘波，村干部样样事都得会干，越复杂的事越不能往后退，并指导他具体怎么做。刘波大着胆子处理好了这件事，觉得自己以后干工作更有底气了。现在，村里到处都能看到村干部的身影，或在走访解决问题，或在填路上的积洼，或在调解邻里纠纷。汪杰戏说，他们是村里的"施工队"。

孩子是小谷村的将来，要变，不能落下他们。那天从赵贵家出来，汪杰就下了这个决心。他开始奔波，提议筹办专为大龄失学儿童提供义务教育的"桐华班"。筹办还算顺利，"桐华班"由县教育局牵头，集中县里的优秀老师，加上一些知名高校的学生志愿者，自己编写教材，精心安排课程。学生们初来时，有的还哭哭啼啼的，汪杰对他们就像对自己的孩子，给他们爱与鼓励。

可是，汪杰找来找去，发现学生里面没有赵贵的大女儿。他去赵贵家做工作，赵贵就是不同意大女儿上学。一个深夜，汪杰跑去镇上找陈青松商量，最终他们决定换个方式——送法上门。第二天，汪杰带着司法所工作人员去了赵贵家，工作人员告诉赵贵，他们这样做违反了义务教育法，并苦口婆心陈述其中利害。赵贵终于同意大女儿去上学。"做人的工作也许不像修房修路那样起眼，但最根本，也最长远，哪怕我们暂时看不到结果，也必须全力去做。"汪杰记得和陈青松探讨的那个深夜，离别时，陈青松说了这番话，并按着他的肩说："夜色难免黑凉，前行必有曙光。"

曙光里，新修的苏民路冲开群山，伸进小谷村的谷底，村民们也搬进了新家。村里的孩子在"桐华班"学习后，渐渐有了明确的方向，他们想着继续读初中、高中，还要考大学。想到未来的生活，他们的脸上焕发着光彩，看向远方的目光更加坚定。

只有付出过，才知道其中艰难。汪杰希望自己离开后，小谷村能有东西永远留下来。同在一个镇，柏香村做茶园、搞旅游，后池村有苗圃基地。小谷村做什么呢？汪杰把小谷村的事捧在手里，掂来掂去，突然有了一个主意：在小谷村造一个集市。

经过一番努力，5月1日，大集热热闹闹开张了。汪杰到处吆喝，逢人宣传，他坚信只要坚持几个月，一定会有一个稳定、成规模、可持续的小谷村集市。汪杰做了两手准备，先是成立了村合作社，搞了小谷村集市专卖，然后告诉村民，哪怕拿鸡蛋来卖，合作社都收。同时，汪杰去镇里动员商户来小谷村做买卖。刚开始，商户们听到要去小谷村，满腹怀疑，他们印象中的小谷村是个鸟不拉屎的地方。但汪杰坚信，生活总要柴米油盐，吃穿总要必需品，只要坚持下去，集市会越来越热闹，他们自然就来了。果然，两个月后，商户们看到小谷村的集市热闹非凡，主动来找汪杰，要在集市上做买卖。

小谷村的集市越来越有模有样，汪杰又开始谋划新的出路。一个由土地、稻穗、绿叶、白云和火把组成的小谷村 Logo 产生了。汪杰想在村里建一个老川茶制茶厂，与大茶户合营，聘请有经验的制茶师，让山中那些野生老茶树的茶叶打上小谷村的 Logo 后，可以不出村就能卖到茶客的手里，也让小谷村的 Logo 能够深入到他们的心里。他还在想方设法加快建设标准化的养殖厂，让"走的是神仙路、喝的是山泉水、吃的是神仙草"的小谷村生态羊走向城市餐桌。

勤劳致富之风在小谷村慢慢形成，汪杰掩饰不住地高兴。他想，这些努力和奋斗所换来的，有形的会老去，无形的却能从此改变小谷村。

材料 2

"李总监，您好，我是芯谷产业功能区项目投资科的小罗，从今天开始，我就是你们公司的项目专员，以后有什么问题您都可以找我。"W 光学有限公司总务部总监李晓枫接到小罗的电话时，既意外又暖心。

近期，S 市进行了"局区合一"改革，小罗的岗位，也从芯谷产业功能区规划建设部职员变成了项目投资科专员。小罗所在的项目投资科有二三十人，在一个开敞办公室集中办公。坐在她斜对面的是部门首席，他原来是芯谷产业功能区规划建设部长，坐在她旁边的是原市发改局政策法规科的工作人员。

"改革之后，我们探索了'首席＋专员'岗位设置方式，减少了管理层级。现在有问题您提出来，我可以和大家直接沟通交流，问题会很快得到解决的。"小罗进一步跟李晓枫说。

时光转到一年前。那时候，W 光学有限公司刚刚跟市政府签订协议，投资 5.2 亿元建设新基地，落在芯谷产业功能区。李晓枫负责新基地项目建设。

"基地建设涉及很多专业事项，对标高啊、航空限高啊，我都一头雾水。"李晓枫说，"项目需要更新坐标系，我咨询功能区管委会，被告知要去自然资源局。去了之后，发现还要再去找测绘队。申报一个事项要跑很多部门。最后我招了 5 个办事员，专门负责到各部门跑材料。办事员告诉我，由于不清楚办事流程，他们要一次次到管委会咨询，工作人员态度特别好，就是解决不了问题，只能当信息的'二传手'。"李晓枫想起往事，皱起眉头。

可是现在呢，李晓枫很快跟小罗敲定了一场设计交流会。房子的外形、色彩、标高有什么要求，大门怎么开，道路怎么建，水电气的接点在哪，申报手续怎么办……40 分钟时间里，有关新基地建设设计问题，相关部门都一一作了解答。这个效率让李晓枫倍感惊讶："感觉'二传手'一下子变身为'主攻手'了。"

S 市某领导说："我们要想改变过去产业功能区'协调办''二传手'的角色，就要解决产业功能区职能太弱、功能不齐备的问题。因此，我们要思考，如何发挥产业功能区对主导产业的支撑保障？如何给产业功能区赋能？"

最终的答卷是"局区合一"改革，也就是把市政府职能部门和产业功能区管理机构整合到一起。

S 市首先把发改局、航空经济局等与产业功能区关联度最高的市级部门作为主体局，通过与功能区管委会合署办公，实现整体职能覆盖功能区。目前，S 市发改局的职能定位与芯谷产业功能区的建设阶段特征相契合，与城市发展、产业发展、项目落地等事宜联系最紧密。改革后，S 市发改局黄局长多了两个职务：芯谷产业功能区管委会主任、党工委书记，办公地点也由 S 市的机关大院搬到了管委会。"我们按照'局区合一'改革的要求，把'两个班子、两套人员'变为'一个班子、一套人员'。"黄局长介绍，目前发改局和管委会在事项申报、项目促建、招商引资等方面已实现职能整合，可以更好地聚焦企业服务和经济发展。

与此同时，S 市把行政审批局、自然资源局、住建交通局、生态环境局等与产业功能区发展要素保障紧密相关的部门作为职能局，通过设立园区服务机构，实现核心职能下沉功能区；文体旅游局、国资金融局、人社局、教育局等部门作为事项局，通过设立投资促进机构，实现涉企服务职能延伸功能区。

黄局长介绍，"局区合一"改革后，市发改局和功能区管委会合并，原来的 21 个下设机构调整为 6 个；同时，精准定岗定责，探索"首席＋专员"岗位设置方式，形成了管理运行新格局。"我们希望以组织再造促进流程再造，以内部放权推动整体赋能。"

目前，174 项涉企市级部门审批服务事项已全部下沉功能区办理，一般性企业开办时间由 20 天压减至 0.5 天，建设项目开工前审批时间从 197 天压减至 60 天。产业功能区的资源也得到有效整合，产业规模加速壮大。2019 年，已有 17 个项目建成投运，42 个项目正在加快建设中，航空经济、电子信息、生物产业三大主导产业规模近 2000 亿元。

"我们的改革，没有局限于简单的修修补补，也不是机械的'头痛医头'。我们敢于直面根本问题，深入了解基层需求，通过创新体制机制，激发企业内生动力。现在来看，我们的改革之所以成功，离不开务实的精神和理性的思考。唯有如此，才能充分发挥理论和制度的效能，实现预期目标。"黄局长如此总结。

材料 3

"小李，我跟你说，修志工作有三苦哇！清苦，辛苦，艰苦。做地方工作，你必须受得了这些苦！"F 市地方志办公室编纂处副处长杨洋向刚到处里工作的小李再三叮嘱道。

"我搞地方志工作整整 23 年了，来这里工作，就要习惯坐'冷板凳'！"老同志王建也如此教导小李。

半年后，小李依然有些疑惑："只有加深对历史的掌握和理解，才能鉴古知今。地方志中充满了中国传统文化的智慧，对现代社会治理大有裨益。我们为什么不走出去，而只是躲在屋里修志编志呢？"

小李的问题引起了处长林德深深的思考，他准备在处开一个讨论会，让大家谈谈地方志编纂工作的"冷与热"。

讨论会开得很热烈。

王建抢先说："我觉得地方志的编纂工作是外冷内热。内热，就是指价值高。习近平总书记曾经说过，了解历史的可靠的方法就是看志，这是他的一个习惯。无论走到哪里，他总是要看地方志。我们可以看到，在正定、厦门、上海工作时，都留下他读志、用志的佳话，他还把地方志运用到调研工作中。我们的地方志编纂工作能为经济社会发展提供参考，你说这编纂工作重要不重要？当然，编纂工作是辛苦的，需要清心静欲，耐得住冷清。"

杨洋说："我赞同。地方志工作看似没有地位，但只要修志者有'为'，就一定会有'位'；地方志部门虽然是'冷线'，但只要干好了，也会成为'热线'。地方志有存史、育人和资政的功能。做存史工作时，我们要沉得下心；做育人工作时，我们还得走出去；做资政工作时，我们要能摆正自己的位置。"

王建表示同意："存史需要冷，存史才是我们地方志编纂工作最主要的功能啊！我们自己能感觉到工作的成就感就可以了，没必要在乎冷热之分。"

林德说："存史是基本功能，育人、资政是现实功能。存史，我们也可以想想，我们要记录和保存什么样的历史？比如，是不是能记录咱们 F 市干部群众创新创业、建设美丽家乡的业绩，来以'冷'存'热'呢？"

王建说："跟时代贴合、记录当下工作，确实是我们地方志编纂的重要内容。比如，今年新冠疫情突发，我们应该做好疫情防控大事记的编纂工作。"

林德说："这个建议非常好，疫情防控大事记的编纂工作，这是存史的功能，但从另一个角度说，这是不是也有育人、资政的功能呢？"

王建听了若有所思。

杨洋接话说："在修志存史时，如果多结合育人、资政的应用功能，我们修志的视野应该会更广阔，也应该能创造出更多的机会走出去，更好地服务社会。"

王建说："我接着说疫情防控大事记的编纂工作，这个工作我可以负责做，我们需要把市里的各项决策部署工作全面记录下来。"

林德补充说："除此以外，我们要征集一下全市党员干部在疫情防控工作中的典型案例和先进事迹，聚焦实录全市各界在此次抗疫中不惧艰险、无私奉献的感动瞬间。"

小李说："这个工作带着我一起做吧。另外，我觉得，在记录历史、风土人情方面，我们编纂了很多高质量的志书。但是，是不是可以形式更生动活泼一点，让老百姓也爱读呢？比如，针对儿童和青少年群体，开发一些介绍我市风土人情的课程。"

杨洋说："咱们有很好的史料基础，如果我们能选一些有影响力的人物，以人物故事的形式出版成书，应该也会受大家欢迎。"

林德说："杨洋和小李，你们找时间把风土人情课程和人物故事书籍的建议，形成工作方案，我看是可以做的。"

王建坦诚地说："我之前一直觉得我们把编纂工作做好就可以，今天大家的讨论给了我很多启发，走出去，也可以更好地宣传我们的修志成果，这是相辅相成的，而且啊，能把"冷"变"热"了。"

林德说："'以古人之规矩，开自己之生面'，是我们挖掘、梳理和萃取中华传统文化思想精华的目标方向。我们需要以积极姿态，让中华优秀传统文化价值向当代转化。这就要求我们转变工作理念和思路，对已有的工作形式进行拓展，这样就把冷门工作做热了。对了，大家对发挥资政功能有什么好的建议吗？"

小李说："我读书时，看到地方志提供了很多有价值的资料，当时就非常兴奋。比如说地处山区的千阳县，水土流失严重，土地瘠薄。但是根据志书的描述，古时候这个地方林木茂盛，土地肥沃，宋代曾将它划为牧马良区。清朝以后，山坡被垦殖，森林减少，千阳县才逐渐变成了穷山区。地方志中还有当地种桑养蚕的记录。千阳县就参考这些记载，决定以种草植树、发展多种经营来重新振兴山区经济，并且将种桑养蚕列为其中一个重要项目。所以，要是我们的编志修志工作也能提供这种经济建设方面的资政功能，也是不辱使命了。"

王建开口说："关于资政功能，关键还是在于咱们能体现出智库作用。咱们要根据地方志资料，结合经济社会生活重大课题，加强调研，为市委市政府提供有价值的资政材料。"

林德说："今天的讨论很有意义。老王，你先列一些重大课题，回头咱们再集体讨论一下。"

材料4

以下是《江城日报》即将发表的一篇报道：

在江城博物馆，有一个专门为视障人士等特殊群体设计的博爱馆。原材料同比例复制的文物、可以操作体验的展品、首部用于视障和行走障碍观众的全自动导览车……

"除桌子上、扶手上可以触摸到的盲文之外，我印象比较深的展品，有设计精巧的钢牛灯、长着翅膀的青瓷羊，还有脖子上戴着项圈的金兽。"去年11月，江城市盲人学校组织师生到博物院参观。虽然时间已经过去了近一年，但高二学生孙飞还记得来这里参观的感受。在孙飞的印象中，博物院的镇馆之宝之一——汉代铜牛灯，展品不仅摸起来感觉造型独特，而且还可以拆卸、旋转，更有一根长长的管子来搜集点燃油脂后产生的烟雾，形成闭环系统。他很兴奋："这个设计在古代是'高科技环保型'的，我们都很惊奇。"在铜牛灯仿制品前，学生们亲手触摸的同时，语音播放器也被触发，开始播放展品的介绍，而旁边的"盲文点显器"则可以介绍这件文物的历史背景、构造功能等信息。该校尹老师说："此前也去过其他博物馆，由于缺乏有针对性的介绍，同学们感觉索然无味。但一到博爱馆，大家就对这种可听、可摸、可操作的参观体验兴趣十足。专设这个博爱馆，特殊群体可以有尊严、自主地参观展览，说明文化为民理念逐步辐射到不同人群，起了很好的示范作用。"

在展厅的不同区域，展品类型、现场布置、光线明暗等均有所不同，在弱视区和怕光区，展品以书画为主，观众可以扶着护栏，贴近细看。当有人经过书画前，语音讲解就会自动播放，每幅画还有一小段盲文介绍；在全盲区，展品则以造型类文物仿制品为主，观众在触摸展品时，也能同步听到讲解词。

江城博物院藏有60余万件文物，博爱馆展厅中展示了其中按照1:1的比例、以真实材料复制的40多件展品。为何选中这40多件？博物院信息部张主任说，考虑到不同年龄层次、知识背景、兴趣爱好的观众需求，博物院从不同门类、不同材质的馆藏珍品中反复比较，经过多轮筛选和残障志愿者的测试，最终保留下他们印象最深刻、最喜爱的展品，设计出一个特殊的综合展览。"我们不以珍贵程度作为首要因素，更重要的是要让特殊人群方便解读。"策展人李婧进一步解释，展品不仅要代表江城博物院深厚的文化底蕴，也要与现代生活有关联、能想象、可互动。对于书画类展品，需要轮廓形态清楚、色彩对比强烈、故事性相对突出，让弱视群体方便观看且有代入感。对于造型类展品，造型上要有特点、纹饰要清晰、用途要体现实用性。在制作中，没有使用成本较低的 3D 打印，而是采用与文物相同材质的复制品，从而保证获得原材质的触感，"要让手指的叩击声也保持一致"。

不仅如此，博爱馆在设计理念方面还体现出许多贴心的细节。位置选择上，博爱馆位于一层，避开人群拥挤的主入口，降低了声音对信息获得的干扰。采光上，展馆采用玻璃顶，并安装了多个射灯，光线更通透明亮，可满足弱视群体需要。在馆内，盲道铺设的路线规划更加清晰。高低两层扶手上的盲文，在介绍产品的同时兼具引导功能。此外，江城博物院还研制了全国博物馆中首部用于视障和行走障碍观众的全自动导览车。车载计算机控制车辆前边的路径和展示点，可前行、倒退、拐弯、避让，到达展示点后自动触发感应装置，播放产品的讲解语音。

博物院不断深化服务意识，建立了意见反馈机制，认真听取参观者的建议并积极加以改善。博物院馆藏的"金兽"是国宝级文物，模样似虎类豹像狮，究竟是什么动物至今没有结论。几位视障学生对如何通过触摸理解"金兽"讲出了自己的困惑："语音讲解上说，这个猛兽很温顺，该怎么理解呢？"这使李婧意识到，尽管采纳了很多专业建议，但依然存在"用明眼人的视角来办无障碍展览"的问题。经过对意见的研判和进一步调整设计策划，在介绍猛兽的温顺时，针对听障观众，扫描二维码可观看手语讲解视频。针对视障观众，除语音讲解和盲文介绍外，提示观众可以摸一下脖颈上的项圈，告诉他们这是被驯养的动物。

李婧说："要改变以视觉为中心的参观感受，带给观众更丰富的感官体验，工作上还应当有更多更细致的换位思考，虽然要求高了，但能看到孩子们纯真的笑脸，我也感到很快乐。"

三、作答要求

问题一： "给定资料 1"中说："这些努力和奋斗所换来的，有形的会老去，无形的却能从此改变小谷村。"请你根据"给定资料1"，谈谈对这句话的理解。(15 分)

要求：分析全面，条理清晰。不超过 300 字。

问题二： "给定材料 2"中，S 市进行了"局区合一"改革，请你概括这项改革的背景、措施和成效。(10 分)

要求：全面、准确、有条理。不超过 250 字。

问题三： 请你根据"给定资料 3"，回答下列两个问题。(20 分)

1. 谈谈什么是地方志编纂工作的"冷与热"。

2. 假如你是 F 市地方志办公室编纂处的工作人员，请根据讨论内容，按照"将冷的工作做热"的工作思路，起草该处下一步的工作要点。

要求：

(1) 准确全面，简明扼要，条理清晰；

(2) 工作要点包括工作任务及其工作措施；

(3) 不超过 400 字。

问题四： 请你根据"给定资料 4"，为《江城日报》即将发表的这篇报道写一则短评。(20 分)

要求：

(1) 观点明确，简明深刻；

(2) 紧扣资料，重点突出；

(3) 有逻辑性，语言流畅；

(4) 不超过 500 字。

问题五： "给定资料 1" 中说 "夜色难免黑凉，前行必有曙光"，"给定资料 2" 中说 "我们的改革之所以成功，离不开务实的精神和理性的思考"。请深入理解这两句话的含义，参考给定资料，联系实际，自拟题目，写一篇文章。(35 分)

要求：

(1) 观点明确，见解深刻；

(2) 参考 "给定资料"，但不拘泥于 "给定资料"；

(3) 思路清晰，语言流畅；

(4) 1000～1200 字。

✏ 四、申论考题题型概述

随着公务员考试报考人数的增加，竞争程度的加剧，申论考试题型越来越趋向多样化。具体题型概述如下。

(一) 归纳概括题

归纳概括题指的是对给定资料中特定部分的内容要点、精神主旨、思想意义进行提炼，并用简明的语言加以概述。这类试题的提问方式多使用 "归纳" "概括" "概述" "简述" 等关键词。作答的基本要求主要有四点，即全面、准确、客观、简明。如：

1. (2018·国家·省级·第一题)

根据给定资料 1，对调研组的调研材料，从成绩、问题和建议三方面进行概述。(15 分)

要求：(1) 准确、全面；(2) 恰当提炼，条理清晰；(3) 不超过 350 字。

2. (2020·国家·省级·第一题)

根据 "给定资料 1"，请你概括 L 省在人才的政治引领方面的主要举措。(10 分)

要求：全面、准确、有条理。不超过 200 字。

3. (2019·国家·省级·第一题)

根据 "给定资料 1"，概括 s 市在乡风文明建设方面的举措。

要求：全面，准确。不超过 150 字。

4. (2021·国家·省级·第二题)

"给定材料 2" 中，S 市进行了 "局区合一" 改革，请你概括这项改革的背景、措施和成效。(10 分)

要求：全面、准确、有条理。不超过 250 字。

(二) 综合分析题

综合分析题要求考生对给定资料中深层的、隐含的意义作出理解，并多角度地进行思考,作出自己的推理和评价。综合分析题最常出现的作答要求为:条理清晰、观点明确、分析合理。这三点是作答该类题型贯彻始终的要求,对作答题目具有指导性意义。如:

1. (2018・国家・省级・第三题)

根据给定资料 3,请你对画线句子"借用人的'慧',打造物的'智'"加以分析。(15 分)

要求:(1) 观点明确,紧扣资料,有逻辑性;(2) 不超过 300 字。

2. (2019・国家・省级・第四题)

根据"给定材料 4",谈谈你对"作为精神资源的乡村文化"的理解。(10 分)

要求:准确、全面、有条理。不超过 250 字。

3. (2021・国家・省级・第一题)

"给定资料 1"中说:"这些努力和奋斗所换来的,有形的会老去,无形的却能从此改变小谷村。"请你根据"给定资料 1",谈谈对这句话的理解。(15 分)

要求:分析全面,条理清晰。不超过 300 字。

(三) 提出对策题

提出对策题要求考生在全面理解给定资料内容的基础上,发现资料中的问题,然后提出合理、有效的解决对策。该类题型的作答要求主要有四点:角色意识、有针对性、有可行性以及可操作性。如:

1. (2017・深圳・A 类・第二题)

根据材料 14,就 N 市公安系统微信公众号存在的问题提出完善的建议。(30 分)

要求:(1) 建议可行,条理清晰;(2) 不超过 500 字。

2. (2021・国家・省级・第三题)

请你根据"给定资料 3",回答下列两个问题。(20 分)

1. 谈谈什么是地方志编纂工作的"冷与热"。

2. 假如你是 F 市地方志办公室编纂处的工作人员,请根据讨论内容,按照"将冷的工作做热"的工作思路,起草该处下一步的工作要点。

要求:

(1) 准确全面,简明扼要,条理清晰;(2) 工作要点包括工作任务及其工作措施;(3) 不超过 400 字。

(四) 贯彻执行题

贯彻执行题是要求考生能够准确理解给定资料中所包含的工作目标与组织意图,遵循依法行政的原则,依据给定资料以及设定题目所反映的客观实际,撰写某类文书,以便及时有效地完成任务的试题。这些文书包括宣传演讲类(如新闻报道、讲话稿、宣传稿、倡议书等)、方案总结类(如方案、提纲、建议书、报告、意见、通知等文书)、观点主张类(如短评、回帖等)和灵活写作类(没有固定的可以直接套用的结构形式)等。其作答要求为：目的明确、符合实际、语言得体、格式正确、结构合理。如：

1. (2018·国家·省级·第二题)

上级部门来 W 市考察，请你根据给定资料 2，就 W 市在经济转型升级过程中的探索，写一份汇报提纲。(20 分)

要求：(1) 紧扣资料，内容具体；(2) 语言流畅，有逻辑性；(3) 不超过 400 字。

2. (2021·国家·省级·第四题)

请你根据"给定资料 4"，为《江城日报》即将发表的这篇报道写一则短评。(20 分)

要求：

(1) 观点明确，简明深刻；(2) 紧扣资料，重点突出；(3) 有逻辑性，语言流畅；(4) 不超过 500 字。

(五) 文章论述题

文章论述题指的是要求考生围绕给定的标题、主题、话题等，写一篇文章的试题。该题是对文字表达能力的集中测查。无论是国家的还是任何一个地方的公务员考试，它都是最后出场，分值最高、字数最多、难度最大。从历年申论考试真题来看，文章论述题的分值一般为 40 分，要求一般在 1000 字左右。作答要求为：观点明确、联系实际、结构完整、内容充实、思想深刻、论证有力、语言合理。如：

1. (2018·国家·省级·第五题)

请深入思考给定资料 5 画线句子"科学、艺术和古文化对于想象力都起着非常重要的作用，构成了想象力的源泉"，自拟题目，自选角度，联系实际，写一篇文章。(40 分)

要求：(1) 观点明确，见解深刻；(2) 参考给定资料，但不拘泥于给定资料；(3) 思路清晰，语言流畅；(4) 1000～1200 字。

2. (2020·国家·省级·第五题)

假设你是 S 省委人才发展局的工作人员，请根据"给定资料 5"，以"海纳百川聚四方之才"为题，为 S 省委人才发展局有关负责人撰写宣讲会上的推介讲话稿。(30 分)

要求：

(1) 角色定位准确；(2) 内容切合主题；(3) 语言流畅，有感染力；(4) 800～1000 字。

3. (2021·国家·省级·第五题)

"给定资料 1"中说"夜色难免黑凉，前行必有曙光"，"给定资料 2"中说"我们的改革之所以成功，离不开务实的精神和理性的思考"。请深入理解这两句话的含义，参考给定资料，联系实际，自拟题目，写一篇文章。(35 分)

要求：

(1) 观点明确，见解深刻；(2) 参考"给定资料"，但不拘泥于"给定资料"；(3) 思路清晰，语言流畅；(4) 1000～1200 字。

五、解题环节和方法

申论考试的全部过程和全部考试题型，大都可归纳为阅读资料、概括要点、提出对策、分析论证四个主要环节。

(一) 阅读资料

阅读理解给定资料是申论考试最基础的环节。这个环节虽然不能用文字直接在答卷上反映出来，却是完成其他三个环节的前提条件，而且在时序上位在首要，不容滞后。申论考试的时间应该说是比较充足的，考生应该也完全有必要拿出一定的时间(一般需要 40～50 分钟左右)来潜心阅读给定资料，以求真正理解和掌握资料的叙述思路和内容实质。阅读一般要三遍，每一遍都有不同的关注点。

阅读第一遍：为段落标号，勾画关键句和关键词。一般为首尾句原则、关联词原则如"因为""所以"等；常见词原则如"根源""危害""监督""经验""教训"等，还有"经调查""资料显示""强调""分析""指出""认为"等有点睛作用的语词。

阅读第二遍：总结段落大意。要把一段话的意思总结完整，须把握整体性原则、关联性原则等，注意关注典型现象、数据和图表等。

阅读第三遍：分门别类地进行合并同类项。阅读过程中会发现有横向原则组织的材料，一种是并列关系，如政治原因、经济原因、文化原因，甲乙丙丁等；一种是对立关系，如积极—消极、正面—负面、成绩—问题等。有纵向原则组织材料，如提出问题—分析问题、现状—根源等。还有通篇看来，所给材料是杂乱无章的，表现为多层次、多角度组织材料，就需要阅读者在阅读过程中快速反应，在头脑中形成关于材料之间的逻辑关系，并对之进行合并，为进入答题过程做好准备。

(二) 概括要点

概括要点是一个承上启下的重要环节。一方面它是阅读资料环节的小结；另一方面，这个环节完成得好不好，又会直接影响提出对策是否更具针对性，影响到将进行的论证是否有扎实的立论基础。概括要点的目的在于准确把握住给定资料，以便进一步着手解决以下问题。申论题目中并不是一成不变地一概要求概括主题，有时也要求总结所给材料的主旨，或者材料包含的主要内容、主要观点等。考生要注意审题，正确理解题目的要求，不要形成思维定式，认为所有的申论考试都是要求概括主要问题。在概括时要注意语言的准确、精练。通常概括要点时会根据材料的不同情况要求其字数在 200、300 或 500 字左右，因此应惜墨如金，简明扼要地表达出题目的要求。所概括的内容要有信息含量，角度要准确，层次要清晰，要客观准确。

(三) 提出对策

提出对策是申论的关键环节，重点考查考生思维的开阔程度、探索创新意识、应变能力和解决问题的能力。考生可以有较大的自由空间，根据各自的知识阅历，对同一问题各抒己见，见仁见智。但针对主要问题提出的对策必须切实可行，要符合我国的国情、民情、政策、法律等，措施要切合实际，切忌面面俱到，舍本求末。考生可参考一个"万能八条对策"，在考试过程中灵活运用：

第一，领导重视，提高认识。

第二，加强宣传、营造氛围。

第三，教育培训，提高素质。

第四，健全政策法规，完善制度。

第五，组织协调，形成机制。

第六，增加投入，依靠科技。

第七，加强监管，全面落实。

第八，总结反思，借鉴经验。

考生应根据实际情况，灵活调整，做出选择。

(四) 分析论证

分析论证是申论的最后一个环节。要求考生充分利用给定资料，切中主要问题，全面阐释论证自己的观点。前面三个环节尽管非常重要，不容任何懈怠，但相对于最后这个环节来说都还是铺垫。论证环节，需要浓墨重彩，淋漓尽致。这不仅因为它所占字数多，分值相对较高，而且一个人的知识基础、能力水准、思维品质、文字表达都将在这个环节得到更全面、更充分的展示。虽然分析论证可以根据考生的知识特点和写作习惯自由进行，但是还必须遵循议论文的大体规范，做到虽无定法却有大法，大致如下：

第一，写标题。诸如《由××现象引起的思考》，可将材料中的典型现象、个性化事件入题，标题不能太大太空。

第二，谋篇布局。

首先，提出论点。做到开门见山，简单明快。提出论点包含三层意思：交代事件或现象，即何时何地发生何事；引入主题，强调这一问题是严重的；指出解决问题的意义、重要性。论点代表了论述者对问题的基本观点。

其次，进行论证。大致包括"为什么"和"怎么样"两个论证层次。围绕"为什么"找三个理由，可以从材料中找一个例证，略论；从材料外利用自己的知识积累找第二个例证，详论；再从自己的知识积累中寻找第三个例证，略论。做到详略得当。围绕"怎么样"，寻求解决某问题应采取的对策，分层次进行论述。可采用"首先""其次""再次"或"其一""其二""其三"等标目方法，显得文气贯通，切记使用1、2、3等数字标目。

第三，得出结论。具有收拢全篇，深化主题的作用。同时提出期望，对解决问题充满信心。

六、申论考试注意事项

(一) 认真审题

考试时要注意答题技巧，合理分配时间，不要盲目求快。一定要拿出足够的时间认真仔细地阅读给定资料。在这个过程中，要先理清资料的逻辑联系，抓住一个复杂事件的主要问题。然后，要把握住给定资料所反映的事件的环境和条件，这种既定的条件是提出的对策是否具有可行性的重要依据。抓准了主要问题，解决问题的方案就有了针对性；搞清给定资料所提供的环境、条件，所提出的解决问题的方案才有可行性。

(二) 紧扣材料答题

一定要注意申论考试的限制性要求，即无论是概括主题、陈述看法还是提出对策，都限于试卷的给定资料，而最后的论证，也是在前述基础上，就给定资料和从中概括出的主要问题及其解决方案进行阐述和论证(要在概括的基础上自命一个题目进行论证)。切忌脱离给定资料，随意联想和发挥。

(三) 注意限制要求

申论考试中对字数是有限制性要求的。如各类题型都有字数上的限制，超过或不足的字数一般要低于要求字数的 10%，否则要扣分。

七、申论考试的准备

(1) 了解申论，掌握基本方法。

仔细阅读考试大纲，对申论考试的基本情况有一个大体的了解。

(2) 关注社会热点，掌握热点理论。

就目前的热点问题进行预测性准备。可以准备一系列热点问题的对策和解决方案，并准备一些自己要论证的问题。就自己准备论证的问题，有针对性地查阅一些资料。

(3) 必备的参考资料。

考生须必备以下一些参考资料：

第一，当年的《半月谈》。

《半月谈》是中宣部根据新时期加强基层思想政治工作的需要，委托新华社主办的、面向广大基层读者的重要党刊，多有热点问题的讨论，而开篇半月评论都是很好的申论准备材料。

第二，《理论热点面对面》。

《理论热点面对面》是中央宣传部理论局在深入调研基础上，组织理论界专家学者撰写的通俗理论读物。本书对广大干部群众普遍关心的热点难点问题，进行了深入浅出的回答，观点准确、说理透彻，具有较强的针对性和说服力。本书用最新素材阐述理论问题．用身边事例说明深刻道理，图文并茂、文字生动、通俗易懂、可读性强，是广大干部群众、青年学生理论学习的重要辅助材料。

第三，中国政务信息网、人民网、新华网。

第四，近年来，党和政府的重要文件。

第五，《光明日报》《人民日报》等重要报纸。

另外，一些出版社也有关于公务员考试的书籍，购买这类复习资料的时候尽量选择知名出版社，同时要考虑编写团队的资质，避免被劣质学习资料影响了学习质量和效果。

情 境 写 作

1. 根据毕业论文的选题原则，结合所学专业，选择一个论题，写出论文的提纲。
2. 根据自己的求职意向，为自己制作一份求职简历。
3. 给自己理想中的单位和岗位写一封充分展示自我的求职信。
4. 根据文中 2021 年国家公务员考试申论真题(副省级以上)的作答要求进行练习。

第六章 经济文书

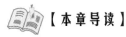

【本章导读】

经济文书是经济领域中处理业务、交流思想、传播信息、开展研究的一类应用性文体。经济文书写作是以国家的经济政策和法律法规为依据，以经济生活为反映对象，以推动经济活动发展为目标，与经济活动相关的。经济文书除具备一般应用文书的特点外，还有自身的特点如专业性、政策性、规范性、实用性等。经济文书作为传递经济信息的有效工具，在保证企业生产经营活动的顺利展开，为部门或单位提供和积累财经资料等方面发挥着非常重要的作用。本章主要介绍与企事业单位经济活动紧密相关的经济类文书，如财务分析报告、合同、经济活动策划书等。通过学习这些具体文种的基本知识和写法，结合相关案例，让学生熟悉并掌握经济类常用文种的写作方法和技巧，从而提高写作经济文书的能力。

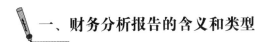

第一节 财务分析报告

一、财务分析报告的含义和类型

(一) 财务分析报告的含义

财务分析报告，也称财务情况说明书或财务状况说明书，是财务独立的企事业单位定期或不定期地对财务收支情况进行总结、分析后撰写的书面报告。它是财务部门在检查、分析各项财务计划指标完成情况的基础上经过梳理、概括、加工、提炼而编写的，全面、系统、深入、集中地反映企事业单位的财务状况或经营成果的说明性、结论性文书。财务分析报告由会计部门编写，是年度财务报告不可缺少的组成部分，也是对会计报表资料进行补充说明的文字性书面材料。

(二) 财务分析报告的类型

财务分析报告的种类很多，主要有以下几种类型：

(1) 简要分析报告。简要分析报告一般围绕企事业单位的主要经济指标或财务上的若干主要问题有重点地进行分析，以观察该单位财务活动的基本情况、发展趋势和财务管理的改进情况。一般月末、季末的月度、季度财务分析多采用这种类型。

(2) 综合分析报告。综合分析报告一般用于一个季度、半年或年度终结后，根据单位的会计报表和有关资料，对资金、利润、费用、成本、盈亏等方面的情况进行综合分析，以检查和总结一个季度、半年或全年内企事业单位生产、经营、管理以及有关方针、政策、法律贯彻执行的全面情况。

(3) 专业分析报告。专业分析报告可以为综合分析提供资料，用于企业内部各专业部门围绕企业各个时期的中心任务，检查与本部门有关的业务完成情况。这类分析报告可以包括车间和班组分析报告。车间分析报告的内容主要是经济指标和成本计划完成情况。

(4) 专题分析报告。根据企事业单位加强经营管理的需要，专题分析报告用于对某些重大政策性问题、经济措施或某些薄弱环节进行重点的调查和分析，以便及时解决问题，采取切实可行的措施，改进财务管理工作。

(5) 项目分析报告。项目分析报告一般用于对公司的局部或一个独立运作项目的财务状况进行分析，以检查其业务开展、完成情况。

(6) 对比分析报告。对比分析报告一般用于业务主管部门对所属企事业单位的某些财务指标，采用分列对比的方式进行分析研究，以便找出差距，剖析造成差距的原因，使后进赶先进，先进更先进，推动劳动竞赛的开展。

(7) 典型分析报告。典型分析报告一般用于对完成经济指标好的或差的典型单位，或对某些典型事例，采取"解剖麻雀"的方法，有针对性地进行分析和研究，探求先进或落后的主客观原因，以便以点带面，推动全盘工作，或从中吸取教训，防止再次出现同样情况的失误。

二、财务分析报告的特点和作用

(一) 财务分析报告的特点

财务分析报告具有如下特点：

(1) 依法性。财务分析报告必须依照财务会计的法规编制，不得有任何违背财务会计法规的行为。

(2) 指导性。财务分析报告要分析财务活动中的各种矛盾，总结经验教训，以便采取措施，加强财务管理，使本部门、本单位财务活动自觉置于党和国家的方针政策引导之下、上级机关和本单位领导指导之下。财务分析报告对经济部门和单位的发展方向、工作重点和计划制定具有重要指导性，同时通过对过去财务活动的分析，为未来财务活动奠定基础。

(3) 说明性。财务分析报告是在分析各项财务计划完成情况的基础上，经过概括、提炼，编写出来的兼有说明性和结论性的书面材料。

(4) 总结性。财务分析报告主要运用会计、统计和有关业务资料，分析单位在资金运用和效益、财务收支和完成指标等方面的财务情况，并在此基础上进行综合分析，总结财务成果，及时反映单位财务状况，为有关方面提供可靠的依据。

(5) 探求性。经济部门或企业单位进行财务分析的根本目的在于，挖掘内部潜力，提高经济效益，改进和加强自身财务管理和生产经营管理水平。因此，财务分析报告应在占有大量资料的基础上，对纷繁复杂的财务现象和财务关系进行科学分析，探求和运用财务工作活动规律，理清头绪，抓住要害，作出正确判断和结论。

（6）预见性。预测经济发展趋势，也是财务分析报告必须担负的任务。科学、准确的预测对领导决策、企业应对未来变化情况和获得有利竞争地位等具有重要作用。

（二）财务分析报告的作用

编制财务分析报告是对企事业单位财务状况和经营成果进行总结和评价的一种手段，是企事业单位财务管理的重要内容，其作用如下：

（1）有利于评价企事业单位财务状况、盈利能力和偿债能力、资金利用效率，从而评价企业经营管理水平，为企业经营者、投资者、债权人等进行经营决策提供重要依据。

（2）有利于揭示企业财务活动中存在的问题，以便总结经验教训，采取积极措施，改善经营管理，提高财务管理水平。

（3）有利于检查企业在财务活动过程中执行国家财经法规、制度及政策的情况，以便维护投资者、债权人的合法权益，从而引导企业的经营方向。

（4）有利于为整个经济工作提供财务信息，既是企事业单位向外界展示自身实力状况的重要手段，又是上级和外界有关方面了解该企事业单位，协调处理各方面关系的有效渠道。

三、财务分析报告的结构和写法

财务分析报告通常由标题、正文和落款三部分组成。

1. 标题

财务分析报告的标题没有固定的写法，一般包括单位名称、时限、内容和文种四项，如"××公司 2021 年度财务分析报告""对××公司 2021 年下半年利润完成情况的财务分析报告"；也可不写单位名称，在报告全文结束后署名；还可以用报告中提出的建议和意见作标题。

2. 正文

财务分析报告的正文一般包括开头、主体和结尾三部分：

（1）开头。开头是情况的概述部分，概述分析对象的基本情况和财务活动情况，取得的主要成绩和存在的问题，以及对分析期间财务状况的基本评价。这一部分既要有文字概述，又要有数据和指标的说明，为下文展开分析做好铺垫，同时使读者对报告期间的财务活动情况有一个总体了解。

（2）主体。主体部分是财务分析报告的重点，是对各项指标完成情况以及有关工作情况的说明，并对影响指标增减变化的原因进行分析。在分析中要总结取得的经验和成绩，同时，要指出存在问题及原因。分析原因要分清主观原因和客观原因，并指出主要原因是什么。在分析中还要注意不能就数字论数字，就事论事，应透过数字、事实联系财务活动中的实际情况，运用科学方法，进行具体、综合、本质的分析。分析时要注意做到八个结合：

① 经济因素与非经济因素相结合。

② 内部因素与外部因素相结合。

③ 动态因素与静态因素相结合。

④ 主要因素与次要因素相结合。

⑤ 定量分析与定性分析、动态分析相结合。

⑥ 专业分析人员与领导群众相结合。

⑦ 财务状况与获利能力相结合。

⑧ 现状、历史与未来相结合。

(3) 结尾。结尾一般提出存在的问题、改进的意见和建议。这部分应写得具体而简洁，意见要中肯，建议或措施要切实可行。

3. 落款

财务分析报告的落款包括编制财务分析报告的单位全称和写作日期，并加盖公章。

此外，有的财务分析报告还以附件形式，附上财务分析的有关表格和材料。

四、财务分析报告的写作要求

(一) 财务分析报告的写作要求

(1) 项目齐全，分类明确。项目齐全是全面分析的基础；分类明确是精确分析的前提。分类项目在明确的基础上还要依序排列，反映出经济事务间的必然联系。

(2) 数据精确，文表吻合。财务分析报告主要分析财务收支状况和各项经济指标完成情况，离不开大量可靠数据。因此，要注意搜集报表数据和调研数据，做好实物清查，掌握第一手材料，并反复核实，确保数据完整、精确，单位规范、统一，计算准确、无误。数据是分析的依据和基础。在处理两者的关系上，要做到文字分析与报表数据相吻合，主题与材料相统一；在组织结构上，要注意文字与表格之间的衔接和过渡，使其成为一个有机的整体。

(3) 分析深入，抓住关键。财务分析报告重在分析，要运用科学方法，对各种经济指标和财务收支情况，进行实事求是的分析，找出创造成绩或存在问题的主客观原因。财务分析报告的价值主要在于能否分析得中肯、深刻、正确，力避用数据代替分析，造成文字数据化。财务分析报告的内容要能全面反映企业的整体经济运转情况，但并非事无巨细，面面俱到，而是要在兼顾全局的基础上，抓住趋势和关键，抓住重点项目和作用最大的几个因素，进行深入分析。

(4) 语言通俗，编制及时。为了适应不同层次读者的需要，财务分析报告的语言要通俗易懂。当不得不使用专业术语时，要进行适当的解释和说明。此外，由于上一期财务分析报告常常是下一期决策的依据，为了保证适时决策，维护生产经营的连续性，财务分析报告一定要及时报出。

(二) 例文

××公司××××年度财务分析报告

一、财务状况总体评述

××××年，××公司累计实现营业收入 231 659.69 万元，去年同期实现营业收入 175 411.19 万元，同比增加 32.07%；实现利润总额 7 644.27 万元，较去年同期增加 21.16%；

实现净利润 6 370.21 万元，较去年同期增加 21.11%。

(一) 公司财务能力综合评价(表格略)

【财务综合能力】财务状况良好，财务综合能力处于同业领先水平，但仍有采取积极措施以进一步提高财务综合能力的必要。

【盈利能力】盈利能力处于行业领先水平，请投资者关注其现金收入情况，并留意其是否具备持续盈利的能力与新的利润增长点。

【偿债能力】偿债能力处于同行业领先水平，自有资本与债务结构合理，不存在债务风险，但仍有采取积极措施以进一步提高偿债能力的必要。

【现金能力】在现金流量的安全性方面处于同行业中游水平，在改善现金流量方面，投资者应当关注其现金管理状况，了解发生现金不足的具体原因。

【运营能力】运营能力处于同行业中游水平，但仍有明显不足，公司应当花大力气，充分发掘潜力，使公司发展再上台阶，给股东更大回报。

【成长能力】成长能力处于行业领先水平，有较乐观的发展前景，但公司管理者仍然应当对某些薄弱环节加以改进。

(二) 行业标杆单位对比分析(表格略)

二、财务报表分析

(一) 资产负债表分析(表格略)

1. 资产状况及资产变动分析(表格略)

××××年，公司总资产达到 158 514.99 万元，比上年同期减少 993.19 万元，减少 0.62%；其中流动资产达到 123 102.28 万元，占资产总量的 77.66%，同期比减少 5.00%，非流动资产达到 35 412.71 万元，占资产总量的 22.34%，同期比增加 18.33%。

下图是资产结构与其资金来源结构的对比(图表略)。

2. 流动资产结构变动分析(图表略)

××××年，公司流动资产规模达到 123 102.28 万元，同比减少 6 477.90 万元，同比减少 5.00%。其中货币资金同比减少 5.71%，应收账款同比增加 17.40%，存货同比减少 10.03%。

应收账款的质量和周转效率对公司的经营状况起重要作用。营业收入同比增幅为 32.07%，高于应收账款的增幅，企业应收账款的使用效率得到提高。在市场扩大的同时，应注意控制应收账款增加所带来的风险。

3. 非流动资产结构变动分析(略)

4. 负债及所有者权益变动分析(略)

(二) 利润表分析(表格略)

1. 利润总额增长及构成情况(图表略)

××××年，公司累计实现营业收入总额 231 659.69 万元，较去年同期增加 32.07%；实现净利润 6 370.21 万元，较同期增加 21.11%。从净利润的形成过程来看：营业利润为 7 886.03 万元，较去年同期增加 25.56%；利润总额为 7 644.27 万元，较去年同期增加 21.16%。

2. 成本费用分析(图表略)

××××年，公司发生成本费用累计 223 843.77 万元，同期比增加 32.13%，其中营业成本 185 936.04 万元，占成本费用总额的 83.07%；销售费用为 28 906.86 万元，占成本费用总额的 12.91%; 管理费用为 7 239.58 万元, 占成本费用总额的 3.23%; 财务费用为 1 106.03 万元, 占成本费用总额的 0.49%。

公司营业收入较去年同期增加 32.07%, 成本费用总额较去年同期增加 32.13%。其中营业成本较去年同期增加 28.80%, 销售费用较去年同期增加 45.62%, 管理费用较去年同期增加 42.14%, 财务费用较去年同期增加 331.31%。变化幅度最大的是财务费用。

3. 收入质量分析(略)

(三) 现金流量表分析(略)

1. 现金流量项目结构与变动分析

2. 现金流入流出结构对比分析

3. 现金流量质量分析

三、财务分项分析

(一) 盈利能力分析

1. 以销售收入为基础的利润率分析(图表略)

截至报告期末, 演示单位的营业毛利率为 19.74%, 营业利润率为 3.40%, 营业净利率为 2.75%。

企业总体获利能力在下降, 虽销售毛利率增加, 但费用开支和营业外支出的增加, 使营业利润率和销售净利率都同比下降, 对盈利状况造成较大影响。

2. 成本费用对盈利能力的影响分析(略)

3. 收入、成本、利润的协调分析(略)

4. 从投入产出角度分析盈利能力(略)

(二) 成长性分析

1. 资产增长稳定性分析(图表略)

截至报告期末, 演示单位总资产增长率达到-0.62%。从增减率上来看, 流动资产变动较大。

流动资产增长率为-5.00%, 从流动资产结构上看, 其中货币资金比例为 5.82%, 应收账款比例为 12.95%, 存货所占比例为 32.22%。

固定资产增长率为 24.54%。

2. 资本保值增值能力分析(略)

3. 利润增长稳定性分析(略)

4. 现金流成长能力分析(略)

(三) 现金流量指标分析

1. 现金偿债比率(图表略)

在现金流动性方面: 现金流动负债比率是反映企业经营活动产生的现金流量偿还短期债务的能力的指标。该指标越大, 偿还短期债务能力越强, 演示单位本期现金流动负债比为 7.84%。

现金债务总额比反映经营现金流量偿付所有债务的能力, 该比率是债务利息的保障, 若该比率低于银行贷款利率就难以维持当前债务规模, 包括借新债还旧债的能力也难以保证。演示单位本期现金债务比为 7.84%。

现金利息保障倍数是经营现金净流量与利息费用之比, 本期现金利息保障倍数为 8.74 倍。

2. 现金收益比率(略)

(四) 偿债能力分析

1. 短期偿债能力分析(图表略)

截至报告期末,演示单位流动比率为99.82%,速动比率为58.14%,现金比率为5.80%,由于有利润产生的时期不一定表示有足够的现金偿还债务,现金比率指标能充分体现企业经营活动所产生的现金流量在多大程度上保障当期流动负债的偿还,直观反映企业偿还流动负债的实际能力。

同期比企业流动比率下降而速动比率上升,流动资产短期变现能力有所增强,存货管理取得明显成效,在流动资产中相对比例下降。

2. 长期偿债能力分析(略)

(五) 经营效率分析

1. 资产使用效率分析(图表略)

从投入产出角度来看,本年的总资产周转效率与去年同期比上升了,说明投入相同资产产生的收入有所提高,即全部资产的使用效率有所增强。总的来说是营业收入增长快于平均资产增长,具体来看,本期的流动资产周转率为1.83,非流动资产周转率为7.09,流动资产的周转慢于非流动资产的周转。

2. 存货、应收账款使用效率分析(略)

3. 营运周期分析(略)

4. 应收账款和应付账款周转协调性分析(略)

(六) 经营协调性分析

1. 长期投融资活动协调性分析(图表略)

一般情况下,要求企业的营运资本为正,即结构性负债必须大于结构性资产,并且数额要能满足企业生产经营活动对资金的需求,否则,如果通过企业的流动负债来保证这部分资金需求,企业便经常面临着支付困难和不能按期偿还债务的风险。

从长期投资和融资情况来看,××年,公司长期投融资活动为企业提供的营运资本为 -225.26万元。企业部分结构性长期资产的资金需求也通过短期流动负债来满足,长期投融资活动起到的作用很小,企业可能面临经常性的支付风险。

2. 营运资金需求变化分析(略)

3. 现金收支协调性分析(略)

4. 企业经营的动态协调性分析(略)

四、综合评价分析

(一) 杜邦分析(图表略)

杜邦分析法是一种从财务角度评价企业绩效的经典方法,用来评价公司赢利能力和股东权益回报水平。其基本思想是将企业净资产收益率(ROE)逐级分解为多项财务比率乘积。投资者可清晰地看到权益资本收益率的决定因素,以及销售净利润率与总资产周转率、债务比率之间的相互关联关系,以解释指标变动的原因和变动趋势,为采取进一步的改进措施指明方向。

以下是净资产收益率的影响因素分析:

××××年,公司净资产收益率为19.14%,上年净资产收益率为17.87%,增加 1.27

个百分点。与去年同期相比，销售净利率减少 0.25 个百分点，总资产周转率增加 0.12 次，权益乘数增加 0.31。

(二) 经济增加值(EVA)分析(图表略)

经济增加值(EVA，Economic Value Added)衡量的是公司资本收益和资本成本之间的差额，从股东角度重新定义公司的利润，考虑了包括权益资本在内的所有资本，并且在计算中尽量消除会计信息对企业真实情况的扭曲。

(三) 财务预警-Z 计分模型(图表略)

Z 计分模型是国外财务失败预警模型。该模型通过五个变量(五种财务比率)将反映企业偿债能力的指标、获利能力指标和营运能力指标有机联系起来，综合分析预测企业财务失败或破产的可能性。一般地，Z 值越低，企业越有可能发生破产。

××公司

××××年×月×日

第二节　合　同

一、合同的含义和分类

(一) 合同的含义

合同，也可称为协议。按照《中华人民共和国民法典》的规定，合同是民事主体(包括自然人、法人和其他组织)之间设立、变更、终止民事法律关系的协议。

(二) 合同的分类

根据合同的实际用途，《中华人民共和国民法典》把合同分为 19 类：

(1) 买卖合同。买卖合同是出卖人转移标的物的所有权于买受人，买受人支付价款的合同。

(2) 供用电、水、气、热力合同。供用电合同是供电人向用电人供电，用电人支付电费的合同。供用水、供用气、供用热力合同，参照适用供用电合同的有关规定。

(3) 赠与合同。赠与合同是赠与人将自己的财产无偿给予受赠人，受赠人表示接受与赠与的合同。

(4) 借款合同。借款合同是借款人向贷款人借款，到期返还借款并支付利息的合同。

(5) 保证合同。保证合同是为保障债权的实现，保证人和债权人约定，当债务人不履行到期债务或者发生当事人约定的情形时，保证人履行债务或者承担责任的合同。

(6) 租赁合同。租赁合同是出租人将租赁物交付承租人使用、收益，承租人支付租金的合同。

(7) 融资租赁合同。融资租赁合同是指出租人根据承租人对出卖人、租赁物的选择，向出卖人购买租赁物，提供给承租人使用，承租人支付租金的合同。

(8) 保理合同。保理合同是应收账款债权人将现有的或者将有的应收账款转让给保理人，保理人提供资金融通、应收账款管理或者催收、应收账款债务人付款担保等服务的合同。

(9) 承揽合同。承揽合同是指承揽人按照定作人的要求完成工作，交付工作成果，定作人给付报酬的合同。

(10) 建设工程合同。建设工程合同是承包人进行工程建设，发包人支付价款的合同。

(11) 运输合同。运输合同是承运人将旅客或者货物从起运地点运输到约定地点，旅客、托运人或者收货人支付票款或者运输费的合同。

(12) 技术合同。技术合同是当事人就技术开发、转让、许可、咨询或者服务订立的确立相互之间权利和义务的合同。

(13) 保管合同。保管合同是保管人保管寄存人交付的保管物，并返还该物的合同。

(14) 仓储合同。仓储合同是保管人储存存货人交付的仓储物，存货人支付仓储费的合同。

(15) 委托合同。委托合同是委托人和受托人约定，由受托人处理委托人事务的合同。

(16) 物业服务合同。物业服务合同是物业服务人在物业服务区域内，为业主提供建筑物及其附属设施的维修养护、环境卫生和相关秩序的管理维护等物业服务，业主支付物业费的合同。

(17) 行纪合同。行纪合同是行纪人以自己的名义为委托人从事贸易活动，委托人支付报酬的合同。

(18) 中介合同。中介合同是中介人向委托人报告订立合同的机会或者提供订立合同的媒介服务，委托人支付报酬的合同。

(19) 合伙合同。合伙合同是两个以上合伙人为了共同的事业目的，订立的共享利益、共担风险的协议。

根据合同的外在样式，主要可以分成两种类型：格式合同和条款式合同。格式合同主要采取表格样式，其主要条款项目采用表格的形式来描述，在需要时可以逐项填写，系用于企业大量反复使用的一种合同形式，比如买卖合同、承揽合同、运输合同等。条款式合同是将合同内容用条款文件的形式加以表述，可以根据合同当事人的实际需要进行拟定和撰写的一种合同形式。应该说明的是，格式合同尽管多采用表格的方式，但也经常附有条文进行说明；条款式合同也可以采用表格来说明相应的条款。

二、合同的法律特征

合同具有以下法律特征：

(1) 合同是平等主体之间的民事法律关系。合同是平等当事人之间从事的法律行为，任何一方不论其所有制性质及行政地位，都不能将自己的意志强加给对方。非平等主体之间的合同不属于合同法的调整对象。

(2) 合同是双方或者多方法律行为。合同至少需要两个当事人；同时，合同是法律行为，故当事人的意思表示是合同的核心要素，合同成立不但需要当事人有意思表示，而且要求当事人之间的意思表示一致。

(3) 合同是当事人之间设立民事权利与义务关系的协议。根据《中华人民共和国民法典》的规定，民事主体之间有关民事法律关系设立、变更、终止的协议均在其调整范围内，但婚姻、收养、监护等有关身份关系的协议，适用有关该身份关系的法律规定；没有规定的，可以根据其性质参照适用本编规定。合同作为一种法律事实是当事人自由约定、协商一致的结果，当事人之间的约定合法则在当事人之间产生相当于法律的效力，当事人就必须按照约定履行合同义务。任何一方违反合同，都要依法承担违约责任。

三、合同的结构和写法

现实生活中合同内容丰富多样，合同形式也多种多样，但合同文本的书面结构模式一般由首部、正文、尾部和附件四部分构成。

1. 首部

合同的首部由标题、当事人基本情况及合同签订时间、地点构成。标题是合同的性质、内容、种类的具体体现。如"商品房买卖合同"，表明该合同是买卖合同中有关商品房的买卖合同。切不可出现标题与合同内容不一致的现象。当事人基本情况及合同签订时间、地点居标题之下，正文之上。当事人基本情况即当事人的名称或者姓名和住所，同时写明双方在合同中的关系，如"买方""卖方"等。当事人是法人或其他组织的，写明该法人的名称和住所；当事人是自然人的，写明该自然人的名称和住所。

2. 正文

合同的正文是合同最重要的部分，也是合同的内容要素，即合同的主要条款。正文部分是合同主体之间权利和义务的具体规定。按照《中华人民共和国民法典》的规定，合同正文应该主要包括以下组成部分：

(1) 标的。合同中的标的是指当事人权利义务指向的对象，比如买卖合同中的货物，赠与合同中的财产。

(2) 数量。合同必须对标的数量有明确的规定，包括计量单位和计量方法必须在合同书中书写清楚。

(3) 质量。质量是标的内在素质和外在形态的优良程度。产品质量有国家和行业标准的，不得低于国家或行业强制性标准；没有国家和行业标准的，可以由当事人双方协商确定。

(4) 价款或者报酬。价款或者报酬是取得合同标的一方当事人向对方当事人支付的代价，使用一定的货币量来表示。

(5) 履行期限、地点和方式。履行期限是合同当事人实现权利和义务的日期界限；履行地点一般是指当事人交付标的物的地点；履行方式是当事人履行义务的方式和方法。

(6) 违约责任。违约责任是当事人不履行合同义务或者履行合同义务不符合约定，按照法律或者合同约定而承担的补救或者赔偿责任。

(7) 解决争议的方法。解决争议的方法是指合同在履行过程中如发生争议拟采取的解决办法。

3. 尾部

合同的尾部，即合同结尾，主要是双方当事人签名、盖章，也可以写明单位地址、电话号码、电报挂号、邮政编码、开户银行名称、开户银行账号等内容(如果这些已经在合同首部写明可以不写，以免重复)。

4. 附件

附件并非合同必备内容和组成部分，主要是对合同标的条款或有关条款的说明性材料及相关证明材料。如技术性较强的商品买卖合同，需要用附件或附图形式详细说明标的的全部情况。

四、合同的写作要求

(一) 合同的写作要求

(1) 要细致、具体，字斟句酌。在商业行为中，合同是当事人履行权利义务的主要依据。在合同发生纠纷时，调解、仲裁和诉讼的主要依据也是合同。合同书必须在签订时将当事人自身的真实意图清楚地表述出来，合同的撰写必须要细致、具体，字斟句酌。特别是有关合同的当事人的姓名或者名称和住所、标的、数量、质量、价款或者报酬、履行期限、履行地点和方式、违约责任、解决争议的方法等合同的主要方面，必须按照法律的规定仔细写明，切忌模糊和空洞。

随着对外交往的增多，中国企业或个人需要与国外的公司或个人订立大量的合同、协议或备忘录之类的文件。对于有关人员来说，涉外合同的签订更要非常慎重，在订立涉外合同中需要注意如下事项：首先，不同法系国家合同的形式不同。英美法系的合同有其自身长期发展的历史，即使是内容较为简单的交易活动，其合同条款也较为复杂；而大陆法系的国家的合同则可以相对简洁一些。如与大陆法系国家或其他国家的商人签约，没必要使用英美法系繁琐的合同文本。

(2) 要注意签订书面合同。一般合同订立的形式有口头和书面两种。在国内，如果需要，可以不签订书面合同。但涉外合同，都应以正式的书面形式进行签订以维护自身的合法利益。

(3) 要注意涉外合同的签证和盖章。国外公司(尤其是英美国家)签署合同往往以公司授权的人进行签字的方式进行，而中方公司一般则加盖公章。

(二) 例文

供 货 合 同

订立合同双方：

购货单位：_____，以下简称甲方；

供货单位：_____，以下简称乙方。

经甲乙双方充分协商，特订立本合同，以便共同遵守。

第一条 产品的名称、品种、规格和质量

1. 产品的名称、品种、规格：_____。(应注明产品的牌号或商标)

2. 产品的技术标准(包括质量要求)，按下列第( )项执行：

(1) 按国家标准执行；

(2) 按部颁标准执行;

(3) 由甲乙双方商定技术要求执行。

第二条　产品的数量和计量单位、计量方法

1. 产品的数量: ＿＿＿＿＿＿＿＿＿＿＿。

2. 计量单位、计量方法: ＿＿＿＿＿＿＿＿＿＿。

3. 产品交货数量的正负尾差、合理磅差和在途自然减(增)量规定及计算方法: ＿＿＿＿。

第三条　产品的包装标准和包装物的供应与回收＿＿＿＿＿＿＿＿＿＿。

产品的包装,国家或业务主管部门有技术规定的,按技术规定执行;国家与业务主管部门无技术规定的,由甲乙双方商定。产品的包装物,除国家规定由甲方供应的以外,应由乙方负责供应。

第四条　产品的交货单位、交货方法、运输方式、到货地点(包括专用线、码头)

1. 产品的交货单位: ＿＿＿＿＿＿＿＿＿＿。

2. 交货方法,按下列第( )项执行:

(1) 乙方送货;

(2) 乙方代运(乙方代办运输,应充分考虑甲方的要求,商定合理的运输路线和运输工具);

(3) 甲方自提自运。

3. 运输方式: ＿＿＿＿＿＿＿＿＿＿。

4. 到货地点和接货单位(或接货人)＿＿＿＿＿＿＿＿＿＿。

第五条　产品的交(提)货期限

规定送货或代运的产品的交货日期,以甲方发运产品时承运部门签发的戳记日期为准,当事人另有约定者,从约定;合同规定甲方自提产品的交货日期,以乙方按合同规定通知的提货日期为准。乙方的提货通知中,应给予甲方必要的途中时间,实际交货或提货日期早于或迟于合同规定的日期,应视为提前或逾期交货或提货。

第六条　产品的价格与货款的结算

1. 产品的价格,按下列第( )项执行:

(1) 按甲乙双方的商定价格;

(2) 按照订立合同时履行地的市场价格;

(3) 按照国家定价履行。

2. 产品货款的结算:产品的货款、实际支付的运杂费和其他费用的结算,按照中国人民银行结算办法的规定办理。

第七条　验收方法＿＿＿＿＿＿＿＿＿＿。

(合同应明确规定: 1.验收时间; 2.验收手段; 3.验收标准; 4.由谁负责验收和试验; 5.在验收中发生纠纷后,由哪一级主管产品质量监督检查机构执行仲裁等)。

第八条　对产品提出异议的时间和办法

1. 甲方在验收中,如果发现产品的品种、型号、规格、花色和质量不合规定,应一面妥为保管,一面在30天内向乙方提出书面异议;在托收承付期内,甲方有权拒付不符合合同规定部分的货款。甲方怠于通知或者自标的物收到之日起过两年内未通知乙方的,视为产品合乎规定。

2. 甲方因使用、保管、保养不善等造成产品质量下降的，不得提出异议。

3. 乙方在接到需方书面异议后，应在 10 天内(另有规定或当事人另行商定期限者除外)负责处理，否则，即视为默认甲方提出的异议和处理意见。

第九条 乙方的违约责任

1. 乙方不能交货的，应向甲方偿付不能交货部分货款的_____%的违约金。

2. 乙方所交产品品种、型号、规格、花色、质量不符合规定的，如果甲方同意利用，应当按质论价；如果甲方不能利用，应根据产品的具体情况，由乙方负责包换或包修，并承担修理、调换或退货而支付的实际费用。

3. ……

第十条 甲方的违约责任

1. 甲方中途退货，应向乙方偿付退货部分货款_____%的违约金。

(违约金视为违约的损失赔偿，但约定的违约金过分高于或者低于造成的损失的，当事人可以请求人民法院或者仲裁机构予以适当减少或者增加)

2. 甲方未按合同规定的时间和要求提供应交的技术资料或包装物的，除交货日期得顺延外，应比照中国人民银行有关延期付款的规定，按顺延交货部分货款计算，向乙方偿付顺延交货的违约金；如果不能提供的，按中途退货处理。

3. ……

第十一条 不可抗力

甲乙双方的任何一方由于不可抗力的原因不能履行合同时，应及时向对方通报不能履行或不能完全履行的理由，以减轻可能给对方造成的损失，在取得有关机构证明以后，允许延期履行、部分履行或者不履行合同，并根据情况可部分或全部免予承担违约责任。

第十二条 其他_____。

按本合同规定应该偿付的违约金、赔偿金、保管保养费和各种经济损失，应当在明确责任后 10 天内，按银行规定的结算办法付清，否则按逾期付款处理。但任何一方不得自行扣发货物或扣付货款来充抵。

本合同如发生纠纷，当事人双方应当及时协商解决，协商不成时，任何一方均可请业务主管机关调解或者向仲裁委员会申请仲裁，也可以直接向人民法院起诉。

本合同自_____年____月____日起生效，合同执行期内，甲乙双方均不得随意变更或解除合同。合同如有未尽事宜，须经双方协商，作出补充规定，补充规定与合同具有同等效力。本合同正本一式两份，甲乙双方各执一份；合同副本一式____份，分送甲乙双方的主管部门、银行(如经公证或签证，应送公证或签证机关) ……各留存一份。

购货单位(甲方): _____ (公章)　　供货单位(乙方): _____ (公章)

法定代表人: _____(公章)　　法定代表人: _____ (盖章)

地址: _____　　　　　地址: _____

开户银行: _____　　　开户银行: _____

账号: _____　　　　　账号: _____

电话: _____　　　　　电话: _____

　　　　　　　　　　　　　　　　　_____年____月____日订

第三节　经济活动策划书

 ### 一、经济活动策划书的含义和作用

经济活动策划书是在社会经济生活中对未来将要举办的某项活动，或即将进行的某个重要事项进行策划，并以书面形式呈现出来的一种预设方案。

根据不同的活动内容，常见活动策划书一般分为以下几种：商业活动策划书，如广告活动策划、营销活动策划书等；公益活动策划书，如慈善活动策划书、公益讲座活动策划书等；竞赛活动策划书，如书法大赛、诗歌大赛策划书等；庆典活动策划书，如婚礼活动策划书、开学典礼活动策划书等。

活动策划书可为整个活动的顺利开展提供有力指导，保证实现预期活动目标，同时有利于发现活动各环节安排的不足之处，及时予以调整。

二、经济活动策划书的结构和写法

由于经济活动的内容、形式不同，其策划书的结构和写法也不尽相同，但通常包括以下组成部分：

(1) 经济活动策划书标题。将确定的活动名称写入策划书标题中，如"贵州龙里首届少数民族旅游创意大赛活动策划书"，并置于首页或首行中央。此外，可在标题下注明制定策划书的时间。

(2) 经济活动背景。根据经济活动的内容、特点，可选取以下内容进行简要的背景介绍，如活动情况简介、执行对象、近期情况、组织部门、活动开展原因、社会影响、举办活动的目的等。此外，还可说明开展活动的环境特征，如针对环境的优势、弱点、机会、威胁等因素，进行全面、客观的分析。这部分内容旨在对过去和现在的情况进行详细描述，并在合理预测的基础上，制定相应计划。

(3) 经济活动目的及意义。用简洁明了的语言将活动的目的和意义加以概括。特别是要抓住重点，将活动或策划的主要意义和重要价值清晰表达出来。

(4) 经济活动名称。根据活动的具体内容和意义，拟定出明确、简洁、具有概括力的活动名称。根据实际情况，可同时拟定出活动的全称和简称。

(5) 经济活动目标。明确活动要实现的目标和努力的重点方向。活动目标的选择和确定，要充分考虑其重要性、可行性和时效性。

(6) 经济活动开展。经济活动开展作为策划的正文部分，表现方式要简洁明了，使人容易理解。在这部分中，既可用文字表述，也可适当加入统计图表等；对策划的项目内容，应按照时间先后顺序排列，或绘制实施时间表，方便核查。此外，人员的组织配置、活动对象、相应权责，以及时间、地点、应变程序等也应在这部分加以说明；一般来说还应包括活动宣传、活动报名、活动形式、活动流程等。

(7) 经济活动经费预算。根据实际情况，计算开展活动所需各项费用，并清晰明了地列出。预算要合理，留有必要的周转空间；如需赞助，应拟定邀请方案。

(8) 经济活动效果预测。活动中应注意内外环境变化等不确定性因素。当环境变化时的应变措施、损失概率、损失程度等也应在策划书中予以说明。

(9) 经济活动应急预案。根据可能发生的紧急或特殊情况，制定有针对性的解决方案。

(10) 经济活动策划书落款。经济活动策划书落款包括活动策划者的姓名或组织单位的名称，以及制定时间。活动策划者指的是活动负责人及主要参与者；活动组织者如果是小组的，应注明小组名称和负责人姓名。

三、经济活动策划书的写作要求

(一) 经济活动策划书的写作要求

(1) 条理清晰，分类合理。活动策划书的各组成部分应内容完备、条理清晰、分类科学。如活动内容各环节要考虑周到、细致；活动的组织分工、步骤推进、经费预算等要设计合理，便于落实。

(2) 格式规范，形式齐备。策划书的格式应统一，如空格、行间距、字体大小、缩进要求等需统一标准，形式上呈现出一种清楚、整齐、端正之感；可专门制作封页，力求简洁，凝重；可进行适当包装，以特定徽标做页眉，注重图文并茂；将附件等补充材料附于正文后面，也可单独装订；对于大型活动，在制作总策划书的基础上，可制作若干子策划书。

(3) 语言精练，表达正式。策划书的语言要简洁精练，多用书面语，不宜过于啰嗦或口语化。

(二) 例文

"咖啡没有店"营销策划书

一、市场环境分析

(一) 外部环境

1. 随着经济的发展，人们的购买力增强，消费结构也在发生变化，从衣食住行变成了吃喝玩乐，第三产业迎来了时代大发展。

2. 国家加大了对小微型企业的政策、经济支持，大力扶持个体工商户，特别是加大对大学生自主创业的支持。

3. 随着美韩日剧的来袭，舶来品深受当今消费者青睐，人们的消费观念、价值观念悄然变化。享受小资生活已经成为当今年轻人追求的目标。

4. 互联网技术的普及，导致现在年轻人做什么都离不开互联网，网上购物、点外卖成为当今消费的一大趋向。

(二) 行业环境

1. 咖啡、可可、茶并称为世界三大饮料，咖啡是三大饮料之首。并且咖啡贸易是除石油贸易外的全球第二大贸易。咖啡贸易年零售额超 700 亿美元。目前咖啡全球年销量约 700 万吨，全球有七十多个国家生产咖啡，年产量约 1000 万吨，国内咖啡市场以每年 15%～

30%的速度增长,而世界咖啡消费年增长率仅为 2%。说明咖啡行业在我国仍属于一个上升阶段,市场还处于未饱和状态。

2. 虽然市场上拥有龙头企业,如雀巢、海岛、云南小粒咖啡等,并且很多海外企业进军,如星巴克、许多韩国知名咖啡企业等,但是,市场发展还没成型,企业和企业之间还称不上完全竞争者,例如星巴克和雀巢由于定位不同,目标顾客群不一样,其间竞争者的利益相关性不是很大。所以咖啡行业进入门槛还算低,行业仍旧有利可图。

3. 咖啡市场发展多样化,依照其发展趋势,要想在咖啡行业取得优胜,必须要有创意地发展,如咖啡店的幽雅环境、咖啡小巴的发展、咖啡与外卖相结合等。

4. 作为咖啡替代品的奶茶,由于其入口香醇,口味多变,价格也比咖啡稍便宜,在我国深受消费者喜爱,并且很多奶茶店把咖啡作为一个品牌产品链进行开发。

5. 随着咖啡行业的迅猛发展,咖啡豆供应商也如雨后春笋般涌出,给咖啡店原料选取提供了多渠道选择。

(三)竞争对手

高端小资咖啡厅:40 元至 80 元

快餐咖啡厅:10 元至 40 元

奶茶店:4 元至 15 元

咖啡小巴:10 元至 30 元

外卖式咖啡店的主要竞争对手定位在奶茶店和咖啡小巴,没有高端小资咖啡厅的优美环境,没有快餐咖啡厅歇息店铺和遍布的实体连锁店,其竞争者定位就应该是奶茶店和咖啡小巴,用低廉的价格和快捷方便的特性与竞争者抗衡。

二、目标市场定位与分析

定位:某所高校学生。

分析:

1. 随着时代发展,年轻人特别是大学生、初高中生对咖啡越来越喜爱。

2. 咖啡具有提神的功效,是学生在学习时提神醒脑的神器,可以根据其作用专门推出一款苦咖啡,满足消费者需要。

3. 咖啡因为其特性,热咖啡更让人喜爱,特别是在寒冷的冬天。所以咖啡外卖必须保证咖啡十分钟内被送到,保证其鲜度。

4. 在该高校中,咖啡店甚少,学生们大多是通过购买袋装咖啡和在奶茶店满足其对咖啡的需要,所以这一细分市场广阔。

三、品牌设计

品牌名称:咖啡没有店。

品牌宣传语:勇敢爱。

品牌标志:

品牌名称解读：咖啡没有店从另一方面解释咖啡外卖的这一形式，又因为咖啡店是中国人的固有思维，突然有个店名叫作咖啡没有店，显得活泼有趣，吸引消费者的兴趣。用俏皮的话来迎合目标消费者——前卫时尚的学生的性格。并且店名简单、朗朗上口，符合品牌命名的要求。

品牌宣传语解读：勇敢爱，是基于目标消费者的心理而制定的宣传语，鼓励学生勇敢做自己，学会爱人爱自己，与消费者现实追求相符合。富有情感，有针对性和适应性。

品牌标志解读：标志是由一个简单大方的圆和一个支撑性的长方形组成。圆代表包容一切的爱，将自己包围起来，用爱勇敢做自己。选择用圆来包含 COFFEE 这几个字而不是用咖啡杯更能显出咖啡这个主题，从侧面来突出我们是属于咖啡外卖的行业，外卖的咖啡杯从上面往下看是两个圆，恰好是图中的图形。COFFEE 上下的两个图形，简单大方，给人一种充满生机和青春活力的感觉。支撑性的长方形里面写着咖啡没有店，表明我们虽然没有店，但是有实实在在的产品和消费者在一起，所以我们还是可以在消费者需要的时候，满足他们，像冬天的温暖，一直给予支撑性的陪伴。并且在中文字下面配着韩文，满足了消费者追求韩流的需要，提升了品牌的形象。品牌标志以咖啡色为主调，其中深咖啡色形成主色调，浅咖啡色来搭配重点使用，两种颜色互相辉映，一起突出主题。

四、产品设计

产品链应该要抓住目标市场的消费心理，主打咖啡的主要作用——提神醒脑、消除疲劳。

(一) 咖啡种类

拿铁(Latte)，主要作用：解除疲劳，醒酒提神，富含蛋白质。口味：牛奶味较重。

卡布奇诺(Caoouccino)，主要作用：开胃提神，无副作用。口味：浓咖啡。卡布奇诺喝下去第一口会觉得苦中带酸，它的泡沫灭了的时候有点苦，梦想与现实的生活，最后的悲喜后，生命的醇香又让人陶醉。

意式浓缩(Espresso)，主要作用：促进代谢，消除疲劳，解酒，防紫外线伤害，富含维生素 B、游离脂肪酸、单宁酸。因为富含咖啡因，它会有副作用，容易引起心肌亢奋。这个含量的咖啡因人体机能是能够接受的，属于健康范围，然而还是不建议十八岁以下人群饮用。所以，出于健康考虑，每天每人限购一杯，咖啡提供总量不超过五杯。

根据目标市场消费的情况，选出四种咖啡。其中两种口味较为香醇，两种较为浓郁。种类虽然不多，但是符合消费情况。并且对咖啡是要有严格要求的，咖啡制作要进行煮和沸，和奶茶店对咖啡的制作完全不一样，在平价的基础上做到真正的物美价廉。

(二) 产品特色推出

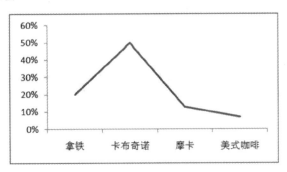

1. 上图是目标市场大学附近的所有奶茶店的四种咖啡在美团上销量的比例情况。卡布奇诺深受学生欢迎，可以把卡布奇诺在推广初期作为明星产品打入市场，把卡布奇诺的特性与学生生活、思想观念相结合。卡布奇诺有等待爱情的寓意，可以把带有学校美好色彩的爱情融进咖啡里，让人回味无穷。

2. 将咖啡与柠檬水相结合。买一杯咖啡，送一杯柠檬水。用实惠的买一赠一给予消费者真正的优惠。让消费者喝咖啡前先喝一杯柠檬水，去除口腔异味，再真正享受咖啡的美味。

五、品牌推广

第一阶段：

主要目标：差异化进入市场，让消费者了解品牌。

方式：广告轰炸。线上线下同时大力宣传。

线上：

a. 建立微信公众号，进行每日推送，推送内容主要是：第一，喝咖啡的好处；第二，我们家咖啡的独特之处。

b. 建立微博公众号，每日推送新颖的咖啡时间、咖啡外卖的文艺风内容。

c. 线上促销活动，每天定点播报，第几个人点赞即可免费获得任意饮品。

线下：

a. 传单轰炸，大面积地宣传推送咖啡外卖的新点子。

b. 与图书馆合作，和图书馆协商，先给图书馆的座位编号，每天定点公布给图书馆哪一个座位号的同学送畅销咖啡。

费用：传单费用＋促销赠送咖啡费用。

第二阶段：

主要目标：填充品牌内涵，提高品牌美誉度。

方式：

1. 延伸产品链，丰富产品种类。以拿铁、卡布奇诺、美式咖啡、意式浓缩为基本，进行产品种类丰富。如研制出香草拿铁、焦糖玛其朵等特色咖啡。

2. 寻找校园最美/最帅外卖员。另类的招聘外卖兼职员的方式，在学校举办一个活动，提高品牌知名度。在活动结束之后，让优秀的外卖员进行外卖送达，培养顾客偏好。

费用：研制咖啡的研究费用＋活动举办费。

第三阶段：

主要目标：节假日消费促进，培养品牌忠诚度。

方式：

1. 以节假日为事件营销的基础，把消费人群主要分为情侣和单身。开展小样送礼，加一元获第二杯咖啡等活动。对于情侣，赠送情侣小样，对于单身人群赠送有缘人小样。

2. 以培养顾客忠诚度为品牌推进的主要目标，开展专门为顾客定制咖啡杯，每次喝完回收咖啡杯，下次订购时可以便宜一点这样的活动，培养顾客依赖感，增强品牌忠诚度。

费用：活动经费。

第四阶段：

主要目标：适当的广告提醒，持续灌输"正宗"观念，不断进行延伸。

方式：

1. 让品牌一直出现在消费者眼中，加大对品牌的推进。对产品链进行优化。关注产品的销量问题，对于滞销的产品进行淘汰，不断研发新产品。

2. 进行市场延伸，将市场延伸到堂外，将营销策略进行新的制订。集中解决外卖时间问题。

费用：新产品研发费用 + 简单的广告费用。

1. 下面这篇财务分析报告，在写法上有一些问题，请指出并加以修改。

××商场××年财务分析报告

一、主要财务指标完成情况

(一) 商品销售额增加，全年商品销售额 800 万元，比计划增加 15%，比上年同期增加 30%。

(二) 费用成本下降。全年费用水平为 4%，比上年下降 10%，相对节约费用 2 万元。

(三) 全部流动资金周转率加快。全年全部流动资金周转天数为 10 天，比上年加快 1 天，相对节约流动资金占用额 3 万元。

(四) 利润额增多。本期纯利润额 40 万元，比上年增长 50%，每百元销售额平均利润 5.5 元，比上年上升 20%。

二、采取的主要措施

(一) 广开进货销货门路。进货方面除在市内努力寻找货源，购进紧缺商品外，还向市外积极组织货源。并根据货源情况、季节变化，积极开展销货业务。

(二) 将经营财务指标与班组评奖挂钩。把商品销售额、销售利润、费用率、资金周转率、商品损耗率等财务指标的实际完成情况，作为月度评比奖励的主要依据，这样有效地调动了职工的积极性。

三、存在的问题

(一) 有的班组商品资金占用不合理，从而导致全场商品资金周转减慢。

(二) 商品损耗率普遍升高。

(三) 费用支出有浪费。

四、今后意见

(一) 进一步健全完善各种规章制度，完善岗位责任制，采购、验收、搬运、保管等环节要按规定的程序办事，并与月度评比奖励挂起钩来。

(二) 厉行节约，减少来往应酬性招待。要定出规定，减少不必要的应酬。确要应酬招待的要尽量减少陪客人数。标准也要适当，不能追求高档。

(三) 采取措施，加快个别班组商品资金周转。

2. 试找出下面这份合同存在的问题，并指出应如何修改才能符合经济合同的写作要求。

交换写字楼合同

甲方：××贸易总公司

乙方：××市广告集团公司

甲乙双方为了便于在穗深两地联系业务，需交换写字楼作为各自的办事处。现本着友好合作的精神制定如下协议。

一、甲方在××市隆兴路168号大楼中为乙方提供一单元住宅(三房一厅，使用面积不得小于80平方米)作为乙方驻穗的办事处用房。

二、乙方在××市为甲方提供同样的一单元住宅，规格同上，作为甲方驻深办事处用房。

三、双方分别负责为对方上述办事处供水、供电及安装电话，以确保日常业务活动的正常开展。

四、本合同有效期为五年，是否延期届时根据需要商定。

五、本合同自双方同时履约之日起生效。

六、未尽事宜，由双方另行商定。

甲方代表(签字)　　　　　　　　乙方代表(签字)

甲方(公章)　　　　　　　　　　乙方(公章)

××年×月×日　　　　　　　　××年×月×日

情 境 写 作

1. 刘小松先生是一名下岗职工，最近正四处寻找合适的出租房屋，筹划开办一所幼儿园。他的邻居王英女士正巧有两套闲置住房，听到这个消息后，愿意将住房租赁给刘先生。经协商，双方拟签订一份3年期合同，月租2500元。请你代刘小松先生与王英女士谈判，并共同起草签订这份租赁合同。

2. 李虎同学经与家人商议，拟在××学院东面的商业步行街盘下一个铺面开蛋糕店，消费群体主要是学院的在校大学生。根据需要，请为李虎拟定一份蛋糕店营销活动策划书。

第七章　新闻基础写作和新媒体写作

【本章导读】

本章主要介绍新闻基础写作和新媒体写作两部分内容。新闻经历了报纸新闻、广播新闻、电视新闻、网络新闻等发展阶段，随着新技术的发展和智能手机的普及，媒体融合成为趋势，新闻也进入了融媒体时代。然而，用文字进行写作的新闻依然是新闻写作中的基础。所以，本章第一节主要介绍以文字为主要表达方式的消息、通讯、深度报道和新闻评论。新媒体及其写作作为新的概念和范畴，在学术界也颇有争议。本章第二节主要介绍新媒体的概念、特点、传播方式以及网络社区、博客、微博、微信等的写作。本章的主要目的在于让学生了解在新时代条件下，随着媒介技术日新月异，写作正在和将要经历的变化。

第一节　新闻基础写作

从媒介发展来看，新闻可以分为报纸信息、广播新闻、电视新闻和网络新闻。随着手机网民规模逐渐壮大，移动端成为人们日常获取信息和传播信息的最主要渠道，再加上5G的大规模商用，短视频、移动直播、沉浸式交互都将进一步推动信息的低成本、无障碍流通，每一位用户个体都成为这个微粒化信息社会的传播主体，传播效能无限释放，传播格局日益复杂。在这种情况下，虽然报纸、广播、电视、网络等各有各的生存之道，但是媒体融合则成为必然的选择。我国目前多个省媒都建立了集新闻、政务、服务功能于一体的区域云平台，比如长江云(湖北)、新湖南云(湖南)、天目云(浙江)、津云(天津)、荔枝云(江苏)、冀云(河北)、石榴云(新疆)等。云平台可实现数据集中处理，以及掌上发稿、直播、编辑、政务和服务互联互通等远程协作功能，在媒体融合之路上迈出了坚实的一步。融合的媒体可称为新媒体，融媒体新闻也可称为新媒体新闻。

虽然新闻已经发展到融媒体阶段，但是无论媒介如何变化，文字表达仍然是应用写作的基础。

一、消息

(一) 消息的含义

消息是用简洁明快的语言及时报道新近发生发现的有价值的事实的一种新闻文体。

(二) 消息的结构

消息一般由标题、消息头、导语、主体和结尾构成。

1. 标题

消息标题是一则消息的题目，必须简明、准确地概括消息内容，帮助读者理解报道的事实。消息标题有主题(正题)、引题(眉题)、副题(次题)三种。主题概括与说明主要事实和思想内容；引题揭示消息的思想意义或交代背景，说明原因，烘托气氛；副题提示报道的事实结果，或作内容提要。

2. 消息头

报纸上刊登的消息，正文之前的"本报讯""××社×月×日电"的字样，即为消息头。消息头是消息的标志，表明新闻来源。消息头有"讯""电"两种形式。"讯"也叫"讯头"，是通过邮寄或书面递交的方式向报社传递的新闻。凡是报社通过自己的新闻渠道获得的本埠新闻一般都标有"本报讯"。"电"也叫"电头"，是通过电报、电传、电子邮件或电话等形式向报社发回的新闻。消息头除表明发送新闻的时间、地点外，主要表明新闻的发布机构，因此也是版权的体现。

3. 导语

导语是指一篇消息的第一自然段或第一句话。它用简明生动的文字，写出消息中最主要、最新鲜的事实，鲜明地提示消息的主题思想。

导语的要求，一是要抓住事情的核心，二是要能吸引读者看下去。要做到第一条，必须具备训练有素的分析能力；要做到第二条，则要有写作技巧。导语的形式主要有：

(1) 叙述式导语：用摘录或综合的方法，把消息中最新鲜、最主要的事实简明扼要地写出来。

(2) 描写式导语：对消息的主要事实或某一有意义的侧面作简洁朴素而又有特色的描写，以营造气氛。

(3) 提问式导语：先揭露矛盾，鲜明地、尖锐地提出问题，再作简要的回答，引起读者的关注和思考。

(4) 结论式导语：把结论写在开头，提示报道某一事物的意义或目的或总结。

(5) 号召式导语：提出号召，给读者指出方向和奋斗目标。

另外，还有摘要式导语、评论式导语、综合式导语、解释式导语等。

4. 主体

主体是消息的主干部分。它紧接导语之后，对导语作具体全面的阐述，具体展开事实或进一步突出中心，从而写出导语所概括的内容，表现全篇消息的主题思想。主体应按"时间顺序"或"逻辑顺序"写作，但仍然要先写主要的，再写次要的。

5. 结尾

消息的结尾有小结式、启发式、号召式、分析式、展望式等。这些结尾写作与一般记叙文结尾的写作并无大的不同。

(三) 例文

国际奥委会向中国人民颁发奥林匹克奖杯

本报北京 2 月 19 日电　(记者刘硕阳)在 19 日于北京举行的国际奥委会第 139 次全会上,国际奥委会主席巴赫向中国人民颁发奥林匹克奖杯,向中国人民对北京 2022 年冬奥会的支持表示感谢。

巴赫在颁奖时说:"如果没有中国人民的支持,北京 2022 年冬奥会不可能达到如此出色的水平。即使是在闭环中,我们也感受到了中国人民的支持。"

巴赫表示:"我们能感受到温暖、活力、热情和支持。来自各行各业、出生在不同年代的中国人民,以及中国的文化界人士、艺术家、科学家、工程师、学生和成千上万的志愿者,都非常非常热情地欢迎运动员和我们。他们非常致力于本届冬奥会的成功。"

巴赫总结说:"这真的很暖心,这也对北京冬奥会的成功至关重要。因此,我非常荣幸和高兴地宣布,今天,国际奥委会授予中国人民奥林匹克奖杯。"

在当天的全会上,北京冬奥组委和国际奥委会北京冬奥会协调委员会主席胡安·萨马兰奇向全会作了陈述报告。全会对北京成功举办 2022 年冬奥会、对北京冬奥组委为运动员和所有冬奥会参与者提供的出色服务表示感谢。

奥林匹克奖杯由现代奥林匹克运动创始人顾拜旦在 1906 年创设,国际奥委会每年颁发给为奥林匹克运动发展做出积极、有效贡献的组织和协会。北京 2008 年奥运会之后,国际奥委会也向东道主颁发了奥林匹克奖杯。

北京冬奥会将于 20 日晚举行闭幕式。

二、通讯

(一) 通讯的含义

通讯,是运用叙述、描写、抒情、议论等多种手法,具体、生动、形象地反映新闻事件或典型人物的一种新闻报道形式。它是记叙文的一种,是报纸、广播电台、通讯社常用的文体。通讯包括人物通讯和事件通讯两类,它和消息一样,要求及时、准确地报道生活中有意义的人和事,但报道的内容比消息更具体、更系统。

(二) 通讯的种类

通讯由于反映的主体不同,所以表达的方式也不尽相同。目前新闻界把通讯一般分为四种:
(1) 人物通讯:以人物为主体宣传其先进思想与事迹。
(2) 事件通讯:以事件为主体或宣传积极影响给人以鼓励,或阐述事件的危害给人以警戒。
(3) 工作通讯:主要反映某项工作的进展、方法和成效等。
(4) 概貌通讯:主要反映某项工作的总体发展趋势、动态。

(三) 通讯的结构

写作通讯,在结构的安排上常见的有三种形式:

(1) 纵式结构，指按时间顺序和事物发生与发展的顺序来安排材料的结构形式。其优点是线索清楚，便于读者了解事情的来龙去脉。但在写作上应注意三点：一是主次要分明，二是详略要得当，三是写作的方法要综合运用。

(2) 横式结构，指按照材料的性质分别叙述的结构形式。横式结构的优点是取材不受时空的限制，报道的面较广，但很难表达时间顺序。

(3) 纵横交错式结构，指对纵式结构和横式结构的复合运用，是以时间为纵线，以空间为横线，纵横交错地展开内容的结构形式。

(四) 通讯的写法

一篇成功的通讯报道，不仅会产生突出的新闻效应，也会产生一定的审美效应，各个构成要素都应精心制作。通讯一般由标题、开头、主体和结尾四部分构成。

(1) 标题。与消息的标题相比，通讯标题的写作更灵活，也更形象、生动。除传统的单行标题外，还可以制成双行标题或三行标题。即主标题之上加引题，或主标题之下加副题，或同时有上下辅题。标题形式也可多样化，有叙述式、描写式、抒情式、引语式、设问式、悬念式、议论式、符号式等，只要有好的创想，就有好的标题。

(2) 开头。通讯开头要比消息的导语形式自由，更有想象力和艺术性：或用重要情节开头，提示主题；或用提问开头，突出矛盾；或用对比开头，显现个性；或用议论开头，提示要意；或用故事开头，启发思考；或用想象联想开头，创造意境。总之要扣住主题，选好切入点，顺利开启下文。

(3) 主体。通讯主体写作，或展开人物事迹，展现人物的性格特点和精神面貌；或记述事件的完整过程，显现事件的典型意义和本质特征；或反映社会变化、地方风土人情，都要抓住特点，写出变化，有点有面，展示时代精神。层次安排可纵可横，也可根据需要时空交叉、纵横结合。运笔要灵动，形象生动，有文采，有感染力。

(4) 结尾。通讯的结尾有总结式、象征式、点化式、引语式、评论式等。

(五) 通讯的表现手法

通讯要写人记事，叙述是最主要的表现手法。通讯叙述要朴实无华，晓畅明白，直截了当，开门见山。通讯还要侧重形象的具体描绘，创造临其境、闻其声的现场感。描写人物的形象、动作、对话、心理以及场景、细节等，不仅要"描"出直观性，还要"写"出"见证人"的角色体验，增强通讯的感染力。此外，议论是通讯写作中个人化表意的强有力手段，不仅画龙点睛，还常有点石成金的功效。通讯的议论融抒情于一体，缘事而发，恳挚精当，还可作分析性议论、象征性议论、形象性议论、哲理性议论。

(六) 例文

大山女孩的"校长妈妈"
——记云南丽江华坪女子高级中学校长张桂梅

新华社记者　李银、庞明广

"孩子，别哭，有什么困难跟我说。"

11 月 30 日中午，记者刚刚踏进云南丽江华坪女子高中的校门，便看到一名女学生依偎在校长张桂梅怀里哭泣。

这位女孩是华坪女高毕业生吕娜的妹妹，目前在当地一所初中读书。张桂梅在家访时认识了她，并一直支持帮助她上学读书。但女孩因为思念去世的父亲，好几天没有上学。

"想爸爸了就到坟上跟他说说话，要好好读书，不能让爸爸失望。"

张桂梅话音还未落，便从兜里掏出一个信封，塞到女孩母亲手里。信封里装着的，是教育部给她看病的 1 万元慰问金。

原来，张桂梅知道女孩母亲一个人供两个孩子读书，经济十分困难，家里的杧果林因为缺水收成也不好，便拿钱给她去修个水窖。通过张桂梅做思想工作，这名学生当天就回到了课堂。

像关心呵护这位女孩一样，张桂梅带领华坪女高守护着每一位学生的未来，建校 12 年来已累计把 1804 名女孩送入大学，点亮她们的人生梦想。63 岁的张桂梅，被学生亲切地称作"张妈妈"。

"太天真"的梦想

华坪女高在华坪县城边的一个小山包上，学校的大门并不阔气，教学楼的墙面也已有些斑驳。

这所其貌不扬的学校，曾是张桂梅遥不可及的梦想。

张桂梅原本和丈夫一起在大理一所中学教书。1996 年，丈夫因胃癌去世不久，39 岁的张桂梅便主动申请从热闹的大理调到偏远的丽江市华坪县工作。

到华坪县教书后，张桂梅发现一个现象。"很多女孩读着读着就不见了。"她说，一打听才知道，有的学生去打工了，有的小小年纪就嫁人了。

2001 年，华坪县儿童福利院(华坪儿童之家)成立，捐款的慈善机构指定要张桂梅当院长。她担任院长后逐一了解福利院孩子们的身世发现，不少女孩并非孤儿，而是被父母遗弃的。

一次家访途中的偶遇，更是让她痛心不已。

一个十三四岁的女孩，呆坐在路边，满眼惆怅地望着远方。张桂梅上前询问，女孩哇的一声就哭了。"我要读书，我不想嫁人。"女孩一直哭喊着。原来，女孩父母为了 3 万元彩礼，要她辍学嫁人。

张桂梅气冲冲地来到女孩家，对她的母亲说："孩子我带走，上学的费用我来出。"可女孩的母亲以死相逼，张桂梅实在拗不过，只能放弃。

"后来我再也没找到她，这是我一辈子的遗憾。"张桂梅说。自此之后，一个梦想渐渐在她心中萌生：办一所免费高中，让大山里的女孩们都能读书。

但这个梦想很快遭到身边人的反对。"我是给她泼冷水最多的人。"华坪县教育局原局长杨文华回忆说，"虽然她让我很感动，但我知道办一所学校有多难。"

2004 年，张桂梅和杨文华一起出差。一路上，她反复讲述自己的梦想，想说服这位局长帮忙。

"你知道建一间实验室要多少钱吗？"杨文华问。

"要两三万元吧。"张桂梅回答得有些露怯。

"她太天真了。"杨文华说，张桂梅当时因为带病坚持教书、教学成绩突出，还在华坪县儿童福利院收养了多名孤儿，先后获得了全国先进工作者、全国十佳师德标兵等诸多荣誉，但她只是一名一线老师，没有管理经验，对建一所学校毫无概念。

杨文华不知道，张桂梅当时已连续几年假期到昆明街头募捐。她把自己获得的荣誉证书复印了一大兜，在街头逢人便拿出来请求捐款。

可让她没想到的是，自己放下尊严募捐，换回的却是不理解和白眼，还有人说她是骗子。

几年下来，张桂梅几乎要放弃了。直到 2007 年，她当选党的十七大代表，她的梦想才出现转机。

张桂梅平时很少买衣服，每件衣服都穿了好多年，直到磨得发白破洞才舍得丢。临去北京前，县里特意资助她 7000 元，让她买一身像样的正装，可她转手就用这笔钱给学生买了台电脑，自己穿着一身旧衣服参会。

一天早晨，她正急匆匆往会场走。忽然，一位女记者把她拉住，悄悄对她说："摸摸你的裤子。"张桂梅一摸，穿了多年的牛仔裤上有两个破洞。

"当时我恨不得找个地缝钻进去。"张桂梅说。那天会后，她和这位记者相约聊了一整晚，把所有办校的苦楚都倒给了她。

不久后，一篇名为《"我有一个梦想"——访云南省丽江市华坪县民族中学教师张桂梅代表》的报道发表出来，张桂梅办学校的梦想马上受到关注。

2008 年 9 月，在各级党委政府关心支持下，全国第一所公办免费女子高中——丽江华坪女子高级中学正式开学，首届共招收 100 名女生。

开学那天，张桂梅站在唯一的教学楼前，泪流满面。

一所没有"门槛"的学校

对于大山里的女孩们来说，华坪女高没有"门槛"。

从建校第一天起，张桂梅便定下规矩：学费、住宿费等全免，只收少量伙食费。特别是对贫困家庭的学生，即便基础很差，中考分数没过线，也全部招进来。首届学生几乎全都是"线下"生。

学校生源差，教学条件更是十分简陋。校园没有围墙，没有食堂，甚至没有厕所，只有一栋教学楼和一根旗杆，院子里满是杂草。学生在一间教室上课，在另一间教室睡觉，吃饭、上厕所都只能去隔壁学校。

"她心里着急，如果等学校全部建好，晚一年招生，就又有一批女孩被耽误了。"杨文华说。

学生入学了，张桂梅却犯了愁。"有的学生考试只能考几分，这样下去可怎么办？"张桂梅心想，就是把命搭上，也要把学校办出名堂。

在华坪女高，学生雷打不动每天 5 点 30 分起床晨读，晚上 12 点 20 分自习结束才上床睡觉，连吃饭时间都被限定在 15 分钟内。

张桂梅有一个小喇叭几乎从不离手。"傻丫头，快点！"在校园里，有学生稍一磨蹭，就会听到她的吼声从小喇叭里传出来。

十几年来，她不仅每天陪学生自习到深夜，还一直住在学生宿舍。"我一刻也不能离开学校，老师、学生我都得盯着。"她说。

2011 年夏天，华坪女高首届毕业生一炮打响，高考百分之百上线，还有几名学生考上了一本。"和学生入学成绩相比，华坪女高创造了一个奇迹。"杨文华说。

2016 年，华坪女高完成建设工作，各项设施逐步完善，学校有了食堂、宿舍，还有了标准的塑胶运动场。截至目前，学校 3 个年级共有 9 个班，在校生达 464 人。张桂梅常年坚持家访，累计行程 11 万多公里，覆盖华坪和周边县的 1500 多名学生。至今，华坪女高已送走 10 届毕业生，1804 名学生从这里考入大学，学校不仅一本上线率高达 40%多，高考成绩综合排名还连续多年位居丽江全市第一。

学校语文老师韦堂云说，学生成绩突飞猛进，但张桂梅的身体状况却一落千丈。她的身上贴满了止痛的膏药，平时连爬楼梯都十分艰难。

今年 2 月，受疫情影响，学生只能在家上网课。心急火燎的张桂梅直接在教室外搭了一张行军床，每天躺在床上，盯着老师学生上网课。

"我上网课的时候，经常听到她在床上疼得忍不住发出声音，但她从来不说。"韦堂云说。

华坪县融媒体中心记者王秀丽是张桂梅相识多年的闺蜜，也是她为数不多的倾诉对象。

"她全身都是病，骨瘤、血管瘤、肺气肿……以前她经常让别人猜我俩谁更重，可现在她已经从 130 多斤掉到了只有七八十斤。"王秀丽说。

长大后我就成了你

"张老师，我们要去西藏当兵了。"

今年 9 月，张桂梅接到两名学生的电话。原来，在大连读书的冉梦茹和在桂林读书的刘敏相约好了，要去西藏当兵。

"海拔那么高，你们怎么受得了？"张桂梅问。

"不是您鼓励我们去艰苦的地方吗？"学生笑嘻嘻地回答，"放心吧，我们不会当逃兵，不给您丢脸。"

几个月过去了，两名学生已经正式入伍参加集训，张桂梅还时常念叨着她们。"我一直教育姑娘们要报效祖国，可真去这么艰苦的地方，我又心疼得不得了。"她说。

"张老师真正做到了教书育人，她用自己的一言一行教会了学生坚韧、感恩、奉献。"杨文华说，华坪女高的学生出去后都像张桂梅一样，能吃苦、肯奉献，很多学生毕业后都去了艰苦地区。

周云丽是华坪女高的第一届学生，大学毕业后，她又回到了母校，成为一名数学老师。

"没有女高，就没有现在的我。"周云丽说，母亲在她很小的时候就去世了，家里靠残疾的父亲和年迈的奶奶种地卖粮，供她和姐姐读书。"当我听说有位好心的老师建了一所免费高中时，我就像抓住了救命稻草。"

华坪女高每周有一堂全校的思政课，学生们坐在院子里，由张桂梅统一组织理论学习。"张老师会给我们讲革命先烈的事迹，带着我们读党章，还会讲她创办女高的艰辛经历。"周云丽说。

2015 年 7 月，周云丽大学毕业。当时，她已经考上了相邻县一所中学的教师岗位。但听说华坪女高缺老师，她毫不犹豫就放弃了正式编制，回到母校担任代课老师，直到一年后才考试转正。

"这都是张老师教育我们的，自己强大了，也要记得去帮助别人。"周云丽笑着说。

每年的毕业季，是张桂梅最高兴的时候，经常有学生打电话、发短信给她报喜。"她经常向我炫耀，哪个学生去搞研究了，哪个学生去新疆支教了，然后露出老母亲般的欣慰笑容。"王秀丽说。

平日里，张桂梅喜欢看学生在课间操时排成方阵唱红歌、跳红舞。嘴里还经常念叨："姑娘们长得多好啊，一个个吃得白白胖胖的。哼，等她们考上大学就得减肥了。"

每天上午课间，歌剧《江姐》的经典选段《红梅赞》都会在校园里准时响起，这是她最爱的歌曲。学生们齐声高唱，她偶尔也会哼上几句。

红岩上红梅开

千里冰霜脚下踩

三九严寒何所惧

一片丹心向阳开

向阳开……

这是她的信仰，也是她的一生。

三、深度报道

(一) 深度报道含义

深度报道(In-depthreport)是一种系统反映重大新闻事件和社会问题、深入挖掘和阐明事件的因果关系以揭示其实质和意义、追踪和探索其发展趋向的报道方式。

(二) 深度报道的结构

一篇深度报道的内容主要包含事件、新闻背景、新闻前景、新闻过程、新闻分析、主观感性、新闻预测、图片说明、对策建议等。

(三) 深度报道的写法

(1) 选择重大题材，确立重大主题。

深度报道往往涉及国计民生的重大问题、社会生活的迫切问题、人民群众普遍关注而又迷惑不解的问题等。其题材多是社会中的热点、工作中的重点、受众关注的焦点。

深度报道通过重大题材的选择，对新闻事件、人物或问题进行多角度、全方位的分析解剖，从而揭示出重大的主题。

(2) 全方位的透视，多角度的考察。

深度报道要求对新闻"六要素"中的"why"和"how"进一步深化，重在"以今日的事态核对昨日的背景，从而说出明日的意义来"。

在"when"上，深度报道既要说明现在，又要追溯过去，还要预测未来；在"where"上，既要报道现场情况，又要兼顾其空间的延伸和波及。

在"who"上，深度报道既要采访当事人、目击者，又要采访其他直接间接的有关人员。

在"what"上，深度报道既要撷取典型的、关键性的材料，又要搜集丰富的有关新闻事实的其他细节。

因此，深度报道是全面的、完整的、动态的、立体的反映。写作时应忌片面、零碎、静止和平面化。

(四) 深度报道的写作要求

一篇高质量的深度报道吸引读者的要素主要有鲜明的主题、精巧的结构、优美的文字。所以深度报道的写作要求，需要做到以下几点：

(1) 语言优美。深度报道的语言要求通俗、形象、生动，文字充满画面感，现场感强，所以经常使用大量的动词。

(2) 调动读者或观众的情感。用生动、真实感人的细节调动读者或观众的情感，把握好叙事节奏，即事件发生、发展、高潮、结尾过程中自身表现出来的基本节拍。比如，"抢险救灾"自身的节奏是紧张、快速的，"观看展览"自身的节奏是从容、平静的。

把握节奏要以事件内容的固有节奏为依据，同时还得根据一定的情绪要求，做出能感染观众或读者的节奏安排，比如设置悬念，安排"巧合"，安排亲情来刺激情结的"亲情元素"。

(3) 调动观众或读者关注、思考。在对矛盾冲突、严重问题进行叙述时，悄悄地吸引住观众或读者，比如中央电视台的《新闻调查》栏目，每期节目都会分成几个小板块，每个小板块都会布满各种矛盾，给观众一种感觉：矛盾、问题后面还是矛盾、问题。

(五) 例文

江西省婺源县建成 193 个自然保护小区，森林覆盖率提高 9 个百分点
自然保护小区守护大自然

本报记者　朱　磊　王　丹

引子

"古树高低屋，斜阳远近山。林梢烟似带，村外水如环。"一首古诗，至今仍是江西婺源乡村景致的写照。婺源县挂牌保护、树龄百年以上的古树名木有 14 116 株，占江西省古树名木总量逾一成。这些大多生长在村民房前屋后的古树名木，遍及全县 172 个行政村、1351 个自然村。

"婺源这么多古树名木能够得到有效保护，自然保护小区发挥了促进作用。"江西省野生动植物保护中心一级调研员吴英豪说。

在村庄周围植树造林，是婺源人的传统。这些被当地人称为"水口林"的村落生态林，得到村民自发保护。但在几十年前，乱砍滥伐现象一度比较突出，并蔓延到了部分"水口林"。

如何守护好这些零星分散却又颇有价值的林地？1992 年起，婺源率先探索建立若干自然保护小区，对这些呈斑块状分布的天然林实施保护，取得良好成效。2017 年 9 月，首批国家生态文明建设示范市县名单公布，婺源榜上有名。

2016 年 5 月，原国家林业局印发的《林业发展"十三五"规划》提出，"构建以自然保护区和国家公园为主体、其他保护地和自然保护小区为补充的自然保护体系，完善生物多样性保护网络"。当年 8 月，由全国科学技术名词审定委员会审定公布的《林学名词(第

二版)》出版，"自然保护小区"被编入其中，定义为"为保护珍稀濒危野生动植物种群和典型植物群落而设定的面积较小的保护区"。

迄今，婺源累计建成自然保护小区 193 个，总面积 10.98 万公顷。近日，记者走进婺源，探寻自然保护小区守护大自然之道。

先行先试
因地制宜探索保护分散的小面积天然林，193 个自然保护小区覆盖全县所有行政村

冬日婺源，依然满目苍翠。记者随婺源县秋口镇渔潭村村民程观洪的脚步，沿一条蜿蜒小路攀上后龙山，脚下枯叶踩得咔嚓作响。合抱粗的古樟树冠葱茏如盖，拨开一簇簇伸展到山路上的树枝，草丛中一块石碑映入眼帘，"渔潭自然保护小区"几个大字苍劲有力，落款处"一九九二年"的字样依稀可辨，这里是婺源县政府设立的第一个自然保护小区。

渔潭何以成为婺源首个自然保护小区？程观洪扬手一指："看，那是白鹭。"树丛中一抹白色身影若隐若现，时而跳跃于石上，时而展翅于枝头。渔潭建设自然保护小区，就与白鹭有关。

程观洪介绍，渔潭村有树龄百年以上的挂牌保护古树 138 株，集中分布于后龙山一带的天然林区。

1992 年盛夏，后龙山上鸟鸣啁啾，引起附近村民注意。时任婺源县林业局科学技术推广站站长的郑磐基接到报告后，赶到渔潭村开展野外调查，发现后龙山这片天然林中有鸟类近 50 种，仅白鹭就有 200 余只。

如何保护家门口的珍稀鸟类？有村民提出建立自然保护区。

"这很难行得通。"郑磐基解释，根据国务院 1985 年 6 月批准的《森林和野生动物类型自然保护区管理办法》，建立国家自然保护区，须报国务院批准；建立地方自然保护区，须报省政府批准。申报要求也高，须是"不同自然地带的典型森林生态系统的地区"或"珍贵稀有或者有特殊保护价值的动植物种的主要生存繁殖地区"等。面积仅 8.3 公顷的后龙山，很难被纳入自然保护区管理体系。

渔潭遇到的生态保护难题并非孤例。婺源素有"八分半山一分田，半分水路和庄园"之称，是典型的南方丘陵地形。几十年前，随着经济社会活动增加，曾经集中连片的天然林面积逐渐缩小，呈斑块状分布。而这些分散的天然林中，生长着不少古树名木。

如何守护好这星星点点的绿色？郑磐基翻阅大量学术文献发现，土壤学家李庆逵等专家曾建议，在人口稠密、交通便利、经济活动频繁的低山丘陵地区，分散建立面积几十亩到几百亩的微型森林自然保护区，作为重点自然保护区的补充。

这让郑磐基深受启发，1992 年 7 月，他向婺源县政府递交了《关于婺源建立乡、村级自然保护小区的商讨》，得到有关方面重视。

1992 年 8 月，婺源县政府印发《关于开展我县自然保护小区调查规划工作的通知》，要求各乡镇林业管理部门普查摸底，对适宜建设自然保护小区的山场开展调查规划，经县政府批复同意后，可由各乡、镇、场、村自行建设自然保护小区，初步形成了一套由林权单位申请、林业部门规划、县级政府审批的运作程序。

"结合当时婺源县二类森林资源调查，确定各自然保护小区的'四至'范围，录入全

省林地'一张图'。"郑磐基说。

手持定位杆,肩扛测距仪,郑磐基和村民们走遍后龙山的角角落落,一笔一画绘制出一幅 1∶25 000 的渔潭自然保护小区规划图。申报材料很快获得批复,渔潭自然保护小区从蓝图走进现实。1992 年 9 月,秋口镇建成首批 11 处自然保护小区,总面积达 1208 公顷。到 1993 年底,婺源县建成乡(镇、场)级自然保护小区 13 处,村(组)级自然保护小区 168 处。

"面积小,作用大。"郑磐基向记者展示了一组数据:试点建设第一年,全县自然保护小区内聚集繁衍的白鹭数量即由往年的近千只增至 1993 年的 3 万多只。1996 年 12 月,原江西省林业厅成立婺源"自然保护小区主要植物和鸟种"调查项目研究小组,在连续 3 年的调查中,相继发现了国家一级保护野生植物红豆杉和国家二级保护野生植物香果树等珍稀物种的天然分布。

2015 年 5 月,《婺源县自然保护小区(风景林)管理办法》出台,进一步明确了自然保护小区的含义、功能和价值定位,即"自然保护小区,是指村庄周围或房前屋后具有保持水土、涵养水源、防风固沙、净化空气、调节气候、观赏游憩和美化乡村等功能,且树龄较长、绿化效果好、有一定乡村文化底蕴的片林及古树名木群等风景林"。

婺源建立自然保护小区的实践探索获得广泛认可。由原国家林业局组织编制、自 2001 年起实施的《全国野生动植物保护及自然保护区建设工程总体规划》指出,"建立自然保护小区,是针对我国南方人口稠密地区实施对生物多样性和珍稀动植物栖息地保护的一种有效方法和措施。它可以在全社会范围内,进一步改善自然生态环境和人民群众生活环境,从身边做起保护自然资源,提高全民保护生态环境意识"。原国家林业局 2005 年 7 月发布的《2004 年六大林业重点工程统计公报》显示:全国自然保护小区达到 49 109 个。

目前,婺源建成的 193 个自然保护小区,总面积 10.98 万公顷,已覆盖全县所有行政村。

群策群力

建章立制,引导群众"自建、自管、自受益",10.98 万公顷自然保护小区全部纳入公益林生态补偿范围

天色微亮,晨雾中夹着一股凉飕飕的风,渔潭村护林员程明世肩挎铁皮壶,脚蹬橡胶鞋,手拎一支橡胶灭火拖把,准时出门巡护。走近村口那棵古樟树,程观洪已等候多时,二人并肩朝后龙山方向走去。

看山护林 20 余年,程观洪是渔潭自然保护小区最早的护林员之一,对脚下这条巡护路再熟悉不过。2015 年交棒给年轻人后,他仍然闲不住,隔三差五到自然保护小区走走看看。

"守护好绿水青山,才能守住好日子。"程观洪与记者一路攀谈,聊起年轻时当生产队长的经历记忆犹新。

20 世纪六七十年代,村里伐树垦荒严重,一些村民家中出现大量白蚁,木质门窗桌椅被啃噬毁坏。痛定思痛,渔潭村于 1974 年冬立下村规民约:严禁占林开荒,不许携带火种进山,砍树烧山要赔偿。

一系列保护举措为渔潭村唤回了绿色,生态保护意识也逐渐在村民心中生根发芽。

1992 年，试办自然保护小区的设想一经提出，得到渔潭村人普遍支持。但也有村民嘀咕："设立自然保护小区后，这片林子是不是就不归我们了？"

"山林土地权属不变，往后还得靠大家一起建设自然保护小区。"郑磐基走家串户上门宣讲政策，打消村民顾虑。2019 年 12 月出台的《江西省自然资源统一确权登记总体工作方案》提出，对包括自然保护小区在内的各类自然保护地确权登记，村民们心中更踏实了。

"山还是这座山，林还是这片林，守山护林力度更大了。"程观洪说，自然保护小区建立后，渔潭村的 6 个村民小组各选派一名护林员组成巡护队，由秋口镇林业工作站和渔潭村村两委共同管理，实施每天两次的常态化巡护。

"有林业站做后盾，巡护底气更足。"程观洪回忆，过去发现偷伐者时，对方常以封山育林是村里的"土政策"来辩解。自然保护小区成立后，镇林业工作站与村两委形成了"村站共管"协作机制，护林员的线索上报渠道更加通畅，一旦发现违法行为，镇林业工作站执法人员可第一时间现场处置。

山路蜿蜒，鸟鸣啾啾，行至一棵枝繁叶茂的樟树前，程明世停下脚步，拉着记者上前查看树干上的一处劈砍印迹。前年曾有盗伐者企图砍伐这棵樟树，被程明世巡山时迎面撞上，他立即上前制止，马上报警。秋口镇林业工作站执法人员随即赶到现场，对盗伐者依法予以行政处罚。

指尖轻触手机屏幕，程明世的巡护里程、路线一目了然。如今，自然保护小区的智能化巡护水平持续提升，林业部门可通过电话联系、定位跟踪、轨迹回放等方式对自然保护小区进行督导检查，并随时掌握护林员到岗情况。

"小区规模虽小，保护举措不少。"程明世对《婺源县自然保护小区(风景林)管理办法》相关要求耳熟能详：自然保护小区范围内禁伐禁猎、禁止采脂；严禁挖砂、采石、取土、野炊、渔猎、放牧等相关活动；在自然保护小区及其边界外 10 米内禁止开展基础设施建设和规模化生产经营活动……巡护路上，程明世仔细查看草丛中是否存在火灾隐患，没了路就顺着沟谷走，碰上陡坡就手脚并用地爬。

2017 年 3 月，婺源县正式启动天然林保护工程；2018 年 1 月，将 9 年前规定的"天然阔叶林十年禁伐"升级为长期禁伐；2018 年 7 月，全面推行林长制，建立专职护林员队伍……"这些政策举措与自然保护小区管理办法、村规民约等，共同促进了自然保护小区的管理与保护。"郑磐基说。

"守着本村的林，领着国家的钱，得把责任尽到。"程明世 4 年前被确定为专职护林员，每年有 2 万元工资收入。近年来，婺源县相继将 10.98 万公顷自然保护小区全部纳入县级地方公益林生态补偿范围，按照每年每公顷 315 元的标准向林权所有人发放生态补偿资金。2020 年，婺源县安排护林员专项资金逾 900 万元，加强"村站共管"协作机制建设自然保护小区，进一步引导群众"自建、自管、自受益"。

共建共享

鼓励社会力量参与，提升保护管理水平，生态效益与村民生计相得益彰

晨光熹微，竹排船拨开细浪，秋口镇王村村村民俞智华娴熟地操控着手柄，驶向江心洲的月亮湾蓝冠噪鹛自然保护小区。没了过去震耳欲聋的马达声，俞智华对竹排船的电动引擎赞不绝口。2020 年以来，王村村投资 50 余万元，为全村 60 多艘柴油竹排船改装了电动发动机。"村里舍得投入，初衷是给鸟儿营造一片安宁的栖息环境。"俞智华说。

顺着竹排船行驶的方向望去，星江河上一处弯月形冲积沙洲映入眼帘，岛上植被茂密，水中树影婆娑。"这时节，鸟儿都飞走了，你才有机会近距离看看这洲头。"俞智华告诉记者，每年4至7月，都会有几十只蓝冠噪鹛来岛上筑巢产卵、哺育幼鸟、繁衍生息。

蓝冠噪鹛是国家一级保护动物。"鸟择良木而栖。"郑磐基说，王村村1993年即在月亮湾设置了石门自然保护小区，生态环境持续向好。

2000年5月的一天，郑磐基开展野外调查时，林间忽然传来阵阵鸟鸣。他拿起望远镜闻声寻去，一群蓝冠、黄喉、黑脸、褐腰、尾羽上蓝下白的鸟儿立在枝头，不时颤动翅膀跃行，叫声清脆悦耳。"咔嚓、咔嚓……"郑磐基赶忙举起相机拍照记录，用光了随身携带的胶卷。经省市林业部门专家反复确认，这正是长期寻觅不得的蓝冠噪鹛。

"蓝冠噪鹛落户婺源，凸显了自然保护小区在极小种群保护中的独特价值。"郑磐基随即向有关部门建议，提升自然保护小区的专业化管理水平，制定有针对性的极小种群保护规划。2001年，石门自然保护小区更名为蓝冠(黄喉)噪鹛自然保护小区。2015年3月，婺源县政府印发的《婺源县蓝冠噪鹛自然保护小区保护管理办法》提出，按照国家级自然保护区核心区的要求，对蓝冠噪鹛及其栖息地自然保护小区予以特殊保护和管理。2016年8月，婺源饶河源国家湿地公园通过原国家林业局验收，蓝冠噪鹛自然保护小区被涵盖其中。

以保护蓝冠噪鹛等极小种群为契机，婺源持续完善自然保护小区内的动植物资源档案，常态化监测野生动植物变化趋势，因地制宜调整自然保护小区管理规划。目前，已形成自然生态型、珍稀动物型、珍贵植物型、自然景观型、水源涵养型、资源保护型等6类自然保护小区。

"生态好不好，鸟儿告诉你。"郑磐基说，蓝冠噪鹛对生存环境要求很高，一般筑巢在10米以上的树上，一年只繁育一次，雏鸟成活率较低，种群总体生育能力差。在村民的悉心呵护下，来月亮湾栖息繁衍的蓝冠噪鹛数量逐年增加，近年来持续稳定在60只以上。每年蓝冠噪鹛进入繁殖期后，自然保护小区即安排专职护鸟员登岛把守，严禁人员靠近，并在日常巡护中为蓝冠噪鹛驱赶天敌。2017年6月，婺源遭遇特大洪水，蓝冠噪鹛栖息地的树木一度倒伏损毁严重。在婺源县林业局指导下，村民自发清理、补植苗木，次年蓝冠噪鹛如约归来。

2015年，王村村成立竹排经营合作社，对进入月亮湾蓝冠噪鹛自然保护小区的竹排统一管理，所有船只在蓝冠噪鹛繁衍期间均不得进入自然保护小区核心区域。为避免柴油发动机噪声影响蓝冠噪鹛栖息，合作社引导村民更换电动发动机。除蓝冠噪鹛外，月亮湾蓝冠噪鹛自然保护小区内相继发现了鸳鸯、黄鹂、领角鸮等40余种鸟类。

"与鸟为邻，以鸟会友，村民们既是护鸟员，也因此吃上'旅游饭'。"俞智华经营的竹排每次收费60元，自家小院则改造成了拥有16张床位的观鸟民宿，年收入约8万元。2020年，省级3A级乡村旅游点落户王村，全年游客接待量10万人，旅游年收入350余万元。

婺源还探索引入科研团队参与建设自然保护小区，进一步增强保护力量。2013年，婺源县林业局与江西农业大学的科研团队签署协议，科研人员每年4至7月到月亮湾蓝冠噪鹛自然保护小区监测鸟类活动和种群数量，监测数据与市县林业部门共享。

2016 年 11 月，国家发展改革委和原国家林业局印发的《关于运用政府和社会资本合作模式推进林业建设的指导意见》提出，"鼓励社会资本参与林木种质资源保护、野生动植物野外资源保护公益事业，探索引入专业民间组织新建或托管自然保护小区，在政府监管下发展民间自然保护小区(地)。"

顶层设计助推基层探索。2017 年，婺源县林业局与北京清华同衡规划设计研究院自然遗产与生态保护研究室主任杨海明团队达成协议，为月亮湾蓝冠噪鹛自然保护小区培训了一支 20 人的专业护鸟队。2019 年 4 月 "全国爱鸟周" 期间，清华同衡规划设计研究院与婺源县林业局携手在南昌举办了 "蓝冠噪鹛科学发现百年" 纪念活动，共同讲述自然保护小区的婺源故事。

"自然保护小区在保护自然上功不可没。"婺源县委书记徐树斌说，自然保护小区建设 30 年来，助力婺源的森林覆盖率由 73.7% 上升至 82.64%，旅游业成为主导产业，古树、古村、古民居成为亮丽名片。

四、新闻评论

(一) 评论的含义

新闻评论，是媒体编辑部或作者对新近发生的有价值的新闻事件和有普遍意义的紧迫问题，运用分析和综合的方法，就事论理，就实论虚，有着鲜明针对性和指导性的一种新闻文体。评论是现代新闻传播经常采用的社论、评论、评论员文章、短评、编者按、专栏评论和评述等的总称，属于论说文的范畴。

(二) 新闻评论的结构

新闻评论一般由标题、导论、主体和结尾四部分构成。

(1) 标题。评论的标题不仅要准确概括所评论的选题或论断，还要做到生动、醒目、有力度。

(2) 导论。导论，也叫引论，是评论的开头部分，用来说明评论对象，介绍评论内容，提出评论问题，突出新闻性。导论常见的写法有概括式、疑问式、议论式、现象式、散文式。

(3) 主体。主体是评论的主干部分，要抓住论题，深入分析，科学阐释，合理论证，形成结论。

(4) 结尾。评论的结尾要综合概括观点，形成结论。

评论的结构形式大体依照 "提出问题—分析问题—解决问题" 的思维模式，内容组织安排有递进式、并列式、总分式等。

(三) 新闻评论的语言

评论的写作有述有论，语言要周密、精辟。具体到一篇评论，要求对概念准确运用，对事实准确判断、剖析深刻。同时在语言表达上必须精练有文采，做到言约意丰、逻辑性与形象性完美结合。

(四) 例文

规范广告招牌维护公共安全(人民时评)

桂从路

作为城市开展商业活动不可或缺的一种形式,广告招牌在日常生活中随处可见,一定程度上代表着城市的"脸面",也见证着商业的繁荣。然而,广告招牌一旦设置不当或者管理不善,也容易危及行人安全,给人民群众的人身财产安全造成威胁。

近年来,因为广告招牌脱落造成的安全事故时有发生。今年5月6日,山西太原一块从6楼掉落的户外广告招牌砸中一台正在行驶的车辆,驾驶员头部受伤,经抢救无效死亡;2018年8月,上海南京东路一商店招牌脱落,造成3死6伤。纵观一些安全事故,背后都存在广告招牌治理问题。有的大型户外广告缺乏安全认证,成为悬在头顶上的隐患;有的门店招牌只用胶水粘住,存在安全风险;有的户外广告招牌长期处于无主状态,隐患问题突出……这些现象提醒我们,广告招牌无序设置已经影响城市公共安全。如何守护好人们"头顶上的安全",考验着城市治理的精细化水平。

广告招牌之所以成为安全隐患,说到底是管理缺位、责任失位。广告招牌一般悬挂于建筑物高处,量大面广,日晒雨淋,自然会产生锈蚀和损耗,特别是大风天气,隐藏着脱落风险。能不能及时排查风险、消除隐患是关键。一方面,广告招牌在安装上缺乏统一标准,审批备案制度并非强制,导致安全监管部门缺乏排查风险隐患的抓手。另一方面,有的地方虽然规定了户外广告应当定期进行安全检查,并将检查结果告知城市管理部门,但执行过程缺乏强制力,只能依靠市场主体自觉。与此同时,不少店铺停业后,店主们往往不会主动处理招牌,在店铺转租成功前,这些遗留下来的无主招牌缺乏管理和维护。

安全是城市发展的底线,日常做不到"万无一失",就有可能"一失万无"。近年来,各地在整治广告招牌问题上,也下了很大功夫。比如江西南昌从2017年到2020年拆除各类违规广告招牌近7万块,再如近期低温大风天气增多,各地也在加紧排查辖区广告招牌情况,督促做好加固整改工作。然而,相比于数量众多的广告招牌以及暗藏其中的风险隐患,管理人员的专业化水平和人手毕竟有限,单靠上街巡查和肉眼判断,难以做到完全覆盖、有效治理;仅靠集中专项整治,往往收获的是治标之效。将关口前移,推动广告招牌的监管从事中事后的修修补补,转变为事前预防的未雨绸缪,才是消除安全隐患的治本之策,也是精细化管理的题中应有之义。

制度是管长远、管根本的,在广告招牌的管理上,也需要靠制度来划定红线、构筑安全底线。《北京市户外广告设施、牌匾标识和标语宣传品设置管理条例》今年9月1日起正式实施,明确了设施设置前需进行安全影响评估,防止出现户外广告牌匾标识伤人毁物等安全事故。各地类似管理条例的出台,迈出了制度约束的重要一步,接下来有必要在制度执行上下功夫。在同样条件下,主观能动性不同,抓工作落实的效果也就存在差别。要力戒形式主义、官僚主义,面对难题绝不"躲退避""等靠要",更好发挥主观能动性,以钉钉子精神狠抓执行、抓出成效。

守护群众的人身财产安全,这是"人民城市为人民"的底线工程。作为城市管理者,尤须坚持以人民为中心的发展思想，把风险隐患排除在前面，把管理水平提升上去，无论是守护"头顶上的安全"，还是消除电动车上楼的风险，抑或是加强窨井盖设施的日常巡查及养护管理、确保"脚底下的安全"，都需要坚持问题导向，下足绣花功夫。广大市民也要从自身做起，提高安全意识、参与城市共建共享。惟其如此，才能在齐抓共管中织牢织密城市安全的防护网。

第二节　新媒体写作

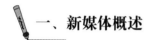

一、新媒体概述

(一) 新媒体的含义

新媒体是利用数字技术、网络技术和移动通信技术，通过互联网、宽带局域网、无线通信网和卫星等渠道，以电视、电脑和手机等为主要输出终端，向用户提供视频、音频、语音数据服务、连线游戏、远程教育等集成信息和娱乐服务的所有新的传播手段或传播形式的总称，包括新兴媒体和新型媒体。新兴媒体是新媒体的典型形态，以传统的桌面互联网媒体、移动互联网媒体和互动性电视媒体为代表。它们依托全新的传播技术，以改变传播形态为主要诉求，强调体验和互动，内容生产日趋分散化和个性化；新型媒体包括户外彩屏、楼宇电视和车载移动电视等。它是在传统媒体基础上依托新技术衍生而来的，其传播形态并未发生根本性改变，但是信息质量有效提高，传播范围更加宽广，到达了以前无法覆盖的区域。

(二) 新媒体的特点

新媒体具有如下特点：

1. 超媒体性

超媒体性是指在多种媒体中非线性地组织和呈现信息。超媒体是超文本的延伸。所谓超文本，是一种按照信息之间关系非线性地存储、组织、管理和浏览信息的计算机技术。在信息文本中含有指向其他文本的链接，受众不需要顺序阅读，而是根据自己的兴趣和需求通过"点击"链接选择性地阅读文本信息内容，受众完全掌握了信息的选择权和控制权。依靠数字技术对多媒体信息的整合，新媒体可以为信息使用者提供文本、图片、声音、影像等多媒体信息，这些多媒体信息同样按照超文本的方式组织。用户通过"点击"不仅可以获得相关的文本信息，还可以获得相关声音、影像信息，这便是新媒体的超媒体性。

2. 交互性

交互性是指信息发送者和接收者之间的信息交流是双向的，参与个体在信息交流过程中都拥有控制权。网络的普及为人们提供了廉价的传播渠道，这就使任何拥有联网信息终端的个人既可以是信息的接收者也可以是发送者，真正实现了信息的双向交流。新媒体的超媒体性使参与者对信息交流过程具有平等的控制权，参与者可以依据自己的兴趣和需要选择性地交流信息。由此可见，在新媒体环境中，交流双方真正实现了信息的交互传播。

3. 超时空性

新媒体利用连接全球电脑的互联网和通信卫星完全打破了地理区域的限制，只要有相应的信息接收设备，在地球的任何角落都可以接收到由新媒体传播的信息。另外，无线网络的发展，还使新媒体摆脱了有线网络的限制，提高了用户接收信息的即时性。新媒体还大大缩短了信息交互传播的速度，甚至实现了信息的"零时间"即时传播。从信息传递速度上看，早期的电子邮件到现在以微信为代表的即时通信服务，都使信息的交互传播突破了时空限制。

4. 个性化

新媒体提供点对点的信息传播服务，使信息传播者可以针对不同的用户提供个性化的服务。新媒体环境下，信息终端在网络中都有一个固定的地址，如 IP 地址、手机号、电子邮箱地址、QQ 号码等，信息传播者可以根据地址确定一个或多个用户向其传播特定信息。另外，用户对信息具有同样的控制权，用户可以通过新媒体定制、选择、检索信息。这样，每一个新媒体用户都可以发布和接收完全个性化的信息，大众传播转变为"小众传播"。

5. 虚拟化

数字化信息以比特（"0"或"1"）的排列组合来表示和传播，人们可以方便地通过调整比特的排列来修改信息甚至制作虚拟的信息。利用各种软件，人们可以方便地毫无痕迹地修改文本、图片、声音、影像、也可以制作出逼真的虚拟信息。例如数字电影中的特效制作、数字动画、Flash、电脑游戏中的任何信息，包括文字、声音、影像都是由技术人员利用数字技术模拟真实世界信息制作出来的。近年来人工智能的概念从计算机科学的专业层面延伸至大众视野。2015 年 5 月，美国国家公共电台记者曾与美联社机器人记者上演了一场人机报道，后者仅用 2 分钟就完成写作。2016 年，基于人工智能程序击败多位围棋高手的阿尔法围棋手横空出世，引得学界和业界一片哗然。机器人记者和围棋手正是新媒体虚拟性的一种表现。新媒体的虚拟信息传播不仅指信息本身的虚拟性，还指传播关系的虚拟性。人类之间信息传播的目的是在人与人之间建立关系，进行信息的沟通和交流。在传统媒体环境下，传播者和受众的角色是特定的，至少传播者的角色是特定的，人们知道信息的来源。然而在新媒体环境下，传播者和受众的角色大部分是虚拟的，交流双方的信息对彼此都是未知的。所以建立在虚拟数字信息交流基础上的人际关系也具有一定的虚拟性，而这种虚拟的人际关系将极大地改变传统社会的人际关系模型。

(三) 新媒体的形态

据中国互联网信息中心(CNNIC)2021 年 8 月 27 日在北京发布的第 48 次《中国互联网络发展状况统计报告》，截至 2021 年 6 月，我国网民规模达 10.11 亿，互联网普及率达 71.6%。庞大的用户数量既是新媒体发展的基石，也凸显出当下新媒体的主流地位。拥有广大网民基础的新媒体，在我国主要有如下几种形态。

1. 网络媒体

网络媒体是新媒体最原始和最基本的形态，也是阐发出"新媒体"这一概念的核心应用领域。传统的桌面互联网及其早期的门户网站、即时通信等应用开启了人机交互的通信模式，引发了"互动""虚拟"等重要命题。随后，移动互联网与移动终端的发展，把大量的网络用户迁移到了移动互联网上，新的应用在不断地开疆辟土。移动终端的智能化也逐渐在消融"桌面端"与"移动端"之间的界线，二者都可以统合到"网络媒体"这一大概念之下。

2. 社交媒体

社交媒体扎根于网络媒体之上，依托于传统的人际网络关系，将日常的人际交流映射到互联网络之中，借助互联网络的连通性和无限延展性将日常人际交流再扩大和再深化，形成了独特的、个体可以随身携带的电子交流场域。如网络社区、BBS、博客、微博、微信等。

3. 互动性电视媒体

互动性电视媒体依托数字技术和网络技术发展而成，开辟了双向互动的电视传播模式，主要形态包括数字电视和 IPTV。

4. 新型媒体

新型媒体基本保持着传统媒体的单向传播特性，但提供了新型的服务，获得了更广阔的传播范围，主要形态包括户外彩屏、楼宇电视和车载移动电视。

(四) 新媒体的传播方式

当前的移动互联时代正见证着一场基于新媒体技术变革而带来的社会生活各领域相继被重塑的巨变。新一轮技术创新浪潮催生出了大数据、人工智能、虚拟现实、云计算等技术。它们叠加在已有的网络媒体和手机媒体上，使得全新的新媒体传播景观呼之欲出。新媒体主要有以下几种传播方式：

1. 新媒体新闻

在新闻生产与发布领域，新媒体技术悄然调适了以往传受双方的权力配比关系。它不仅提升了新闻生产效率，还丰富了新闻生产内容。

2. 新媒体舆论

在新媒体的传播环境中，人人都可以利用博客、论坛、微博、微信等新媒体传播平台，将自己的声音发送出去，传播者不再仅仅是政府宣传机构和传统主流媒体，信息传播进入了"人人都有麦克风"的时代，每个普通公众都可能成为信息的传播者。在舆论形成与引导领域，新媒体使得舆论主体更为复杂多元，舆论构成呈现出"众声喧哗"之态。舆论的社会动员效果明显，舆论引导难度增大。

3. 新媒体艺术与娱乐

在艺术创作与创新领域，新媒体技术孵化出"数字艺术"新形态，扩大了艺术传播渠道。

4. 新媒体广告与营销

在广告与营销领域，广告形态借助新媒体传播渠道和传播方式得以自我进化，与病毒式营销、事件营销、饥饿营销等方式一起满足着新媒体环境下的营销需求。

5. 新媒体应用技术

在媒介技术应用领域，新媒体技术正在"互联网+"的国家战略下向工业、农业、服务业以及智慧生活的各个领域渗透。

二、新媒体写作的形式

新媒体影响下的写作主要集中于网络媒体和社交媒体，主要表现形式有网络社区、博客、微博、微信等。

(一) 网络社区

"网络社区"来自英文 VirtualCommunity。网络社区是人们依靠网络技术，围绕一些共同感兴趣的话题进行交流的空间场所。互联网上的网络社区种类繁多、形式多样，它们以各自不同的传播形态和服务方式聚集起一群群具有共同兴趣和需求的网民。在我国，成规模网络社区的出现，是以 1998 年 3 月大型个人社区网站西祠胡同的创办和 1999 年 6 月"全球华人虚拟社区"ChinaRen 的开通为标志的。从 2000 年开始，我国的网络社区获得蓬勃发展，如天涯社区、西祠胡同、西陆社区等大型综合社区以及豆瓣、磨房、铁血军事社区等专业社区，都成为我国最具影响力的网络社区。人们既不受物理时空的限制，也没有现实社会里的各种约束，可以很方便地加入、参与或者退出社区，在享受快速信息传播与互动服务时，更多感受到的是自我满足的快乐。

SNS(社会性网络服务)是网络社区的发展变体，以"圈子"的构建、发展和"交往"的密切为目标，移动互联网的形成，也让手机这一"带着体温的媒体"介入网络社区。手机的个性化和区域化会使手机 SNS 超越传统社区，形成简洁、便捷的个人社交平台。我国的 SNS 网站是由国外的 Facebook 借鉴而来的。以 2005 年 12 月王兴创办的校内网为起点，国内逐渐涌现出许多 SNS 网站。如娱乐类 51.com、开心 001、碰碰网等，校园类同学网、朋友网、占座网等，商务类天际、联络家、海内等，婚恋类婚恋网、世纪佳缘、百合网等，社群类宅内、驴友录等。

加入网络社区的人在网上冲浪，希望在轻松愉快的状态下获取信息的论坛注册用户或过客，年龄多集中在中青年层面，一般受过良好教育，比较关注外界和自我的状态，日常生活对网络依存度高。在网络社区中发表的文章，读者可以随意选择浏览，如果不能在第一时间抓住读者的目光，那么辛勤创作的作品很快就会淹没在论坛如汪洋大海般的文字中，而人气高涨的论坛热帖往往具有以下几个方面的特点：

(1) 真实坦荡，直切现实。真实的事件，真诚的情感，不加修饰的表达方式，把普通人的生存状态原汁原味地呈现出来，平凡人的生活和情感，能表现出特别动人的力量。这样的真实和直接正是网络文化最有生命力的地方。

(2) 价值多元，率性游戏。世界每时每刻都在发生大大小小的事件，论坛也就随之产生层出不穷的新话题。一旦人们不满足于对这些事件按常规的方式解读，就会创造性地寻找独特角度作娱乐化延伸。在这里，有时正统、正确、正常的行文方式被边缘化，零散、歧义甚至刁钻为文都会大受欢迎，这样就导致了一个多元化的富于游戏精神的论坛写作情境。

2010年，新拍电视剧《红楼梦》的上映引起了大家的关注，关于新旧电视版红楼梦的选角、服装、道具、背景等的比较帖占据了各大娱乐论坛的版面。网友勤于搜集资料，甚至自制视频截图细致分析，评论也毫不避讳，直言褒贬。也有帖子独辟蹊径，模仿新《红楼梦》的头饰和服装风格，自拍成照片，发在论坛，跟帖网友热烈响应，出现了许多很有创意和想法的跟风之作。网络写作具有一定的隐蔽性，在论坛，无论是发帖还是跟帖，都可以隐藏在一个网名之后。参与一个帖子，就像参与一个游戏，跟帖可以尽情发挥想象力和创造力。

(3) 敏感敏锐，探幽发微。网络时代，人们的工作和生活方式发生了重大改变，各级各类机关企事业单位多建有网站，工作情况随时传送上网，展现在所有人的目光之下。以往易被忽略的细节一旦被网友寻根究底，名人明星的行为被网友上传到网上，无论善恶，总会引起网友围观评论，一旦形成民意，固有的名声或形象会在一夜间逆转。敏感地发现问题，敏锐地监督，以往被刻意隐藏的真相在这样精细甚至苛刻的目光之下无所遁形。

(4) 民间高手，独领风骚。网络时代也改变了出版社、报纸杂志与作者的沟通方式，编辑们不一定非要花大力气去建立和维护自己的作者资源，驻守在论坛也是个好办法。除了小说以外，各种主题论坛如社会、经济、历史、文学、教育、时尚、娱乐等，五花八门、包罗万象、应有尽有。许多隐藏在民间的高手出于兴趣，对于某个领域钻研多年，颇有心得，一旦形成文字总能突破前人成果，开辟出与众不同的道路。在论坛发表文章，直接面对读者，还可以根据读者的意见调整自己的作品，使之更符合读者的意愿。网络时代，论坛写作甚至比传统写作更受关注，文章一旦获得超高点击率，自然会有出版商联系出版。论坛发帖的优势在于实现了出版社与作者的直接联系，给民间孤独的研究者展露才华的机会，并且可以用论坛连载的方式吸引人气，在未出书之前建立读者基础，一旦正式出书，可能会迅速成为畅销书。

作为最容易变成商品的作品类别，小说是很多年轻的写作者获利的最佳途径。一些小说网站与人气高的作者签约成为固定的驻站作者，根据作品点击率付费，而读者需要付费才能阅读。作者和读者如此近距离接触也催生了传统文学中少见的小说题材，如盗墓小说、玄幻小说、网游小说等。一些热门作品的月点击率动辄以百万甚至千万计。

(5) 集体创作，一呼百应。在论坛，人人都可以成为文化创造者或意见领袖。人们从被动的看客变为主动的参与者，及时交流彼此的想法，实时无障碍沟通。因为每个人年龄、性情、经历、教育背景有别，对于同一话题都能延伸出不同的看法，往往互相启发，触动灵感，引起联想，一时间，思想激荡，妙语纷呈。很多论坛热帖不但主帖精彩，跟帖更显出众人智慧。即使是平凡琐碎的话题，也会因为众人参与而拓展出独特的话语空间。在论坛，提出特别有趣的话题或采取别致的角度也可以写出一篇众人瞩目的热帖。

在帖子里，众网友表述夸张，极尽嬉笑怒骂之能事，极大地丰富了主帖的内容。近年来，一些面向大众的文艺作品从论坛文章获得了不少灵感。网络论坛写作丰富了写作的层次，实现了人与人之间最直接的交流和沟通，同时也为普通民众参与公共事务提供了最便利的途径。

(二) 博客

1. 博客的含义

博客，是英文 blog 的音译。blog 的本义为日志，是博客网站按网民需求订制的私人网络空间，亦即在网上撰写日记，发表在个人主页上，自己设计版式风格、栏目分类等，自己采集、制作、编辑图片、声音和视频。博客写作者即博主可以回复读者评论，可以链接其他博客，可以加入各种博客的圈子。由于沟通方式比电子邮件、讨论群组更简单和容易，博客已成为家庭、公司、部门和团队之间越来越盛行的沟通工具。相对于论坛写作而言，博客写作把个人的全部作品放在一个网络空间，使读者完整窥见博主的个性、志趣和才华，是真正由写作者自己主导的自由挥洒的新世界。博客写作也使博主成为个人媒体，自己收集、制作、发布信息或新闻，从而起到了小型大众传媒的作用。国外媒体把这一类博客发布的新闻称为公民新闻，在港台的新闻界把它翻译成草根媒体。

近年来，每当重大事件发生，博客网站都会迅速反应，甚至比传统媒体速度更快、角度更多、信息更全面，吸引更多专业人士深入分析。尤其当战争、自然灾害发生时，传统媒体难以迅速抵达事件中心区域时，个人媒体就替代传统媒体近距离发布消息、拍摄实况照片、记录目击者的描述、发布重要的访谈和声明、记录世界各地的反应等，真正做到了最快速度抵达新闻现场。博客积极参与重大新闻事件，以独特的视角、敏锐的目光和迅速的反应能力挑战着传统媒体。博客单枪匹马的运作方式虽然在面对传统媒体时显得势单力孤，但同时也能摆脱繁冗的律令限制，直接揭露事实真相。

除了新闻类博客外，经济类、旅游类、教育类、娱乐类等博客也受到欢迎，网络影响力越来越大。这些博客作者在特定领域经验丰富，往往能及时搜集到最新、最重要、最有趣的信息，提出自己的观点，引领读者的行动和需求。网民希望从博客中得到信息，作为日常生活的参考，各门户网站也经常引用不同观点的博客文章。博客写作不但促使普通人拿起笔来发现世界、表达自我，也以大量的各式各样的文章构成和充实传统媒体和网络媒体，形成取之不尽的信息源泉。博客第一次实现了自我传播、人际传播、组织传播和大众传播等多层次传播方式的集合，是第一个真正的自由媒体。在信息技术的促进下，许多传播需求被不断地激发和满足，并转换为一种产业模式。越来越多的企业、社会团体或者政府组织等都开始把博客作为一种有效的传播工具，进行网上营销或公共意愿表达。

2. 博客的写作要求

博客原意是在网上写日记，但想写出流量大、点击率高的博客，最好确定相对集中的主题。主题不必宏大，只要自己知道得比别人多，比如关于家乡、关于自家的宠物等。选择能长久保持兴趣和关注的领域，持续跟踪下去，围绕主题，集中写作精华文章，吸引同道中人的关注，尽快为自己的博客打开局面。

第一，多使用链接。博客也会起到收集信息的作用，那些影响重大的事件、犀利的观点、有趣的笑话等有用的资源，不要直接放在自己的文章里，使用链接让读者阅读原文，不但是对原作者的尊重，还会使博文简洁而有层次。

第二，使用多媒体手段。一张好照片胜过千言万语，好的影像资料更是这样。随时带好影像设备，养成撷取不同寻常的画面的习惯。原生态的影像作品更容易唤起读者的亲切感，如果碰巧，还可能拍下具有重要意义的资料。

第三，设计标题和关键词。努力给自己的博文起个引人注目的标题，标题还要凸显若干关键词，这可以保证读者通过搜索引擎找到这篇博文。

第四，保护隐私。博文写作出来放在网上，意味着私人话语进入公共领域，会被很多人阅读，会被搜索引擎发现并记录，发表之前要考虑到愿意和读者分享生活的哪一部分，要保证正常生活不被干扰，并且注意保护他人的隐私。

第五，定期更新，经常回复评论。不要让自己的博客成为"睡眠博客"。

第六，加入其他博客为友情博客，加入博客圈。

(三) 微博

1. 微博的含义

微博，即微博客(MicroBlog)、微型博客，是字数限制在 140 字以内的博客。2009 年 8 月，微博落户中国，很快呈现爆炸式增长，随着微博注册用户数量的不断增加，微博平台越来越显现强大的舆论力量。

2011 年 1 月 25 日，由中国社会科学院农村发展研究所教授于建嵘在新浪微博设立的"随手拍照解救乞讨儿童"微博，仅仅开博 10 余天，就吸引 57 万多名网民关注，拍摄千余张乞讨儿童照片发布在微博上，解救 5 名儿童。微博打拐事件中网民积极参与公众事务，并最终促成各方协同努力帮助弱势群体。

2010 年 2 月底，广东省肇庆警方在网上首开微博，其后，各地警方纷纷开通微博，甚至开通微博追缉逃犯。微博招聘、求职、求婚，微博越来越广泛地运用到工作和生活中。

2. 微博的特点

与博客相比，微博更短小精悍，传播更迅速，其后也模糊了 140 字的限制，用户就会在单位时间里浏览更多信息，更适合手机用户碎片化时间的浏览需求。因此，微博用户增加迅速，原来的博客用户纷纷转战微博。微博具有以下鲜明的特点：

第一，直播。微博可以用手机随时随地发送信息，这使个人仅仅用手机这一项工具就能实现作为个人媒体的功能，能够即时发布文字和图片，迅捷传送信息，实时直播的现场感不亚于直播间。

第二，字数少。微博迎合了时下速食时代的特点，一切都在加速运行，短平快的方式备受欢迎，语录体的写作更简洁、更便利，人人皆宜。

第三，关注话题。关注话题就是很好的标签分类，起到聚拢人群、分享信息、提高关注度、增强集体的话语力量的作用。

第四，评论和转发。评论是评论他人微博再转发，转发则直接转发他人微博。这样的传播方式使信息以几何级数在人群中传播。

3. 微博的写作要求

第一，关注社会民生，积极参与讨论社会重大事件和热点问题，观点犀利深刻，语言概括力强、幽默风趣，善于轻松自嘲。

第二，特别注意了解流行文化，善于运用网络流行句式，多用网络热词、酷词。人们用一种轻松调侃的方式表达一点牢骚、一点无奈，并且借用某种能唤起共同情绪的流行文化背景迅速推广。网络流行文体就像按照固定模式进行的集体造句,开门见山、朗朗上口,易于模仿、易于共鸣。

(四) 微信

自 2010 年 11 月微信启动以来,创造了移动社交的奇迹,截至 2021 年 1 月,已经拥有 9.84 亿用户,引发了自媒体的创办热潮。截至 2020 年,微信公众号数量已达 165 万,微信公众号创作者数量已超过 2000 万。微信成为"互联网+"的重要平台,已成移动端使用广泛的重要应用(App)。

微信诞生的起点,是将用户手机中的联系人转化为微信中的朋友,这意味着微信所构筑的较为私密的社交圈明显地区别于微博所形成的泛社交圈。亲密的朋友之间通过微信进行即时或延时互动,更重要的是朋友之间可以通过"朋友圈"彼此观看各自的生活动态,增进了解,便于制造互动的话题,进而发展出"晒"与"焙"的风潮,以及"点赞"的网络交流方式。这种特殊的网络社交文化催生出大量的研究议题,构建起独有的微信社交文化,和世界上其他的社交应用 Facebook、Twitter 等勾连起来,构成了全球性的网络社交景观。

1. 微信的传播模式

(1) 朋友圈中的人际互动。

微信朋友圈的诞生形成了一种崭新的在线社交形态,即"晒与观看"的网络对话模式。这种无需特定话题的静默型在线社交方式构成了日常生活内容的"流瀑式"呈现景观,让"身体不在场"的熟人朋友可以通过网络来观看或观察彼此的生活。微信朋友圈的独特社交方式异军突起,迅速吸纳了网络用户。朋友圈中的"自我呈现"更具选择性,人人都试图展示出更优雅、更充裕、更个性化的生活,但是这种修饰之后的网络表达有时会与真实的日常生活状态形成巨大的偏差。而朋友圈中过度"晒"的行为会导致信息垃圾的产生,降低观者的社交动力,造成整个朋友圈社交效率的下降。

(2) 微信群中的群体传播。

微信群最初有规模限制,一般控制在数十人。随后不断扩大,直至 500 人的大群。微信群内的人际交流也从小群体的熟人社群演变为大群体的"半熟"社群,群体交流的内容和群体间的亲疏程度也随之发生改变。小规模的熟人群体往往是现实社交联结的网络映射,如同学群、同事群等,大家依托微信群进行日常的信息交流、事务协作等,个体的群内信息交流较为均衡。微信小群和现实小群体社交类似,固然会存在"孤立结点",但绝大部分"结点"都会在群内发声。"半熟"模式的微信大群则和小群差异较大,在群规模不断扩张的过程中,群内结点的紧密度被稀释了,不少人都会有"陌生"的感觉,不认识群内的大多数人,直接导致了更多群内个体的"失语"。微信中的大群以及数百人的超大群一般是围绕特定议题构建起来的,群内成员以"滚雪球"的方式聚集起来,群主是绝对的言论主导,群中也有一小部分的言论积极者,他们贡献了绝大多数的群内信息。

(3) 微信公众平台的广播式推送。

微信公众平台上有两种面向普通用户的信息推送,一是广为熟知的订阅号,用户可以从中获得大量的自媒体内容;二是帮助企业、政府机构等组织有效地服务普通用户的服务号。

这两类公众号都以广播群发方式向用户推送信息，用户自由选取。由于这类信息不具有即时互动性，不具备"非看不可"的迫切性，会导致大量的冗杂信息堆砌在手机上不被阅读。如果说朋友圈和微信群属于人际互动空间，那么聚集了大量自媒体的微信公众号和用户之间的互动则属于人信互动。缺乏人际中介的人信互动往往动力不足、互动迟缓，易造成自媒体内容海量生产和鲜被阅读的两极化倾向。微信公众平台中有不少文章获得了极高的阅读量和转发量，但基本是通过朋友圈的转发与传播得到的。

2. 微信公众号的写作

2012 年，秉承"再小的个体，也有自己的品牌"的宗旨，微信公众平台在互联网世界掀起一场剧烈而持久的风暴，彻底改变了内容传播的生态格局，也改变了很多人的命运。

(1) 微信公众号的写作内容。

微信公众号在内容写作上显示了"去中心化"后的"再中心化"的特点，曾经的传统媒体不再独占鳌头，"去中心化"后的"再中心化"已成为一股势不可挡的潮流。如"新世相""罗辑思维"等话语表达能力强、观点鲜明的公众号再次成为信息传播的中心。微信公众号文章从文章内容上可以分为知识传播型、情感共振型等。如"罗辑思维"从最开始的互联网免费经济模式，逐渐尝试知识付费新模式。其出品的"得到"App 汇聚了大量知识大咖，为用户提供"每日听书""大咖专栏""知识内参""精品课"等有偿的知识服务，切实地促成了文化的价值转化，也书写了自媒体时代的文化资本神话。再如"新世相"的口号是："每天最后一分钟的人生学校，我们终将改变潮水的方向"。在每天即将结束的深夜最后五分钟，它会推文给所有用户，伴随着粉丝入眠。就是这样的互动，与粉丝产生了情感联结。每天还有晚祷时刻，给粉丝一个主题，让粉丝留言，好的留言就有机会登上留言板供人欣赏，后台也不时回馈互动。"新世相"因而也成为情感共振型的典范。

(2) 微信公众号爆款文章的特点。

爆款文章是对高打开率、高分享率、高阅读量的微信公众号文章的一种称呼。它往往具有 10 万以上甚至百万、千万的阅读量，在网络上广泛传播、转发，有的甚至形成了某个讨论话题或网络热词(热句)，成为"现象级传播"。其特点有：

第一，话题紧扣热点，或紧扣时代脉搏，或有强烈时效性。如在中美贸易战打响的当下，与"贸易战""华为"相关的消息容易成为高阅读量"爆款"。又如"新世相"推出的"第一批 90 后已经出家了""第一批 90 后已经开始油腻了""第一批 90 后已经秃了"等"90 后"系列文章，贴合年轻人当下生活、精神状态和普遍情绪，制造了多篇"爆款"文章。

第二，意见独到，观点鲜明。与专业新闻主义倡导的客观性不同，网络"爆文"往往将叙述新闻事实与个人评议相结合，不克制观点意见的表达，甚至追求鲜明、极端化的表达，以获得注意力。

第三，强烈的情感或价值观共鸣。这是一些情感共振型心灵鸡汤类(包括"毒鸡汤")文章成为爆款的重要原因。如《友谊的小船说翻就翻》。

第四，娱乐、轶事及其他自带关注点话题。娱乐明星、八卦爆料、社会轶事等自带关注点和流量的文章往往自带"爆文"属性。此前"严肃八卦"公众号推送的写娱乐圈人和事的"深扒体"文章贡献了多篇"爆款"。

(3) 微信公众号的写作困境。

微信公众号写作着眼于受众的注意力和情绪，容易陷入过度娱乐化的传播困境。

第一，有些公众号以充满"暴力""挑逗"的标题为诱饵，传播低俗、色情内容，甚至制造并传播虚假信息。浅薄空洞的内容和粗鄙搞怪的行文方式一次次触动受众敏感的神经，也一次次挑战道德的底线。消费主义也对公众号的传播内容、传播方式，甚至生产运营产生了负面影响。在传播内容上，"商业软文"成为公众号实现盈利的捷径。这类文章大多没有实质性的内容，它们通过标题"骗取"公众的兴趣和信任，在故事情节中设置"神转折"，以达到推销产品、刺激消费的真实目的。

第二，一篇爆文的诞生往往会引发大批公众号的转载、模仿甚至抄袭和"洗稿"，而同质化的内容背后，暴露的正是优质的原创内容在消费社会难以得到保护的事实。

第三，在传播方式上，公众号文章的传播和推广被总结为一套以获取流量为目的的"模板"，有人甚至开办起新媒体培训班，直言"只要掌握了方法论，每个人都能打造爆款文章，10万+不在话下"。

第四，在生产运营上，受流量变现的诱导，不少公众号存在"刷量"行为，用虚假的数据欺骗读者和广告主。

因此，微信公众号文章应该在努力发展粉丝经济效应、抓住受众心理、增加互动性的基础上，积极塑造品牌人格形象，提倡正向的价值观，同时要注重内容特色发展，追求内容创作多样化，形成内容品牌优势。

案例研习

请分析《中国社会科学报》2021年10月27日发布的这则新闻的写作。

关注女性科研人员职业发展

本报综合外媒报道 一项最新研究显示，在新冠肺炎疫情发生初期，女性科研人员的文章发表量明显低于男性同行。

据瑞士日内瓦大学官网2021年10月20日报道，该校与日内瓦大学医院、英国医学会下属的BMJ出版集团合作的一项新研究《11家生物医学期刊收到新冠肺炎科研文献投稿中的女性作者：横断面研究》显示，新冠肺炎疫情给女性科研人员职业发展造成较大冲击。

该研究作者之一、日内瓦大学社群健康与医学系助理教授安热勒·加耶-阿热隆(Angèle Gayet-Ageron)介绍，就刊发学术期刊的文章而言，有三个作者头衔表明文章的主要贡献者，即第一作者、最后作者、通讯作者。作者头衔反映了科研人员在科学生产中发挥的作用，因此在升职等决策中被作为参考，三个关键性头衔以及发表文章的总数对于科研人员的职业上升至关重要。

在新冠肺炎疫情发生前的两年里，科研文献的第一作者、最后作者、通讯作者中，女性所占比例分别为 46%、31.4%、38.9%。为了解疫情是否给女性科研人员发表成果带来负面影响，研究人员分析了 BMJ 出版集团旗下 11 家期刊 2018 年 1 月 1 日至 2021 年 5 月 31 日收到的 63 259 份投稿的作者情况。这些投稿中既有关于新冠肺炎的研究，也有其他主题的研究。一般情况下，一项研究从开始实施到成果发表平均需要 3 年，但疫情期间发表过程显著加速，因为科学界需要尽快使用可靠数据。

分析结果显示，在疫情初期，即 2020 年初，女性第一作者、最后作者、通讯作者的比例较疫情前大幅下降，分别为近 20%、12%、20%。这与出行限制、学校和科研机构暂时关闭有关。考虑到职业和家庭负担，女性似乎更难在居家办公期间继续开展科研活动。

拥有关键性作者头衔的女性科研人员少于男性，新冠肺炎疫情把学术界的这一"隐性共识"放大。因此，研究人员建议，在职位申请和晋升、科研经费发放等决策中，应将这种性别不平等纳入考量，以免妨碍女性学者的职业发展。

情境写作

1. 进行一次校园采风，就我校师生中的特色人物，写一则人物通讯。
2. 尝试申请一个微信公众号，推送一篇自己创作的公众号文章。

附录　党政机关公文处理工作条例

(中办发〔2012〕14号)

(2012年4月16日由中共中央办公厅和国务院办公厅联合印发)

第一章　总　　则

第一条　为了适应中国共产党机关和国家行政机关(以下简称党政机关)工作需要，推进党政机关公文处理工作科学化、制度化、规范化，制定本条例。

第二条　本条例适用于各级党政机关公文处理工作。

第三条　党政机关公文是党政机关实施领导、履行职能、处理公务的具有特定效力和规范体式的文书，是传达贯彻党和国家的方针政策，公布法规和规章，指导、布置和商洽工作，请示和答复问题，报告和交流情况等的重要工具。

第四条　公文处理工作是指公文拟制、办理、管理等一系列相互关联、衔接有序的工作。

第五条　公义处理工作应当坚持实事求是、准确规范、精简高效、安全保密的原则。

第六条　各级党政机关应当高度重视公文处理工作，加强组织领导，强化队伍建设，设立文秘部门或者由专人负责公文处理工作。

第七条　各级党政机关办公厅(室)主管本机关的公文处理工作，对下级机关的公文处理工作进行业务指导和督促检查。

第二章　公文种类

第八条　公文种类主要有：

(一)　决议。适用于会议讨论通过的重大决策事项。

(二)　决定。适用于对重要事项作出决策和部署、奖惩有关单位和人员、变更或者撤销下级机关不适当的决定事项。

(三)　命令(令)。适用于公布行政法规和规章、宣布施行重大强制性措施、批准授予和晋升衔级、嘉奖有关单位和人员。

(四)　公报。适用于公布重要决定或者重大事项。

(五)　公告。适用于向国内外宣布重要事项或者法定事项。

(六)　通告。适用于在一定范围内公布应当遵守或者周知的事项。

(七)　意见。适用于对重要问题提出见解和处理办法。

(八)　通知。适用于发布、传达要求下级机关执行和有关单位周知或者执行的事项，批转、转发公文。

（九）通报。适用于表彰先进、批评错误、传达重要精神和告知重要情况。

（十）报告。适用于向上级机关汇报工作，反映情况，回复上级机关的询问。

（十一）请示。适用于向上级机关请求指示、批准事项。

（十二）批复。适用于答复下级机关请示事项。

（十三）议案。适用于各级人民政府按照法律程序向同级人民代表大会或者人民代表大会常务委员会提请审议事项。

（十四）函。适用于不相隶属机关之间商洽工作、询问和答复问题、请求批准和答复审批事项。

（十五）纪要。适用于记载会议主要情况和议定事项。

第三章　公 文 格 式

第九条　公文一般由份号、密级和保密期限、紧急程度、发文机关标志、发文字号、签发人、标题、主送机关、正文、附件说明、发文机关署名、成文日期、印章、附注、附件、抄送机关、印发机关和印发日期、页码等组成。

（一）份号。公文印制份数的顺序号。涉密公文应当标注份号。

（二）密级和保密期限。公文的秘密等级和保密的期限。涉密公文应当根据涉密程度分别标注"绝密""机密""秘密"和保密期限。

（三）紧急程度。公文送达和办理的时限要求。根据紧急程度，紧急公文应当分别标注"特急""加急"，电报应当分别标注"特提""特急""加急""平急"。

（四）发文机关标志。由发文机关全称或者规范化简称加"文件"二字组成，也可以使用发文机关全称或者规范化简称。联合行文时，发文机关标志可以并用联合发文机关名称，也可以单独用主办机关名称。

（五）发文字号。由发文机关代字、年份、发文顺序号组成。联合行文时，使用主办机关的发文字号。

（六）签发人。上行文应当标注签发人姓名。

（七）标题。由发文机关名称、事由和文种组成。

（八）主送机关。公文的主要受理机关，应当使用机关全称、规范化简称或者同类型机关统称。

（九）正文。公文的主体，用来表述公文的内容。

（十）附件说明。公文附件的顺序号和名称。

（十一）发文机关署名。署发文机关全称或者规范化简称。

（十二）成文日期。署会议通过或者发文机关负责人签发的日期。联合行文时，署最后签发机关负责人签发的日期。

（十三）印章。公文中有发文机关署名的，应当加盖发文机关印章，并与署名机关相符。有特定发文机关标志的普发性公文和电报可以不加盖印章。

（十四）附注。公文印发传达范围等需要说明的事项。

（十五）附件。公文正文的说明、补充或者参考资料。

（十六）抄送机关。除主送机关外需要执行或者知晓公文内容的其他机关，应当使用机关全称、规范化简称或者同类型机关统称。

(十七) 印发机关和印发日期。公文的送印机关和送印日期。

(十八) 页码。公文页数顺序号。

第十条　公文的版式按照《党政机关公文格式》国家标准执行。

第十一条　公文使用的汉字、数字、外文字符、计量单位和标点符号，按照有关国家标准和规定执行。民族自治地方的公文，可以并用汉字和当地通用的少数民族文字。

第十二条　公文用纸幅面采用国际标准 A4 型。特殊形式的公文用纸幅面，根据实际需要确定。

第四章　行 文 规 则

第十三条　行文应当确有必要，讲求实效，注重针对性和可操作性。

第十四条　行文关系根据隶属关系和职权范围确定。一般不得越级行文，特殊情况需要越级行文的，应当同时抄送被越过的机关。

第十五条　向上级机关行文，应当遵循以下规则：

(一) 原则上主送一个上级机关，根据需要同时抄送其他相关上级机关和同级机关，不抄送下级机关。

(二) 党委、政府的部门向上级主管部门请示、报告重大事项，应当经本级党委、政府同意或者授权，属于部门职权范围内的事项应直接报送上级主管部门。

(三) 下级机关的请示事项，如需以本机关名义向上级机关请示，应当提出倾向性意见后上报。不得原文转报上级机关。

(四) 请示应当一文一事，不得在报告等非请示性公文中夹带请示事项。

(五) 除上级机关负责人直接交办事项外，不得以本机关名义向上级机关负责人报送公文，也不得以本机关负责人名义向上级机关报送公文。

(六) 受双重领导的机关向一个上级机关行文，必要时应当抄送另一个上级机关。

(七) 不符合行文规则的上报公文，上级机关的文秘部门可退回下级呈报机关。

第十六条　向下级机关行文，应当遵循以下规则：

(一) 主送受理机关，根据需要抄送相关机关。重要行文应当同时抄送发文机关的直接上级机关。

(二) 党委、政府的办公厅(室)根据本级党委、政府授权，可以向下级党委、政府行文，其他部门和单位不得向下级党委、政府发布指令性公文或者在公文中向下级党委、政府提出指令性要求。需经政府审批的具体事项，经政府同意可由政府职能部门行文，文中需注明已经政府同意。

(三) 党委、政府的部门在各自职权范围内可以向下级党委、政府的相关部门行文。

(四) 涉及多个部门职权范围内的事务，部门之间未协商一致的，不得向下行文；擅自行文的，上级机关应当责令其纠正或者撤销。

(五) 上级机关向受双重领导的下级机关行文，必要时抄送该下级机关的另一个上级机关。

第十七条　同级党政机关、党政机关与其他同级机关必要时可以联合行文。属于党委、政府各自职权范围内的工作，不得联合行文。党委、政府的部门依据职权可以相互行文。部门内设机构除办公厅(室)外不得对外正式行文。

第五章　公 文 拟 制

第十八条　公文拟制包括公文的起草、审核、签发等程序。

第十九条　公文起草应当做到：

(一) 符合国家的法律法规和党的路线方针政策，完整准确体现发文机关意图，并同现行有关公文相衔接。

(二) 一切从实际出发，分析问题实事求是，所提政策措施和办法切实可行。

(三) 内容简洁，主题突出，观点鲜明，结构严谨，表述准确，文字精练。

(四) 文种正确，格式规范。

(五) 公文涉及其他部门职权范围事项的，起草单位必须征求相关部门意见，力求达成一致。

(六) 深入调查研究，充分进行论证，广泛听取意见。

(七) 机关负责人应当主持、指导重要公文起草工作。

第二十条　公文文稿签发前，应当由发文机关办公厅(室)进行审核。审核的重点是：

(一) 行文理由是否充分，行文依据是否准确。

(二) 内容是否符合国家法律法规和党的路线方针政策；是否完整准确体现发文机关意图；是否同现行有关公文相衔接；所提政策措施和办法是否切实可行。

(三) 涉及有关地区或者部门职权范围的事项是否经过充分协商并达成一致意见。

(四) 文种是否正确，格式是否规范；人名、地名、时间、数字、段落顺序、引文等是否准确；文字、数字、计量单位和标点符号等用法是否符合规定。

(五) 其他内容是否符合公文起草的有关要求。

需要发文机关审议的重要公文文稿，审议前由发文机关办公厅(室)进行初核。

第二十一条　经审核不宜发文的公文文稿，应当退回起草单位并说明理由；符合发文条件但内容需作进一步研究和修改的，由起草单位修改后重新报送。

第二十二条　公文应当经本机关负责人审批签发。重要公文和上行文由机关主要负责人签发。党委、政府的办公厅(室)根据党委、政府授权制发的公文，由受权机关主要负责人签发或者按照有关规定签发。签发人签发公文，应当签署意见、姓名和完整日期；圈阅或者签名的，视为同意。联合行文由所有联署机关的负责人会签。

第六章　公 文 办 理

第二十三条　公文办理包括收文办理、发文办理和整理归档。

第二十四条　收文办理主要程序是：

(一) 签收。对收到的公文应当逐件清点，核对无误后签字或者盖章，并注明签收时间。

(二) 登记。对公文的主要信息和办理情况应当详细记载。

(三) 初审。对收到的公文应当进行初审。初审的重点是：是否应当由本机关办理，是否符合行文规则，文种、格式是否符合要求，涉及其他地区或者部门职权范围的事项是否已经协商、会签；是否符合公文起草的其他要求。经初审不符合规定的公文，应当及时退回来文单位并说明理由。

(四) 承办。阅知性公文应当根据公文内容、要求和工作需要确定范围后分送。批办性公文应当提出拟办意见报本机关负责人批示或者转有关部门办理；需要两个以上部门办理的，应当明确主办部门。紧急公文应当明确办理时限。承办部门对交办的公文应当及时办理，有明确办理时限要求的应当在规定时限内办理完毕。

(五) 传阅。根据领导批示和工作需要将公文及时送传阅对象阅知或者批示。办理公文传阅应当随时掌握公文去向，不得漏传、误传、延误。

(六) 催办。及时了解掌握公文的办理进展情况，督促承办部门按期办结。紧急公文或者重要公文应当由专人负责催办。

(七) 答复。公文的办理结果应当及时答复来文单位，并根据需要告知相关单位。

第二十五条　发文办理主要程序是：

(一) 复核。已经发文机关负责人签批的公文，印发前应当对公文的审批手续、内容、文种、格式等进行复核；需作实质性修改的，应当报原签批人复审。

(二) 登记。对复核后的公文，应当确定发文字号、分送范围和印制份数并详细记载。

(三) 印制。公文印制必须确保质量和时效。涉密公文应当在符合保密要求的场所印制。

(四) 核发。公文印制完毕，应当对公文的文字、格式和印刷质量进行检查后分发。

第二十六条　涉密公文应当通过机要交通、邮政机要通信、城市机要文件交换站或者收发件机关机要收发人员进行传递，通过密码电报或者符合国家保密规定的计算机信息系统进行传输。

第二十七条　需要归档的公文及有关材料，应当根据有关档案法律法规及机关档案管理规定，及时收集齐全、整理归档。两个以上机关联合办理的公文，原件由主办机关归档，相关机关保存复制件。机关负责人兼任其他机关职务的，在履行所兼职务过程中形成的公文，由其兼职机关归档。

第七章　公文管理

第二十八条　各级党政机关应当建立健全本机关公文管理制度，确保管理严格规范，充分发挥公文效用。

第二十九条　党政机关公文由文秘部门或者专人统一管理。设立党委(党组)的县级以上单位应建立机要保密室和机要阅文室，并按有关保密规定配备工作人员和必要的安全保密设施。

第三十条　公文确定密级前，应当按照拟定的密级先行采取保密措施。确定密级后，应当按照所定密级严格管理。绝密级公文应当由专人管理。公文的密级需要变更或者解除的，由原确定密级的机关或者其上级机关决定。

第三十一条　公文的印发传达范围应当按照发文机关的要求执行；需要变更的，应当经发文机关批准。涉密公文公开发布前应当履行解密程序。公开发布的时间、形式和渠道，由发文机关确定。经批准公开发布的公文，同发文机关正式制发的公文具有同等效力。

第三十二条　复制、汇编机密级、秘密级公文，应当符合有关规定并经本机关负责人批准。绝密级公文一般不得复制、汇编，确有工作需要的，应当经发文机关或者其上级机关批准。复制、汇编的公文视同原件管理。

复制件应当加盖复制机关戳记。翻印件应当注明翻印的机关名称、日期。汇编本的密级按照编入公文的最高密级标注。

第三十三条　公文的撤销和废止，由发文机关、上级机关或者权力机关根据职权范围和有关法律法规决定。公文被撤销的，视为自始无效；公文被废止的，视为自废止之日起失效。

第三十四条　涉密公文应当按照发文机关的要求和有关规定进行清退或者销毁。

第三十五条　不具备归档和保存价值的公文，经批准后可以销毁。销毁涉密公文必须严格按照有关规定履行审批登记手续，确保不丢失、不漏销。个人不得私自销毁、留存涉密公文。

第三十六条　机关合并时，全部公文应当随之合并管理；机关撤销时，需要归档的公文整理后按照有关规定移交档案管理部门。

工作人员调离岗位时，所在机关应当督促其将暂存、借用的公文按照有关规定移交、清退。

第三十七条　新设立的机关应当向党委、政府的办公厅(室)提出发文立户申请。经审查符合条件的，列为发文单位，机关合并或者撤销时，相应进行调整。

第八章　附　　则

第三十八条　党政机关公文含电子公文。电子公文处理工作的具体办法另行制定。

第三十九条　法规、规章方面的公文，依照有关规定处理。外事方面的公文，依照外事主管部门的有关规定处理。

第四十条　其他机关和单位的公文处理工作，可以参照本条例执行。

第四十一条　本条例由中共中央办公厅、国务院办公厅负责解释。

第四十二条　本条例自 2012 年 7 月 1 日起施行。1996 年 5 月 3 日中共中央办公厅印发的《中国共产党机关公文处理条例》和 2000 年 8 月 24 日国务院发布的《国家行政机关公文处理办法》停止执行。

参 考 文 献

[1] 徐成华，孙维，等. 《党政机关公文格式》国家标准应用指南. 北京：中国质检出版社，中国标准出版社，2012.

[2] 朱全福. 应用文写作与例文剖析. 广州：暨南大学出版社，2012.

[3] 宫承波. 新媒体概论. 6 版. 北京：中国广播影视出版社，2017.

[4] 姜本红，朱俊霞，向诤. 应用文写作. 2 版. 南京：南京大学出版社，2018.

[5] 席忍学. 应用文写作导练. 成都：西南交通大学出版社，2018.

[6] 陈清华，俞秀红. 应用文写作教程. 2 版. 南京：南京大学出版社，2020.

[7] 唐坚. 党政机关公文写作. 北京：电子工业出版社，2020.

后　记

　　岁月流转，砥砺前行。《新时代应用文写作》一书正式出版了。本书是天津财经大学人文学院写作教研室和天津财经大学珠江学院人文学院写作教研室全体应用文写作课程任课教师集体智慧的结晶。

　　本书由薛颖任主编，兰佳丽任副主编。各章节编写分工如下：

第一章　应用文概述(薛颖)

第二章　党政机关公文(兰佳丽)

第三章　事务文书(张强)

第四章　书信宣讲柬帖类文书(徐寅)

第五章　学业求职文书(薛颖)

第六章　经济文书(张强)

第七章　新闻基础写作和新媒体写作

　　第一节　新闻基础写作(张胜珍)

　　第二节　新媒体写作(李玉坤)

　　本书在编写过程中参阅了有关论著、期刊和教材，研习了大量各级政府机构官网党政公文的写作特征。由于篇幅所限，这些论著及文章未能在书中一一注明。在此，谨向原作者表示最诚挚的敬意和感谢！

　　值此出版之际，向参与本书编写的教师尹世玮、高红、金云、郝友等表示感谢，感谢他们的倾心付出为本书奠定了良好的基础。也期待同行及兄弟院校对本书的认可。同时，感谢西安电子科技大学出版社的大力支持！感谢本书编辑和所有为本书的出版付出辛劳和提供帮助的人们！

　　由于编写时间仓促，编者水平有限，书中不足之处在所难免，恳请有关专家、教师和广大读者批评指正，以便本书今后的修订。

编　者
2022 年 5 月